大四女生

中國90後的戀情絮語

朱曉軍・蘭晴晴 主編

目次

第三章 我想和你珍藏保鮮

第四章 不能相濡以沫，只能相忘江湖

第五章 無處安放的荷爾蒙

代序

文／朱曉軍

幾天前，同時一個簡訊：「你的十二級的孩子想來看您。」

我有一百多個孩子。

二〇〇七年，浙江理工大學創意寫作班成立，於面向全校招生。學生來自不同專業，只能在全校都不上課時我們上課。我們選在星期三的下午。上課的形式有所不同，多數是討論，討論線索，討論選題，討論採訪，討論結構……我在討論中了解他們，發現他們在「寫什麼」與「怎麼寫」方面存在的問題，也會發現我自己的問題。

他們討論選題、角度和寫法，也談論自己。我認為我是高校最了解學生的老師。我稱他們為孩子。他們經常說，我教他們的不僅僅是採訪與寫作，還有做人以及如何認識社會與人……

這些孩子都很優秀，第一屆學生畢業時，家庭期刊集團招聘，有兩個孩子通過了筆試和面試。

「朱老師教給你最重要的是什麼？」面試時，考官問。

「做人。」學生回答。

我經常對孩子們說，文學是人學，做人是關鍵。世上所有的成功都是做人的成功，人生的最大失敗就是做人的失敗。寫作班的學生要善解人意，會同理心，理解與尊重他人。

這兩個學生都該錄用，集團擔心理工科院校的大學生後勁不足，最後錄取了裘璟。她是我們寫作班的女生。

寫作班還有一個可愛的女孩，她特立獨行，目標明確，從不循規蹈矩。我們初次見面是在傳播學的特稿採訪與寫作課。那天，我走進教室，見空空蕩蕩，僅有一個女生坐在前排。我以為搞錯了，想到門外再看一眼教室編號。

「老師，你沒走錯教室。」

「其他學生呢？」

「他們還沒下課。」

「你怎麼下課了？」

「我沒選那門課。」

她叫胡巧麗。寫作班招生時，本來不想錄取她，一是她的特稿採訪與寫作課成績不突出，二是她有點兒愣頭愣腦，特稿是新聞與文學相融合的文體，採訪是基本功，我對她有點兒擔心。她卻是那屆傳播學專業惟一報名的學生，於是就「特招」了。

在寫作班的第一個學期，她每次發言時常引起哄堂大笑。下課時，我讓她送我去趕校車，路上多給講講。第二學期開學，孩子把假期的作業發到我的電子信箱。有一篇寫得很棒，有靈氣，有思想，有真切的感受，標題叫《渴望行走》。我不清楚誰寫的。

上課，我讓孩子們評論那篇作業，得到普遍的認可。我問一句：「這是誰寫的？」

胡巧麗站了起來，我驚詫不已，「老師為你驕傲！」那一刻，我真想擁抱她一下。

胡巧麗找到的第一個線索是寧波海難。船沉後，船老大和落水船員漂泊在海上。一位年紀大的死了，他們就把遺體拴在自己的身上，把「他」帶回家。我鼓勵她去採訪，她去了。

「老師，船老大拒絕採訪，被救的船員也不肯講，怎麼辦？」當天，她打來電話。

我告訴她，有兩個選擇，一是回來，採訪失敗了；二是堅持，而往往勝利就在於堅持之中。另外要注意利用各種關係，比如跟船老大關係密切的人。

她說，老師，我聽您的，不回去了。

第二天，她又來電話，說的情況跟前一天差不多。我只好又重複一遍那句話。

第三天，她來電話，興奮地說：「老師，我採訪到船老大了！」

原來在第三天，她絕望了，覺得這回有理由回去了，也就放鬆了下來，在村裡隨便轉轉。她遇到一位老者，他們聊起那位船老大。

「你跟他怎麼這麼熟悉呢？」

「他是我的徒弟。」

「你能勸他接受我採訪嗎？」

「沒問題。」

她那篇特稿發表在《家庭》雜誌，引起強烈反響。一次，一位特稿大咖對我說：「朱老師，我很佩服你的學生。那個海難我也去採訪了，卻沒採訪到船老大，你的學生卻做到了。」

她越來越喜歡寫作，一天，她對我說，她放棄了幾門必修課。

「那你怎麼畢業，拿不到畢業證和學位證怎麼辦？」

「我不要了。我老爸說，讓我畢業之後，繼續跟你學習寫作。」

這既讓我感動，又讓我焦急。我把她帶到教務處，將放棄的必修課補選上。

她的畢業論文也是我指導的。我把她的論文拿給夫人看，她是浙江工商大學編輯出版專業教授。她看完後說，這篇論文大學生是絕對寫不出來的，肯定是抄的！我卻十分自信地說，絕對是她寫的。她的論文被評為優秀論文。

寫作班一屆屆的畢業，有的孩子離校後一直保持聯繫，有的偶爾來個電話，有的說，老師，等我混出個人樣再去看你。不過老師放心，學生絕不會給您丟臉。我說：「不論你混得好混得不好，老師都知道你是優秀的。」

胡巧麗那班的另一個學生給我寫了一封信。

朱老師，自從那晚別過後，便再也沒有與您聯繫，不是學生忘記了，不是的，只是不知該以何種姿態出現在您面前。我只記得，畢業那會，自己走得很狼狽。這封信，一直拖了三個月，才給您附上。心底總覺得欠老師一句話，現在補上：朱老師，真的很感謝您！感謝您教我寫做，教我做人，教我執著，教我堅持，太多，太多……三個月輾轉，現在我終於進了臺州晚報了，期間使得功夫全都是在寫作班練成的。每當別人肯定自己時，我會想起您，想起寫作班，這些都是您給與的。我明白，前面的路還好遠，可我記得您的話：要踏實。一切只是開始……只是希望老師不要太辛勞，日子過得舒坦！學生一直念著您！

她叫盧珍珍，個子不高、聰明伶俐，勤奮好學的漢語言文學專業的女生。我給他們班上過寫作課，她的一篇作業寫得很好，我發給在《莫愁》雜誌當主編的朋友，發表了出來。大三時，珍珍進了寫作班。兩年的時間，她發了五六篇作品。

寫作班的孩子先後在國內一流期刊發表作品多達一百多篇。胡巧麗畢業沒幾年就當上雜誌的總編輯；付煒如在香港讀完研究生後，進入了《江南》雜誌；吳振宇獲得中國新聞獎；裘璟離開家庭期刊集團了咪咕數媒；張超當上了策劃總監……他們既是我的驕傲，也是我的牽掛。

我有一夢想——寫作班能出版一本書。這個夢卻像雲似霧，飄忽不定，有一次眼看就要實現，結果又飄遠了。二〇一五年下學期，我給幾位女生佈置一個作業——大四女生的戀情，以口述實錄的形式成書。她們尋找線索，反覆論證，確定選題，進行採訪。整理出文字後，按特稿的結構進行剪輯，改變敘述順序，保留原話。在近一年的時間裡，她們課堂討論評論，課下補充採訪與修改，畢業夕終於完成初稿，畢業後又修改一次。

大四女生面臨畢業，考研究所與工作的選擇，同時也面臨戀愛的取捨。第一次讀這些稿件時，我大為震驚。作為教師，我給這些女生上課，批改作業之外，對她們的人生觀、價值觀和戀愛觀並不了解。

這是一本角度獨特的書，書中的大四女生坦誠地講敘了自己的戀愛，也講敘了她們愛的或已愛過的，甚至為之後悔的男生，真切地道出她們感受到的甜蜜與困苦，無奈與焦慮，失意與憂傷，執著與徬徨。我覺得高校的每位學生都該讀一下這本書，學生的家長和老師更有必要讀，這本書不僅可以幫助了解大四女生，也可以了解跟她們戀愛的男生，也可以了解社會給他們的影響，在必要時給他們以幫助。

第一章　人生如戲，全靠情意

沒想到我會願意在這個「老男人」身邊停留

文／蘭晴晴

主人公：姍姍（化名），生於一九九五年
學校（或所在城市）：安陽
專業（或文科理科）：法律
主角個性：蘿莉的外表，蘿蔔的心
採訪方式：電話採訪
採訪時間：二〇一五年九月七日

一開始提到採訪大四女生時，我第一個想到的就是姍姍。我們認識七年，聯繫不多，但第一句幾乎都是以「你又換男朋友了？」為招呼語。

姍姍個頭兒不高，一百五十三公分左右，像極了《這個殺手不太冷》裡的馬蒂爾達。但她體重只有三十五公斤。為了增肥，姍姍嘗試過各種方式，體重卻不增反減，徒增了不少煩惱。

她喜歡的東西不多，紅燒肉、刑法和男人。「上一個賺一個」是她一直灌輸我的理念，不難想像她換男朋友的速度。但聊起來，她對每段短暫的感情都是付出百分之百的真心，分手的原因大同小異：她又真心喜歡上了另外一個人。

因為她，我對「真心」這個詞有了新的認知。當我想要從道德的角度說教她時，她給出的答案是：我發現之前的那個不太適合我。在感情的世界裡，她像是一種易燃易爆的氣體，條件充分後就會炸裂。

採訪時，她說現階段的男朋友是時效最長的，想要畢業就嫁給他。可是她的每段感情都是在抱著「嫁給他」的熱情中結束的。

文藝青年，我還沒嘗過——處女座的男友，除了不會生孩子什麼都會——劈腿？我那只是太年輕——謝謝你為我們的未來努力，但我還像幫不上什麼忙——看來是你賺到了，找了我這麼蘿莉的小女友——你是我時效最長的男友，畢業就想嫁給你。

蘭晴晴（以下簡稱蘭）：你又換男朋友了？這次是什麼口味？

姍姍（以下簡稱姍）：別搞這麼嚴肅，我首先跟你說他是處女座。

我覺得吧，他有很多不能忍受的地方。我先跟你說我不能忍受的地方，第一，你也知道我的生活作風，平時你也知道我那個生活習慣，我每次去他住的地方，他都會說，你看你來一天我這邊就成豬窩了，你看你來一天我這地上都沒法下腳了。然後就嫌我亂扔東西啦，不會收拾東西。這還不算，人家就是衣裳穿一天就脫下洗一次，衣服、襪子、頭，反正每天洗一次，我非常受不了他這個習慣。我說洗什麼呀，又不髒。他說，不洗明天就沒辦法穿了。我就想拿他的衣服扔掉，叫我情何以堪。我都很無語，慢慢的我就習慣了。他這個人心比較細，處女座有的特徵他基本上都有，像他這種追求完美的人，找我這種邋遢的人。

蘭：那你們是怎麼認識的？

姍：認識的話，我跟你講是怎麼認識的吧。我上大一的時候，那時候是幾月分？十月分，十月中旬或下旬的時候，天比較冷，都穿厚外套了。他是我們學校的代理商，代理那種中性筆的。我們宿舍的那個女生，是他下面的一個代理。有一次我跟她去我們學校最大的餐廳，他們兩個一般都是在那裡見面，俗稱「進貨」。那次我跟她一起去，正好見到他。那是第一次見面，也沒什麼特別的印象。因為我之前聽我們宿舍的女生說過他，我見面就覺得他確實挺穩重的，也比較成熟。就見了那一次面，問了一下，叫什麼名字啊。其實根本沒記住，過去就忘了，估計他也忘了我叫什麼名字了。他把我們兩個送到宿舍樓就走了，過後我們一直沒見過面。過了好多天，他跟我們宿舍的人聊微信，就問起了我，然後我就加了他微信，就開始聊天，但也不是經常聊，就是什麼時候他跟我發個資訊我就回個資訊。然後慢慢變熟後，就變成晚上聊微信，睡覺之前聊一會。那個時候，對他印象也蠻好的，他老是寫一些現代詩，打油詩。我覺得這人比我遇見的俗人好多了。畢竟人家是大學畢業，雖然是理工科吧，但是文學素養還不低。然後他就介紹他，我也沒怎麼介紹我。

蘭：就這樣都能擦出愛情的火花？

姍：聽我說完。大一寒假前，他叫我一塊吃飯。他以前也叫我去吃過飯，但是都是三個人一起，跟我們宿舍那個女生。那一次，是一起喝飲料，在旁邊的奶茶店。那是第一次在一起坐，近距離的。然後他送我一本書，簽上了他的名字。那是本什麼書來著，不記得了，《給心靈洗個澡》？類似於心靈雞湯的那種。後來，一直都沒聯繫。後來，他跟我打電話，那是過年的時候，又開始聯繫，然後就沒有然後了，就一直很平淡。我不記得他說了什麼，反正就在一塊了，真不記得。

他往我們學校來過幾趟，一開始我都沒見過他。他送我書的那次是第一次單獨見面，單獨吃飯。他是怎麼告白的我真忘了，你自己想吧，反正他是一個很詩意的人。這是一個過程，而不是非常爽快的就答應了，我不記得他說那種直接告白的話，就說的比較委婉，我知道什麼意思。

蘭：文藝青年套路足。那你當時的男朋友呢？

姍：那個時候已經跟前男友分了，在那之前我早就跟他分了，我就跟他不聯繫了。六月分高考完，幾月分？十月分？反正就是冬天的時候都分了。我就一直是單身。後來就遇見了他。跟他在一起這麼長時間，我覺得他這個人非常好。比較有男人味，比較有責任感，也比較有擔當的那種，反正是我喜歡的類型。他在家非常溫柔，不管是對他爸媽還是對我呀，表現的非常乖，在外邊表現的不卑不亢，敢說敢做。

蘭：這麼篤定喜歡他，不會已經見過父母了吧？

姍：我沒見過他爸媽，沒跟他們家去過，也沒見過他姐姐，他爸媽知道我們兩個人的事，他爸媽說，只要他同意，他爸媽沒意見。我爸媽也沒意見，沒見過，我就是跟家裡說。現在都是成年人了。我媽說，如果還差不多，就先處著吧。反正現在誰也說不準以後的事。我媽說，他要是對你好的話，就先這樣在一起吧。他家人想要他早點結婚。九〇年的，九〇後也比我大五歲呀。就五歲，我就發現我們兩之間有代溝。他有八〇後那種比較拼的那種工夫，整天想著賺錢、賺錢、賺錢。他說，我又想給家裡錢，又想我們兩個人不缺錢。我整天想的就是怎樣花錢、怎樣花錢。我覺得我是標準的九〇後，他都不是標準的九〇後。估計到畢業就有賺錢的想法了，但是我現在一點都沒有，毫不誇張的說，我一點都不想賺錢。

我暑假在法院實習，實習的時候是沒有工資的，然後他非常非常反對我。每次我吵著累、忙的時候，他都會損我一句，不給錢也是去，笨蛋，人家白白用你這個勞動力，你還硬往上貼。我說我就三個字，我願意。他也不說啥了。

蘭：你們之間有沒有吵過架？

姍：他這人脾氣比我好，一般我說什麼他就做什麼，一般不會跟我發脾氣。那一次他是真生氣了。我上他QQ，突然我發現他跟一個資料裡寫的是「女」的人聊天，我看的時間是二〇一四年。我問他，他比較生氣。後來這一件事他沒那麼生氣了，我跟他說我沒那麼質問他的意思，我只是問問他，意思是警告他一下。

女生天生的敏感，你懂得。

他跟我說過，他都不認識她。他跑業務的，一般上面都有客戶啊，亂七八糟的人比較多。他說：「我都不認識她，也沒說什麼亂七八糟的話，她跟我說一句，我跟她說一句。」其實我也沒有想跟他吵架的意思，我就跟他解釋，我說我沒有說你跟她說亂七八糟的話，我只是不想讓你跟一些亂七八糟的人說話。然後這件事就這樣過了，過了幾天，我不知道我哪根筋不對了。我說，你把你的QQ名字改了吧，太難聽。他的QQ名就跟我們的一樣，幾百年不變的。他非常生氣，但他還是改了。他把他的頭像也改了，也是我讓他改的。但是他竟然自作主張，把密碼也改了。然後叫我非常生氣，他也非常生氣。然後我們兩個說話說得也比較狠。他說，以後我的任何東西你都不要碰。我就好幾天沒理會他，他也不搭理我。後來，他跟我打電話，還是我跟他道的歉。我已經深刻認識到自己的錯誤了，我覺得他是我N任當中，最好的。

蘭：截止目前感覺你們兩個都挺好的，中間有什麼差錯嗎？

姍：其實大一到大二的暑假之間，我們兩個分開了。因為我又找了一個。當時是因為什麼吧，是因為我認識了另一個人——小鐘。我們是在QQ上認識的，小鐘問我是哪裡的，我說是哪哪的，離的比較近。然後就慢慢聊天，聊得比較high。後來我見過小鐘，是跟我們那裡的人一起玩的時候見過。然後他就知道我跟小鐘聊得比較好，比較吃醋。他說，你選吧，要我還是要他。我說，那我們兩個分了吧。我就直接跟他說的。這件事我記得特別清。後來我就跟小鐘開始（談戀愛）。小鐘比我小，小兩三歲。我當時也不知道怎麼想的。

蘭：你這屬於劈腿啊！想要站在道德角度譴責你。

姍：啊，屬於劈腿？是嗎？我是無辜的。

其實我非常後悔，當時，我也不知道為什麼，非常衝動。我跟他分手後，很少聯繫，他不讓我跟他聯繫。其實那段時間，他經常來找我，整天跟個怨婦似的，然後我深刻認識到我的錯誤，覺得對他傷害還挺大的，慢慢我就又跟他好了。我跟小鐘在一起有三四個月，四五個月吧，沒有五個月，不到四個月吧。小鐘我就不搭理他了。

蘭：你又把小鐘拋棄了？

姍：對，把他甩了，我覺得我們兩個不適合，因為他太小了，他也沒有談過，跟他在一起一段時間，我覺得我看不上他，我就跟他分了。當初誰知道他是個什麼人，當初可能比較衝動，可能比較年輕吧。我跟小鐘講話吧，也沒覺得他多幼稚，在一起以後就覺得了，而且他特別聽他媽的話，這一點我就特別生氣，他不聽我的話。

蘭：當初跟小鐘在一起的時候你可不是這麼說的。

姍：哎呀，小鐘就是中間的小插曲，不過現在已經從我內心清除了。小鐘確實很傷心，我實習一段時間，有一次跟他聊天，我說有對象沒，他說相過好多次親也沒成功的。我說為什麼呀，你知道人家說什麼嗎？他說，可能你對我太好了，我都看不上其他人。我都想罵他。我說，我對誰都一樣。那也不怪我，我心情好的時候就對他好，我高興。我心情不好的時候，我就不搭理他。

蘭：你跟之前的男朋友都還在聯繫？

姍：以後我是不再跟前任聯繫，現在我任何一個前任都不聯繫，其實我也沒多少前任，一隻手還是可以數的來的。再說了，我也不是換的特別快。平均下來的話是換的比較快，但這個你不能平均。其實我內心是這樣想的，找對象吧，爸媽那一代都是相親，雙方一坐，覺得差不多，就結婚。結婚以後也不知道是騾子是馬，因為沒有談戀愛的過程。這就像逛街買衣服，你要逛逛試穿，你不試穿怎麼知道哪種款哪種類型適合你，試穿的多了才能買到自己合適的衣服，是吧。我是這樣想的。我還跟我媽這樣說。我媽說，覺得沒可能就別跟人家談，還浪費感情，還讓人家給你身上花錢。我說，談戀愛怎麼叫浪費感情，誰家談戀愛不花錢，那是他應該的，我們兩個買衣服的時候，我不是陪你逛好幾條街，試試哪個合適，這麼大個事，我找個對象，你還不讓我試試？你看你跟我爸，結婚之前對他也沒什麼了解，你知道他一定合適？

我覺得，我一直堅持我的想法，談戀愛一定要談個兩三年，才能了解他這個人。我媽跟我說，你不要相信他現在跟你說的好聽的話啊，做的事啊，都是假的，結了婚以後，該幹什麼還是什麼。我說，一開始可能是假的，但是時間長了，一個人一直偽裝著，這個人不是情緒智商特別頂尖的人，能偽裝這麼長時間？要是我，我肯定不會。不過，我不管跟誰在一起，我一直都是我的真面目。我從來沒裝過純裝過嫩。其實，我不開口，站在那裡還是可以的。

蘭：那你覺得他是怎樣的一個人？

姍：他這人比較小氣，他真的挺小氣的，他對自己也挺小氣的，有時候我們兩個實在缺錢，因為他以前就一份工資，每個月錢也不夠花，他對自己非常不捨得。但只要是我想要的，他都會，他一定會滿足。到現在為止，只要我想要的，他都滿足我，他說的每句話，他的一個小小的承諾，他都做到了，毫不誇張，他每個都做到了。我生日的時候他沒在家，提前跟我過的，他跟我買了兩套衣服，經常跟我買衣服，其實我生活中的很多東西都是他給我買的，非常顧家。你看啊，我平時小到牙膏牙刷，那種小東西，非常零碎的東西，鍋碗瓢勺都是他給我買的，能想到的他都會跟我買的，床上的枕頭也是他買的，我的涼鞋也是他跟我買的，平時的很多衣服也是他跟我買的。

蘭：所以現在是他在養著你？

姍：偶爾我會住在他那邊，他也沒養著我，屬於是補貼吧。以前我沒跟他要過什麼東西，都是他主動給我買，後來都比較熟了，我想要什麼都會跟他說，他也跟我買。其實我媽每個月給我的錢也夠，他要是不出差的話，吃飯都是跟他一塊吃，我也不用花錢，跟他在一起他從來不用我花錢。他說過，他長這麼大，從來沒花過女生的錢。他大學畢業以後，在鄭州應聘了一個工作，後來就回來了，在安陽，現在又回鄭州了。你說他顧家吧，是屬於顧家型的，有點小小氣，說到底還是因為沒錢。

我去年過生日的時候，他送我一條裙子，還買了蛋糕、花呀、酒呀，那一天是在他住的那個地方吃的飯，比較浪漫，比較感動。去年耶誕節，他沒去鄭州，在家精心準備了，比較浪漫。非常開心。我說你真是像個家長。他自立性非常強，我會幹的事他也會，我不會幹的事他還會，除了生孩子，他什麼都會。縫個扣子啊，縫個衣服啊，他自己都可以，我覺得他不需要女的。他對自己要求非常嚴格，他每個月每年都有自己的目標，就我認識他一來，他都能完成。其實跟他在一起，我也改變了很多，我覺得我性格都變了，變得穩重了，變得比較睿智了。不要說我亂用詞，我是經過深思熟慮的。

蘭：你們規劃過未來嗎？

姍：規劃過啊，我都想好了。我就想，我大學畢業也不準備考研究所，就直接找工作，然後我就結婚，我就跟他結婚，我一直堅持這個想法。我也不打算上研究生也不打算上學，就跟他結婚。雖然會過的清貧一點。他確實比較拼，一開始就在政府上班的時候，他是公務員，工資比較低，一個月也就兩千多塊錢（註：提到的金額皆為人民幣，若非人民幣會另外標示。），加上補貼不到三千，每個月給他家裡一千塊錢，剩下的就他自己還有我，我們兩個在一起，什麼錢都是他花。因為他是公務員，他還辦了個信用卡，錢不夠就刷信用卡，然後每個月還卡。他給自己定目標，每個月必須進帳多少，一開始是三千，慢慢就比較，綽綽有餘。他在政府上班還給人家做代理，賺點零用錢，顧好我們兩個人花費，把信用卡給還清。後來每個月進帳五千，一直到現在都是每個月五千，他現在又準備定更高的目標，他現在又有兩份工作，五千塊錢綽綽有餘。然後現在在鄭州跑業務，每個月有二十天在鄭州出差，剩下十天回來。在鄭州跑業務比較閒，一天跑半天閒，閒的時候在鄭州做電信業務。比較拼。

我覺得他活得挺累的。我怎麼辦呢？其實我這個人，有時候會在他住的地方做頓飯，平時我也不做飯，他也不用我，有什麼工作他也不用我，他自己能做的他自己做。有時候我覺得吧，作為一個女生，應該稍微有點，賢妻良母，意思意思也行。有時候我就意思意思，搶著工作，他說，雖然我沒錢，買不了什麼名牌，比較貴重的東西，但是只要我想要的，他都會盡自己最大的努力去滿足，不會讓我受什麼委屈。我覺得吧，真的，他從開始到現在他對我一直都非常的好，從來沒變過。其實我覺得吧，這種人可能一開始對你好，後來就變了。這跟他認識兩年了，一點都沒變。還是非常非常好，從一而終。他有個姐姐，有個妹妹，她妹妹都結婚了。他跟他家裡講，至少要等我上完學才結婚，他自己也不慌，我才不慌呢。他事業心比較強，他不抽菸不喝酒，也沒什麼不良嗜好，不管下班早晚，趕緊回來，跟我一塊吃飯，有時候回來的晚了就讓我自己先吃。其實我挺心疼他的，每天都騎電動車，不管颳風下雨都騎電動車，我也不知道怎麼替他分擔，只能在精神上支持他。

我非常心疼的一點是，他又要上班，家裡有什麼事就馬上回家，家是縣裡的，忙完又趕緊回來，整天忙裡忙外的，然後還要照顧我。就算他不在安陽，也想著讓我幹什麼幹什麼的。他本來就比我大，他那張成熟的臉，你懂得。我搬宿舍的時候，我讓他幫忙搬東西，然後樓管阿姨不讓他進門，說他一看就不是學生，平時他穿衣服也比較成熟，太正式了，也不像我，非常隨便。特別是現在，又在這個公司上班，每天穿的正式點，我都不好意思跟他走到一起。大叔蘿莉。叫他大叔真是非常合適。我們兩個站在一起，差別真的很大，我這個人平時穿衣服比較隨便，比較幼稚，他也說我穿衣服比較幼稚，不怎麼打扮，整天素面朝天，沒什麼髮型啊，他有時候讓我見他那些朋友，他都覺得特別不好意思。有一次回家，有個英語輔導班傳單，我跟我媽在那邊，那人就問我媽，你們家閨女上初中幾年級，我說，我嗎？我都大學畢業了呢。人家說，看著不像啊，你多大了。我說我二十多了。我對象跟我說，他新同事看我們兩個人的照片，說他怎麼這麼厲害，找了個這麼小的對象。這也不怪我，這張臉不是我能決定的。

我的口味比較多樣化，通吃，小鮮肉我也能HOLD住，大叔也能駕馭。

蘭：今天算是見識了。

姍：上一個賺一個，記住我跟你說的話。

蘭：看你還是比較依賴他的。

姍：我覺得跟他在一起非常幸福。生活中，因為他見多識廣，一般有什麼事我都徵求他的意見，他說說他的建議，基本上我都可以採納，我比較信任他。他這人心地非常善良。

蘭：一畢業就打算結婚嗎？

姍：一畢業就結婚，想是這樣想的。其實我跟他談過，我說以後萬一走不到一起。他說，如果現實是那樣，誰也沒有辦法。很多時候就是輸給了現實，不過他說，現在能在一起，都好好的地珍惜。我不反對象親，如果我們兩個沒有走到一起的話，我也決定相親，我就不再自己談戀愛了。不是不相信愛情了，是因為沒有那個精力了，不再年輕了。

結婚我沒什麼要求，但是我還是希望我們兩個能有自己的房子。他家今年新蓋的房子。他有自己的目標，他比我想得多，他存賺錢，先有車，再買房。我們兩個真是有代溝，真怕以後生活不到一起，我真有這個顧慮，因為他那種觀念太實際了，像我這種浮誇的人，我真怕我們兩個因為生活觀念分歧越來越大，最後再走不到一起。我是一直在努力，但你想想，二十多年我這樣過來的，在短短的兩年之內，我能變多少。他是不需要我變多少，但是我覺得我自己還是需要的。我最想替他分擔，因為我覺得他壓力特別特別大，他給自己的壓力特別大，其實我有時候我想讓他放下那些事，什麼事他都一個人承擔。我能感覺到他的壓力，他都有好幾根白頭髮了呢。他說，在我畢業之前，必須要有一輛自己的車，要不沒臉跟我家去。

蘭：為什麼那麼肯定自己想要嫁給他？

姍：我覺得我們兩個在一起這麼長時間，他還比較可靠，所以我才決定，畢業跟他結婚。他跟我說，我是他的精神寄託，精神支柱。我能感受到，他雖然表現的很強大，但是精神上是非常脆弱的，我一點都不敢傷害他。我不敢傷害他，是因為我比較心疼他，我不忍心。

我覺得我現在完全離不開他，因為我把他的痕跡從我生活中消失，那是很難的一件事，因為我生活中的點點滴滴，生活中的每件事都有他的影子，生活中完全是他的「陰影」。之前沒有一個人對我像他一樣影響特別大，所以我就認定他了。他跟我說，他家今年蓋房子，過年的時候開始蓋，半年了，這才蓋好，還沒裝修，他說等到今年年底，家裡房子弄好才讓我去。我非常糾結我到底去不去。

我覺得我們兩個在一起的時間是最長的，他即將成為我戀愛時間最長的一個。這是我的一個重大突破，人生的一個重大突破。他也比較高興，因為我能堅持這麼長時間。其實我們兩個能堅持這麼長時間，完全取決於他，因為它能包容我的大脾氣小脾氣，好毛病壞毛病，我覺得我現在找對了。我們兩個走這麼長時間是因為，他比較喜歡我這種有點幼稚，有點小天真的，小女生的。我比較喜歡那種比較能包容我的，好脾氣的，又穩重的那種，他正適合我，我正適合他。還有就是我們兩個都是那種喜歡黏在一起，就是喜歡膩的那種。有的人喜歡那種，兩個人之間留一點空間，但是我們兩個人就是，能在一起就在一起，就想天天在一起，我們兩個的想法是非常相似的。在一起這麼長時間，就是「各取所需」吧。他不喜歡那種強勢的，喜歡那種小鳥依人的，他前任對象比較強勢，他非常不喜歡，那樣讓他找不到大我當然幸福，反正現在是我想像的那種狀態。我這人安於現狀。

蘭：真看不出來，他在你心目中這麼重要。

姍：你看你，非要讓我跟你面前秀幸福，我都不想打擊你。說的好聽點，我是給你分享，說的不好聽點就是打擊你的。你不能讓我做壞人啊。

我們要熱戀到七老八十

文／蘭晴晴

主人公：七元（化名），生於一九九三年
學校（或所在城市）：杭州
專業（或文科理科）：傳播學
主角個性：愛喝奶茶的「臺灣女生」、短髮、嬌小
採訪地點：杭州下沙某麵包店
採訪時間：二〇一五年十月十六日

當我徵求她化名要用什麼的時候，她說七元，因為是她男朋友名字的諧音。我想，真是一個浪漫的人。我們約在下午兩點。下沙外來人口較多，餐飲發達，但很難找到一個安安靜靜談事情的地方，索性我們就約

在了學校對面的麵包店。她點了一杯奶茶和一塊慕斯蛋糕，這是她答應接受採訪的全部報酬。

七元是個很愛講話的女生，採訪過程中我似乎只要聽下去就可以得到想要的內容。她聲音很柔，普通話不是很標準，剛剪的短髮貌似很合心意，時不時要擺弄一下。

提到她男朋友時，七元就是標準的賢妻良母，言語間的體貼、寵溺與自豪展現的淋漓盡致。「我覺得我們倆已經達到一種很楷模的思想，我們倆都覺得很怕對方被搶走，都當對方是寶，但我們倆都很一般，他是個宅男，我長得也一般，雖然我覺得我性格好，我覺得沒有人會找我們倆。」

大概這就是熱戀吧。

> 遊戲中的不打不相識——太不可靠，沒見面就說要追我——傲嬌的「小公舉」，是在下輸了——熱戀中的告白狂魔——無意識中抱緊我，真的很感動——你說過要我為我減肥的——異地戀，讓我變的好窮——我們五十歲還要手牽手上樓梯，熱戀到七老八十。

蘭晴晴（以下簡稱蘭）：你們什麼時候認識的？

七元（以下簡稱七）：我們剛開始認識是二〇一四年二月，二〇一五年五月在一起的。剛開始認識他的時候，我知道他是廈大的，廈門大學的，我那個高中同學也是廈大的。

蘭：你們怎麼認識的？

七：打遊戲認識的，就是打遊戲認識的。打英雄聯盟，剛開始就是跟我幾個高中同學一起，就一起打打打。他是我高中同學的大學同學，然後不小心打到一起了，然後他網路約我單獨打，然後就語音。欸，聲音還蠻好聽的，這個男生。然後那算是認識吧。

然後後面認識了一年多。他覺得，我這個人，還不錯。

蘭：還不錯？

七：有點好笑哦。然後他就開始跟我不在遊戲上聊了，就開始跟我私下接觸了。接觸過之後他就覺得我人特別好，特別有趣，就說要追我，然後我是不同意的。一開始我是拒絕的。我覺得你這人太不可靠了，因為我在杭州，你在廈門，還沒見過面，你這樣就太不可靠了。

蘭：那你們是怎麼確定關係的？

其實，後面相處下來覺得他還是一個蠻可靠的人，給人一種他很可靠的感覺。而且我這個人毛病很多，我覺得他跟我談他是能hold住我。我跟我朋友聊，就是我們共同的朋友，他覺得可以在一起啊，為什麼不呢。我是覺得，我男朋友人不錯的，但是我就是沒想跟他在一起。有一天我心情特別好，我說你蠻可愛的，他說那就在一起吧，我說還是不要。

還有一次我胃疼，那一天是吃多了，真的吃多了，胃特別疼，我半夜還疼醒了。那天還把我們宿舍全部弄醒了。哦，沒有全部弄醒，有一個沒醒。第二天我就跟他說，因為我以前跟他說過好多次你不要追我，第二天我就打電話跟他說，你看你這樣子不在我旁邊，也照顧不了我，你還是不要追了。他就說，他完全理解我的想法，覺得我考慮的都是對的。覺得談戀愛不在一起啊，沒有見面也不好。他後面就說，好，以後不會主動找我，如果我有困難找他，他也會幫我。大概那個電話聊了十幾二十分鐘，我要掛電話的時候，他說，「不行，我不能放你走。」可能有點狗血。我說那你剛才說的話呢？他說，當我沒說。我說，哦。我就很無奈地掛了電話。掛了電話幾分鐘他發簡訊說要來杭州看我。我糾結了很久，還問了我的室友們，怎麼辦。她們說，見面可能會見光死，但也不會少一塊肉，想見就見，不見也沒關係。各種糾結之下我就同意了見面。

然後不知道為什麼，就在見面前答應做他女朋友了。

蘭：什麼？就答應了？

七：我不是跟他說過你不要來追，但是他還是來追。也沒說什麼，就是說我特別好，讓我跟他。他說，「你跟我吧」，就這樣。還沒在一起的時候，他說，你知道我為什麼喜歡你嗎？他說他好久沒有遇到一個想好好對她，想好好保護的女生了。他說我就是那個。我忘了我當時應的什麼了。我拒絕他用各種方式，我就說，我有喜歡的男生了。他說沒關係，你最後都會喜歡我的。我說你逼瘋我了。因為我拒絕他很多次了，這次沒有成功。

他要來杭州，我過了幾天就答應了。答應那天也沒有說什麼，他說，那我是以什麼身分去的？我說你覺得呢？他想想了說，男朋友。我說，哦，那你再告一次白。他就說了一通。我說你不要這麼說，你就直接問「我可不可以做你的男朋友」。然後他就按照這句話問了一遍，我說，嗯，好的，你已經是了。他說真的嗎？我說是啊。我反而疑心了，我就說，意思是說，我也脫單了？他說是啊。他說，沒事，你脫單了，我守護你。

蘭：那你們之前對彼此的熟悉程度如何？

七：從來沒見過面，他也從來沒問過我哪個學校的，從來不問我家世。後來我才知道他什麼都不問，他說因為他找人的標準只有一個，只要這個女生愛他，對她好，這就可以了。他覺得只要我以後做到這一點，其他都無所謂。我找人的標準也很簡單，只要對我好就可以了。我想了想，我的標準就真的這麼簡單。

他來那天是我生日，他來杭州當天就是我生日。他知道我生日，因為我遊戲資料裡有寫。他是要提前一週來的，後來說還是下下週吧，因為是你生日。反正他就來了，來了之後還跟我們寢室的人吃了頓飯。來了四天三晚，還過了六一節。因為我生日和六一節連在一起，那天去麥當勞吃兒童套餐的時候，他竟然在哭。

蘭：哭了？為什麼哭？

七：對，太感動了，他覺得找到真愛了。他那個眼淚就滴到漢堡的那個紙上，我第一次看到，嚇死我了，從來沒有男生跟我哭過。嚇死寶寶了。

說出來我都不好意思，他覺得我對他別好，但我覺得沒有，我覺得很普通。他之前追我的時候，我只當他普通朋友，他生病的時候，我只是打個電話慰問了一下，他就覺得我對他特別好。後來我知道為什麼了，因為他前女友對他一點都不關心，這都是我後面知道的，當時一點都不知道。當時覺得，我就打個電話，你為什麼那麼緊張。後來他來杭州，我覺得我是很正常的表現，他為什麼就會那麼感動呢？我沒做什麼舉動啊，就覺得普通戀人然後又有點熱戀的那種感覺，沒什麼呀。

蘭：看得出來，他還是蠻感性的。

七：是挺感性的，而且很會「勾搭」人。端午的時候，我說我要回家。我家在福州，我說你要不要來福州找我們，他說好。我就跟我媽講了。我問我媽說要不要一起吃飯，我媽說好。我媽也糾結了很久，開始我媽覺得只是男女朋友，而且也沒有在一起很久，覺得這樣見面有點冒失。但是我知道我媽這個人好奇心特別重，她就是想見一見人家怎麼樣，她想了想給我回電話說好。

端午的時候，我男朋友跟我家裡人吃了兩頓飯。那天正好是我媽出去談生意，本來說要在家裡煮，但出門談生意沒辦法，就去了她談生意附近的一個飯店吃飯。在酒桌上就說，讓我男朋友第二天再去我們家，再做一次飯，那個時候我覺得我媽一定是個好丈母娘。我明顯感覺她在飯桌上套我男朋友的話，就問家裡是幹什麼的這種。

我爸才好笑，因為我在見面的前一天，我說老爸，你不要讓人家喝酒，人家也是學生。我爸就說，喝酒怎麼了，男生就應該喝一點啊。第二天，果真他沒有聽我的話，他跟我男朋友喝酒了，我也是醉了。我覺得我男朋友是個特別識大體的人，我記得很清楚當時他回的那句話是，「叔叔想喝的話，我陪叔叔喝一點。」我記得很清楚他就這麼回的。他做事情就真的很可靠，交際啊就很可靠。

他私下跟我講過，因為我們家不是三姐妹嘛，原來家裡有很多個兄弟姐妹和獨生子是什麼感覺，因為他是獨生子，我們三個開玩笑就是瘋瘋癲癲嘻嘻哈哈，就是玩的特別好的那種，互相吐槽幹嘛。他覺得我們很有愛。

蘭：那你們多久見一次面？

七：上次見面就是國慶，原來他也是說來福州來玩個四天三夜，就是到了前一天他要走的晚上，我們倆特別難過。因為他一直覺得出去嘛，牽個手就好了，從來不會怎麼樣，結果那天吃飯的時候就快哭出來了，很慘超級慘，都很難過。回來的計程車上他一直安慰我，說沒事，過不久就又見了，一有錢就會見面。我感覺真的，談戀愛讓我變得好窮。回賓館，到那個樓梯的時候，他就跟我說，他回學校以後就繼續鍛鍊。他有點胖。讓我回去好好讀書。回到房間我跟他說了句話，我說見面之前我還寫了個單子，都是我想我們倆去吃的東西。他說真的嗎，我說真的。他說你找出來好不好，我說為什麼。他說你找出來我明天就不走了。然後我就翻錢包找出來了。給他看了以後，他說這些這些吃過，哪些哪些沒吃過，我們去吃吧，我不走了。我說那票呢，他說明天一起去改簽。第二天我們就去改簽了。

我男朋友真的很貼心，我說今天我們去打撞球吧，嗯可以，今天我們去網咖打遊戲吧，嗯可以，今天我要吃這個，嗯可以。基本上就是這樣，但也有很多他想吃的東西，他是標準的吃貨，所以他才會胖。剛認識他的時候他就要說要減肥了，一直說到現在。暑假據他所說，他是瘦了十斤，暑假找他的時候，見面第一句話就是，你覺得我瘦了嗎？

蘭：他很胖嗎？我看照片還可以的。

七：我經常跟他開玩笑，你趕快跟我減肥，因為我跟他說，你瘦我才能胖，你瘦十斤我才能胖一斤。很胖，真的很胖，照片是我P的，所以才顯得沒那麼胖。我每次拍照片多給他看一下，他說，我不會太胖了吧。他每次的第一反應就是，我怎麼這麼胖。我就說，沒關係，我幫你P一下。他九十公斤，之前九十六公斤。他每次跟我朋友吃飯的時候，就會說，我好胖我要減了，然後掏出身分證。因為他身分證是瘦的時候拍的，上大學後胖了十幾公斤。

蘭：在你眼裡他是怎樣的人？

七：他真的是一個特別傲嬌的男生，就包括說打遊戲，我看著他打。如果我玩手機他就會說，你不看我打是不是，那我掛機。一起打的時候，如果我不聽他指揮，去做自己的事情，他就會說怎樣怎樣，還為這件事跟我鬧分手，我也是醉了。

蘭：所以你們會因為打遊戲吵架嗎？

七：我打遊戲不聽他指揮，後面我就開始埋怨他，我說你都不關心我什麼的，結果兩個人開始互相埋怨，他就開始跟我道歉。我那次是變本加厲，就等於得寸進尺，得理不饒人，他跟我道歉不理。什麼，不行，這個，不好。我就說我要睡午覺，我就去睡了。態度就是他怎樣我都不理。他就跟我說，他說你知道剛才打遊戲的時候我在想什麼嗎？我說想什麼？他說分手。那是他第一次說分手，當時我也就是嚇懵了。後面我就是各種道歉，我說我就是這種得理不饒人的，你應該原諒我。最後搞得兩個人都很難過，每次都是這樣，我哭他也哭。在這之前我一直覺得他是不會離開我的，那次我就很崩潰。那次完了，他就給我道歉，兩個人就是一直道歉，互相道歉，一直哭就這樣。雖然在兩個小時之內和好了，但是特別沒有安全感。你不要覺得很好笑，真的嚇死人。我就很希望他做出一個承諾，下次不會跟我吵，但是他就是各種沒有做出承諾。但是過了三天他又開始跟我吵，事情也是很小的事，我都記不清了，他就說以後不能陪我走了，最後對不起我，反正說的非常嚴重。我就跟他語音聊，就開始大哭，他就又受不了了，說好，不分手了。就開始跟我道歉。

感覺很幼稚的原因鬧分手，但是你不能講他幼稚，你講他就是你不對了。主要是我已經摸透他脾氣了，我知道什麼該講什麼不該講。可能講出來別人就會說，這個為什麼不能講，可是我就是不能講。但是他又特別認真，你這樣就是不對，怎樣怎樣。

蘭：我認識很多女生，都不喜歡自己的男朋友打遊戲，你會有這種感受嗎？

七：他是個遊戲狂魔，基本上市面上好玩的遊戲他都玩。他就會接觸一下也不是深入玩，他比較堅持玩的也沒幾個。我打遊戲就一般，我的段位都是他打的。我不理解那些女生總是覺得遊戲搶了她們的男朋友，我覺得這都不構成威脅。我覺得打遊戲真的好正常啊。

我認識他之前，我覺得玩遊戲這件事情就是kill time，只是我無聊的時候用來消耗時間。我整個大二是很沉迷於打遊戲的，大二的時候有特別忙，學生工作，輔修還打遊戲，還出去旅遊。大二也談戀愛。我感覺我大二是最忙的，但是打遊戲占了我其他正經事的很多時間，我有很長一段時間覺得這樣很不好，我中間有三個月都不打遊戲的，後面再打回來的時候基本上屬於都已經控制住了，偶爾玩一玩。但是他就不覺得，他覺得打遊戲反而培養他一種能力，他跟我分析過各種遊戲上的心理。包括你是花錢玩這個遊戲，還是不花錢玩這個遊戲，你是以最快的速度達到最大的一關，還是你用外掛達到，他就跟我分析了很多。他說你不要看我天天打遊戲，他覺得他現在的成績也沒有特別好，學分也不是特別高，但他說他以後工作會是非常努力的那種，他就這樣的自信。

我男朋友不會這樣因為打遊戲忽略我。因為之前，包括我去廈門找他的時候，他當時是小學期快期末了，他還要趕作業，第二天他就要交作業了。前一天還在趕作業的時候，雖然他說作業一點都不複雜，寫一寫就好了，就像課程報告，我說你寫吧，我不打擾你。他就覺得這樣是不對的，他說，這樣不叫打擾，跟你聊天才是正經事，這個才是次要的。所以說，在他寫的時候我要跟他說話。這種態度比較好吧。

蘭：你們畢業以後有什麼打算？

七：他來杭州的時候就跟我說過，他工作以後可能還要出國，如果出國讓我等等他，我說好啊，很無心的回答。結果他現在跟我說的是，他不要我出國。因為我跟他說我要轉雅思班的事情，就是轉手出去。我問了他這件事情，他說轉啊。我說那你不是也要出國嗎？他說跟我在一起他不想出了，他再也不想異地戀了。他說如果以後出國，也盡量帶上我。我說好，如果你要出，我儘量跟你走。我也沒放棄什麼，反正本來就不想不出國，是我媽想的。然而，他已經把我考上研沒考上研，所有的規劃都想好了，就是考上研的話他就住學校那邊，沒考上的話，反正他有間房子，就已經開始規劃了，兩個人在一起工作。

在一起以後，他並不知道我要考北京的研，那天跟室友吃飯的時候，同學正好說了一句，你北京的，七元也要考北京的研。他才知道我要考北京，然後他很小聲的問我，你要考北京的研？我說是，他說那你回去可不可以跟我好好講一講。回去我就跟他講，我大一就想考北京了，考北京只是覺得學術氛圍好。過了幾天他又問我，我基本上還是這麼說的，他說你不能這麼講，我說哦，因為北京學術氛圍好，現在又有了你，我更要考。然後他就滿意了。他真的是一個非常傲嬌的男生。

蘭：那他考研究所嗎？

七：他不考研究所直接工作，他是一個非常自信的男生。在他還沒有追我之前我就明確地說過，你不要追我，結果他還是來追。他說，你最後都會喜歡我的。我說你為什麼這麼自信。他對他自己工作這方面也很自信。他暑假去實習，他家關係好像蠻好的，幫他找個了什麼地方，國企。去實習以後他對自己的工作能力更加肯定，他就很希望趕緊工作，經濟獨立。因為他覺得別人如果花三年五年晉升到的一個職位，他可以花更短的時間晉升到。因為他覺得他自己的社交能力也好，工作能力也好。他就非常自信，以及我現在已經被他洗腦：他就是這樣的人，他很有前途，我跟他沒錯。就是相信這種。

比如說一件事，我們倆都想到要怎麼樣去做的時候，我有點猶豫不決，問他的時候，他跟我想的一樣的時候，我就會多附和他，多誇他。我已經摸透他的個性了。

蘭：看得出來，你非常了解他。

七：他經常問我這麼幾個問題，超搞笑的。我可愛嗎？你喜歡嗎？我們這樣應該算是模範情侶了吧？他就這樣問一些很愚蠢的問題。很可愛啊，喜歡啊，就這樣答。我每次說完可愛，他就會說，傻B，滾。我就會說，那要一起滾嗎？要。他經常問這三個問題。

他睡覺打呼，如果我那天沒有特別累的時候，我對睡覺這件事情非常敏感的。在廈門那一天我睡不著，因為他打呼打的比較大聲。我本來就睡不著，他打呼我就更睡不著，我就動了他一下，他竟然不打呼了，還抱我，說，老婆怎麼了？我就沒說話。第二天我就跟他講這件事情，他完全不記得，他說他昨天絕對沒有醒。我說你還跟我講話，因為我動了一下他才抱我，後來他邊吃飯邊笑說，看來我還是很愛你嘛。

他這個人特別愛裝逼，就是愛開玩笑的那種裝，愛吹一下。「你知道我是誰嗎？」就這麼跟我說，我說你誰啊，他說你上網搜一下，我以前在江湖上砍了幾個人。那天他說完這幾句話就低頭吃飯，沒有接話，我就拍拍他的肩膀說，沒關係，慢慢吃慢慢編。我們倆個在一起屬於那種比較逗比的那種。

有一次，跟我一個超級好的閨蜜吃完飯後，我閨蜜就覺得我找了個可靠的人，我發簡訊跟他說。他就說，你看吧，你同學都這麼說我，然後非要用我的微信跟我閨蜜發一句謝謝。

那次是我們一個共同的朋友，是個女生，我高中同學，但是她跟他的大學同學是情侶。那女生在北京上學，那個時候是暑假，那女生回學校，他暑假實習在北京。我跟他說，叉叉要回北京了，他說太好了，我去接她。他就故意這麼說逗我。我說，你敢。他說，為什麼不接啊，她很可愛啊。我說，哦。我就沒理他，我說滾吧。他說我真的滾啦，然後就秒刪了我微信。真的是非常傲嬌。就不能跟他說這種話，像我已經不會再說這種話了。然後我又去加他，加回來了又開始吵，那天吵了一個下午，比較久。他說不走了，就和好了。

蘭：感覺你們是一對歡喜冤家。

七：我覺得我們倆已經達到一種很楷模的思想，我們倆都覺得很怕對方被搶走，都當對方是寶，但我們倆都很一般，他是個宅男，我長得也一般，雖然我覺得我性格好，我覺得沒有人會找我們倆。如果他遊戲裡有妹子，我就經常會說他，他就會說，我一個宅男我會找誰啊。每次我怎麼樣他就會說我，我就說，哎呀，不會啦，我保證不會出軌。我們倆已經達到了很怕對方走掉的狀態。可能就會有那種狀態，你看到兩個人，覺得這兩個人在一起，就沒有會跟他們在一起，就只有他們兩個在一起，但他們就覺得對方是寶的那種，我們倆大概像是這種感覺。其實想想，好吧，我還是覺得他會出軌。就怕他會這樣，但又很相信他的那種。

蘭：你們倆是那種會經常撒狗糧的那種嗎？

七：暑假的時候，大概有很長一段時間，好幾次，他跟我說，我們不要黏的太緊，你不要對我太好之類的話。我說為什麼？因為他很怕熱戀期過掉。他覺得他太喜歡這個熱戀期了。我感覺到現在還一直是熱戀期。我跟他說，我們倆真的是告白狂魔，每天告白，各種告白，我就跟他說，沒事，現在熱戀算什麼，我們要熱戀到七老八十，到了五十歲，上樓梯都要手牽手。但這一方面，我們倆真的是告白狂魔，每天都要說「我愛你」，這是剛開始他跟我說的。我剛開始很不習慣，我覺得我是一個神經超大條的人，而且說這種話太肉麻了。後面他說，這樣說對感情有好處。我說什麼話他也會聽，比如我說你現在去幹嘛幹嘛，他就會說，老婆你不用擔心，我已經想好了，現在幹這件事情是沒錯的。我們倆都會勸對方。

就是我那個特別好特別好的閨蜜，她有很長一段時間就覺得我是那種有了戀愛就會失去自我的人。她就擔心，如果分手了我怎麼辦。我感覺我現在把以後的人生都跟他想在一起，經常提他。我覺得這沒什麼的，我感覺我命都給他了，他命也給我了。我覺得我們倆動不動就會提我男朋友怎麼怎麼樣，我女朋友怎麼怎麼樣。雖然我有點不好意思，我就是忍不住。其實已經控制一點了，不然會更誇張。

我們倆在一起就是那種旁若無人，就真的是虐死單身狗。回宿舍跟他語音，有事就聊，沒事就掛在那裡，聽他跟室友聊，只要我在宿舍就跟他語音。我覺得真的很正常，比如說你跟一個關係好的人出去吃飯，照片發出來，那人家高興地跟男朋友出去吃飯發出來，很正常啊，人家就會說，七元，你又秀恩愛。我也不是故意的，我已經很少發了。

其實我們倆很狗血的，更狗血的是我前男友跟他認識。是一個系的，都是廈大的。

蘭：同一年級的？

七：對，一個年級。他來杭州的前兩個晚上，我跟他坦白了，我們兩個互相掙扎了很久。因為他需要一段時間接受，我也需要一段時間讓他接受。我倆互相講了很多心裡話，覺得沒什麼。我跟他說完他的第一句話是，你前男友是ㄨㄨ，證明我女朋友之前沒有遇到壞男生，ㄨㄨ人蠻好的。他沒有好好照顧你，以後我來，他不行，不代表廈大的男生不行。他說之前是不是有顧慮這個不跟他在一起，我說是一方面。

大家感覺我對我前男友很好，也挺喜歡他的，但是我自己並不覺得。按照我身邊的朋友的說法，我之前很喜歡我前男友。我死黨跟我講，我跟我前男友在一起的時候很消極，情緒非常糟糕。我跟前男友經常吵，而且不是鬧分手的吵，就是吵，但從來沒想過分手。

他覺得老是異地。說幼稚的話，前男友更幼稚，現在這個就不會，他就會說，沒關係一起克服之類的，給你信心，讓你覺得這也是沒關係的事情。前男友就會覺得，我們異地了，怎樣怎樣。

我也不是說要兩個人比，我也很少比，你這樣說，讓我正好比一比。現在這個男朋友就會說，我生活費拿出多少錢去見你，就明確跟我講，我生活三千，拿出一千跟你見面。每次分開特別難過的時候，他就說，沒事啊，說不定過不久就又見了，一有錢就見。

我覺得我們倆在一起不需要考慮什麼。如果因為異地沒在一起，他就會說，沒關係，心在一起就好。我們倆經常因為見面過的比較慘，只能吃食堂。我就跟他說過，因為他跟我在一起之前是個日子非常滋潤的男生，他生活費也蠻多，家境也比較好，家裡說沒錢再給你了，但他覺得生活費要控制，一般都是拒絕。見面沒錢我就會覺得特別自責，我就會說，因為跟我見面，害你過的這麼慘，他說，沒關係，你不知道我跟你在一起的時候有多幸福。我說我也很幸福。

我們倆真的是說情話沒完沒了的那種，特別可怕。我真的希望五十歲走樓梯的時候還手牽手，而且就算以後有小孩，我覺得對小孩最好的愛就是父母很相愛。

蘭：這麼聊下來，你們兩個人似乎是我見過最開心的一對。

七：我也會擔心很多問題，你剛才說的，讓我有擔心一些現實問題。比如說，以後有小孩誰照顧，兩個人都上班。很希望經歷小孩早期的成長，陪伴他多一點時間。我不希望就是給父母帶，下班見一見，我希望能陪他，在他還沒去幼兒園之前。我說那怎麼辦，他就說老婆，那能辛苦你嗎？我也覺得這樣對小孩好。我說如果是我前途特別好怎麼辦。他說那我看一下吧，實在不行就他犧牲。感覺我們倆就到了互相包容的地步。

我覺得好好愛一個人特別棒，就可以學到好多東西，包括想人生啊想什麼都學到很多。我感覺有一個愛人的能力是一件很重要的事情，我覺得要對對方無限無限的好。我就是這種。

我不知道愛的是他　還是網遊裡那個異人角色

文／謝士琳

主人公：蟲蟲（化名），生於一九九三年
學校（或所在城市）：杭州
專業（或文科理科）：文科
主角個性：安靜善良但不善與人交往，刀子嘴豆腐心
採訪地點：杭州某咖啡廳
採訪時間：二〇一五年六月十三日

蟲蟲是個很典型的江南女孩，明眸皓齒，膚若凝脂。美好的外表下有一顆敏感又善良的心，但是獅子座的她也有一些自身的小傲嬌，她說既然生活裡遇不到愛情，那就去遊戲裡感受吧。果然，她陷入了一場亦真亦幻的愛情故事裡……

打遊戲相遇——男生告白我拒絕，放棄打遊戲——回去打遊戲看到遊戲裡的他和別人結婚，生氣——到了另一個遊戲區，他追來——現實中開始談戀愛——分手——復合——他來杭州想看我，我沒見——再分手——澈底斷絕聯繫。

謝士琳（以下簡稱謝）：你是什麼時候開始這段感情的？

蟲蟲：我的初戀是打網遊的時候認識的，別人都覺得有點兒離譜，我反而不那麼在乎。只是一年半的分分合合，我倆吵架的時間遠遠大過我們相守的時間。可能要從二〇一三年十一月分說起了，也就是我大二那年，我開始打遊戲。其實，我的性格挺內向的，朋友很少，也不想出去社交，然後就喜歡上上網逛逛貼吧（註：貼吧是百度的網路論壇）。我比較喜歡看貼吧裡的故事，有一次在貼吧裡看到一個女生講自己透過打遊戲談戀愛的故事，她講了很多遊戲裡的場景，我感覺特別古風特別美。我就想著反正也沒事就去查了查這個遊戲，遊戲的名字叫《倩女幽魂OL》。我本來就很喜歡看那種古風的東西，遊戲裡面的風景真得很吸引我。我覺得大學的學習挺輕鬆的，大家空閒時間都挺多的，有的人看電視，有的人出去玩。打遊戲也是一種娛樂嘛，我就下載了那個遊戲。那裡面有十個特定角色，我最喜歡的就是醫師，還可以給人加血，可以照顧別人，最重要的是可以保護朋友，很適合女生玩，我就選了醫師。那時候真是超級開心，就是看看風景，打打醬油。然後裡面的朋友有個男生對她特別好，當時就很羨慕嘛，覺得要是有個人能對我那麼好就好了。

謝：你是怎麼認識的對方？

蟲蟲：後來經過朋友介紹我認識了他，在遊戲裡他叫隱叔叔，玩的是異人的角色。異人的角色能召喚幽靈增加戰鬥力，每次出現都特別帥，就是那種英雄救美的感覺嘛。我的角色能起死回生，給人治病，跟他還是蠻般配的呢。剛開始我們又都是菜鳥小白，所以就結了婚。我們在遊戲裡很恩愛的，結了婚後他就改名叫大阪牙，我叫小乳牙，我們還生了一個孩子叫十一月十七，就是我倆認識的日子。

因為兩個人要一起任務，所以我們要每天下午六點鐘同時上線。那個時候的恩愛只是表面的，我對他沒有啥特別的感覺。而且我還有別的事情要做，時間久了我就膩了，遊戲嘛只是為了玩，要是玩得這麼累就沒意思了。你也知道啦，我們這種學生，都是花家裡給的生活費，一個月才一千多塊，沒有多少錢投在遊戲裡的，而這個遊戲想要玩的好就必須投點小錢。他已經工作了麼，第一個區是他好基友為了讓他熟悉遊戲才帶他來玩的，到了第二個區，他就開始花錢搞裝備了，還收了四五個徒弟，而我一直是個渣。就好像現實中人生活水平的差距一樣，遊戲裡裝備相差太大也讓我感到壓力好大。我一想到他和別人打架的時候，因為自己太渣不能及時給他加血解狀態的時候，心裡就特別難過。雖然他沒有明說，我卻能感受到他所隱忍的一些不滿。可是我能有什麼辦法呢，本來就是抱著遊戲的心態去玩這個遊戲的，而且作為一個沒有任何收入來源的學生，我又不能將自己的生活費全部充進遊戲。所以我依舊渣著，他卻在追求裝備的路上離我越來越遠了。

謝：你們之間什麼時候開始產生矛盾了呢？

蟲蟲：我們的第一次分手是在去年四月分，在遊戲裡，我的自卑一點點擴大，沒有絕技也沒有鬼，連加血也加不好，然而遊戲裡的任務太多，還要定點定時上線做任務搞得我真得好累呀。我就跟他說我不想玩了，我爸媽知道我玩遊戲很不開心，我身邊的人也給我壓力，覺得女孩子這麼沉迷遊戲不太正經。當時我真得很理智的，遊戲和現實能分得很開。

那時候他求我留下，我拒絕得很果斷。後來，我再看那時的聊天記錄覺得自己真是高冷，因為那個時候根本沒想過自己竟然是真喜歡他的。我一直覺得遊戲就是遊戲，網戀這種事想想都覺得像天方夜譚那樣遙遠，不可能發生在我身上的嘛。我還記得那天下午剛上線他就拉我進隊，但是我卻拉著他在三生石上點了離婚，他無助的在我身邊打轉。我說你可以在遊戲裡再找個媳婦一起玩，但是他一直對我重複那句話：「遊戲裡只有一個小乳牙。」我還是無視他的挽留，直接下了線，移除了遊戲，走得乾脆又決絕。就是現在想起來，我也不敢相信那竟然是我做出來。

謝：你內心對他真的沒有友情或者說依戀嗎？後來你們就失去了聯繫嗎？

蟲蟲：人好像總是這樣，離開後會好奇地想對方沒了自己會怎樣。我發現我還真得戒不掉那個遊戲，一個星期後我重新下載了遊戲，登上了那個原來的帳號，帳號和密碼都沒變，我記得自己當時說這個號送給他的。進了區，我發現他竟然掛著別人夫君的號。人嘛，就是這個樣子，肯定會不甘心，當初那麼多甜言蜜語轉眼就娶了別人，這種事情我受不了。我就不明白，為什麼相守了整整五個月都抵不過一個星期的等待，曾經只屬於我的他這麼快就和別人秀恩愛了，不開心，很不開心。

有好幾天我晚上都睡不著，也沒有胃口，就覺得他要回來找我，我肯定不要了，別人碰的東西我覺得噁心。又想，如果我當初不那麼作就不會這樣了。糾結過了我又回到那個區和別人一起玩。其實，我不是沒有想過他會因為我而和他所謂的新歡離婚的。可是，他的好基友竟然來找我，說很多不好聽的話。說既然我當時離開了，為什麼要回來呢。他現在好不容易有了自己喜歡的人，怎麼可以因為我而去傷害那個女孩子。好歹我們三個也一起玩了半年，一點情分都不講。然後他的好基友還裝作和他的新歡關係特別好，故意氣我，真是矯情。從那以後我就特別討厭他的那個基友，沒有理會他說的話，繼續和我的朋友玩。

後來，他發現了我，說很想我，但是不知道怎麼面對我。他跟我說對不起，讓我離開那個區。我「嗯」了一聲，然後報名了一個根本不認識的異人的招親。他又第一時間來到擂臺，想阻止我去搶親，但是沒進去。其實我看到他的時候，我是有點開心的，至少說明他還是在乎我的，我最後搶到了繡球。按照遊戲規則招親成功還是要打場聯賽，在聯賽的時候，他殺了我好多次，雖然只是遊戲，我還是感覺到了心痛。我被他殺死了，角色躺在那裡不動，他的新歡竟然驕傲的從我身邊過去，心情很不爽。他的新歡帶著我和他曾經的寶寶，寶寶的名字還叫十一月十七，那是我們認識的日期，我當時心裡確定他還在乎我的。其實，要不是為了等他，我早就嫁人了。他都不知道我為了他，拒絕了別人的情誼和自己的小號結了婚。我也只能等他了，我這種性格天生不會主動的，在那兩三個月裡我晚上睡不著，白天也沒有食慾，就為了他我暴瘦公斤，暑假開始的時候只剩下四十六公斤，真的是皮包骨，有點嚇人。回家的時候我爸以為我生了什麼大病，一直說要帶我去醫院。

謝：感情真的是一件很折磨人的事情啊，但是真正在乎對方的話，還是沒辦法輕易放下的，後來你們怎麼樣了？

蟲蟲：暑假我在家裡，二十四小時都有網路。但是我爸媽不喜歡我玩遊戲，所以我幾乎都是在半夜裡偷偷的玩。有一天晚上，我又回那個區看了看，發現他真的離婚了，可是，他竟然又和一個叫念子的人結婚了。當時感覺我的世界真的澈底崩塌了，那個黑暗的夜晚，我從凌晨一點哭到四點，給室友打電話邊哭邊說，不小心驚動了我媽。然後我媽來敲門，我手足無措的不知道怎麼解釋。然後我哭著問室友怎麼辦，室友說，你就說室友給你打電話講鬼故事，然後我媽真的信了，還邊關門邊說你室友怎麼這個樣子。雖然我是一個愛哭鬼，可是我從沒有這麼放肆地哭過。他不可以為了我傷害橘余（橘余是他的新歡），可是他卻可以為了念子拋棄橘余。哭完之後，我終於決定離開那個區了，然後把號給賣了。步步生蓮，我的大板牙，再見，再也不見。

謝：那麼你後來真的放棄了遊戲嗎？

蟲蟲：原來以為我們的故事就到此結束了。開學以後，我開始認認真真地上課了，我還和室友說要她監督我，如果控制不住就請她吃飯。可是上著上著，就控制不住了。兩個月之後，我又下載了遊戲，這次又換了個區。我去找我在第一個區認識的女孩子們了，我和以前的好友木木在雲中歌找到了兮兮和久久，卡的六十九，我儲值了錢，換了鬼，也被人叫做大神了，我再也不是那個躲在他身後給他默默加血，有時還會被他埋怨加不好血的小奶媽了。對於木木，我知道他對我的意思，他為了我果斷放棄以前那個區，陪我來了新區。但是，在我心裡，一直有個大板牙，說我恨他也好，愛他也好，我就是放不下他。在新區的日子，我也想過他會不會突然來找我，不都說了麼，念念不忘，必有迴響。

我在新區玩了一個月，有一天，兮兮說她在貼吧認識了一個朋友，叫我幫忙帶下升級。我說行呀，然後加了他好友，就再也沒有再主動找他。沒過多久，這個魅的角色就來找我說讓我幫忙。我看到他裝備的衣服上刻著清淺兩個字。其實我和大板牙在一起的時候都特別喜歡一句話叫：「時光清淺，許你安然。」我就想怎麼會這麼巧合呢，感覺這種東西真的很神奇，我竟然在某一瞬間感知道一種曾經讓我無比熟悉的語氣，用一個不恰當的詞來形容叫幡然醒悟。他張口就問我今年大幾了，你說一個陌生人怎麼會知道我是在校生呢。好像是他耶，真得是他呢。當天晚上，他就向我坦白了，讓我再次嫁給他。我幾乎沒有考慮就答應了，曾經水火不容的我們，現在竟然就這麼神奇的好了。更不可思議的是，他讓我做他現實中的女朋友，我竟然也答應了。我們是異地戀，他在廣東工作，我在杭州上學。

謝：真好，雖然是在遊戲裡，但是感情是真摯的，後來呢，你們在一起開心嗎？

蟲蟲：現在想起來覺得自己真得沒骨氣，他的微微示意就讓我丟兵棄甲，那段時間我真的對他很好，甚至可以用愛來形容。他後來也跟我分析過說那段時間是我對他最好的時候。我真的從來沒有那麼珍惜過一個人，他讓我說得那些甜言蜜語，我以前很鄙視他的，那時候好主動，什麼都說。每次掛機我都要待在他身邊，也可能他就膩了吧。有句歌詞說得不錯，被偏愛的總是有恃無恐。可能被他發現了我太過愛他了吧，他就沒有像以前那麼珍惜我了。甚至因為一點小事吵架，他就說再也受不了我了。有一次，因為我想用小號給他做四喜馬鈴薯幫他升級，可是我要上課沒有時間，我讓他幫著看著，他就嫌我煩。我都是為了他好，他竟然說我，氣死我了。或許，不愛了就是這樣的吧，一點點的錯誤都不能原諒。

他一直說我們沒有結果，而他想要結果。他是廣東人，在廣東工作，他想讓我畢業去廣東，認真地做他的女朋友，可我早就打算畢業回寧波，我是不會離家太遠的。我說，我知道了，我們就這樣吧，可是我不想刪你QQ。曾經養的小寵物不離和不棄，還在我們身邊玩得很歡樂，他說他要不棄，我就留下了不離，不離不棄，原來只是太過美好的幻境呵。我以為這次就這樣真得結束了，畢竟是他甩了我。

第二天他就來找我了，可是我不知道還能說些什麼。兩個人支支吾吾的說不出個所以然來，最後還是離了婚，賣了號，卸了遊戲。但是我們的微信和QQ都沒有刪掉。我清楚地記得是二〇一四年十月十二日，他只做了我一個月的男朋友。

接下來的日子還在繼續，我當然也不能那麼快的忘掉遊戲裡的那些開心快樂的事，我會惦記他，甚至會想他在那個遙遠陌生的地方快樂嗎？其實，我心裡是受傷的，當我覺得我的傷口已經好了的時候，他又來找我了，他總是在微信上說想我之類的話。

謝：那你們重新和好了嗎？你們在現實生活中見過面嗎？

蟲蟲：呵呵，和好了，但是接下來的事情我不想再說了，為什麼我就不能吃一塹長一智，讓他一次又一次肆無忌憚地傷害呢？

過年的時候，他在支付寶上給我發了個紅包，我收了，我和他還在藕斷絲連著。愛情嘛，在某個時刻你會頓悟對方並沒有那麼重要，當然他來關心我，陪我聊天我也不拒絕。主要他真的是特逗的一個人，超級搞笑，每次都能我讓笑好久。他跟我說他和我的兩個朋友在玩那個遊戲，我就跟著去了。想想哈，我是三月分去，我和他這次只玩了半個月。上次是一個月，他信誓旦旦地說要刷到十世再結婚，這樣才能顯示他的誠意。這次他的誠意只不過半個月的時間，我已經不知道說什麼了。然後就是離婚賣帳號。後來，我瞞著他自己偷偷地和我的朋友一起玩了，但是我發了一張朋友圈截圖被他看到了，他就來問我是不是在玩遊戲，我說是呀。他說他也要來，我說來就來唄，恐怕你這次又撐不到半個月就不玩了。

那時候剛好趕上清明假期，他從廣東來到杭州玩，說要見我，我沒見。他問我為什麼不去見他，我不好回答。我可能是害怕，怕他見了我之後就不再愛我了，就是那種見光死嘛，男生嘛都很外貌協會的。其實我也怕自己控制不住做出什麼過火的事情，那後果就不堪設想了。然後他回去之後就跟我說這次真得要跟我說拜拜了，然後第二天他就把帳號給賣了。我看著他的帳號突然換了主人，心裡還是難過的。在我的世界裡走來走去，來了又走，走了又來，還不是仗著我喜歡他。可是啊，我就是愛他，就算他一而再再而三地拋棄我，我還是愛。人的天性是愛追逐，他愛的只是那個不愛他的我，可是我愛上他了怎麼辦，已經陷進去了要怎麼才能退出呢？那就這樣吧，任由事情自然發展的好。後來他還會在我的朋友圈裡看著我動態，給我評價。在微博上看到什麼好東西也會艾特我（@我我），就是不怎麼跟我聊天了。

其實說我喜歡他哪點呢，他應該屬於情緒智商挺高的那種吧。他之前談過四次戀愛嘛，他前女友就是那種特別需要哄得類型，所以他練就一身哄女孩子的好本事。我就是不小心一步一步陷入他的陷阱的，可能我真得屬於蠻單純的那種吧，性格很快就能被別人摸透。

謝：好吧，那你覺得你們最後一次爆發矛盾在什麼時候？

蟲蟲：我最後一次跟他吵架吧，就是那天我和一個室友產生一點摩擦，很不開心就去朋友圈發了個動態，他立馬就給我回覆。我就微信跟他解釋，他不聽我的解釋，一直說是我的錯，是我不好，我被他說得在課堂上一直掉眼淚。我後來跟室友和好了，然後去找他，他就是不理我。我問他，你真的沒有話說了麼，他還是沉默。其實我只是在等他一句挽留的話，我都那樣去找他了，就是想讓他安慰我一下嘛。最終他也沒有說話就是一直的嗯嗯嗯。我說，你這麼不想跟我說話是要逼我分手是麼，我等了好久沒有回覆。是他逼我的，我這一次把他的扣扣微信都刪了，徹底跟他斷絕了聯繫。他後來還在微博上說謝謝我替他做的決定。

謝：你們就這樣結束了，後來還有在打遊戲嗎？

蟲蟲：對，就這樣結束了，但是我沒有放棄遊戲，到現在還在打。從第一個區九色鹿到後來發生故事最多的步步生蓮，還有後來的雲中歌再到現在的沙洲月，我一共換了四個區。最開心的還是我和他在第一個區都是小白的時候，什麼也不管，也不追求裝備，他還陪我捉迷藏，陪我拍好看的照片。到現在，我的計算機裡還存著和他在遊戲裡的點點滴滴，儘管已經各自安好，我卻還是捨不得刪。

我把和他在一起的那些遊戲裡的截圖做成了明信片，本來想如果我和他和平分手，我就把明信片寄給他做個紀念。對了，當初在一區的時候他讓我給他織圍巾，當時我不喜歡他呀就沒同意。後來我們好上的時候，我還真給他織了一條，可是沒織完，我們就分手了，只好留著自己圍了。說了這麼多，你現在問我喜不喜歡他，我還能確定的說好喜歡。我最大的遺憾就是沒有在他最喜歡我的時候和他在一起。

後來我自己沒事的時候把我們的故事寫在了貼吧裡，竟然被他看到了，他在下面留言說看了好想哭，我覺得尷尬就給刪了。

其實回歸到現實裡，他已經二十五歲了，既然以後跟他沒有可能就不能再耽誤他了。要是再拖兩年，他年紀大了，我年紀也大了，可能就會耽誤了彼此。現在我們是幾乎沒了聯繫，但是回憶起來還是覺得那麼美好，不過我現在細想起來，我不知道我對他的愛是屬於這個人的還是遊戲裡那個異人角色的，我最愛的應該是那個遊戲裡的他吧。好吧，故事講完了。我和他的故事只是那麼多的愛情故事中不起眼的一個，可對於我來說，它卻深深的烙印在我的青春裡。

我還想談戀愛，卻不想遇到渣男了

文／餘珺皓

主人公：樂樂（化名），生於一九九三年
學校（或所在城市）：浙江財經大學
專業（或文科理科）：文學
主角個性：奔放、有主見、開朗
採訪地點：杭州下沙高教園區某校生活區寢室
採訪時間：二〇一五年九月十三日

外表光鮮亮麗從年少時，就有眾多追求者的女孩被男孩的溫柔呵護所打動，從一開始的平淡接受到最後的死心塌地，最後換來的卻是男生一次次的欺騙以及更大傷害的劈腿，男女生付出感情結果受到傷害的痛苦度永遠不會對等，即使痛徹心扉，女孩卻依然對愛情抱有理想，或許這就是愛情的神祕力量。

高中畢業他追求我——發現他欺騙我，因珍惜感情，選擇了忍耐——發現他推卸責任並認為我是個貪慕虛榮的女人，心涼——他出軌，欺騙我說，他家破產了，逼我分手，我不忍離去——發現他出軌，因割捨不下而求他復合——再次發現他出軌，他母親推波助瀾，澈底分手。

餘珺皓（以下簡稱餘）：先說說兩人在一起的經過吧。

樂樂（以下簡稱樂）：我們是三年前的八月二十二號在一起的。我們是高一的同班同學，高二高三分班，中學畢業後就在一起了。

餘：男方追你的？

樂：當然是他追我的，我哪裡都好，開玩笑了，他覺得我比較活潑、可愛、外向、能講吧，集各種青春少女的特性於一身，跟我談過戀愛的人一開始都是這麼說，但是後來很多缺點就暴露無遺了，我高中對他沒什麼感覺的，因為高中時追我的人太多了。

餘：那你又怎麼選中了他呢？

樂：兩個人聊天嘛，我說我在杭州讀書，他說他也在杭州讀書，我就覺得有在一起發展的可能。他對我也挺好的，也很細心，很照顧，對我朋友也很好，各方面都還不錯。考慮到現實嘛，他們家哦，條件也不差，過得去的那種。他長得嘛，有點胖乎乎，為我減了二十多斤，比以前好一點。我們交流交流就在一起了……

餘：後來怎麼發現「渣」的？

樂：他騙我說在杭州市區的學校，後來又騙我說在上海，其實他在嘉興的一所學校，後來轉到上海的一所學校，很暈。他騙我說是在一個像我們這種水準的學校（即非獨立學院），其實是三本學校。

餘：那你也一直沒有發現？

樂：他每個禮拜都過來看我，讓我以為他在杭州。我也去市區找過他，我去的時候他已經出現那裡了，我根本就沒有過懷疑。後來大概過了一個學期吧，我對他說有一個男生比他對我好，他說，你以為我對你不好嗎？我說，你哪裡對我好了？他說，我告訴你，其實我現在在上海。我不相信，我們用的是視訊，他的室友頭伸過來說對，我們真的在上海。他那時候還在嘉興，他就是愛面子。

餘：那當時的衝擊力太大了。

樂：我「哇」的一下就哭了，把我室友都嚇著了。第二天他就過來了，鬍子也沒刮，在宿舍樓下，我那個時候人都軟掉了，吃飯都沒有力氣，我就哭了呀，說你為什麼要騙我？他說，因為你不想異地戀，怕你離開我。我是說過不想異地戀，那個時候我們還沒在一起。

餘：總結來說是善意的謊言了，除去這個以外平常對你怎樣呢？

樂：平時，我對他很苛刻，我晚上不睡覺，你不能睡，你一定要哄我睡覺，你一定要和我說晚安才能睡覺；如果我不開心你一定要陪我，很蠻橫，不講道理。那個時候他對我很好嘛，我有時候會半夜找他，他手機不關機，不開飛行模式，就等我找他。談戀愛到了後來誰還會是這個樣子的，他可以忍受我的脾氣，我覺得兩個人在一起還是挺開心的吧那時候。

餘：所以你也就接受了他在上海讀書的事實？

樂：然而他破綻太多了，他一開始說他分數不夠，在什麼上海金融學校。我就去查了一下，上海金融根本沒有三本的獨立學院，那我就開始懷疑了嘛。後來點進去他們學校網站才發現足球隊裡面有他的照片，然後獎學金名單我也看到了他的名字和學號。我生氣死了，我一個電話過去，你是不是在那個什麼學校，你為什麼要騙我？他說，既然你什麼都知道，幹嘛要問我？他就覺得我傷害他的自尊了嘛。可是，畢竟是他自己說的謊嘛，自己圓不了何必呢。那沒辦法，他這樣子弄的我又要和他說分手了呀，我是這樣子的脾氣，我一鬧就要說分手，分手一開始他都答應的，後來每次他都來求我的。

餘：那這一次看來也沒有斷澈底。

樂：被騙了一年多，你說誰會願意和他在一起？可是，我沒有分手，說讓他改改過來嘛，反正他也是為了兩人能在一起才騙我的，他也挺痛苦的啦。我也捨不得，當時他還在嘉興，每個星期都過來杭州，來下沙看我，這樣子不是錢很緊張的嘛，他很省，每次車票都是撕掉不讓我看到，還有學生證什麼的都藏起來，這都是善意的謊言嘛。我現在回想起來以前的事情還挺感動的。你能想像嗎，早上十點鐘你還在睡覺的時候，他已經在樓下等你了，他得多早起來，他那個學校離嘉興的高鐵站很遠，那時候還沒有杭州東站，從城站到下沙也沒有地鐵，公車轉啊轉啊轉過來的，每週都是這樣子的，我回想起來我自己都做不到。

餘：所以還是選擇了原諒。

樂：可是，後面實在太渣了，劇情太狗血。他不是一直瞞著我嘛，其實還瞞了高考分數，不然我早就起疑了。後來，他就解釋說因為沒辦法，分數太低了，說是為了他的前途，還把責任推到他媽媽身上了，說他的志願是他媽媽偷偷改的。後來，有一次我跟他無聊換手機玩，不小心看到他和別人的聊天記錄了，談戀愛的人可能都會想看對方的聊天記錄吧，反正我是這樣子的人，沒想到害死貓了。QQ上，他和他朋友說，「你不要告訴樂樂，我們家裡的真實情況。」他爸爸開一間駕訓班，媽媽開一個店，條件一般吧，只能說一般偏上一點，也不是很有錢的那種。我家也就小康水準吧，沒他們家有錢。他們家開賓士的嘞，房子麼杭州也有的。我就很憤怒，好像我貪慕他們家什麼東西，他麼自己以為自己家裡很有錢咯。後面，我又看到了更勁爆的，那聊天記錄是以前的，「我其實是到××學校去了，高考分數是××」，他填的志願就是那個學校，根本就不是他媽給他改的。於是，又因為這件事情大吵一架，他做事情真的是瞞得很好。後來經過這件事情以後，他對我說過一句話：「我到現在真的什麼事情都沒有瞞著你了。」那個時候被他騙了那麼多次，已經有點麻木了，我還是原諒他了，我自己傻咯。

餘：這段充滿謊言的感情中你快樂嗎？

樂：大二的時候可能是最幸福的時候，吵吵鬧鬧也好，快快樂樂也好，都這麼過來了，中間也有不開心的事情，還有他媽媽。他媽媽不喜歡我，可能嫌我人不夠好，對他兒子不夠好，家裡條件也不是很好……他也告訴我一些事情。他沒腦子，這種事情也告訴我，所以我很恨他媽媽。他媽媽給他很少的生活費，沒談戀愛時給一千五百，談戀愛後給一千。

餘：什麼時候發現被劈腿了呢？

樂：我們是二〇一二年八月二十二號在一起的，二〇一四年八月分，我和他去一個朋友家裡玩，他以前都會給我看微信，那天他卻不給我看了，說明天高中同學要聚會，我說我也要去，他不給我去。我們在高一是同學，他們約的是高三同學，他現在的女朋友就是他的高三同學。其實，他那個時候已經跟那個女的有點曖昧了，已經聊上了，還並肩撐過傘，我在那堆同學裡面有眼線。那女的不知道他有女朋友，他就不給我看微信嘛。你說像我這麼強勢的一個人，如發現端倪，不一巴掌扇死他？後來又到了真的苦情的地方了，那天他回來以後我們照樣玩，其實中間已經有很多曖昧啦，我有個同學的朋友，她又是那個小三的朋友，小三要送那個朋友回家，讓我男朋友去送，這算什麼道理？因為那個小三已把他當成男朋友了。

那天回來什麼事情都沒有，不過他已經明顯對我冷漠了，感覺得出來。還有，就是他們家換輛新車，天天就是修導航系統，幹嘛幹嘛的。其實，他在逼我說分手。你知道嗎，那段時間白天不理我，不理我，冷漠促使分手。早上說，「我要幫我媽弄一下導航。」弄到晚上，第二天麼，進貨去了，第三天麼，又幹嘛去了，反正就是這樣子對我冷漠啦。我說，你最近到底怎麼回事？他就說，「你怎麼這麼蠻不講理啊？」這種話都說出來了，那以我的性格，我就說那好，我們分手吧。他同意了。我們兩個在一起兩年了，那是他第一次同意分手。那天，我還出於自尊，掛了電話我就說，不超過二十四個小時你肯定會回。我沒有哭，沒有難過，結果等到晚上十一點，他連句「晚安」都沒有。到了第二天，他還是沒找我。我急了，我去找他了，我說你為什麼這樣子？他說我們已經分手了。那時候我嚇到了，兩年內我說的無數次分手，他都沒有答應過，每次都求我，求我別分手。我眼淚啪啦啪啦就流下來了，我說你為什麼就這樣放棄了，你為什麼要放棄我？我反過來求他了。他說，我覺得我們兩個真的不合適。這個時候，他已經很強勢了，他已經找到「備胎」了，那個女的還不知道自己是「備胎」呢。

餘：女生一旦投入了感情很難一下子放手的。

樂：過了幾天，我忍不住了，我對他說：「那我來找你好不好？」我真的去了，結果他跟我說他家破產了，他爸媽可能都會有牽連，大學都可能沒得讀了，為了給我一個更好的未來，不得不跟我分手。當時在吃飯，我一點胃口都沒有了。我說，沒關係，我會陪著你。愛情裡的女人是最傻的，我現在回過頭看我的愛情，傻逼一樣，真的發生在自己身上時，你會覺得世界都崩塌了。我說沒錢沒關係的，房子沒有沒關係的，車子沒有沒關係的，這些沒有都沒關係的，我陪你一起過吧，大不了以後我陪你一起開店，陪你一起賺錢，陪你一起進貨，我都可以做的，我又不是小孩子。我講著講著眼淚就掉下來了，他可能也有點兒感動吧，抱著我講了一些細節，說可能要去法院啊，這種話都會講出來的，很能編吧？什麼紹興中級法院都編出來了，所以很真實啊。然後，我就說那你就當我們分手好了，我永遠都不會離開你的，你放心，我會陪著你的，過去就好了。

結果，到我們兩週年紀念日那天，他沒有見我。那天，他們一家人去摘葡萄了。我說，你爸爸媽媽都出這種事情了，怎麼還去摘葡萄？你知道他說什麼嗎？因為一家人在一起的時間不多了，所以一起出去玩玩，難得的，真不真實啊？說的我不得不信。我從晚上九點站到十點半，我想他回家我會看到的，結果晚上他說他要去幫他爸爸處理點兒事情，幫他爸爸應酬。狗屁，他這種人會應酬的啊？我就回去了。等到十二點多的時候，他打電話過來了，說今天太遲了，讓我早點休息。我說，你為什麼這樣輕視我們的二週年紀念日，你為什麼不見我？他就哄了我幾句，我也就沒往心裡去。其實，那時候他媽媽已經在逼他分手了，他媽媽一直在問他有沒有和我了斷。你知道他有多賤啊，一天到晚打他二三十個電話不接，一接就說，我在我爸爸這邊學記帳什麼的，把這種帳捋捋清楚，或說，駕訓班這邊倒閉了我要學著一點的什麼的。我約他，他不出來，我找我同學和她男朋友開車過去，打電話說，車已經在門口等你了，你出來。出來以後，他手裡拿的新手機。

我就問他，你家都破產了，怎麼還換新手機？

他說，是別人送的。

我說你家都破產了，誰還送你？其實，那是他媽媽說你和樂樂分手，就買給你，呵呵。

餘：那是什麼事情拉斷了這一根緊繃的弦？

樂：九月十四號，這是一個歷史性的日子，我同學給我看他和那個女的微信封面啦，兩隻狗，同樣的狗，我是始終不相信他會出軌的，其實他早就出軌了。我同學讓我去注意下那個女人的微信，我去別人那裡問來了她的號碼，用我同學的手機加了她，我就看到了那個封面和簽名，「一個溫暖的咖啡」、「一個寒冷的牛排」，哎，真土，封面是兩隻狗，那你說這樣了還能說什麼？我整個人都癱掉了，感覺世界都黑暗了，所有的堅持都成了虛無，這種話說出來是不是有點文藝啊？哎，那種煙消雲散、魂飛魄散的感覺真好，我整個人都很難過、很痛苦，就是哭也哭不出來那種，那個時候課也不上了，還被點到名了呢。那個時候我還算有點兒自尊的，劈腿啊這種事情都發生了，就想真的斷了，一天一天覺也睡不著，晚上做夢也夢到他們兩個在一起，人一下子瘦了十多公斤。

可是，我還是放不下他，還是會去看他的微信，看他們的互動啦，然後很心痛的嘞。過了十天，我實在忍不住了，寫了一篇四千多字，毛五千字的情書，把我這輩子沒有寫過的情書寫了一遍，然後九月二十四號那天早上，我六點鐘醒過來，坐公車到地鐵站，再坐地鐵到杭州東站，再坐動車到上海虹橋，然後再坐地鐵一號線轉二號線，再坐公車到他們學校已經十二點了。那個時候我已經聯繫好他的室友，他們幾個男孩子把他叫下來，說輔導員要找他。他下來看到我的時候也很詫異，我就把情書給他嘛，說你是看看，我再回杭州，還是我現在就回杭州？他就說不要走，我們去操場好好說說。在那個陽光灑下來溫暖的午後，在那條泛黃的塑膠跑道上，有兩個身影，操場上幾乎沒有其他人了，那個男孩拿起了女孩寫給他的情書，眼中含著淚光。我自己也哭，那個場面很傷感的。我只是把傷感的事情講得動人而已。唉，想想都要哭。我就說，你還願意和我在一起嗎？如果你還願意，那你就和那個女的斷了，我原諒你。他說，事情不是我想像的那麼簡單，既然已經發生了這樣的事情，還是要對那個女的負責的。他做事情就是太優柔寡斷了，那我說，我們現在又在一起了，你以後要給我一個交代，你要跟女的斷掉的。這件事情我也理解他，我也要改變自己，稍微變變好，不能太任性了，要站在他的角度想一想那個女的也是可憐的。好的，那我們又在一起了。

餘：你還真是心寬啊，對這段感情投入得深！

樂：其實，我對這段付出的不只是真情，也付出很多金錢，他來看我花錢，我也去看他的呀，你想想看，們異地戀來回車費、宿費，頻率那麼高，這件事情以後，我經常去上海，因為心裡有擔憂，怕我一不在，那個女的就和他一起出去了，怕他就把持不住。他一不來看我，我就去看他，偶爾翹課還去看他，錢都花完了。我每次看他都要花四五百，一個月三次就一千五百，我一個月生活費也就一千五百。我把自己存的錢都花完了，然後就去賣衣服，做家教。我身邊的朋友都很鄙視我和他在一起，室友也對我有了意見，因為我整天鬱鬱寡歡，沉迷於這段感情，沉迷於他，整個人都瘋了一樣。結果他一直沒和她分手，斷斷續續，一會兒和我，一會兒和她，處於腳踏兩條船的劈腿狀態。我那時候不是已經接受了他要對那個女的負一點責任嘛，我就不能直接說我是他的女朋友，你給我滾開。那時候他跟我說他媽媽已經默認那個女的了，已經和那個女的見過面了。我們兩年的感情還比不上他們兩個月的感情，真可悲。所以後來我就要忍受我自己的男朋友和別的女人去約會，還不能說，過上了見不得光的生活，從一個正牌女友變成小三。

餘：這個發展太魔幻了！

樂：後來寒假的時候，我在杭州打工，他從上海過來陪我一個月，說他已經和那個女的分手了，我也相信了，因為那一個月裡沒有任何簡訊、微信、聊天記錄，其實他是趁我不注意的時候偷偷發的，發完就刪了。過年的時候，那個女的打電話給我說，你是不是還和小希在一起？我就傻逼了，什麼叫我還和他在一起，難道你倆還沒分手啊？那時候我已經不知道該相信誰了，當你在這麼高的層次的時候，他已經一步一步拉低你的等級，當你在最低的層次的時候，你已經看不到外面的事物了，你只能跟著他保持在這一水準，就是你卑微到塵埃裡的感覺，他的錯誤你都要接受。那個時候，我已經像是吸毒，戒不掉了，就一直斷斷續續保持這種關係，中間還要忍受那個女的糾纏。

之後開學，到了大三下，三月二十三號那天，在富陽考駕照科目二時，我就想乾脆來個魚死網破，他媽媽真的不接受我，我就認栽。因為那個時候真的很痛苦，要人格分裂了，我就和他說，讓我和他媽媽好好談一談，如果她能接受我，那我們還在一起，她不能接受我，我們就算了。他說好，我爸爸媽媽明天要來上海看我，你白天就不要發訊息了，讓我媽媽看到不好，等晚上再說。

結果第二天，我同學「啪」一張照片發過來，是他和那個女的，還有另外一個人的合照。我看到後心都死了。後來質問他，他還說，我是怕你難過，所以騙你。我說你還真是會為我著想啊，其實那個時候我已經心如死灰了。我還跟他媽媽說，我以前有什麼做得不對的地方，我向你道歉。他媽媽怎麼回我的？「你不要再來騷擾我們兒子了，我們普通人家配不上你，你適合更優秀的家庭。你也不用說對不起，只要離開我們家小希就可以了。」她發給我的這一段話還是他看過的。我問他，你能忍受你媽媽發這樣的話給我嗎？那好，我們分手吧。他說好，因為他也很煎熬。

餘：這段感情要在你人生中留下很深的烙印了。

樂：雖然分手了，往事還歷歷在目。這次真的死心了，以前每次都給自己找理由。我想說，女孩子在感情面前不能太卑微，不論你多麼愛一個男人，你一旦卑微主動權就不在你手裡了。其實我還是想談戀愛，只是不想再遇到渣男了。

觸不到的底線　失戀了但長大了

文／鄭露娜

主人公：莫小北（化名），出生於一九九二年
學校（或所在城市）：杭州
專業（或文科理科）：染整
主角個性：小巧玲瓏、重感情、比較感性
採訪地點：杭州下沙某咖啡店
採訪時間：二〇一五年六月九日

和小北是在一家咖啡店裡見面的，午後的空氣慵懶舒適，咖啡店裡放著輕柔的音樂，我們相對而坐，邊喝咖啡邊交談。小北是很容易吸引男孩子目光的那一類人：小巧、可愛，充滿活力。她的戀愛經歷也很有典型性。那個下午，我們倆在交談告一段落後，都在思考一個問題：男生和女生之間的戀愛，究竟是精神上的互相吸引，還是單純出於慾望呢？

轉專業認識了他——同遊烏鎮，愛情萌芽——終於找到愛情的觸動點，正式在一起——他總是提出開房，讓我感到不適應——我們都脾氣太倔強，總是互不相讓——他提出分手，我想要挽回，甚至願意同他開房——最終沒能挽回他，我花了近半年自我療傷——他讓我成長，認清自己想要什麼。

鄭露娜（以下簡稱鄭）：先說說你們是怎麼認識的吧。

小北：我跟他認識啊，是因為我大一上半學期轉專業了。大一下半學期選課的時候我不小心把英語課退掉了，老師就讓我去選「重修跟班選課」，相當於跟大二的人一起上課。然後就遇到了那個男生。哎，都不知道該講什麼，現在已經沒有那種心情、那種情緒波動了。畢竟已經大四了，那個男生也已經是過去式了呀。在他之後我雖然也有喜歡上別人，但是總歸是沒有談戀愛啦。

鄭：是因為「一朝被蛇咬，十年怕草繩」嗎？

小北：倒不是說經歷了他我就不敢談戀愛了，要是有對的人當然還是想的。只不過現在不會，現在都忙著畢業嘛，也沒時間想那些的。

鄭：我們回歸正題吧。

小北：那個男生是機械的。機械嘛，男生多，所以那個班裡也都是男生。因為英語課是要分組的，然後我們就分到了一個組，就認識了。那個時候我英語比較好嘛，就在那個班表現很突出。後來，我們就會經常在課間聊天，有一次我還帶吉他過去給他們唱歌。當時還有一個男生對我有好感，要過我的電話。但是那個人是東北的嘛，我一向對地域比較看重，就沒有考慮他。那時候一星期兩次英語課，小組討論什麼的，然後一學期就這樣平淡的過去了，後續也沒有說聯繫啊什麼的。再接下來故事就開始了。

鄭：（笑），所以前面都只是「前情提要」嗎？

小北：對，故事才剛剛開始哦。我那時候已經知道他是桐廬的嘛，我覺得浙江的我都可以接受。那先決條件就有了。不過那時候我對他頂多就是稍微有點好感。後來很偶然的在朋友網看到他的名字，就加了他的QQ開始一直聊聊聊聊。那時候大概是二〇一二年的十月底，我大二上，他大三上。當時我們倆聊得挺盡興的，我對他的好感也增加了，就說「要麼我們一起出去玩吧」。我就直接約他出去旅遊了。

鄭：這麼直接？你當時是怎麼想的呢？

小北：因為覺得他是個讓我覺得挺不錯的人，剛好當時又想出去玩，我就乾脆約了他。可能心裡也有一點小心思吧。不知道那時候他對我是什麼感覺，不過他也答應了。我們就去了烏鎮。當時晚上要在外面住，這個問題嘛就很尷尬，兩個不是很熟悉的人要一起住外面。

鄭：那你們如何解決訂房問題？

小北：定是定了兩個房間，這是肯定的。但是當時我就感覺到他有一些壞壞的念頭，他會說：「你說到時候我們是要兩個房間呢，還是本著經濟原則選一個房間呢？但是一個房間的話我怕你對我耍心思。」就這樣跟我開玩笑。

鄭：旅遊玩得開心嗎？

小北：那次去烏鎮人特別少，環境也很好，特別有感覺。就基本上只有我們兩個人那種感覺。他也比較主動，過橋的時候人比較多，他就會過來拽我的手。一般男生都不會這樣主動的，這已經是很親密的動作了。我們倆坐在河邊的廊下椅子上休息的時候，我說比較睏，他就問我肩膀要不要靠一下，然後就把我攬過去了。後來走在一起的時候他就開始攬肩膀啊牽手啊之類的了。感覺我們的進展跟火箭一樣咻咻咻咻咻的。回旅館之後，更可怕的事情發生了。他要跟我一起睡。

鄭：他這麼直白？你當時是什麼反應？

小北：我肯定就強烈拒絕了啊。然後，然後他就親我了。他就相當於告白一樣地跟我說：「我很喜歡你，做我女朋友吧。」但是當時他笑嘻嘻的嘛，我沒有感覺到他的真誠。就沒有同意，感覺這個男生更看重sex。照理是我對他有好感啊，他這樣就讓我很失望，覺得他對待這次告白一點也不嚴肅，就好像對我的感情也很隨便一樣。可能他覺得我主動約他出來玩就是類似於向他發送了「我是一個蠻隨便的人」這樣的訊號吧，但是其實我當時真的沒有想得那麼多、那麼深，也沒有想過兩個人可以隨隨便便就確定感情。所以我就說，我還不了解你啊之類的，算是拒絕了他。他當時就說了很多甜言蜜語，類似於「那我們慢慢了解好啦。」不過之後他還是睡另一個房間了。

鄭：所以你們當時還是沒有在一起的狀態？

小北：是的。然後我們從烏鎮回來了，他就開始追我。那次他約我去兩岸咖啡吃牛排，晚上回來他就跟我說想跟我交往。我告訴他，我感覺還沒有到那個點。他就問我：「怎麼樣算到那個點？」我當時就說了一句讓我很後悔的話，我說：「我對你沒感覺」。因為他在ＫＴＶ裡又親我了嘛，就讓我感覺很失望，覺得他怎麼那麼草率呢？當時又很累，就很任性地說了這句話。他聽了肯定很受傷吧，因為他當時就語氣輕鬆、開玩笑地說「你這麼說我很傷心的。」一個月以後我們聊天的時候他還跟我提到了這句話。但是這件事發生之後他還是照樣約我，當然我也會偶爾主動去找他。

鄭：你當時到底喜不喜歡他？不接受他又不說清楚，是想吊著他？

小北：沒有想吊著他啊，我其實是喜歡他的，我只是期待著他能好好表現，然後有一天讓我覺得火候夠了，我就可以正式接受他了。女生會這樣的，把對方想得很美好，但是事實上他的舉動又會讓你覺得「嗯？他怎麼這樣啊。」可是又放不下他，他來約我，我也會很開心。然後因為他這麼冒進，我有一次就很嚴肅地跟他講：

「我感覺你一直是想占我便宜，不是正常地想跟我交往」。因為我也看過微博上的段子，說男生如果跟你交往初期就提出那種要求，那他肯定不是真心的。我當時這麼跟他講了之後他就一言不發。因為他有點悶，不太愛講話。再後來他有點生氣了，就講了一句「那好吧」。

鄭：算上烏鎮那次，你已經拒絕他三次了吧？

小北：是的。但是其實我只是希望他能很正式、很認真地對我告白一次。女生可能需要那樣的氣氛，我可能就會點頭了。但是他後來就一直沒有這麼做，還生氣了。差不多有一個星期，他都不來聯繫我。我就感覺我當時說的話太重了，就去找他。他跟我提到了一個月前「你說你對我沒有感覺，你說我不尊重你」那句話，他說覺得他自己很「低」，話語裡其實是他還是喜歡我的那種感覺。我當時很驚訝，我說：「那句話你怎麼記那麼牢，我是無心的，只是因為很累所以說錯了一句話。」他說：「如果是對你來說很重要的人，你會說錯話嗎？」反正就是還是很生氣，覺得我沒有那麼在乎他。當時是深夜嘛，我們兩個人在那裡發簡訊拗來拗去。我就說：「要不我們今天晚上做個決定吧。到底要不要在一起。」他和我說：「那還是算了吧，太累了。」

鄭：這時候他反而退縮了。

小北：對啊，怎麼那麼虐啊。我當時就很難過，因為感覺彼此明明是like each other的啊，但是要這樣斷了，以後就不能再聯繫。我就發了一些很矯情的話過去。他就說：「你不要說了，說的我心都軟了。」我當時有點難過，就哭了。差不多凌晨的時候，一個人躲在被子裡哭。哈哈，現在回憶起來跟看偶像劇一樣。然後他發現我很久沒回簡訊，可能感覺到我出了問題，就發簡訊問我「你剛剛怎麼了？」我就告訴他我在被窩裡哭。他就心疼了。好像很多男生都特別受不了女生哭。他就在寢室廁所打電話過來安慰我。他說：「小北其實我是有喜歡你的，你不要哭了我很難過」、「那我們在一起吧，我明天來找你好嗎？」我就一直回答「嗯嗯嗯。」

鄭：終於等到你想要的告白了？

小北：我從不認為他這種算告白。但是可能這就是我需要的那個「點」。就是那種虐來虐去，最後在一起的那種。我感覺那天晚上那個點就到了。然後第二天他就來找我了。那時候是二〇一二年十二月十日，我們倆就正式在一起了。

鄭：感覺你是在用言情小說的情節來要求自己的愛情故事。

小北：確實是這樣的。

鄭：在一起之後呢，有像言情小說那樣很甜蜜嗎？

小北：真的在一起以後，慢慢地就發現我們性格有點不合。你知道的，女生會去計較「他來找我，還是我去找他」這種問題。但是他是個比較悶、比較內向的人，那樣就又跟我預想的差了一截。照理說，男生應該每天找女生一起吃飯。因為白天我們各自上課，又跨了一棟教學樓，不怎麼能膩在一起。但是他從來不來找我。早中晚都不在一起吃飯。啊，對了，偶爾會找我一起吃個宵夜，週末出去吃個飯，但是就是沒有那種熱戀的感覺。他很少會主動來找我，女孩子是很在意這些的，我就經常會想「你怎麼不主動找我。」而且他很喜歡玩dota。這是很關鍵的原因。他們寢室五個人很喜歡一起開黑。我經常打電話過去問「你在幹什麼？」他就說「我在玩遊戲。」因為玩遊戲是不能打電話的嘛，單手操作不方便。有時候就會他打幾分鐘就說「掛了掛了」。我就說「嗯，好吧」，然後就掛了。也不會抱怨說「你怎麼都不出來找我。」好像兩個人剛在一起，還不會很快就責怪對方。可能因為剛開始兩個人都比較害羞吧。當然，我現在去回想就會覺得是自己當時還比較幼稚，缺少戀愛的經驗，所以處理不好。他遊戲打完了還會發簡訊過來，跟我說「啊遊戲輸好慘啊」之類的。我就回他說「好開心啊」。他說「不就是晚上沒有陪你出去玩嗎」就這樣哄哄我，然後我就氣消了。真的，有時候就會因為他一些小舉動小關心啊，然後就氣消了。就可以原諒他的所有那種感覺。

鄭：聽起來是純純的那種校園愛情故事。

小北：不是這樣的。我還有一個很重要的事情沒有說，那時候他還是會跟我提出晚上外宿的要求。我跟室友說，他怎麼還這樣子啊。室友就說你不要想太多。我也就不管了。反正每次我也都是拒絕了的：「不要我要回去了。」他也不會強迫我。

然後就寒假了。寒假還天天打電話，能打兩個多小時。想不起來說了些什麼。反正不知不覺就那麼久了。情侶煲電話粥總是這樣，不捨得掛，互相唱歌什麼的。他很喜歡五月天嘛，有一次去KTV他給我唱了很多五月天的歌，我就跟著他越喜歡了。喜歡一個人呢，就會去在乎他喜歡的東西。我寒假就開始聽很多五月天的歌，包括我現在那麼喜歡五月天，朋友圈裡面洗版的都是五月天，包括他之前送我的錢包也是五月天主唱的一個品牌，那個錢包現在也還在用。

鄭：天哪，前任送的東西，沒有打算扔掉嗎？

小北：沒有（笑），因為用不壞啊。不過不會睹物思人了，等我以後想換了就換掉。

開學前幾天，星期五，下午我跟他說好晚上去吃許府牛雜，吃飯的時候順便跟他約好星期天去西湖玩，他其實不太樂意的，但是禁不住我軟磨硬泡就還是同意了。吃完飯我們去操場聊天，然後他就又提出來說要出去過夜。

鄭：他這麼鍥而不捨嗎？都提過好幾次了。

小北：反正有機會他都要說的嘛。我忘了當時說了一句什麼話，他就很生氣。他就說「走走走回去了」這樣的。很明顯生氣了。都那麼久了我們還會因為這種事情吵架，還吵得特別激烈。

禮拜六我滿心歡喜期待他明天陪我去西湖，晚上發簡訊跟他說明天幾點在哪裡哪裡見面。他就發簡訊直接跟我說他不想去了。我就知道他是因為之前的事情在生氣。一是過夜的事情，二是因為我逼他做他不願意的事情。因為他比較宅，喜歡玩遊戲，不想出去。然後我就開始奪命連環CALL，就偏要他去。兩個人就互相爭，但又爭不過對方。我是強硬的語氣、撒嬌的語氣，各種手段都用上了。他就不耐煩了，就先答應好了：「好吧好吧陪你去」。我當時就覺得跟自己勝利了一樣，就開心地睡了。結果他凌晨五點鐘發簡訊過來說，「你看我這個點睡，肯定起不來的，就不去了。」當時他答應我的時候我就有感覺，他可能是騙我的。那我就不行，就一定要去，室友都說「你不要管他了，去圖書館看書吧。」我就不行，太倔。我七八點鐘去寢室樓下找他，一直給他打電話，打通了，但是他一直沒有接，可能還在睡覺。當時真的很傻，還在樓下買了早餐想把他弄下來，其實弄下來又能怎麼樣呢？就是想看到他妥協罷了。

鄭：這樣子談戀愛，不覺得累嗎？

小北：累啊，那時候也有感覺他可能已經不喜歡我了，但是就不敢提分手，還沒有完全死心的感覺。後來朋友就說：「你不要這樣子，你們倆的相處方式要改變一下，彼此不要那麼倔。不然互相抵不過對方的。」我覺得很有道理，就很勇敢地去找他，跟他聊，說你陪我的時間太少了。我們就約定每個禮拜三、四中午一起吃飯。當時兩個人在一起商量，想要緩和一下，也是為我們的感情作出努力。

後來三月分，我跟他約好了去寧波看五月天的演唱會。他答應了我一件事情，我就又很開心。他也很開心，買好了演唱會的票，stayreal的情侶衫，主要還是定好房間了。

鄭：他定的？一間還是兩間？

小北：肯定是一間了嘛，一間標間。那時候感情還很好的，結果四月的時候，有一天中午在足球場那邊，就突然因為開房的事情吵架了。吵得很兇。一開始是他當天晚上就想把我約出去。他覺得今天晚上跟演唱會那天晚上沒什麼區別。我就說我演唱會那天也只是住外面而已，並不打算幹什麼啊。他就怒了。然後他就抱怨、不耐煩一樣地說「反正我怎麼說都說不動你」。我就說「你老是這樣我也很煩，你去跟我媽媽說啊，我媽媽答應了就可以啊。」我不知道現在的女生對此什麼觀點，至少我還是接受不了，我覺得那樣心裡有愧，要是我媽媽知道了肯定會傷心，我為了她也不能這麼做。他聽了就說「你這樣我心裡很膈應」。

鄭：膈應？他這麼說是什麼意思？

小北：我也搞不懂他，我到現在也想不通，我就是隨便說了一句話，但是那句話又能怎樣呢？反正扯到了媽媽他就說膈應，我就把他惹毛了，到了十字路口pia就走了，送都不送我了。當時我們還買好了情侶裝，本來說要把男款給我洗的，結果女款給我後他就走了。回去後我問他「衣服試過了嗎？怎麼樣？」他就直接回我說演唱會不去了。當時我也是特別特別生氣。那麼期待跟男朋友一起看演唱會啊，那麼浪漫，還特地買了內場的票。結果……我就開始百般的給他打電話，反反覆複跟他說「你把票買回來啊，你不買我買」什麼的。他被我電話打煩了，就又開始敷衍我說票沒退啊什麼的。

鄭：那票究竟有沒有退？房間也一併退了嗎？

小北：女孩子就很喜歡去查，看看到底有沒有退。我就打電話去問店家有沒有退掉，對方說房間退掉了，那天中午吵完架回去，他就立馬把房間退了。還有票的事情。那天晚上我給他發了一些很委屈的簡訊，他就跟我說票沒退。但是那個買票的淘寶店我也有去問過，說是吵架之前票就已經退掉了。我就開始胡思亂想，他是不是騙我？是不是就是為了跟我去開房？我就發簡訊問他：「你票什麼時候退的啊？吵架之前退的嗎？」他就直接告訴我「票沒退，換了一家，你去看看好了。」就把購買截圖給我看。但是我知道房間是一定退掉了的。

那是吵架吵得最凶的一次。因為我一直在關注那張票的物流資訊，看到票發貨了，看到他評論了，我就知道他收到票了。但是我都不敢去問他，就很迴避演唱會這個話題，怕又要吵起來。沒辦法，我看他還沒有氣消的樣子，就覺得該給彼此時間冷靜下，很久沒有聯繫。再後來就斷斷續續聯繫，說好的時間一起吃個飯，感情也就還好，不太熱乎。

鄭：演唱會的事情呢？就被有意識地忽略了？

小北：差不多。我們就一直沒有提演唱會的事情。他跟我說票拿到了的時候我還在胡思亂想「他其實並不想跟我去吧。」但是我都不敢發簡訊問他。我當時小情緒特別多，別人都覺得無法理解。發簡訊問他，他就說「我票都買好了幹嘛不去啊。」當然最後還是去了，看演唱會那段時間真的是記憶中最開心的時間了。

鄭：當時住哪裡？你們住一間房還是兩間房？

小北：房間嘛，是他拖著我去的另外一個地方，我也不管，也不問。就當做不知道他那點心思。那天晚上住的是一間房，不過也沒有發生什麼，他也沒有跟我生氣，第二天中午吃飯還跟我說「昨天晚上都這樣了還沒有把你拿下」。那說這種話嘛，我就敷衍笑笑沒有回答。

這種吵吵架又和好的狀態一直持續到五、六月分，暑假有兩個月，我們基本沒什麼聯繫，根本就不像談戀愛，很累。開學前有一次去找他，他也說，我們倆就不像是在談戀愛。我說暑假兩個月我很想你。但是我又看不出他很想我的樣子。哪怕說我想跟他擁抱，他都很敷衍的樣子。當時我就心很痛了。後來九月分嘛，大二下半學期，我發現他對我越來越冷淡，但是我那時候腦子裡全是他，就開始找戀愛攻略，看怎麼能夠調教好他。想來想去都想不好。再接著就基本沒有一起出去過了。我實在受不了了，九月底的時候，我有天給他發了很長的簡訊：「我把分手的選擇權交給你。我還是很喜歡你很想跟你在一起，如果你也這樣認為的話我們就繼續好好相處，你大四畢業了我肯定也留在杭州的。或者，你覺得累了，你也沒有那麼喜歡我，我們就和平分手吧。」

鄭：他怎麼說？

小北：他沒有回覆我。他剛看到肯定一時也抉擇不了嘛。相處了那麼久，我已經很習慣他不回簡訊了。甚至我發這條簡訊的時候就預見到了他不會回的。但是從我這一方來說，發肯定還是要發的。

當時簡訊是九月底發的，他一個月都沒有回我，我也忍了一個月不找他。他當然也沒有來找我。就跟默認分手一樣。然後他是十一月初生日，我還準備了禮物。

鄭：這樣的狀態下，還準備送他禮物？這不是「師出無名」嗎？

小北：因為我還是不死心，不捨得分手啊。哪有那麼快放下，彼此都還沒有說穿啊，他還沒有做出決定，我就也不捨得分手。我寫了一封很長的信，把相處來的點點滴滴都寫下來，想感動他。我給他的禮物是stayreal的一款新錢包，因為他以前那款用皺了。生日前兩天晚上我給他發簡訊他沒有回。他當時大四上半學期，我就問他「你工作找好了嗎？」他沒回。給他打電話也是一直關機，我打了很多個，在想他是不是把我封鎖了。第二天早上打了一個，通了，聽到「嘟——」的聲音，知道他開機了，我就掛掉了。我給他發簡訊：「你怎麼不回我簡訊啊？是不是死掉了啊」。他也一直沒有回。後來他生日那天，我十點多起床的時候收到他的簡訊：「沒有死，我們分手吧。」

鄭：真的就分手了？那你準備的禮物呢？扔了？

小北：分手了，但是我還是把禮物送給了他。別人都覺得分手了還送什麼啊，但是我就是咽不下這口氣啊。我就跟他說有點小禮物送給你，最後一點小心意你就收了吧。他就很冷冷地說：「算了吧沒有必要。」其實東西都準備好了，我一個女生在男生寢室樓下等他，做了很不矜持的事情。我一直給他發簡訊，但他就是不下來。他就是這樣的，以前有一回我買了箱牛奶想讓他幫我抱回去，在他寢室樓下等了一個小時，他說不下來就不下來。沒辦法，我就把錢包放在阿姨那裡，然後發簡訊說我走了，他也沒回我。阿姨說晚上要交接班，貴重物品不要放這裡。我就想著晚上再過去一趟。晚上九點多的樣子，下著大雨，我就撐了把傘過去，東西還是放在那裡。我就把它拿回來了。我本來還想讓他室友給帶上去，但是覺得男生比較要面子，肯定不希望室友知道這種事情，這樣不太好。但是他有時候會去食堂買宵夜，我就一直在樓下等他，過了好久很晚了，看到一個影子很像他，果然是他，撐著傘徑直去樓上買燒烤了。他以前很喜歡吃燒烤的。我不敢上去找他，就在樓梯口等他下來，他下來之後看到我，就問我說「你怎麼在這裡啊？」我就哽咽了一下，把禮物拿給他，說這個給你。他的表情是那種側過頭不要的感覺，但我還是遞過去了，他拿了，什麼話也沒說。我就寒暄地說「你又來買宵夜啊。」他就說「嗯」。然後就走掉了，我也走了。哎，覺得好像自己倔強地完成了一種……現在想想根本沒有意義，還不如自己留著呢。但是當時又不這麼想，就想著一定要送出去、一定要送出去。感覺送出去就像一種儀式一樣，送出去了，就算真的結束了。

鄭：對你來說這段戀情真的結束了嗎？會不會還是覺得很不捨？

小北：分手以後特別難過。雖然知道兩個人這樣相處不太好，雖然知道是結束了，但畢竟是失戀啊。失戀的感覺就是什麼都沒有了，一切都沒有了，那種突然一下子空掉了的感覺。會很消沉。曾經還抱有希望兩個人會見面什麼的，現在什麼都沒有了。晚上睡覺都會半夜突然驚醒，然後心裡面一陣抽搐。我當時就還很傻的試著去挽回。超傻的。分手後大概隔了半個多月，有一個晚上發簡訊給他，指出自己的毛病，承認自己的錯誤。還說「我知道你想要的是什麼，我可以怎麼樣怎麼樣」甚至說可以和你出去開房。就把自己放的很低。現在想想真是超傻。就把沒有跟他聯繫的十月裡想的一些事情，做的一些改變，都發給他。

鄭：連開房都同意了……那他怎麼說？

小北：他直接給我發了句英文：「Look for a brand new start.」那時候接近期末，功課特別多，還要做課程設計。心情肯定不是很好的。但是我還是裝著沒有那麼受傷的樣子，因為明明別人都勸我不要這樣做，我還是表現出很放不下的樣子，他們會覺得我很傻，會瞧不起我，那種感覺。雖然我心裡確實完全沒有放下。那時候寢室裡有對熱戀的情侶，超親密的。我每天看著他們就會很難過，超受刺激，還會有那種嫉妒心。現在倒不會了。時間是最好的良藥。第二個學期開學的時候我就好很多了。慢慢就走出來了。

日誌也都刪了。剛開始那兩三個月還會去看去回味，後來就不想去看了。再後來就把它忘掉了。這個寒假的時候突然在空間看到，很不舒服，感覺怎麼那麼多，就刪刪刪。大三下的時候想找點事情做，就決定考研究所。那時候他還在學校，對他也還有點牽掛，很偶爾還會碰到他，在別人的朋友圈看到他的消息啊什麼的。要說真的放下是在六月分，他已經畢業了，就那時候暑假開始，就完全不想他了，就一心考研究所去了。直到現在，好很多很多。

鄭：所以，花了多長時間才真正走出來呢？

小北：那時候，十一月分手，十二月想挽回，一月還想挽回，二月還想挽回，三月分就好一點了，到了六月分完全擺脫對他的思念。時間很重要，時間是最好的良藥。其他誰都幫不了你的。別人的話說的再好聽都沒有用的。就像那首「沒那麼簡單」裡面唱的「別人說的話，隨便聽一聽，自己做決定。」最後還是要靠自己的啊。無非是你找個人傾訴一下、吐槽一下，然後別人說的某句話很關鍵，突然觸動你的心，就會記很久。

鄭：現在回顧這一段經歷，你會有什麼想法？

小北：談一場戀愛，影響會有很多。跟別人談完，我也會自己總結。不會說感覺被愛情傷害了，反而是學到了很多。現在發現接觸到的每個男生都比他好，也不是比他好，就是知道自己想要什麼樣的男生，不要內向的，要那種外向的。然後，要變得理性一點，有時候還是要做自己的事情。

鄭：還是要保持自我。

小北：對，不要失去自我。也不要那麼倔強，多為對方考慮一點、體諒一點。不要那麼任性。

鄭：會有什麼話想告訴他嗎？

小北：感謝他放棄了我，讓我活得這麼好。他現在好像在杭州工作，他大概會成長為成熟一點的男人吧。反正都跟我沒有關係。

軍哥和警嫂　三個電話撐起的愛情

文／鄭露娜

主人公：大大（化名），生於一九九一年
學校（或所在城市）：山東員警學院
專業（或文科理科）：治安學
主角個性：大喇喇、隨性自然、待人接物比較大方、放得開
採訪方式：電話採訪
採訪時間：二〇一五年十月二十一日

大大還在員警學院讀書，我們的採訪是透過電話進行的。電話裡的她談起和男朋友的戀愛經歷沒有絲毫猶豫，兩人相識相知的過程牢牢印在她的腦海裡，每一件事情她都如數家珍。聽她細細碎碎地講述自己長達四、五的愛情長跑，讓人覺得愛情有時候就是這麼簡單，就像脾氣暴躁的我恰好碰上包容的你，我們每個人都會遇到百分百契合的另一半。

高三他向我告白，我也喜歡他——一起高複（註：高考複習），他受到冷落——我上大學，他在家，我們每天雷打不動三個電話——為了治我嘴快的壞毛病，他跟我提出分手——我大四了，還要等他兩年——萬事俱備，等他畢業了我們就結婚。

鄭露娜（以下簡稱鄭）：你和男朋友是什麼時候在一起的呢？

大大：我上高三的時候。那時候應該是二〇〇八年吧，我在一個星期天的晚上收到他的情書，當時我對他也有好感嘛，就什麼也沒說直接同意了。我室友為此還整天嘲笑我：「人家一封情書就把你勾搭過來了，你真是太不矜持了。」

鄭：那你對他的好感又是從何而來？

大大：嘿嘿，我對他有好感呢是源於學校安排的一次捐款。那時候學生零用錢也少嘛，都是十塊錢二十塊錢地捐，只有他一次捐了一百塊。我聽其他同學說他把所有的零用錢都捐了，就覺得他心腸真好，也就因為這個開始關注他了。然後關注著關注著，就更有好感了唄。

鄭：好感之外呢？有沒有試著去接近他？

大大：沒有，我覺得不好意思。當時我們班是兩個人一桌，我跟他是斜對桌，我後桌的同桌是他。但是我那時候是個不怎麼說話的人，就有點不好意思，害羞嘛。跟他同桌還會偶爾說幾句話，但是跟他就不太交流。再加上也有點喜歡他啊，我就更不好意思跟他說話了。而且他吧，不知道別人怎麼看，在我眼裡是很帥的。因為他一直說他自己是瓜子臉，但是他其實是個國字臉。哈哈，我經常拿這個笑話他。他是方方正正的臉，單眼皮。但是他有點內雙，尤其是睏得睜不開眼睛的時候，趴一會兒再抬頭就變成雙眼皮了，眼睛看著可大了。而且他還有小酒窩兒，我覺得那酒窩兒特別可愛。

鄭：觀察這麼細緻，能看出你確實對他很有好感。說說你們倆在一起後的細節吧。

大大：我們倆好了之後呢，相處模式就一直是他說我聽。因為我覺得我長得不好看嘛，一點自信都沒有，一般跟他說話我就不太願意抬頭看他，他說什麼我就光是「嗯嗯嗯」、「是」地應他，一整個高三上學期都是這樣。我們在一起是九月嘛，從九月到臘月三個月，我就一直放不開。

再後來就放假了，我們一個寒假沒能見面，光是打電話發簡訊，所以回學校以後我就覺得我們倆生疏了，太久不見面，都沒啥好聊了。他老嫌我不愛說話，但是關鍵是我找不著話題啊。那一直這樣他也有點不高興，就生氣了。再後來他就跟我說分手。那是他第一次跟我說分手，但是我當時還沒來得及答應說「那分手吧」，他就自己先「騰」地跑了。

鄭：你當時心裡在想什麼？你也打算分手嗎？

大大：我當時可能就是懵了吧，也沒想過去說幾句話挽回一下，或者說覺得分手了很難過之類的。大概因為一個寒假沒見面，互相都生疏了吧，我就覺得沒什麼，就想哎呀，散了就散了唄，以後再找唄。其實當時我還想過學別人找個地方哭會兒，於是我就特地去上了個廁所，可是感情怎麼也醞釀不出來，沒辦法我就回寢室休息了。他倒是以為我偷偷哭去了呢，就各地找我，結果又找不到我。

鄭：聽起來很戲劇化，那後來你們是怎麼復合的？

大大：那時候下午嘛，我去上晚自習，他才找著我了，他就站在我面前，看著我說：「哎，我後悔了」。他這樣說了之後我們就和好了。

鄭：就這麼簡單？

大大：就這麼簡單。不過這次之後我也有點害怕了嘛，萬一真分手了，以後見面多尷尬啊，我們這前後桌兒的。所以我慢慢地也放開了，讓自己別害羞，慢慢兒我倆話也就多起來了，畢竟也好這麼長時間了嘛。其實吧，他也不是一個特別能說的人，他經常跟我抱怨說他一個好朋友多麼多麼討女生開心，他呢，他跟女生聊著聊著就冷場了，就不知道該說什麼了。但是和我一起他就不這樣，他能叨叨這叨叨那說上半天。我倆從一開始就是這樣的，就習慣了他說我聽，可能我們性格就比較互補吧。

鄭：那你們的高三是怎麼度過的？

大大：高三那時候快高考了，學習很緊張。我印象特深的就是我們晚上一起去食堂打飯，然後一起在教室裡吃飯。他是走讀的，我是住校的，有時候中午我嫌食堂的飯不好吃，他就去外面給我買蛋炒飯，因為大門是不讓學生出去的嘛，他就從學校後邊的柵欄門給我遞進來，這樣子就特像是探監的。

再然後就高考了。哎，我倆考的都不好。我考了五百四十幾分，他考了四百九十幾分，二本都沒上。我就決定去補習重考。他家裡也是沒有確定讓他幹什麼，他就說一起補習重考吧。我倆就一起去了我們這邊一個補習重考學校。那個學校管得嚴，不讓談戀愛。我就覺得哎，那要不別跟他一起吃飯、別跟他一起說話了。避著點別讓老師看出來了。那因為我都不跟他一起吃飯了，然後見了面也都是低著頭，離他老遠說話，他當時就生氣啊，覺得在學校讀書也沒啥意思了。我以前特別喜歡當兵的，就經常在他跟前兒提，說當兵的真帥。他就想反正在學校每天複習也學不進去，主要我也成天兒不跟他說話，還不如早點兒當兵去考軍校好了。

鄭：然後他就真的去當兵了？你有沒有試著挽留他？

大大：是啊，他就去當兵了。當時這事他是臨走之前才告訴我的。本來在學校我就特忌諱他找我，然後那天他還去我教室找我，給我送紙條，讓我晚上去走廊盡頭兒那個教室跟他說幾句話。那時候快上晚自習了，我害怕被老師給逮著了，我就說你快點快點，急乎乎的，也沒給他個好氣兒。他直接就跟我說他要走了。當時我就覺得，覺得心一下兒涼了。本來吧，以為不管怎麼地，每天雖然不說話，但是能見著，是吧！結果他說要走了，我就特別難過，直接在他面前哭了。那是我第一次哭，以前從來也沒哭過。別的吧我也沒說啥，我是那種心裡有很多話，叨叨叨半天但是嘴裡就一句話也說不出來的人，想表達的想法就說不出來。結果我就只說了「好吧，你自己照顧好自己」之類的。多的還是他在囑咐我，學習這麼累多吃點兒好的，冬天穿厚一點。我就回答「嗯，聽著了。」哎，他越說我就越難過，回去的時候連教室都走錯了，站在門口反應了半天。想想那天晚上就是又傷心又尷尬的，晚自習也沒怎麼學進去。

鄭：就剩你一個人在學校了，會不習慣嗎？

大大：不習慣也得適應呀。那時候開學還不到一個月，他走了之後我就只能一個人在學校學習了。我也沒別的心思了，就想好好學吧，也給我媽爭口氣。那時候學校不讓帶手機，我就下課了去學校電話亭那邊給他打電話，也不一定每天，有時候晚上能搶到電話我就去。他去了部隊之後那邊也是不讓帶手機的，他就買了個電話卡，週末下午的時候給我打個電話，而且還是打到我同學手機上再讓我接電話。我們就只能說一小會兒，但是他不太會跟我訴苦，每次都跟我說想想咱倆以後的生活，想想未來很美好啊，現在這些苦不算什麼的。既然他都能堅持住了，那想想以後的幸福生活，我也一定要努力。等以後在一起了，結婚了，就好了。

接著我就又高考了，這次考得還不錯，比一本高了十九分呢。但是填學校的時候就不知道報什麼好，我選了幾個學校都被分數比我高的同學給報了，哎，本來以為分兒挺高的，怎麼一到報志願的時候就不夠了吶。正好我們班兒有個男生報了員警學院，還是提前批，我就跟我媽我舅他們說了。我舅舅說這工作好，以後出來還包分配，就讓我也去報。

鄭：男朋友也支持你嗎？

大大：他倒是不怎麼樂意，他說員警學校很辛苦的，怕我吃不了苦。但是我家人都說讓我去，那我就報了。當時我報名挺晚的，但是這個是要體檢的嘛，我是近視眼，我們先是去煙臺打眼，就是去做雷射手術，第二天複查，複查完了隔天就立馬去濟南體檢了。還不錯，都過了，就考上了山東員警學院。

鄭：當時應該挺高興的吧？有和男朋友一起慶祝嗎？

大大：是的，不管喜歡不喜歡，反正上大學了，有學校念了嘛，就還是挺開心的。不過這個暑假我們也沒有出去玩，因為家裡人都不知道我倆的事嘛，也不敢一起出去玩。他那時候是在家裡學文化課，準備考軍校。我們也沒別的聯繫方式，就還是偶爾打打電話、發發簡訊。

上大學之後我有手機了，他那時候還在家準備軍校考試，我們就開始每天打電話。中午一個、下午一個、晚上一個，每天三個電話雷打不動，一直到現在也是。

鄭：每天都打？不會到後面沒話可說了嗎？

大大：對，每天必須得打，不管願不願意接，忙得時候我就接起來說一句有事，也不聽他說啥，我就掛了。我性子比較急嘛。但是不管怎麼樣，必須要打電話。我有個小手機，只放了一張電信親情卡，就是專門用來跟他免費打電話的。那時候我們宿舍六個女生，按年齡分大小，正好我最大，她們覺得叫老大沒特色，就都叫我大大。剛開始我每天打電話，我室友都不太適應，覺得吵得慌，但是她們特兒乖嘛，就也都沒說啥，再到後來她們都適應了，我哪天沒打電話她們還會問我：「哎，大大，你們怎麼今天不打電話了？」開學沒幾天軍訓就開始了，兩個月，特別累。那時候打電話我們都是說很少就掛了，我忙，沒空理他。這樣就很容易產生矛盾了。他挺容易生氣的，他一生氣呢，我就蔫兒了，就得說好話哄他。我就說我自己哪裡哪裡不好，我得改；我平時嗓門兒特大，我室友都說我跟他說話是用吼的，那我哄他的時候我就溫柔地跟他說「哎你別這樣兒」。他就氣消了，他特別好哄。要是我哄了半天還哄不好他，我就會發火了，就輪到他哄我了。那我就不行，我是每次要他說半天兒好話才行的。我倆就成天這樣吵，他嫌我不理他，我嫌他煩，我這裡累得要命他還那麼多事。我一整個大一生涯，我倆就這樣周而復始的。

鄭：這樣反反覆覆的，感情不會出問題嗎？

大大：會啊，有一次吵得凶了，他就說要分手。當然不是真的分手，他就是想管管我的壞毛病。那時候軍訓完了嘛，我閒下來了就開始看電影。我喜歡看好萊塢的動作大片兒，那時候看電影都看瘋了。他給我打電話了，我就一邊跟他說話一邊看電影，半天才應他一句。有時候看到精彩的地方他電話打過來嘛，我就說哎沒空我在看電影，就把他給掛了。差不多一兩個月都這樣，他也生氣啊，就經常說我，我也是給他叨叨給氣的啊，我就成天賭氣一樣的說咱們分手分手，然後那天他就答應了，就說好，那咱分手。當時我就害怕了，哎喲我電視也看不進去了，我就去找我們宿舍老二，我說完了老大哥不要我了，這次真的要分手了，都一天沒打電話給我了。

鄭：才一天沒打電話你就這麼緊張？

大大：對。當時才一天沒打電話，我就急的不行了。哎，我就跟老二說你快發個簡訊給他說說我的好。老二就幫我發了，第二天晚上還是下午來著他就給我打電話了，我們就和好了，我特別高興。他自從那次高三說分手之後到現在從來沒說過分手，每次都是我，都是我吵著鬧著跟他說拉倒吧，分手吧，散了吧這樣的，實在說得次數多了，他也生氣，就說那好吧那就分手吧，我就會被他嚇得不行。其實他也捨不得我的，他就是覺得我成天這樣把分手掛在口頭實在不好，得管管我。我當時心裡還覺得挺高興的，他沒真的想跟我分手，嘿嘿。我就覺得我一定要改改我這爆脾氣。

鄭：現在改過來了嗎？

大大：一直也都沒改成（笑）。每次都是好了傷疤忘了疼，下次吧又吼吧吼吧鬧掰了，我又急得不行，眼巴巴看著手機等著電話，他打過來了吧我就「嘿嘿」裝得跟沒事一樣。

大一放寒假的時候我還回去見他了，我們跟高中同學一起去市裡吃了頓飯，兩個人說會兒話，都算不上我們的單獨約會。

鄭：你們沒有正式約會過嗎？

正式約會就從來沒有過。我一般平時不太去找他，因為也沒理由啊，又不能讓家長知道。我倆就是靠每天三個電話度過的。

過完年他就回部隊了，差不多五月分的時候軍校考試。我其實從來沒覺得他能考上，一直覺得他笨嘛，他學習又不如我。當時考完了他就跟我說「哎，考不上怎麼辦啊。」我就啥也沒說。他害怕他考不上我會瞧不起他，他會覺得說自己當了兩年兵，退伍回來了什麼也不是，那我畢竟是個大學生，學歷比他高，他會覺得面子上抬不起頭來，就比我低一等，萬一我看不上他跟他分手了怎麼辦。但是這些他是在考上軍校之後才跟我說的，之前我真不知道他是這樣想的。他挺自信的，我從沒想過他會有這樣的想法，我也沒想過要是他考不上我會瞧不起他之類的。我這個人就是過一天算一天，對他要求也不是很高，慢慢習慣了一直有他之後，就不會再去想要是失去他怎麼辦。我是個想得不多的人，但是他就想得很多。他會覺得我上了大學身邊男生也多了，萬一跟別人處的時間長了，跟他待得時間短，我跟別人好了怎麼辦。我就說不可能啊，他不信。但是我就從來沒想過他會喜歡上別的女生。我們高三的時候有次我看見他跟別的女生在一起，我心裡不高興被他看出來了，那天送我回宿舍的時候他就跟我承諾，他這一輩子只會找一個女朋友當他的老婆。

鄭：他那麼早就認定你了？

大大：對，他很早就告訴我了。當時我聽了可高興了，從此以後再也沒有多想過。我就是特別相信他。

鄭：他真的是很在乎你。

大大：是的（笑）。因為我宿舍都叫我大大嘛，叫我男朋友就叫老大哥，成天就說老大哥怎麼怎麼樣，這個就說老大哥是我的，那個說老大哥是我的。都覺得老大哥特好。我跟我男朋友講電話的時候我經常就會吵架吼他，動不動我就發火、生氣，他會聽我發完火再哄我，從來不衝著我亂吼，她們就說大大太壞了，說我欺負人。還說老大哥最好，老大哥不要大大了要我吧。他確實特別好。那時候學校太偏了，我們也不太出去買東西，他還在家準備考軍校嘛，就會從網路買點好吃的給我寄過來，每次都寄我們宿舍六人份兒的，（他）老早就利用吃的把我室友都收買了。我喜歡吃雞爪嘛，他就給我買泡椒鳳爪，有友牌的，非常辣，每次宿舍的小女孩吃完了都辣得滿樓梯跑。

鄭：他考上軍校之後，你們的相處模式有什麼變化嗎？

大大：還好吧，反正還是有空就打電話。當時快到六月分了，他的考試成績出來了，跟我說考上了西安武警工程大學。考上了，我就有個讀軍校的男朋友了，哎喲媽呀太帥了，我高興得眼兒都冒光了！所以我大二的時候，他就在軍校開始上大一了。軍校是每天早上上課、下午訓練、晚上自習，不能出校門兒的。國慶他們也不放假，只有寒暑假才能回家。週末要是有事或者想出去玩，就必須跟領導請假，拿著假條出門，下午三點半之前必須回來。他們連隊下面分班兒嘛，一個班兒十來個人，一個周就只能有一個到兩個人能出去，有點兒像輪休。剛開始也不能打電話，手機見了是要沒收的。他們就都偷偷帶，藏這裡藏那裡的，我們那時候就照樣打電話，不打的話要麼就是有事，要麼就是領導在嚴查。一般不打電話都不會超過兩三天。

有一次他說領導這週可能要嚴查手機，要把手機都放倉庫裡，這週就不能打電話了。哎我當時別提多失落了，因為已經習慣了打電話了，不打電話就難受，有時候睡前不打個電話，晚上我都睡不著覺。沒辦法，我就說好吧，結果第二天他就給我打電話了。我看著來電顯示又驚喜又高興。我說你怎麼給我來電話了，他就說偷偷打的唄。他看到有同學去把手機拿回來了，就也去拿了，拿回來偷偷跟我打電話。我心裡甜滋滋的，跟他說那你小心點。一直到他大二，我們才開始光明正大地打電話。

鄭：異地戀又只能打電話，那時候不會覺得不滿足嗎？

大大：會啊，我那時候就特別羨慕男女朋友在一起的，能一起出去玩。哎喲那個時候看到了就傷心，特想有男朋友在身邊，我還會為了這個抱怨他。甚至寒暑假我們見面機會也不多，暑假他們要去部隊集訓，我就只能寒假去西安找他玩。西安地方特好，地鐵很快，小吃也很棒。後來我就基本上每年寒假都會去西安找他玩。第一次去找他是我大二的寒假，那次也是有趣，我去的時候是瞞著我媽的，結果回來我媽就問我是不是有男朋友了。因為我們高中的時候有同學錄，我很多同學就在裡邊寫祝福我跟我對象之類的。結果被我媽看見了，她就發現了。她既然問我了，那我就承認了唄，反正都大學了她還能管著這個啊。

鄭：阿姨是什麼態度？

大大：我媽也沒說什麼，就說談唄，這時候談也沒什麼關係，以後能在一起在一起，不能在一起就算了唄。

她還是挺開明的，會覺得說我開心就好，不會像別的家長一樣不讓談戀愛。

而且他真的對我很好。他們軍校每個月都會有津貼，他就拿來給我買好吃的。一開始是八百，過一段時間跟我說，哎漲工資了漲到九百了，再過一段時間又跟我說漲工資了漲到一千了，現在是有一千一了吧。那時候我們宿舍的成天出去吃飯，我有時候錢花的快，他就會每個月把他的津貼分給我一半。他拿到八百就給我打四百這樣的。然後我每年過生日的時候他還會給我寄花，送花是慣例了，每年我生日快到了我室友就開始數日子了，她們就等著看老大哥的花啥時候能到。

鄭：他做的這些事情裡面有沒有哪一件是讓你印象最深刻的呢？

大大：有的，還是一件特普通的事。我們一起走路的時候，他都會讓我走內側，他自己靠著車輛那一方，走著走著吧我不自覺地走到外邊兒去了，他就又把我拖回來，每次我倆一起走路，他這句話至少要說上三四次：他說你怎麼又出來了，然後把我拽回去。我就說我怎麼知道，可能我內心裡想得是保護你吧，他聽了之後就輕拍我兩下。可能因為這個發生的次數太多吧，印象特別深。

鄭：他那麼寵你，你有沒有因此產生過「恃寵而驕」的行為？

大大：還真有。真的，我有時候都覺得我被他給慣壞了。我大三的時候，還是為了管管我的臭脾氣，他又被我鬧得跟我說分手，而且這次特嚴重，他三天沒給我打電話，也不接我電話。我脾氣大嘛，容易發火，話說得難聽，老在數落他怎麼個事的。他就說你能不能別動不動發脾氣啊。我就說我怎麼發脾氣了，我這脾氣從小就這樣，改不了，你能適應適應，不適應拉倒。我就嘴硬，說咱們拉倒。他也火了，他就說好，你這次別後悔啊，然後就掛了。我再打給他他就不接了。天哪，我就覺得哎呀慘了，我就開始在宿舍裡哭，打電話跟我媽說完了他這次真的不要我了，怎麼辦吶，我再也找不著脾氣這麼好的人了。哎喲我媽就說你給他打電話啊，承認錯誤啊，你這脾氣我有時候都看不下去，這麼長時間了你還不改改。

鄭：後來你是怎麼把人給「追」回來的？

大大：我也沒辦法了，我就連續三天每天給他發個一兩條簡訊，特別特別長的那種，要麼就是寫感人的話，說說以前他對我怎麼怎麼好，說他真是特好一人，我真是不知道珍惜。然後還以退為進，說希望你以後找個比我好的，漂亮的，性格一定要比我好啊。他看著就心軟了，給我打電話了。大一大二那會兒我還覺得哎呀他肯定不會跟我分手的，因為每次上午吵完架，頂多下午他就打電話來了，反正不會隔夜不給我打電話。那我就放肆了，就篤定他不會跟我分手，我愛翻臉就翻臉，愛生氣就生氣，反正他也不會不要我。真的就是他把我給慣壞了。我們宿舍都看不下去了，她們一般什麼事都不會說我的，就這個事她們會說我。她們會說大大，老大哥那麼好，你別這樣，別老發火。我就說好，然後下次不知道怎麼的就又開始嗷嗚嗷嗚發火了，哎。每次吵架了我把他惹生氣了，我就覺得哎呀不該這樣，我一定得改。前幾年每次都是吵完架沒幾天就故態復萌，一點不見改的。就今年開始脾氣好點兒了，他也說我有進步了，嘿嘿。

鄭：你們的事他家人一直不知道嗎？

大大：他媽媽是到我大三的時候才知道我倆在一起的。他每天晚上不是跟我打電話嘛，他媽看他整天打電話肯定有情況啊，就知道他有女朋友了，但是也不知道是誰。他媽媽問他跟誰打電話嘛，他就說是我，他媽媽就大概知道了。他媽媽對我的印象還停留在高三的時候，說我長得不高，眼睛挺小的，有點黑。對我這麼個評價嘛。他跟我說的時候我心裡就涼了，感覺他媽媽對我不是很滿意吧，可能會覺得這小女孩有點土，哎。不過他倒是無所謂，他說反正跟你結婚的是我又不是我媽媽。但我就是愁得慌，我每天問他，萬一你媽不同意咱倆怎麼辦，他就說沒事我喜歡你就行。後來暑假的時候我去給他媽媽送個禮，就在他家坐了會。回去他給我打電話了，說他媽媽覺得我比以前漂亮了，哎呀我就特別開心。

鄭：他有來過你家嗎？

大大：他倒是沒來過我家，我媽就覺得說你倆還沒定下就別帶回來，不然萬一以後分了，再帶個別人回來鄰居看見也不好。那我就「哦」，不帶就不帶唄。反正他也沒提出來。

鄭：在一起這麼久了，有什麼遺憾嗎？

大大：有啊，我倆大部分時間都是異地戀，等我畢業了可能都還是這個狀態，就覺得挺遺憾的，不能像別的情侶那樣整天膩在一起。我大四的時候就忙起來了，要準備考試嘛，我們這種專業不是考事業編就是考公務員。不過我倆每天就還是三個電話，雷打不動。那時候他還是大三，他比我低一級。哎，所以我每天就會抱怨他，要是你先開始工作多好啊，你在哪裡我去哪兒就好了，不像現在，我還要為了去哪裡工作而糾結。我們其實無所謂誰跟誰，反正在一起工作就挺好。我是想以後留在山東，然後他最好也調回山東來，最好我倆都在一個城市吧。他現在的態度則是我去哪兒，他就去哪兒，我過幾天去濰坊考試嘛，要是以後我真在濰坊工作了，他也會爭取調去濰坊。今年我也跟他爸媽透過電話，他媽媽跟我說讓我考試的時候別有壓力，放鬆考就行。

別的都還好，我就是怕他以後調不回來。因為他們是在哪兒當的兵就回哪兒工作的。他在咸陽當的兵，以後可能就會調回咸陽去。萬一真去咸陽了怎麼辦？我也沒考慮過，我是想事情一定會往好的方面，不會往差的方面想的，就會想他肯定是會在我身邊兒的。他好像也沒怎麼擔心這些問題，他就說先這樣唄，反正肯定會在一起的咯。

鄭：有想好什麼時候結婚嗎？

大大：這事我整天會催他呢，哎你什麼時候畢業啊，咱倆什麼時候結婚啊之類的。我有同學一畢業就結婚了，我看著特別羨慕。但是他畢業了還要去基層待一年，要去西北，新疆甘肅那種地方，肯定有一年時間回不來。我就想哎呀，等你畢業了，再在基層待一年，咱倆結婚的時候我都要三十了，我就每天惦記他。哎，還要打上兩年電話，想想就心酸。不過這麼多年都過來了，也不在乎那麼兩年了，我倆就一直都在期待，一直在期待那道光。

說散就散——心機男女的一次不成功試戀

文／劉菲

主人公：小羽（化名），生於一九九五年
學校（或所在城市）：杭州
專業（或文科理科）：漢語言文學專業
主角個性：可愛，但是性格絕對不是這樣，有主見，愛和人交談，人緣好
採訪地點：杭州下沙高教園區某校生活區寢室
採訪時間：二〇一五年十月二十六日

來自江蘇的小羽和大多數人一樣，因為讀大學來到杭州，因為對文學的熱愛選擇了中文這個專業。當然，陰錯陽差也在這個專業偶然相識了她心儀的學長。只是沒想到的是男生只想試一試，而小羽卻一頭扎進了這趟生來不平等的感情當中去！一個搞曖昧的花心少年和一個暗戀了三年的純情少女會擦出什麼火花，有可能是爆炸性的……

二〇一五年十月二十六日，筆者第一次見到小羽，在她的學校寢室裡。第一眼覺得很可愛，便誇了她。但是她馬上為自己更正絕對不是這樣，性格較為直爽的她，有主見，有底線，容忍不了感情中模糊的邊界。

男女關係發展線：暗戀三年我告白，他拒絕——依舊保持來往——一起去上海，關係進一步加深——閨蜜勸

分，我不聽，為他甘願再等——畢業分手，彼此封鎖。

劉菲（以下簡稱劉）：這段感情和初戀比，你覺得哪一個更虐？

小羽：比起大學裡的這段「虐戀」，我覺得，初戀真的是太小清新了。說實話，我的暗戀從他的後腦勺開始的，你見過僅僅看了他後腦勺就喜歡的人嗎？我也難以置信啊！我都覺得很假！我對他這個人僅僅只有上課的接觸時間。他叫大黃，是我這麼叫的，為了保密。他性格比較，不愛鬧，專業的學霸級，上課總是坐在前排角落裡的那個位置。初始的那時候他大二，我大一。

劉：你知道自己為什麼喜歡這個男生嗎？

小羽：我真的說不上來，喜歡一個人好像沒理由。最開始是一種朦朦朧朧的情緒，這男生好高冷啊，也不愛說話，會不經意想去關注他，他的回答，他的表現，他的蹤跡。

即使到後來結束了這段感情的時候，我還是沒死心，我和閨蜜說我還可以等他的，只要他肯。暗戀，是一場徹頭徹尾的自戀，自己承受，自己狂歡，或許佛洛伊德說得有道理，我很自戀也很驕傲，我也不知道他有沒有注意過我，一直到大二，和閨蜜說起，她聽了直接就罵我：你是不是傻啊，人家都要畢業走了，你還不敢說喜歡人家！

劉：那你後來說了嗎？成了嗎？對你有沒有一些其他的影響？比如心理建設這種。

小羽：對啊！我就想我為什麼不告白呢？女的就不能告白嗎？想了想又覺得不對啊，他又不認識我，和我不熟，把我當個瘋子怎麼辦。

閨蜜看我太糾結就說，你喜歡他這麼久，告白就當給自己一個交代。好啊，不就告白，告白就告白，有什麼的。畢業季是一個很好的機會，畢業季，離別季，告白季，過了就得再等一年，等自己畢業了，那時候他在哪裡，我得去哪裡找他呀。

雖然我會膽小，但至少我敢這麼想呀，我覺得這是對的，喜歡就是要告白。也許以後都不會這麼傻了，以後再怕就會想起這個時候的我啊，有勇氣，多好。

二〇一五年四月尾巴，朋友給了我他的微信。

劉：那他多久加你好友的？

小羽：很快！沒想到添加好友發送過去以後，他一分鐘就回了，哈哈，原來學霸也是秒回的。我高興死了，一下子不知道回什麼，表情嘛？想了半天才發說「一個仰慕你的學妹。」我感覺到他是知道我的用意，可能朋友事先露了餡兒，因為他一直都沒有問我為什麼要加他。沒有表示，好像就跟平常我們說話那樣「哦」一下，怎麼說呢，讓人非常討厭。

劉：為什麼你這麼想？

小羽：直覺啊，後來也證明這是對的。這樣的人要麼天生性冷感，要麼就裝逼裝高冷。雖然說是我先動機不純，我一開始加是因為想告白，而不是要考研究所。但是沒想過結果如何，一來一去都是因為喜歡。後來聊著聊著發現，他並不是我一開始想像的那樣，安靜內斂，沉默寡言，思考深刻、內涵豐富。這些都是表面的。

劉：但是你還是喜歡他是嗎？儘管他如此表裡不一，儘管是你先表的白。

小羽：才覺得喜歡這個東西，是盲目不分青紅皂白的。原來我很期待他會如何回覆我，以及會不會拒絕我這個問題。

因為你們沒有想過呀！從古至今，英雄兒女，誰不有那個什麼，兒女情長啊！最重要的是，最重要的是我是個女的呀，女的和男的先告白。你看吧，你也覺得不妥是吧。現在很多人都反對女生先告白，我倒覺得不必這樣。女追男也有成功過的，害臊嗎？也不是說害臊什麼的不好，肯定會害臊啊（笑）。感情問題上，你不覺得男的女的都應該是平等嗎，那麼，你先告白還是他先告白，一定要青紅皂白分得這麼清楚幹什麼……

而且我們都是大學校園裡的學生，又不是山窩窩裡出來的小青年，我們這麼拘束這麼放不開傳統的那種觀念，只會陰差陽錯，反正我身邊的男生告白都是往死裡追的，追不到硬上也有，最長的追了有兩年，最後追到了，喜大普奔。女追男的也有，但是真的，真的真的，非常非常地少，你別不信。

劉：嗯我信，就是想請你再談談女生告白的話OK不OK？你身邊這樣的多嗎？

小羽：所以我告白，也是算鼓起勇氣吧，真的不容易。因為女生最後能夠突破阻力下定決心主動跟男生告白，那絕對是真愛啊！告白的結果不外乎兩種情況：好上，或者分手。一方主動最後兩方都喜歡，皆大歡喜，我也希望是這樣；可是如果男生一點感覺也沒有，也沒有意思要和女生談戀愛，或者有點感覺卻愛的不夠，總是在等更好的，我也只能呵呵了！如果真遇到，那就是人品真的太好了。

而我們這一代九〇後呢，也有一個普遍會存在的現象：在男的拒絕或者委婉拒絕了女生後，還是和女生保持著一種藕斷絲連的關係，對外宣稱這是好基友好閨蜜，其實實質就是我們常說的搞曖昧嘛！我超級不喜歡，哪個女生真的想當備胎?!要麼就是真的愛得死去活來。

劉：他怎麼拒絕你的你還記得嗎？

小羽：當然。他某一天很鄭重在微信上跟我說，我希望我的女朋友是研究生，我想找本地人。溫州人可真是務實啊。老娘真的要一口血噴出來！

他說：「我們那裡的人都這樣。」

傻子都看得出來這是拒絕啊，我氣得就一直沒回覆，不知道怎麼回。

劉：後來你們聊了什麼，我想知道你們的後續故事？

小羽：我們幾乎什麼都聊，聊文學，聊朋友，聊家庭。很神奇，他拒絕了我，卻什麼都跟我聊。我也一直在說啊說，希望我們之間能更懂彼此，他還和我說，從來沒有這樣和一個人聊過天。但是我們見面時候卻又不怎麼說話的。他一向話不多，所以欠表達，他的那次明顯拒絕我是知道的，但是我們之間也沒有再提。

有次吧，我約他出來喝咖啡，想說明白，我不喜歡這樣曖昧的性質。學校邊上有一個我朋友開的咖啡店，名字很有趣，叫「來我家玩好嗎」，平時圖書館很擁擠的時候，我會選擇這裡作為我的祕密基地，很少有人知道。

帶他來雖然有意，但是他卻會錯了意。

回去的路上，他問我，原來你說的喝咖啡是這個意思啊？

哪個意思？我笑著反問。

哈哈，沒什麼。他說。

後來才搞清楚，他以為「我帶他去個地方」是要帶他去開房！那麼純粹的一次約會，他竟然想得這麼複雜，我都壓根沒往那塊去想。為什麼男生的邏輯是這麼讓人無法理解的呀！

而且最重要的是，他前面也答應得爽快，如果那時候他已經這麼認為，他明顯就是奔著想歪的去的，你說對吧，這個人你絕對看不出來，內心就是這麼個心機boy。

劉：後來你們的關係如何？有沒有進一步發展？

小羽：我們之間並不熟絡，不像正常的男女關係，不親切，這和我本身的性格有很大的關係，可能咱們萍水相逢，你也不是很了解我，我是一個不太會去要的人。從小爸爸媽媽關係不好，在我的記憶中，爸爸一向是和我，和我媽媽之間存在隔閡的，所以對我來說，父親的缺席對我的性格的形成或多或少付一點責任的。我和大黃之間再如何熟都好像缺少一種親切的氣氛。然而我也知道，他性格如此，但是性格深處又有一種瘋狂和乖戾，從他這些行為裡事能夠感受得出來。

可是我還是沒有死心，以為是他沒有拒絕我的意思。

二〇一五年六月八日，上海正好有一場我喜歡的俄羅斯特列季亞科夫國家畫廊藏品巡展，我立馬買了票，他問我去哪，我說我去上海。他問我去做什麼，我沒回他。

大概過了十幾分鐘的樣子，他回一條：「給我也訂張票。」

我有點懵，求助閨蜜，閨蜜要知道他的意圖，讓我問他，是不是旅館也訂。他回：是的。

閨蜜說，去！不入虎穴焉得虎子。

我們就一起去了上海。

劉：這，有點太快進了吧！你們在上海一起住還是分開的呢？

小羽：好奇我們在上海做了什麼對吧，可這涉及到男女關係了，我要考慮下，但是你也不要想歪，我們沒有像你想的那樣，真的開房啊。

可能很多人無法理解我這種人，我也沒法理解，既覺得自尊很重要，同時又覺得它不值錢。我真的挺在乎這個的，但其實有時候，覺得它什麼也不是。

其實也沒發生什麼，一開始我是擔心孤男寡女共處一室的，你說正常嗎？我不知道他的用意是什麼，明明是他拒絕我在先，可為什麼又接受我，和我一起去上海，如果真的是閨蜜說的那樣只是想試探，想玩我，那又何必這麼費盡周折，把話說清楚，試試也沒錯啊！

可是他自始至終都沒有和我說這個事。在上海的那天早晨，我這人睡眠很淺，又因為這個原因，早早就醒了。可是一醒發現不對啊，他就在我床邊，他要幹嘛。就和他僵了幾分鐘，他突然說，我可以上來嗎？然後就和我一起睡在同一張床上，他上來就想來硬的，說實話我反感，可是又不能拒絕，明明是我先喜歡，我怎麼能拒絕呢，我的想法他又怎麼能明白呢？我還是不答應，最後我用手解決了他的生理需求，他表示也幫我，可是真的要做的時候，我遲疑了。他沒有再繼續下去。

他讓我看到人都有無法控制自己慾望的時候。

劉：然後你們就分手了嗎？可以問你是誰先提的嗎？

小羽：回到學校，他和我發微信告訴我，我們還是回到之前那個狀態吧。我試過了還是覺得不合適。我沒骨氣地一下子哭了，為什麼是他覺得不合適啊就要分手，他直接就通知我了！一點都沒有要和我商量的意思。雖然我告白在先，可是能不能等到你畢業……我和閨蜜說，我就哭得不行，閨蜜勸我，你這樣子還不如早點分手，他有什麼好，只敢在微信裡和你談戀愛！

劉：這段感情現在你的看法是？聊一聊？

小羽：他馬上就要畢業了，畢業之前和我攤牌，誰都知道這個人什麼意思。

畢業聚會那天我沒去，他微信跟我說他還哭了，誰要聽啊真搞笑，他跟我說的這些話，極有可能跟其他人說過。時限將到，所有的一切都看清了，我就是在自作多情啊，明明知道他快畢業了，在這一個月裡，他想做點什麼吧，想諷刺下這個現實的世界？找個和自己類似的人聊一聊？所以正好碰上了自以為是的我。

在他身上也有我的分裂性，我的自大。肉體和精神是絕對要分離的，而且，不是形而上的那種，我們對肉體的需要反而更強烈。他是這樣，我也是。

最後分手，我們互刪微信，不再聯繫。不能好聚好散，那就說散就散吧。不需要儀式，也不需要證明。只是心裡有些不值得，我說了這麼多，我跟你說我從心底裡是瞧不起這樣的人的，我不會和這樣的人做朋友的，可是為什麼，我又這麼難過，我承認我很喜歡這樣的人的。那天我想起來我就哭了好久，怕室友煩還跑出去找閨蜜哭訴去了。說著說著就哭，簡直停不下來，我真的骨子裡還挺軟弱的，所以到了該分時候還心存迷戀？人家已經不要你了呀！

劉：可能這就是愛而不得的心情吧，那現在對這段感情的態度有否改觀？或者你的生活發生什麼改變？

小羽：壁花少年裡面Sam問Charlie，為什麼我們喜歡的都是那些不在乎我們的人呢？對啊，為什麼我們都喜歡渣男？

那天分手，我說見個面吧。不想這段感情就這麼無疾而終，至少得有個告別吧。他說好，他說他正好把一些不要的書給我。

去之前，我還是想了很多遍，怎麼措辭，怎麼開口，也在他寢室樓下等了很久。

可是一見面他把一大堆書推到我面前，就說了一句話，你走吧。

我說哦，好吧。然後我頭也不回地就走了。

我本來有很多很多話要說的，想了半天，都沒說出來，他一句話就把我打發走了，就當作從沒有認識過，從沒有在一起過一樣。到最後，我都覺得自己是在犯賤。

這樣一個不算戀愛的戀愛，說完了。我也說了，真怕你覺得矯情，覺得沒勁，可是我只有這種不堪回首的故事可以講，我講的時候我自己也在聽，在審視和排解過去的自己，會有些心疼那時候的我，難受總歸有的，但是已經不去計較這些了。因為知道這些遲早會翻篇，說不上恨就不糾纏，他不過就是我的一個破鞋嘛，可誰沒有幾個破鞋呢。

採訪之前小羽寫給閨蜜的感謝信：

謝謝你這段時間聽我倒苦水，還是有很多話要對你講。

我好像是那種念舊的人，不願意從舊的情感裡走出來，如果沒有某種契機很難走出來。我明知道跟他已經沒有了可能，但你知道我是口是心非，我還是希望再回去，就算是我一個人的愛情我也不在乎。

你可能會疑問，這個人在這短短的一個多月裡為什麼會對我產生這麼大的影響，這種感覺就像陷入絕境的我渴望摸一摸樹上的橄欖，可這橄欖卻能跟我對話，對話過程開心，但最後橄欖告誡我連橄欖枝都甭想摸到，也許在他看來就是萍水相逢，可我把這看作是解救我自己的最後一次反擊，反而又讓我付出了比之前更大的代價，其實我的情緒從來就沒有釋懷過，只是一直掙扎為什麼成了這樣，又或者是好想回到原來，有沒有希望再回去，所以現實的無望矛盾冷戰爭吵都讓我近乎崩潰，我確信我對他有所謂的愛情，而不僅僅是崇拜和奉承，他是能跟真實的我對話的人，先不論他願不願意聽我說話，他和你包括我自己都無法想像我對他的情感，這一生都沒辦法釋懷，我就是有明確的要的意願，我需要這個人，而不是這樣的人，我現在固執地非他不可，我能等一輩子，我願意等一輩子，我要毀了自己的一輩子等著這個人。

第二章　無法言說的祕密

遲鈍的暗戀　在說「喜歡你」之前

文／吳菁

主人公：芸芸（化名），生於一九九四年。
學校（或所在城市）：杭州
專業（或文科理科）：文科
主角個性：開朗外向、熱情活潑、不拘小節、有時候有點迷糊
採訪地點：杭州某學校教室
採訪時間：二〇一五年十月七日

芸芸是我一個超級好的閨蜜，認識這麼久，她實在是個傻乎乎的女孩，她很要面子，所以喜歡誰是絕對不會承認的那種人，但是她喜歡上一個人的時候，會很認真。

曾經有朋友說她具有「專一性」，這個是真的，我相信她喜歡一個人是全心全意，但是她也很瀟灑，盡全力喜歡，也乾脆的離開，她不注意小節，但是有時候也很細心，是個很有意思的人，她講述的，是陪伴她走過高中最繁忙的時光的故事，現在她放下了，但是她說經歷過的就是成長的樣子。

高中認識（同班同學）——請教他學習的問題（越來越熟悉）——我總去問他題——學著他午睡——跟著他跑步——體育課看他踢球——考到不同大學之後發現我可能是喜歡他——我給他準備生日禮物——暗戀是我一個人的獨舞。

吳菁（以下簡稱吳）：你從什麼時候開始注意這個人的？

芸芸：我和他是高中同學，一個班的，但是高一高二我對他都沒有太多印象，我們算是普通的同學吧，頂多比普通同學強一點，但也沒什麼深交。我是只會注意到自己在意的跟自己關係好的人，不熟的我連看都不怎麼看，所以每天我的注意力都是在我的朋友們身上，尤其是那個時候跟他還不熟，說的誇張一點就是他哪天有沒有來上學我都不會注意到。後來我有一段時間開始我就狀態很糟糕，每天就只剩下像電視劇中傻白甜女主角那樣無病呻吟，還自以為自己挺文藝，每天都在一堆不重要的事情上浪費時間，完全不像個高中生該有的樣子。

後來到了高三，慢慢的我的狀態有好一點了，也想要要強吧，開始認真一點學習了。有一段時間，我身邊很多負能量的事情都擠在一起，家裡有一些不開心的事情，學校這邊也是跟好朋友鬧了個矛盾，那時候感覺我整個人就像掉進了倒楣堆裡，每天的精神狀態都很糟糕，雖然看起來像是在認真學習，但我知道自己的精神狀態根本沒有調整好，現在想想那個時候每天就是在無理取鬧，根本不像一個要高考的人的樣子。也因為這樣，我總是去問他作業題，也就跟他越來越熟，對他的了解也就越來越多。

真正開始注意他可能是在我跟我好朋友差點鬧掰那次吧，那次真的很難過很難過，我整個人晚自習都是趴在桌子上裝睡，其實只是不想讓人發現我在哭。因為他那個時候是坐在我這一排的後面，我從後門離開教室的時候會經過他的座位，那天放學我經過他身邊的時候他叫住了我，遞給我一張紙條，讓我回家看，我當時有點蒙，因為雖然我倆關係挺好的，可是我也沒想出來他怎麼忽然無緣無故給我寫紙條，還讓我回家再看，我一路上都在想紙條寫的啥，一進家門我就立馬放下書包打開紙條。讓我驚訝的是紙條上全是開導我的話，而且說的話很戳中我難過的那個點，我當時還挺奇怪的，他怎麼發現我心情不好的，我明明覺得我在同學面前裝的挺好的啊，當時看到他紙條寫的話，心裡挺感動和感激的，感覺就像是在有一個朋友在你黑暗的時候給你點了燈一樣，後來我就越來越注意他了。

吳：注意他之後，他的哪一點吸引你了？

芸芸：我也不知道，也許是越來越依賴他了吧。那時候自己慢慢調整自己，也慢慢想開了，狀態好了很多，我覺得自己那時候才算像個學生。那個時候在自習課上，我開始靜下心做題。我一遇到不會的數學題啊，物理題啊的就會寫一張紙條往他桌子上一扔，然後他回答完了再給我扔回來，有時候感覺高三就是在紙條裡過來的，不是問問題的紙條就是講閒話的紙條，反正一有問題就是一張紙條。

那個時候我還挺愛抄作業的，我做題很慢，高三每天又是一堆的卷子，我幾乎沒有一次是能做完的，可是有時候老師會收啊，我有時候就會抄作業。我很愛抄他的作業，雖然他的字寫的真的是很「一般」啊，好幾次我抄他的作業就因為字寫的實在是認不出來是什麼結果抄錯了被老師訓，但是我還是喜歡抄他的，現在數一數好像那個時候各科的作業都抄過他的，後來一點點就熟悉他的字了，基本上不會有認不出來的情況，同學有誰不認識他的字我還會去告訴人家，嘿嘿，這就是抄他作業抄多了的結果，認他的字跟玩兒似的。

吳：你們兩個這麼近，班級裡沒有穿什麼八卦嗎？

芸芸：後來好像聽說班裡有傳我倆好了的，一個班就是這樣的，總是會有這種誰和誰好的八卦，雖然我倆關係很好，但是真的沒有，我那個時候還以為我不會去想喜歡這種事，事實證明我那個時候就是笨。那個時候我聽說有傳我和他在一起這個事沒有什麼生氣的感覺，我還以為我是成熟懂事了，不在意這些謠言了，現在想想那時候其實是因為我對他有好感才不生氣的吧，那時候自己真是蠢，這都沒反應過來。

吳：那他呢，對你好嗎？

芸芸：說不上來，那個時候不知不覺得對他的依賴就可強了，好像一有事就是回頭問他，有一次我有一道數學題不會，在座位上研究了一節課都沒算出來，強脾氣上來了什麼作業也不肯做就在那裡跟著道題較勁，怎麼也沒做出來，後來越做越煩躁，然後就回頭朝他大喊一聲「數學卷上第十七題怎麼做？我受不了這道題了！」那個時候他正在喝水，忽然聽到我叫喚嚇了一跳，水差點灑了一身，「啊？十七題？我還沒做呢，你等一下，我現在看看那道題，等會哈。」「嗯嗯，好的，我到你旁邊等。」我聽他說完現在給我做好像一下子就感覺不煩了，就覺得那道題肯定會被他做出來的，我就可歡樂的跑到他旁邊，一屁股坐在他同桌的座位上一直看著他做題，那時候我也是真的沒想過自己的想法，以為自己就是把他當好朋友。

有一次他有一道數學選擇題做錯了，卷子發下來他看我做對了就過來問我怎麼做的，我就可得瑟的跟他講，講著講著發現自己居然是因為看錯題所以選對了，當時真的很丟人，可是我又是那種比較好強的性格，就一點不像個小女生，死強的，聽見他說「切～～，我就說你怎麼做出來了」的時候一時氣憤就很凶的跟他說「你等著，我這節課肯定能做出來，哼，要是做不出來我就什麼作業也不做了。」他當時想勸我先做作業來著的，因為老師晚上會講的，可是我一時牛脾氣上來完全不理他說什麼，硬是要算那道題，終於在自習課下課前做出來了，當時我就「嘩」的從本子上撕下一張紙寫上「我做出來了！！！」然後就這麼把紙條扔給他，差點砸到他的頭，他看到紙條頓時無語了，估計他本來想說他等著聽老師講的，但是看到我一副你要是不誇讚我不聽我講我就咬你的架勢也就默默的說了聲真厲害，我當時還特有意思，我又給他扔了一張紙條跟他說我就不告訴他，他當時的臉黑的簡直不能再黑了，其實他本來就挺黑的，反正我就在那瞪著他，然後轉過頭不理他了，也不接他的紙條，下課的時候他就默默地坐到我後面的座位上拍了拍我，我還可氣憤地說「幹嘛？我要寫作業」，然後他明明是一副想等老師講的樣子偏偏說讓我給他講，估計是像安撫我這個炸毛的小丫頭吧，我當時還那麼嗆，現在想想都覺得自己蠢到家了……不過還好，他還挺讓著我的，有時候正因為他讓著我所以我總是讓他看到我最不懂事的樣子，幸虧他那個時候比較懂事，知道不跟我這個幼稚狂一般見識。

吳：你現在想他最先想起的是什麼？

芸芸：校服吧，哈哈哈，高中的時候中午不是都有午休嘛，我本來是那種喜歡在大家都睡覺的時候看看書寫寫作業的人，因為我老覺得這個時候陽光好，而且大家睡覺的時候覺得又安靜又溫暖，所以我從來不在午休睡覺，都在課上睡了（忽略我是個學渣）。但他就是那種作息很規律的人，每天中午到點準時午睡，上課準時起來聽課，後來慢慢的我就開始跟他一樣了，學著他午睡，我每次回頭髮現他趴在桌子上的時候就趕緊把書本收拾收拾也開始睡，有時候睡不著還會瞅瞅他。後來我有一段時間抱枕拿回家洗了忘記拿回來了，每天中午沒有軟綿綿的抱枕都睡不好，有的同學抱著自己的外套睡，可是我又不喜歡在校服外面穿厚外套，正好他中午一般都不穿外套睡覺，所以我天天抱著他的衣服睡覺，那時候覺得他的衣服可好聞了，沒有其他男生那種汗味，說不出來是什麼味道，不是洗衣液的味道，也不是他身上的味道，就是很清新的感覺，很舒服很舒服的，抱著睡覺睡得可好了。其實我的習慣是除了自己哥哥和男朋友以外不穿別的男生衣服的，雖然只是抱著他的衣服沒穿過，但也是怪怪的，不知道當時自己怎麼了，就喜歡抱他的衣服，現在說起來怎麼覺得自己跟個變態似的，嘿嘿，可能潛意識裡已經是喜歡他的了吧，只是主觀不承認。

吳：你還記得他的習慣嗎？

芸芸：他晚餐的時候總是去跑步，這讓我總是在心裡默默的說「這傢伙生活習慣也太好了吧，要不要這麼好，這讓我情何以堪……」有一次晚飯時間我拿著試卷追向準備出教室門跑步的他「你等會，這道題我又不會了！」他轉過身特別無奈的看著我，他跟我說「我現在要去操場跑步，你去不去？回來再給你講題」「喔，好啊好啊」，我也是被自己的蠢打敗了，卷子都沒放下就往外跑，他當時簡直要抓狂了「你倒是給手裡的東西放下再走啊！」其實我是很不喜歡跑步的人，不僅不喜歡，簡直是特煩，可以說跑步是我最討厭的運動之一，我喜歡網球，可是當時那天不知道腦子哪個筋搭錯了，可興奮的就跟他去跑步了，結果當然很慘，我使勁跑出去不到二百公尺就沒勁了，結果我才跑了半圈他都跑了一圈了，他跑完的時候我還在操場那頭像個蝸牛似的往他那裡趕，結果被他笑死了，氣的我還直朝他叫喚，真是丟人丟到祖母家了。本來這個時候就應該吸取教訓再也不跟他一起跑步才對，可是他一直笑我搞得起我強脾氣又上來了，結果我當時就可豪氣的朝他喊：「你給我等著，明天繼續，我就不信我一直跑不過你」，當然，事實就是我一直也沒跑過他，最後只能無奈接受他的嘲笑，然後拉著他陪我去超市買飲料，他也挺無語的，他跑步挺厲害的，沒想到我跑步這麼爛。這樣每天我倆去跑步倒是鍛鍊了身體，可是每次回去我都錯過問他題的時間，逼得我只能上課傳紙條問他了，後來不問題也愛傳紙條給他。

後來為了證明我運動細胞沒有他想像的那麼差，我體育課打網球打得可拚命了，結果他踢足球踢的開心什麼也沒看到，我的一個網球被我拍裂開了，我也是服了我自己了。其實上體育課我還喜歡看他踢足球的，有一次我打球打累了就在操場邊坐著看他們踢球，他那天穿了深紫色的衣服踢球，還有兩個人也穿了紫色，在操場上挺顯眼的，我看著呢，旁邊的姐們來了一句：「唉，跟你說個好玩的事，我在網路看到說喜歡穿紫色衣服的男生很有可能是同性戀，咱班今天居然有三個男的穿紫色的，哈哈哈，太好笑了，一看到他仨我就想笑。」當時我聽完了以後給了她一個大白眼，真不知道她從哪裡聽到的這種說法，太瞎了。體育課上完了之後他去水房洗了把臉，回到教室以後滿臉的水，本來就挺黑的臉運動完紅的不行，加上他那個酒窩，讓我特想笑，他走過來跟我借紙巾的時候被我笑慘了，也不知道我在笑個啥。

吳：那你覺得她對你有什麼印象深刻的事情？

芸芸：他是住校的，我是走讀的，學校規定他們住校的晚上比我們多一節晚自習，有一次我回到家吃了一頓正準備要寫作業的時候發現所有的作業卷全忘在書箱裡了，逼得我老爸從床上爬起來穿上衣服開車載我去學校那作業，我跑到教室裡的時候他們還在晚自習，一點聲都沒有，然後我就「咣」的一聲衝進來，嚇了他們一跳，從此以後他笑話我的事又多了一個。

吳：那個時候你會不自覺地靠近他嗎？

芸芸：會，我總是喜歡鬧他，覺得鬧他特好玩，那個時候快要高考了，我有一天晚上寫不進去作業，就拿一張紙畫了兩隻自以為還不錯的兔子，兔子中間畫一條橫幅上面寫著「祝賀祝賀，順利錄取」，結果他看完了以後抬頭跟我說「真醜」，當時我就想扁他，不過後來他還是把那幅畫好好收著了。

高考那天我老媽不知道從哪裡弄來的小紅繩讓我戴著，我看還有幾根就給了我好朋友一根也給他一根。後來高考成績出來了，他考的挺好的，我考的也還湊合吧，我們兩個都報了外地的學校，錄取通知書下來以後，我們都是一邊在瘋玩一邊在準備去大學的東西，那時候我們倆晚上總聊QQ，聊的時間還挺長，那時候我光想著自己愛跟他聊天，可是也沒想想自己為什麼喜歡跟他聊天，我只知道如果那天沒有聊天我會覺得少了點什麼。

吳：那畢業以後呢，上大學之後你倆怎樣了？

芸芸：他報到時間比我早，過了幾天我才報導，我剛到杭州的時候，別人都是興高採烈的去西湖啦，靈隱寺啦，宋城啦，我是每天握著手機想著什麼時候可以給他打電話，我在報導的前一天晚上還跟他聊簡訊，因為我真的有點忐忑。那個時候剛到大學每天總想跟他聊天，我進大學報了一些學生組織，每天都發生各種新奇的事情，我總是想在第一時間打電話跟他講，可是又覺得天天聊是不是不太好啊，就努力忍住不給他打電話，但是並沒有什麼用啊，一發生什麼有意思的我還是立馬就想給他打電話。

吳：你們每年只有寒暑假見面嗎？

芸芸：有一次，一個十一小長假，剛到學校的我實在受不了離家太遠的感覺，買了機票任性的回了家，當時我們幾個回了家的朋友一起出來唱歌，我的兩個朋友之間出了點問題，不歡而散之後我心裡難受就一個人在路上走，他那時候可能是不放心我一個人在大街上走，就跟在我的後邊，當時我覺得特安心，因為每次我心情不好一個人走走的時候都可難受了，那次他在後面就覺得好踏實，我開始正視自己喜歡他這件事。

吳：既然你察覺到喜歡他，那你有沒有做什麼事情表達出來？

芸芸：他的生日在十一月，那個時候我每天學生組織的活動忙到焦頭爛額，每天都只能踩著閉寢的時間點回寢室，早上天不亮就又出去了，簡直是忙瘋了。那個時候我一邊在忙一邊想著給他送什麼生日禮物，當時樓下的格子鋪正好流行賣毛線，我就想買一團毛線織個圍巾送他吧，正好是冬天可以圍著，我從沒有織過這種細緻的東西，因為我本身就迷迷糊糊的，為了在他生日那天郵到他那裡，我很早就開始準備，但是那段時間實在是太忙，即便是我每天織到熄燈也織不完，後來實在沒辦法我就說，這個是來不及在你生日之前寄給你了，我爭取在你生日那天織好，讓它跟你一天生日。一連好幾個半夜終於是搞定了，織完的那一天我簡直興奮的可以掀屋頂了，那是一種特別大特別大的成就感。但是我第一次織水準太爛了，東漏一針，西錯一針的，弄出來像個漁網似的，我怕他實在戴不出門，太丟人了，就去格子鋪買了一條好看的跟我的一起寄過去了，買的那一條是一款織法的樣本，就是我原本打算織卻沒有織出來的那樣的，店家本來不肯賣，我就在那邊磨了好久店家才同意，寄出去以後，我告訴他我的就留著看看得了，讓他戴那條買的，畢竟兩條的手藝差了太多。過了一兩天，有一天我正在上電腦課，收到了他的簡訊，他收到快遞了，他告訴我他挺開心的，謝謝，結果我就嘴賤問了他一句我織的醜嗎？他居然真的回我說挺醜的，我當時真是想扁他，我可是熬了好幾個晚上織的，好歹給個面子啊！我雖然氣憤，但看到他的簡訊我還是挺開心的，醜就醜，哼，我這是「特色」。

吳：我知道你不怎麼說出喜歡，那你有對朋友說過嗎？

芸芸：放假時候我姐們就說我應該是喜歡他，我當時還不承認，但是心裡開始在想自己是不是喜歡他，好像是，但也不知道為啥喜歡他，就這樣吧，那個時候因為他對我挺好的，所以我姐們跟我聊天的時候就說他可能也是喜歡我的，老是鼓動我去告白，可是我這個性子雖然漢子，但還是不敢告白啊，怎麼我都說不出告白的話。

吳：既然你倆關係這麼好，你又確定喜歡他，那什麼沒有在一起？

芸芸：後來不知道是因為我老跟他聊天太煩了還是在不同的地方沒有共同話題的原因，又或是什麼其他的原因，我總覺得他有一點跟以前不一樣了，以前我怎麼鬧都行，可是後來覺得他慢慢的不知道什麼時候就不太愛跟我聊了，我還是有事沒事跟他聊，但是已經在慢慢的減少，那時候心裡挺難受的。

吳：你就沒想過問問嗎？

芸芸：後來一個假期，那時候我想弄明白他喜不喜歡我，但是我實在是問不出口，因為我就是那種打死不承認喜歡的人，也說不出喜歡這件事情，當時我的朋友就給我出主意，讓我喝酒然後說，如果他不答應我就說我喝醉了胡說的，我當時覺得這個主意真的是……我也是醉了……容易被看出來啊，可是當時也不知道是鬼迷心竅了還是怎麼的，想試試看，誰知道我那天一天沒吃飯，還沒等喝幾口啤酒呢，就暈乎乎的，整個人手軟腳軟的，感覺就是意識有一點清醒，手腳全都不好使的感覺，腦袋也是暈的不行，當時我以為我終於可以問出口了，誰知道就有那麼一絲清醒的意識我也是沒問出口，最終不了了之了。後來回家以後我就意識不清睡過去了，醒來想起來覺得自己太挫了，於是鼓起勇氣打了個電話，誰知道發現自己更挫了，話都到嘴邊了硬給咽回去了，他估計是猜出來了，問我是不是想問他這個，我都沒說是，而是問他問啥這麼問，後來我也沒承認想問他這個，雖然他應該是知道的，但我就認為我沒有說出來就不算承認，現在想想自己真是膽小到家了，平時什麼都敢說，怎麼一句話就不敢說了，我們、怎麼一面對承認喜歡這件事情就慫。我當時怎麼都沒承認吧，他就委婉的表達了自己覺得做朋友挺好的這種意思，我還自欺欺人的當做什麼都沒說的樣子，可是從那天以後我就沒再經常找他聊了，因為我覺得他應該不想我總跟他聊吧，而且我也不是那種纏人的人。

吳：你還真是死要面子活受罪，不過畢竟是女生，那後來你還有做什麼嗎？

芸芸：現在想想自己那個時候真的是死要面子而且死強，在那之後我什麼都沒說，只是自己努力的不去打擾他，後來我朋友有問我怎麼樣什麼的，我也什麼都沒說，因為我說不出來，而且我有的時候真的是挺好強挺要面子的，結果朋友自己跑去跟他聊了，然後告訴我他說他從來沒有喜歡過我，聽到朋友說這句話我澈底蒙了，連自欺欺人都沒有了，我當時就覺得自己很想找個地洞鑽進去，我真的是太丟人了，不過為了最後一點不知道還算不算面子的面子，我忍住了沒哭也沒說任何話，只是那段時間我整個人都有點恍惚，我老是問自己「是我想太多了？原來他從來沒喜歡過我」天天躲在圖書館可是卻連要幹什麼都不知道，每天腦子裡都在胡思亂想。現在想來，自己真的是被自己蠢哭了，沒發現自己喜歡上一個人，發現以後又搞成這個樣子，我到現在也不知道自己到底是怎想的。

吳：事情演變到這樣，你還想跟他在一起嗎？

芸芸：從那以後，我開始淡忘喜歡這件事情，我覺得我的性格實在太倔了，也太喜歡死不承認了，我可以對我喜歡的人掏心掏肺，可以所有的事以他為中心，但我永遠都無法清楚的勇敢的說出喜歡，我想我應該把心思都放在學習上，放在把自己變得更好上，我挺死心眼的，拿不起放不下，可是我又不敢承認，這樣的性格面對感情太容易讓自己難受，所以我從那以後在大學隻字不談戀愛，也不敢去想戀愛，不知道為啥，我有點怕。

對於現在的我，我不怎麼再想主動去想自己感情的問題了，隨緣吧，我覺得想也沒有用，因為我就是那種沒辦法去表達清楚的人，所以還不如順其自然，把精力放在其他自己喜歡的或者有意義的事情上面，我覺得自己在喜歡這方面真的是遲鈍，所以與其這樣不如不去想，等到緣分出來就出來了吧，而且我覺得還是讓自己變得更好更重要，想那些有什麼用，只有讓自己變的最好才是最有安全感最踏實的。

現在我已經可以很平和很平靜的面對他，我不想再糾結他到底有沒有喜歡我，也不想再去想為什麼之前我覺得他對我挺好的後來他又讓我覺得冷淡，也許從頭到尾都是我的錯覺吧，無所謂了，這些早就不重要了，是錯覺就是吧，那很好啊，因為我擁有了一段自己感覺很美好的喜歡的感覺，單戀不是挺好的麼。不是錯覺的話，那也很好，那說明曾經真的有一個人是和我互相喜歡過的。怎麼都是讓我變得更成熟更懂事的一個階段，我不會再躲再逃避，也不會再想，我知道他是曾經在我心裡走過的，但是那又怎麼樣，他就是我人生中一個平常的事情，用那些小說裡的話來說就是「過客」，沒什麼可糾結的，也沒什麼可想的。現在的我應該有自己的事情要做，馬上就要進入社會，我還有很多努力的地方，我希望自己可以變成更好的樣子，我不想自己是個沒出息只會哭哭啼啼的小丫頭，經過這件事我更希望自己可以做一個面對任何事都能想得開的人，平靜的面對人生任何的事情，好好解決，讓自己更好，也謝謝我生命裡走過的人吧，我總覺得這些人都會讓我更懂事更成熟。到了大四，我忽然想開了，沒有什麼東西值得害怕，我要對任何事情都勇敢，我想著會不會有一個人讓我勇敢的說出來「我喜歡你」，在那之前我會讓自己變得更好。

他一直在等我　我卻遺失了美好

文／吳菁

主人公：BLACK（化名），生於一九九四年
學校（或所在城市）：瀋陽
專業（或文科理科）：國際會計
主角個性：成熟懂事、活潑可愛、善解人意
採訪方式：網路視訊
採訪時間：二〇一五年九月二十七日

BLACK在我印象中一直是個大方爽朗的女孩子，跟男生關係也都很好，不拘小節。我一直覺得她是個很有主意的人，也很會照顧自己，事情看得開想的也開，採訪這個故事是我第一次問她初戀的事情，也才發現她更多的一面，其實人生總是錯過很多，但是這也是成長和前行的選擇。

初中被告白（同班級）——高中分手（他當兵我正常去高中）——我有了新男友——他默默守護等待——我和男友分手——他默默等待——我找到現在的男朋友——他知道自己等不到了——我有了現在的愛情，但是他永遠是我記憶的一部分。

吳菁（以下簡稱吳）：現在想起初戀，你還記得你們是怎麼開始的嗎？

BLACK（以下簡稱B）：他是我的初戀，也是我一輩子的愧疚，甚至從始至終我連一句「對不起」都說不出來，除了我最難受的眼淚，我不知道我還做什麼，我不後悔，但每一次想起他的時候我都難受。

我跟他是在初中的時候認識的，那個時候他坐在整個教室的最後一排，我正好是他的前座。他有一個很不好的習慣，喜歡玩女生的頭髮，所以開學第一天，他就很榮幸的吃了我兩個拳頭。

他和他的同桌關係很好，他的同桌又是個逗逼，總喜歡用他的筆捅我的後背，然後當我轉過去的時候，筆在他的桌上，他每次就這樣光榮背黑鍋了，後來他才告訴我，他同桌是故意撮合我倆的。有一次我因為這個原因回頭準備訓他，結果被老師「黃雀在後」當著全班訓了我一頓，當時臉皮還很薄的我很不爭氣的被老師訓哭了，自然而然的，這股氣就轉撒到了他的身上，他道了很多次歉，雖然聽著很不像道歉，比方說「今天你為什麼又不理我？」「你又無情的把我一個人拋棄在這個角落裡了。」「我也不知道老師會說你嘛！」「你往後點坐，我玩不著你頭髮了！」但是我還是連著四五天沒理他，四五天後，他就換了個新招，把筆扔到我座位下面，然後讓我幫他撿筆，藉此搭訕，具體撿過多少枝筆我記不清了，但是他整個筆袋的筆全部都壞了。他這樣一天天有事沒事找我聊，慢慢的我就理他了，但也不怎麼多說話，總是被他煩的不行了才搭理他幾句，誰知道我剛搭理他幾天老師就換座位了。

吳：換座之後，他還繼續吵你了嗎？

B：換座之後，沒有他總在後面吵我，我漸漸的跟身邊的幾個女生成為好朋友，其中有一個女生跟我關係很好，可以說她是我很重要很重要的人，因為在遇到她之前我挺內向的，不擅長跟任何人打交道的，是她一點點把我帶成現在比較外向的性格的。有一次這個女孩告訴我她喜歡他，我當時的心情一句話就是「朋友都被驚呆了」，這麼討人厭的男生還有人喜歡，無語了。後來她跟他告白了，然後他倆在一起了，我當時感覺他對我好朋友沒有對他前女友認真，於是我私底下去找他問，怕他傷害我好朋友，他只給了我一句話，他說他在跟我好朋友在一起的時候不會和另一個女生搞曖昧。我還是不放心，只是人家都這麼說了我也只好算了，但是當時我心裡覺得這個太不可靠了。

吳：那他和你好朋友一起之後呢？

B：後來就有一件挺奇怪的事，我天天中午回家吃飯，每天回學校都能看見他站在花壇的石壇上，一個一百八十六公分的東北大漢站在石壇上都有兩公尺多了，特別明顯，然後我每次進寢室不到兩分鐘他就進來了，但是那時候傻啊，後來才想明白他是故意在等我。

他跟我好朋友好了不到兩個月就分手了，體育課上我的好朋友在我的肩膀上哭了一整節課，整整一節課，她只說了一句「我倆分手了」。當時的我氣急敗壞，對這個男生的印象又降了一個等級，下課正好是中午回家吃飯，回來看見他站在花壇上跟我打招呼我壓根沒搭理他就進了教室。

吳：既然你覺得她不可靠，那你怎麼跟他在一起的？

B：他之後上課給我傳了好幾次紙條，我只回了他一句「別傳了，我怕我好朋友誤會」，可是他隔了一會又寫了一張，說如果我不告訴他為什麼不理他他就一直傳，然後我告訴他我自己的原因跟他沒關係讓他不要再傳了，他終於不傳了。

放學之後，他在學校大門口等著我，我不知道他在等我，壓根沒看見他，結果他拎著我的校服領子把我直接拎到他邊上去了，他問我「你肯定生我的氣才不理我，你到底在生我什麼氣？」我說「人太多了回頭說吧」，他說「回頭你就沒影了，你不說我就一直拎著你」，無奈之下，我只好說「誰叫你惹我好朋友傷心了，所以不想理你」他聽完就非常無奈的說「我當時跟她在一起時一時衝動，現在後悔了，覺得不應該耽誤這樣認真喜歡一個人的女生，所以就分手了，我還以為我分手你會開心一點」。「我怎麼可能開心，我好朋友失戀我怎麼開心」我無語了。他要送我回家，我回了一句「不用了」就走了。

後來，每一天中午我回家吃完飯回來，他都會像雕像一樣站在花壇的石頭上，和我打招呼衝著我笑，有時我會裝作看不見，有時我會衝他點頭笑一下。當時的我以為，他只是閒著無聊，後來才漸漸明白過來。唉，原諒我那個時候令人著急的情緒智商吧，有時候我在想，他喜歡我，大概就是因為我笨吧。

吳：那你什麼時候開始發覺有什麼地方不對呢？

B：應該是在初二上半學期開的元旦班會上。那就是他去的很早，我到的時候他早就已經在了。我和朋友剛坐下，一直站著聊天的他就直接領著他的朋友坐到了我們身後，我是真的不想回頭啊，無奈之下，我回頭直接扔給他一句「怎麼哪都有你啊！」他笑眯眯的回了我一句「我就願意做你後邊！」這一句話，引來了大家瘋狂的起鬨聲。

班會上雖然他再沒說出什麼讓人想太多的話，可是班會結束之後，我一出教室門就看見他笑眯眯的看著我，我裝作沒看到一樣轉身就飛快的跑走，直到出了校門我才鬆了一口氣，然後，就聽見身後有人說「我有那麼嚇人嗎？」我的心裡當時大聲喊著：哥哥你有自知之明就趕緊消失啊！當然只是想想而已，我要是真說出來，還指不定從他嘴裡聽到什麼。事實上，我慌得不行，頭都沒回就接著往前走，直到他一把拽住我的手腕，我當時感覺天都黑了。被迫停下腳步和他面對面站著，我低著頭讓他鬆手，我說我不走就是了。

吳：這是要告白的節奏啊？他怎麼說？

B：「我知道你還沒往那方面想。」他的開場白讓我無比的想要吐槽，知道你還說，我都想罵人了，「沒關係，我可以等，等你喜歡我。」他再一次語不驚人死不休的說，雖然當時慌的要死，可是我知道他總算是沒有逼我做決定。他說完之後就那麼直勾勾的看著我，我問他「你……說完了？」看他點頭，然後我小心翼翼的繞過他，回家回家回家……然後我的衣領被揪住，大概就像揪兔子一樣，我就被拎回去了。「你不覺得應該給我個回應嗎？」他特別無奈地說。我繼續小心翼翼的想著該怎麼開口，憋了半天，我聽見自己說「你不是說要等我嗎？」看他點點頭，我聲音又小了幾分「那你等唄，我說什麼你不還是等。」他鬆了手，沒好氣的說「走吧走吧，對牛彈琴。」

吳：哈哈哈，那他之後做了啥？

B：「他長得很高，班級籃球比賽一直都有他。比賽之前他給我傳了紙條。「你喜歡什麼數字？」我收了紙條然後扔進垃圾桶，並沒有要回的意思。然後第二張「你喜歡什麼數字？」頓時我就無語了，「七」我無奈回了他。然後他訂的球衣上便是一個大大的七。當時真的有女生問他為什麼是七號，他用手指了指我，因為她喜歡。

他是學校體育隊的，每天最後兩節課他都是直接背書包去訓練。他們明明放學比我們早，可是每天放學路上都能看見他慢條斯理地跟著我，這叫什麼事啊？忍了三天之後我火了，「你能不能別跟著我?!」「我沒跟著你啊！」「那你幹嘛老走在我後面?!」「呃，那我去你前邊走？」說完他真走在我前邊，一邊走一邊回頭笑著和我說「沒事，我都認識了。」

吳：後來呢？

B：後來我要減肥，和朋友約好晚上去學校跑步。從我家到學校也就五分鐘。第一天跑了兩個小時的我像散架了一樣。第二天，我和朋友開始一起回家，他就在後面跟著，朋友一開始以為他家也在附近，並沒有想太多，於是開始和我討論吃完飯去跑步的事情。然後，第二天我和她身後多了個尾巴。朋友問「你也來跑步啊？昨天還沒看見你呢！」「其實我天天來的，可能是時間沒趕上吧。」說來說去，三個人莫名其妙的訂好一起跑步的時間。關鍵是他家離學校要二十分鐘。

吳：那你怎麼對他心動了呢？

B：假期的時候他沒有打擾我，但是我心裡並不怎麼開心，而且有點失落。有一天他突然給我打電話「我在你家樓下，你下來！」「我不下去！」「你不下來我喊你名字啦！」「……你等會，我馬上就下去。」那天挺冷的，他凍的臉通紅，「你不是剛來？」他沒有回答我，讓我一起走走。「你是我第一個追的女孩。」他說完我有點愣住了，他是什麼樣的人，我不是一點都不知道的，至少他的前幾任女朋友，可是「新陳代謝」地非常迅速的。「我從一看見你，就心跳的很厲害，之前從來沒遇到過這樣的情況的。」他怕我不相信，又補了一句「你看我追你的時間都比和她們在一起的時間長。」話音剛落我就笑了。「你委屈成那樣是要給誰看?!」「我會好好照顧你。」「我……不太會。我的意思是，我不知道怎麼做……」「沒關係，我對你好就夠了。」

吳：和他在一起，你覺得你自己怎麼樣？

B：我知道我不是一個合格的女朋友。他不是什麼好學生，我知道他抽菸，他在和我散步的時候把菸拿出來並點上的那一刻我會立馬走的離他很遠，然後他怔了怔就把還沒有抽上一口的菸扔到地上踩滅了。「你不喜歡可以告訴我。」從那天以後他再也沒有在我面前抽菸。後來透過他的那個逗比同桌我才知道，他戒菸忍了三天之後連筷子都拿不穩，他倆站在街上，他紅了眼眶，他說如果他戒不掉，我不喜歡了怎麼辦？我承認當我聽到他同桌和我說這件事的時候，懷疑過它的真實性。直到快開學的時候，他給我打電話，聲音裡有幾分沙啞，「如果我戒不掉抽菸你會不會討厭我？」我思索了幾秒，然後回答他「沒事。」

他比我這個女生還敏感，他送我回家的時候只是偶爾一次回頭髮現我也在回頭看他。然後從那以後，凡是我回頭的時候他一定站在原地看著我，等我走到他看不到的地方他才會回去。

和他在一起的時候他從未牽過我的手，他關心我，而且從不索取什麼回報，後來班級裡的一個喜歡了他很久的女生加了我的QQ，她說她悄悄跟蹤過我們，我想她大概是來挑撥離間的。她說，和他在一起過得女生哪個他沒親過沒抱過，他連手都不牽肯定是不喜歡我。她說，他那麼花心不可能和我在一起多久。我當時可淡定了，我只是告訴她，和他在一起的是我，如果她想爭取，大可以直接從他下手。後來那個女生果真同他告白了，也許是被我之前的話刺激到了。那是我第一次看見他那麼生氣，他甚至有一天沒理我，就連送我回家的路上也沒開口說過一句話，直到我上樓的時候他終於叫住了我，「你就這麼希望我和她在一起？」不等我回答，他又接著說「別人對情敵都是左防右防，你倒好，讓她來追我？」我不知道該說些什麼，思考了半天，我告訴他，是我的誰也搶不走，能被搶走的都不是我的。總之他最後還是妥協了。他歎了口氣，「早晚有一天你能明白的。」

有一天我倆一起走，看到他的初戀在被他初戀的前男友百般為難。從他們身邊走過的時候，我感受到了他的猶豫。後面女孩子哭泣的聲音傳來，他停住了，我抬頭看他，他抿了抿嘴最後什麼也沒說出來。「想去就去吧。」他的表情很驚訝，是的，他對我說出這樣的話而感到驚訝，「看見她被為難很難受吧？」我笑著問，然後被他急切的打斷「可是你讓我去讓我更難受。」「去吧。」我抬起手捏了捏他的臉，「我自己回家。」他在確定我真的沒有生氣之後，似乎更加難過了。他還是去了。畢竟事後我真正明白初戀對於男生是什麼樣的意義的時候，我覺得我做了正確的決定。

吳：那你們的分開是因為什麼？

B：初三快要到了，而我們的分別，也越來越近。那是我第一次知道，光是看一個人的眼睛，我就能哭出來。他也是到目前唯一一個，能讓我光是看著他的眼睛就能哭出來的人。

期末考試結束當天，他給我的紙條上寫了一句讓我看了好幾遍的話，「如果有一天我走了，你會等我回來嗎？」我壓抑住內心的不安，回過頭去看他，看著他難受的樣子我就哭了。我趴在桌面上，聽不清老師講了什麼放假安排，壓抑著自己的哭聲。我想問他要去哪，我想問他為什麼不早和我說，最終，我只是問他，會回來嗎？他說會。我不知道自己該說什麼，猶豫了好久，我寫下我等你。可是又能等多久呢？我不知道。我也曾威脅過他如果他走了，我就會和別人在一起之類的話，可是不管怎麼樣，他還是離開了。

偶爾回憶會一下子湧入腦海，但是我不會再哭。偶爾他對我的好還是會重放，但是我不會因此拒絕未來。縱使明白他的身不由己，可我依然怨恨他的說走就走。當時幼稚的我，能明白他的身不由己已經很不容易了不是嗎？

吳：他還有回來找你嗎？

B：高中的時候，他來看過我一次。當時我剛入學，和班級裡的一個男生走的很近，那個男生追我追得很猛，後來我就答應了。這些他知道，因為他的好朋友是我同班同學。可是我們見面的時候他沒有提，他只是和我說他想我了，他想送我回家。臨走前他告訴我他不在乎過程，只在乎結果。他說不要相信對我沒有他好的男生的話。

我是怨恨著他的，至少當時是這樣。我說，「在你確定能夠回來之前，就不要來看我了。」我不敢看他的眼睛，我不敢面對這樣的我自己。說是報復，不如說，我只是在放縱我自己。他沉默了好久，啞著嗓子說好。得到答案的我輕聲笑了，繼續說著，傷的他體無完膚的話。我說，「你放心，對我不掏心掏肺的男生，說什麼我都不會信的。從哪跌倒就從哪爬起來。你教我的，我記住了。」

吳：你們後來還有聯繫嗎？

B：我曾經因為他不相信永遠，不相信時間。我以為時間能夠沖淡一切。是他，再一次告訴我，在乎的東西，無論多久之後依舊刻骨銘心。

在高中的那次碰面之後，我和他就沒再見過。偶爾會在QQ上聊天，但是最多也就是半年一次的那種。我們之間從未說過結束。他的很多朋友都和我在一個學校，甚至有的和我同班，所以我身上發生的事情他應該是都知道的。我當時不明白為什麼他從不質問我從不阻止我，甚至，從不在我面前提起這一切。

直到大二的時候。那天他在QQ上主動找的我。我和他從下午五點聊到十二點多。他告訴我他去當兵了。當兵的日子很苦，只有週六週日和值晚班的時候才可以用手機。我當時很煞風景的問了一句，怎麼想到要和我聊天，他沉默了好久，或許是在忙事情，或許是在糾結要怎麼和我說。最終，他告訴我，因為他已經想這麼做很久了。

在我眼裡，從我知道他的好之後，他就是一個淡定而成熟的人，可是那天他顛覆了我所有對他的認知。他緊接著發給我的訊息竟讓我無法做出任何回應。他說，他從我上高中交第一個男朋友的時候就想和我說，雖然那個時候他很痛苦，但是他知道我受不了異地，所以權衡了好久之後他還是希望有人陪著我，至少可以讓我開心一點，就算是男生也無所謂，畢竟他覺得我是一個缺乏安全感的人。可是他一直都想要提醒我，把心留給他。他想告訴我，他會回來。可是最終他什麼也沒有說，因為他怕恨著他的我，他怕從我嘴裡吐出來那些傷的他體無完膚的話，他怕萬一我真的喜歡上了別人他那麼做無疑會給我增加壓力，他怕萬一他不能兌現他會回來得承諾會讓我白白等他。

我竟說不出一個字來。我當時心裡很震驚。真的。我本以為他也同我一樣早就有了自己的生活，早就有了稱心如意的女朋友。所以當他說出這麼一番話來的時候，我想要去逃避。我不敢面對他，我不敢面對這樣殘忍對他的我自己。他發了好久的資訊發現我都沒有回應，他有幾分不確定的問我，你還在嗎？我回他，我不知道該說些什麼。你最不想聽的就是對不起吧。我現在，真的很內疚。他說沒關係。他說錯在他，不在我。當時我哭了。無論如何我也開不了口去打斷他，去告訴他我現在已經有男朋友了。我是真的，無法狠下心來再和他說一遍這種話了。不過我想，他應該是知道的。而事實證明，他似乎比我自己還要了解我。

他說當我第一次在高中交男朋友的時候他沒害怕，因為他覺得我那是在報復他的離開。當我後來據說是主動喜歡上了一個男生和他在一起的時候他也沒害怕，因為他覺得沒幾個人受得了我這小脾氣。就這樣他雖然很吃醋但他那時候以為所有的人都不會長久。這樣的心態一直持續到我高中畢業。

我這輩子都不想再體會一次當時的心情。那種極度的愧疚，那種想要打斷他卻又不忍心的感受，那種把心放在油鍋裡的感覺，疼的像要炸開一樣。可他並不會比我輕鬆半分，我知道他在打這些字的時候一定是非常難受的，我知道他是在發洩，在苦等了四年之後的發洩。

他說，他第一次感覺到了害怕是在我畢業的時候，並且伴隨著絕望。當他知道我男朋友居然和我報的是一所學校一個系的時候，他就知道他沒有任何機會了。因為只有一個用實際行動來證明他愛我的人，我才會產生一種和他共度一生的願望。他在我最需要安全感的時候離開了。雖然他心裡一直想著我，可他明白，一旦出現了另外一個在我最需要安全感的時候留下來的人，他所有的努力都會化為烏有。

他告訴我，他錯在沒有留下來給我一個緩衝的時間，他錯在他一直以為什麼都來得及，所以還沒在我的心裡生根便已被剔除。我試圖安慰他，我告訴他，時間會沖淡一切，他會找到更好的女孩。然後他很突兀地問我，想看他穿軍裝的樣子嗎？我說你發給我看。他說等等，他要現在拍。過了一兩分鐘，他傳來了照片。他穿著軍裝，手中拿著幾張橫格紙。當時我有點楞。緊接著他發來橫格紙的特寫。

「如果有一天我走了，你會等我回來嗎？」

「你會回來嗎？」

「我一定會。」

「那好啊，我等你。」

「看著你的眼睛我想哭。你是不是真的要走啊？」

「我們可能會很長時間見面。我要去杭州。」

「可不可以不去？」

「我會回來看你的。我也很想你。」
「如果你走了，我會忘掉你的。我會當別人的女朋友。」
「你不捨得我難過。你不會的。」
「我捨得。我會的。所以你不要走。」

看著這些字，我對著手機螢幕哭得不行。當我在告訴他時間可以沖淡一切的時候，他告訴我他把我和他傳的紙條留了整整四年。甚至他站夜哨的時候都隨身帶著。對不起這三個字我只能說給自己聽，因為這對他是一種侮辱，他不需要我的對不起。或者說他需要的不是我的對不起，而他需要的，我給不了。

他似乎還是沒有平靜下來，反而越說越激動。他說這麼多年，他是靠著第一張走過來的。即使到後來另一個人一直陪伴著我，他還是在心裡偷偷地自欺欺人。我想一語成讖大概就是這樣子。當時的我，寫下第二張紙條的時候只是單純地想要留下他，我以為靠我自己的離開來威脅他他就會留下來。可是事實告訴我，我太幼稚。誰都沒有想過事情會這樣發展下去。

而多年之後，當我用著同樣的方法來告訴另外一個人的時候，那個人選擇了不惜一切留在我身邊。有人說得沒錯。就在那個人做那個選擇的時候，一切的曾經不確定的因素全部都確定下來了。我愧疚，可是我不後悔。我愧疚的是他那麼真誠的對待我，而我那時候只是想知道戀愛的滋味。我愧疚是因為我早該和他說清楚一切，而不是讓他因為我的一句貌似是報復他的話苦苦等待了四年。我愧疚是因為我在每一次能和他說清楚的時候都懦弱的選擇了逃避。

說到底，我和他在一起或許是有著朦朧的好感，那時候我以為那就是愛情。可是多年之後的現在，再次回想起來的時候，我卻深深地贊同一句話。初戀是青澀而朦朧的。那時我不知道什麼是愛，以為只要吸引我目光的就是愛。而他，喜歡我那時傻的可愛。我以為他不知道的是，有太多的人無論怎樣都不會在一起。可是那段談話的最後，我卻發現他早已明白這個事實。那是在大概十一點鐘的時候，他突然說想聽聽我的聲音。而且有些話，親口說出來比打字好得多。我當時想的是，我已經逃避了太多次，我不能再逃避下去了。然後我把電話發過去，接著一串陌生的號碼便打進來了。看到號碼的時候我愣了一下，粗略的看了下，十一位數裡有五個七。之前在初中的時候，他打籃球賽之前曾問我喜歡什麼數字，我告訴他我最喜歡七，然後他便穿著七號的衣服去比賽。我努力地說服自己這只是個巧合，然後接了電話。

或許真的是因為太久太久沒有聯繫的緣故，他的聲音聽起來那樣陌生，我甚至一點都想不起來他之前的聲音是什麼樣子。他的嗓子有點啞，伴隨著一種很奇怪的顫音。嗯，用通俗的話來說就是我感覺到他剛剛哭過了。我聽出他是在壓抑著某種感覺卻迫使自己把話說出來。他說得很慢，幾乎每說幾個字便會頓一下，深吸一口氣繼續往下說。他的語氣，我模仿不來。至於他說了什麼，我想那會成為我心裡永遠的祕密。我不會和任何人提起，也不會忘卻。他用五年的時間，在我的心裡留下了痕跡。雖不深刻，但是會存在很久很久。

吳：你覺得是喜歡他還是愛過他？

B：從一開始在一起就不是因為愛情，所以時間才能讓我淡忘他。我曾經是多麼不相信時間的一個人，可是現在因為他，我相信了有些事情不管過多久，只要再次面對，依舊刻骨銘心。只可惜有些人，註定會流失在生命中，就如同相交過的線，越來越遠。

我想像不出為什麼這個世界上到現在還會有這樣的人，明知道無論怎樣都不會有結果，明知道最初的最初，我本來就是個不懂愛的孩子，還是願意同我開始一段可笑的戀情。他在我身邊的時候，沒讓我受過任何委屈，一味地遷就我。他不在我身邊的時候，依然不停歇的關注我。他沒有勇氣打擾我沒有他的生活，卻有勇氣為了兩張紙條苦等四年。

能遇見他，是我人生中一件很幸運的事情。可是錯過他，卻是必然的。即使他當初沒有離開，我想陪我到最後的依然不會是他。我們兩個就是不合適的人，我就算當時沒跟他分手，後來也不會一直在一起，我倆不合適，感情是沒有先來後到的，無關於誰付出的多誰付出的少，如果非要說什麼是愛情的話，現在我相信的是，和我一起走到最後的才是愛情，至於之前，無論多深刻，無論多歡喜，那也都是過去的事情了。現在我的男朋友跟我雖然感覺各有各的事情，但是我們兩個是真的能合適的人，不管什麼都可以理解對方，我覺得這樣很好。

車站情緣　只是為了遇見你

文／吳菁

主人公：淺紫（化名），生於一九九四年。
學校（或所在城市）：瀋陽
專業（或文科理科）：會計
主角個性：溫柔穩重、重情重義、體貼入微、獨立懂事
採訪方式：網路視訊
採訪時間：二〇一五年九月九日

淺紫這個人，是個典型的東北大妞性格，做什麼事情就很直接，是個性情中人，她很懂事，也很會照顧別人，骨子裡又很倔強，是個很好的女孩。

她談戀愛的事情對我來說很突然，還沒搞明白怎麼回事就發現這女孩陷入熱戀，不過她是個很好的女孩，現在和男朋友還是一樣的甜蜜。

大一認識（他在大連上學我在瀋陽上學）——我和朋友一起坐車回家——我們在大連火車站認識了——他要來我的電話——跟我告白，我們成為情侶——他去學校看我陪我一起回來——我們意見不合差點分手——他跟另一個女生走得很近——解開矛盾好好地在一起。

吳菁（以下簡稱吳）：作為閨蜜，請你認真交代你到底怎麼跟男朋友認識的？我簡直驚呆了！

淺紫（以下簡稱淺）：那是二〇一三年四月二十八日中午，我和他是在大連的高鐵站認識的，那年我大一，我們學校放五一小長假，在本省上學的我樂呵呵的就跟室友小宇坐著高鐵往家跑，那個時候我們並不認識，他是陪著他的朋友去接小宇的，當時第一眼我覺得他的個子挺高的。

我的一個姐妹在輕軌站等著接我，我的火車晚點了，所以我很著急的往輕軌站跑，他們三個不放心我一個人，非要送我到輕軌站，我們就一起在站口計程車計程車點排隊，那天打車的人好多，一個黑車不停地問我們去哪裡，他當時就說了一句「回家！」，然後那個人又問我們家在哪，他又回了一句「家就在家那塊兒唄！」，當時我聽到以後心裡默默地覺得這個人很不好說話啊！他當時手裡還拎著個筆記型電腦，我想著他一定是一天到晚愛玩遊戲的人，而且他那個來接小宇朋友帶了個很非主流的耳釘，嘴裡叼著個菸，感覺很不可靠。後來因為我們著急就打了車走了，司機要的還挺貴，還要按人收錢，我想著他們是送我，我就把錢全掏了，心裡默默心疼的想著還不如自己走呢！他一個人坐在副駕駛，我們三個都坐在後座，他回過頭讓小宇先把錢給我，我拒絕了。我們兩個在車上正好四目相對了一下，我心裡有點小害羞，還沒來得及把頭轉開，輕軌站就到了，我說了一聲「拜拜」就匆匆跑向輕軌站。

到家以後，小宇就給我發簡訊，問我可不可以把我的聯繫方式給他，作為一名東北女漢子，我很豪氣的回了一句「給吧！」我同意之後過了不一會兒，就收到了一條陌生號碼發來的簡訊，上面寫著他幾乎所有的基本資訊，像是身高、體重、學校、年紀、年齡、家庭住址，甚至連星座都寫了，我看到以後就很淡定的回了一個同樣的寫著自己資訊的簡訊回去了，不一會兒，他的電話就來了，我們就「從詩詞歌賦聊到了人生理想」，然後我們就把QQ、微信都加了好友。

吳：呦喂，然後你倆怎就熟了，還在一起了？

淺：第二天，我跟我的朋友出去玩，他在跟我聊QQ，我說我可能沒時間回你，回去再聊吧，然後就看到他的說說更新了一條，上面寫著「我在想『你娛樂完會不會想起我還在靜靜的等著你』子H」，看完了心裡有點甜滋滋的，也不知道是怎麼回事，我有點蒙了。當時看見這條說說不知怎的就立刻去ＱＱ上找他了，一直聊，都玩得心不在焉的，我突然意識到我是不是有點喜歡他了。

吳：那你們倆這樣是誰表的白的啊？

淺：緊接著就是五月一日，國際勞動節，也是我們正式在一起的日子，那天他在ＱＱ上跟我告白，說了一大堆，只是有點記不清了，現在只記得他說「咱倆處對象吧」，然後他還說「我喜歡你的小虎牙」，然後我就豪氣干雲的說了一句「那就在一起吧！」然後我們就在一起了，然後我就有了一個黑不溜丟又傻了吧唧的男朋友。

吳：那你開學後應該就是異地戀了吧？

淺：後來有一次我的一個高中同學邀請我和其他人一起去她的大學學校玩玩，當時他就很主動要來我家接我，我們倆早早的就去了，在輕軌站，他第一次牽起了我的手，我很緊張，都不敢看他，他的手在抖，我心覺得挺好玩的，應該沒處過幾個對象，嘿嘿，挺開心的，然後我們就這樣牽著手一起等著我的朋友們。我們兩個話都挺少的，沒有在網路聊的那麼多，有點小尷尬。朋友來了以後我就向朋友介紹他，他當時挺害羞的，低著頭不說話，朋友們都興奮地問這問那的，我們就是害羞的不說話。在輕軌上，他真的挺細心的，人多的時候都知道擋著點我，怕我被擠著，一直在我旁邊牽著我，我跟朋友聊天他也沒有打擾，就靜靜的在我旁邊守著，幫我把擠我的人都擋開，我當時心裡美壞了，覺得他是一個可以保護我的人。到了朋友的學校，他要回家一趟，我當時總有一種感覺他是去玩遊戲去了，不想讓他走，後來他還是走了，但是我們一直都在聯繫，過一會兒他就給我打電話問我到哪了，怎麼樣，覺得他很關心我，即使不在我身邊也會想著我在哪裡怎麼樣，心裡就又開心起來。

再後來，我回學校了，他在家裡這邊上學，雖然同省，但不在一個城市。每一天我們都會聊天，每天大部分的時間都在聊天，我想有可能是因為我們是在還沒有特別了解就在一起了，為了增加了解，我們總有說不完的話，我想我們這就算開始異地戀了吧。

其實我挺不喜歡異地戀的，因為我很喜歡黏人，我喜歡一直在身邊的感覺，可惜我們雖然離得不遠，但也是道道地地的異地戀了，心理有點小憂傷。在往學校走的火車上，他給我打電話，我們聊了很多，他說他很捨不得我離開大連，我也不想走啊，我心裡很難受，他就貼心的說「我會去你學校看你的，你開心點哈！」聽完他的話，我一下子就哭出來了，心裡捨不得到了極點，可是也沒辦法，只能在學校盼著他來看我了。他在車上也有陪我聊天，一直陪我到下車，我下車的時候他就會等我，等我把行李拎出車站他就立刻會出現繼續陪我聊天，那個時候我才覺得異地戀也不是像想像中那麼可怕嘛！

後來到了學校我就開始收拾東西，學校剛下發課程表他就讓我把課程表發給他，還有上課下課的時間等等都發給他，他說這樣他就可以在我沒有課的時候可以第一時間給我打電話陪我，我聽了真的很開心，覺得自己找了一個細心的好男朋友。後來到了學校我就開始整理房間收拾東西，整理完我就立馬去學校領課程表，等課程表發下來了，他就又催我讓我把課程表發給他。

一開始他在我下課的時候或者我休息的時候給我打電話，我還挺不習慣的，因為以前從來沒有人對我這樣，一直是一個人忽然有男朋友了有點不適應，有一段時間我覺得自己都沒有自己的時間了，並且我感覺那時候跟室友的關係都有一些疏遠，因為人家在大家一起玩鬧的時候，我都在跟他打電話。不過心裡還是開心的，他經常在我沒有事的時候第一時間就給我打電話，陪我各種聊天，有時候聽我吐槽和抱怨也不煩。而且從我們認識開始一直到現在，只要是我上午有事或者是有課，他每天都會準時打電話叫我起床，每天晚上都會跟我說：「晚安，蓋好被子別著涼了，我愛你，老婆。」

吳：那異地戀他有來看過你嗎？

淺：後來有一天，他給我打電話的時候忽然說他要來看我，我當時聽完有點蒙，開心的不得了，就差在寢室轉圈圈了，他說他最近沒事，可以待到我放假時候跟我一起回家，打完電話我天天都在期待他能夠快點來，就像小孩子每天扒拉手指頭數日子一樣，一直到他來。

他來的時候我本來打算去接他，因為學校一般都在郊區嘛，不好找，離車站又遠，可是我問他用不用我去接他的時候他立馬說他不用，他可以自己過來，怎麼都不讓我去接他，也不告訴我他什麼時候到。其實我當時還有點不相信，誰知道他真的找過來，還找到我的寢室樓下，就像在一個學校的情侶那樣，看到他在樓下等我的樣子，那時候感覺真像我們不是異地戀，我的男朋友也可以在我的寢室樓下等著我，當時真的覺得很幸福。

後來寢室的人知道他過來看我也說我了，都說我真的很幸福呢！嘿嘿，聽的時候我心裡可高興了，他們還問我為什麼不去接他，還讓他一個人找回來，當時我就很自豪的說，他不用我接，他自己可以找過來。嘿嘿，我室友還說我對象真厲害。我倆就這樣手牽著手到處溜達，我帶他逛我們學校還有附近的很多地方，找到了不是異地戀的感覺，這種感覺讓我越來越安心。

我們學校每週五週六都會放電影，還挺便宜的，每個人就兩塊錢，我跟他就一起去了，那是我們看的第一場電影，具體演的什麼內容我是記不清了，只記得是個鬼片，好像是咒怨還是什麼的，他居然害怕的不敢看，我就在旁邊笑得不行，結果那一場電影只顧著秀恩愛了，啥也沒看到。

我期末那陣兒他一直在學校陪我，每天早上都在我樓下等我，然後我們倆一起去吃早餐，他好能吃啊，簡直是大胃王嘛！我心裡還想著：你那麼能吃，還那麼瘦，真是的，搞得我壓力好大啊！！！吃完了他就陪著我一起去上課，就坐在我旁邊，有時候我溜號或者玩手機的時候他還會幫我記筆記，雖然他的字是挺醜的，可是我還是覺得很幸福的。

我倆在那整個期末考試期間幾乎把校園逛的熟的不能再熟了，只要沒有課的時候我倆就會手牽著手逛一遍學校，真的是覺得挺幸福的。我們倆還一起去了瀋陽的興順夜市，我特喜歡逛夜市，我們去的那天天有點冷，賣東西的不多，可是我還是吃到我心心念念的油炸霜淇淋了，他可照顧我了，不管買什麼都是我先吃，他等我吃完了他再把剩下的給吃了，感覺除了我爸爸媽媽沒人對我這麼好，現在有他真是好。後來到我放假我們倆一起去買了火車票，而且我倆座位是挨著的，上車前一天他給我買了好多好吃的讓我路上可以吃，我們在一路上說說笑笑的很開心，當時才明白原來有一個自己愛的人是這樣的感覺。

吳：你們倆這麼親密，那麼會有不喜歡他的地方嗎？

淺：雖然我非常喜歡他，但是情侶之間總有一些需要磨合的地方，他有一個我特別不喜歡的習慣，他抽菸。我以前會覺得抽菸的人很帥，可是後來就很討厭聞到菸的味道，就開始覺得抽菸很煩，可是剛在一起的時候無意間看到過他抽菸，又開始覺得抽菸挺帥的，也許這就是情人眼裡出西施？好吧，雖然帥是帥，但是我還是不想聞到菸味，我就跟他說了我的想法，我說我不喜歡菸味，後來過了好久，有一次他跟我說他的菸戒了。他沒告訴我他是怎麼戒的，只是說真的挺痛苦挺難得的，之前沒告訴我他戒菸是因為想成功後給我一個驚喜，我當時真的不知道該說什麼了，覺得自己命真好。

我們雖然認識了解的時間不長，但是沒有矛盾，基本上沒有吵過架，因為一般情侶多少都會吵架的，這也讓我覺得自己有點像偶像劇裡一樣是上天安排的？當時真的覺得很幸運，被自己喜歡的人纏著，他每天給我打電話聊很久很久，每天都關心我吃沒吃飯，有沒有多喝水，晚上要蓋好被子，說晚安，說我愛你，每天都會說，時間長了，我有點從一開始的感動變得覺得是理所應當的了，也許這就是我的不知足吧。

有一天他突然告訴我，我的室友生他的氣了，我就問為什麼，他說因為想讓我心裡覺得他只屬於我，他就把微信、QQ裡面所有的女生都刪除了，包括我的室友，我室友也算是我們紅娘了吧，這一下把紅娘惹毛了。我承認我是有點小心眼，占有欲也挺強的，可是我沒有讓他那麼做，雖然他這樣我心裡是有點小開心，但是我覺得這麼做不好，因為畢竟每個人有自己的空間，而且有的人可能會覺得是我讓他那樣的，所以我就讓他把刪掉的都加回去。他還不想加，最後好不容易同意加回我的室友一個女生和他認識的男生。

從我們在一起之後每一次我放假他都會提前幾天來學校陪我，然後一起坐車回家。他很慣著我，每次一見到好看的東西和好吃的東西都會問我要不要，可是我知道他家裡的條件一般，所以我不怎麼花他的錢，但是我怕傷他的自尊，他自尊心挺強的，所以出去玩的時候，有朋友在都是他先拿錢，然後我再偷偷的給他。我們在一起這麼長時間了，出去的時候我都會這麼做，當然啦，他實在太慣我了，所以總結起來還是他花的多一點。

吳：那你們倆這麼好，有沒有什麼好玩的事情？

淺：日子也就這樣過著，有時候我也會那樣沒事找事發發脾氣，他也是那樣的哄我也就過去了，有一天我讓他把微信下載回來，他加了我媽媽的微信，當時我就覺得他是認真的，我也就加了他媽媽的微信，然後我們就不約而同的在每次過節的時候就給對方的媽媽發祝福簡訊，就連做這樣的事情我都覺得很幸福。有一天我跟他電腦視訊，我看到旁邊有一個影子，應該是他的媽媽，我很害羞的笑了，之後他的媽媽發現我看到她了就打了個招呼，真的很害羞，後來我就開始追問他阿姨對我的印象怎麼樣，他是說很好，可是我心裡還是很忐忑的。

後來他過生日，我想了好久，決定給他織一個圍脖，黑色的，很厚實，然後我還買了一個心形的盒子裡面裝滿了自己用塑膠管疊的星星，還有用彩色的紙疊的心和千紙鶴，在盒的蓋子上我也黏滿了跟人家現學的用紙疊的玫瑰，為了好看我還在玫瑰的花瓣的邊上圖了金色的指甲油。他生日那天來我學校找我，我帶著提前訂好的蛋糕還有熬夜準備的禮物和我寫給他的紙條去找他，他看到了的時候真的哭了，當我的面哭了，他說他很感動，會好好對我，好好愛我。

吳：畢竟是異地戀，你有沒擔心的時候？

淺：我們就這樣一直都挺好的，可是後來不知道是因為我開始不知足了還是怎樣，我開始不信任他，他是學習酒店管理專業的，身邊的小女孩太多了，所以我開始發小脾氣，他回資訊我慢了我就會瞎想，我就會覺得他是不是在跟別人聊天所以沒看見我的資訊，他在我有空的時候不給我打電話，我就會覺得是不是因為我不太好看所以他不想我，在我忙的時候他給我打電話我又會想他好煩，然後就對他態度不好，我就會找各種裡有發脾氣，但是他卻只跟我解釋，他沒有生氣。他不會哄人，只會在我生氣的時候講笑話，不過這也足夠了。每次發完脾氣我就開始後悔，我就開始哭，為什麼我變成了我原來最討厭的樣子，他就心疼我，他也開始哭，我並不覺得他哭是因為軟弱，而我覺得他哭是他心疼我，我很感動，我就開始懺悔，可是他說了一句話我一直忘不了，他說「你變成這樣，是因為你愛我，你比以前更愛我。」當時我就想我一定要好好的和這個男生在一起，因為他就是我想要的人。

可是時間久了我就越覺得我們的感情淡了，有一次他找我一起出去玩，我們玩起了互相查看對方通訊錄的遊戲，覺得是可疑的異性就直接打過去，他用我電話打的是一個女生，只是那個女生名字像男生，可是我用他電話打過去的確是個女生接的，他們的對話是：他說「你衣服洗完了？」女生說「嗯嗯，累壞了」其他的我不記得了，可是這兩句話說明他們倆有聯繫過啊，我就問他那個人是誰，他說是前女友，現在只是好朋友，早上透過電話，我有些吃醋，可是我又不想讓他覺得我很在乎他，因為那樣我怕他就不在乎我了，所以我裝作無所謂的樣子。可是我這個人要是不開心就全都表現在臉上，他看出我不開心就當著我的面他把她的電話刪掉了，還有其他所有的異性，我表面裝作不想讓他那樣的樣子，可是心裡有在偷偷開心，因為覺得他是在乎我的。

再後來發生了一個讓我知道我錯了的事，也是因為我的不安和小心眼，我胡亂猜疑。因為他那段時間都沒有怎麼陪我，所以我跟他吵架，他後來說了句分手，我超級害怕，當時我知道他在我心裡的重要性了，我後悔了，我給他打電話他不接，給他發微信他不回，後來我下樓出寢室給他打電話，因為怕丟臉，怕寢室的人聽到，我跟他說「你說好的，不會丟下我一個人的，你怎麼能忍心呢？為什麼丟下我？可不可以不要丟下我？」我哭了，他說每天面對我的小脾氣他很累，他那陣子家裡有事所以沒陪我，沒有告訴我是怕我擔心，我說「可是我不知道你家裡有事，所以在給我一次機會好不好？」他問我在哪，我說在樓下，他著急了，讓我快回去，因為大冬天的太冷了，我說「你不要丟下我」，我第一次哭成那樣，他說「你快回去別凍著了」，我當時還有一點卑鄙的想著，如果不回去也許他會心疼，也許就不會丟下我了，果然，他說如果我回去就不丟下我。我回寢室了，眼淚擦乾，當做什麼事都沒有發生一樣，唉，那可怕的自尊。

後來我們就和好了，我過生日他來學校找我，從遠處看他沒有帶大的袋子我有點失望，可是後來我們在教室坐下的時候他拿給我一個戒指給我帶上，他跟我說這個戒指不是很貴，以後求婚的時候會給我更好的，我很感動，很幸福，我想不出什麼形容詞形容我當時的心情。

吳：你覺得異地戀最大的障礙是什麼事？

淺：我以為我的完美男友很完美，可是後來有一天我發現我空間裡有一個陌生人的留言，這個人我不認識，她留言說「我跟他在一起的時候他會無意間提起你，所以我把他還給你……」我當時蒙了，我不信是我的男友出了問題，我自己就騙自己說這是無聊的人騙我去她的空間的，可是這種感覺實在太難受，就像蚊子在你抓不到的地方咬了個包，又癢又難受，後來我實在忍不住了，就去了那個陌生女生的空間，從頭看到尾，還看了她的微博，那個女生是跟他一個學校的，還是一個班的，越看我覺得我越崩潰，最後都不敢看下去了。

我發微信問他到底怎麼回事，他立馬回了電話給我，我當時很想聽他的解釋，想聽他說這是個大冒險，不是真有這回事。他解釋是因為我給他的壓力太大，是我每天的無理取鬧讓他太累，他問我如果可以的話能不能再給他一次機會，就一次，他可以證明他愛我。我當時很混亂，我不知道該怎麼回答，我跟他說讓我想想，然後我就關了手機，靜靜的躺著，躺著躺著我就哭了，說好的不離不棄呢？我夢想的戀愛呢？我哭了一晚上。

第二天打開手機，他給我發了很多簡訊，他說打了很多電話我沒接，我又有點捨不得他，我開始安慰自己，這個事可以過去的，我們可以和好的。上著課呢我又哭了，自己第一次遇到這樣的事情，有點承受不了，當時很難過很難過。後來我使勁讓自己冷靜，我想起他曾經很照顧我，過馬路的時候他會站在有車的那一面幫我擋著，就算下雨了也會跟我牽著手，會幫我拿包，我真的很愛他，很想跟他可以走下去。後來我決定敞開心扉和他和好，我覺得給他一次機會也是給自己的愛情一個機會，希望以後可以好好的。

這件事之後我們雖然有一段時間不知道怎麼跟對方相處，但是現在已經好了，我們都到了實習的時候，我在家裡附近找了一個實習，他還在找，他說他會找離我很近的工作，讓我不用再像之前一樣只能異地戀，我很開心，無論我們之間以前發生過什麼，我只希望以後我們都能好好的。我知道自己有時候敏感，會胡思亂想，但是這些經歷讓我變得成熟，我應該做更好的自己，而不是患得患失的沒有安全感的瞎想，我會讓自己變得更成熟，也希望我們之間可以更親密更信任。

被拒絕的　其實只是不夠喜歡

文／謝士琳

主人公：三三（化名），生於一九九三年
學校（或所在城市）：杭州
專業（或文科理科）：文科
主角個性：喜好文藝、內心有自己的想法
採訪地點：杭州某高校女生寢室
採訪時間：二〇一五年四月十九日

初次接觸三三，覺得她是個特別活潑可愛的女孩。我一直覺得這樣的女孩是不缺人喜歡的，在愛情裡，她積極主動，卻屢屢受挫，或許年輕時候多些經歷對於她而言是好事情。一直在行走，一直在錯過，沒有遺憾，滿懷期待，這就是人生的殘酷與美好。下面來聽聽三三的故事……

大二相遇——室友給告白——遭婉拒——去他家附近的城市——再相遇——再告白——一起吃飯——斬斷單戀——遇到另外一個男生——嘗試談戀愛——失敗——思考愛情

謝士琳（以下簡稱謝）：你的大學時代有過幾段感情？

三三：哈哈，兩段，也不算濫情吧。大學裡單戀有一次，還有一次糊里糊塗的異地戀。先講講我的單戀吧，你看過《何以笙簫默》嗎？前半段有點像的。有給男神拍照片和疑似女追男的橋段，但沒追成功。

謝：那是一個怎樣的男孩子？你們怎麼認識的？

三三：就是大二的時候認識一個我們學校的理工科男。當初，就是我們學院和他的學院合作辦一個活動，我和他是各自學院的負責人，我們就認識了。我記得很清楚，是二〇一三年九月底，第一次見到他。他是那種看起來很乾淨的人，白白的皮膚，端正的五官，眼睛炯炯有神。然後，我們去了食堂三樓，陪他吃飯，商量著活動的事，他忙著說話，手裡拿著筷子比劃，面前的飯都涼了。我開始覺得這個人有點可愛，哈哈。為了方便工作我們互加了QQ，我發現他的QQ頭像好像是一個學校的校徽，覺得這人有點意思了。過後一個月，我們就經常發簡訊交流活動的事，他的簡訊簡潔有力，是我是很喜歡的表達方式，恰巧我不知道從什麼時候開始總是對理工科男有莫名的好感。

活動的決賽在十一月中旬，那半個月，我們幾乎每天都要見面。見面多了，我有點排斥他，因為我覺得我可能真的會喜歡上他，而我能感覺到他現在似乎不會考慮這樣的事。決賽的前一天，他拉著我去給學弟學妹排練節目，他跟我講起他大一參加校園歌手大賽的囧事，說他當時唱陳奕迅的《因為愛情》，被評委怒斥。其實我以前去KTV的時候，喜歡一個人串兩個來唱這首歌的，當時想呀如果以後能有個人和我一起唱那也挺好的。他和我聊他家裡裂了縫的吉他，剛好那時我在學吉他，他說他只學到和旋，好吧，原來和我一樣水。有一次，我和他大清早排練節目，我剛好中午要上吉他課。他一邊和學弟聊天，一邊拿起我扔在草坪上的吉他要給我調音準。我站在不遠處，看到他抱吉他的樣子，十分著迷，然後給他拍了張照片被他發現了，呵呵，他讓我刪掉，我沒刪，不過後來那支手機壞了，就啥也沒了。

活動決賽那天下午，我們早早來到活動劇場，他在準備人人微博牆，我在布置舞臺，幫主持人對臺詞。我做好了事情，在觀眾席和學妹聊天。他急急忙忙從後臺趕來，要我去幫忙。他沒有做這個的經驗所以很焦慮，我倒是很淡定，不斷地找廢話來緩解焦慮。我看著他計算機桌面背景是一個建築物，就問他這個建築是哪裡的，他一個勁的忙碌，沒理會我的問題。兩個小時候，我找來學長幫忙，沒出半個小時就弄好了人人微博牆。其實，我天生喜歡研究些建築藝術，西方的各種有名的建築我都見過些，這張背景圖片恰好我也見過，好像是麻省理工的大門。我偷偷的百度一下，發現他的ＱＱ頭像是麻省理工的校徽，他的簽名也是麻省理工的校訓。我又查了查麻省理工研究生的錄取要求，喔，大學必須是兩百一十一才有機會申請，可我們的學校不是兩百一十一耶。

謝：你對他已經上心了，你能分析出他哪些優點吸引了你嗎？

三三：相處這麼一段時間，我發現他身上有很多優點，踏實肯做，聰明自信，目標還很明確。但是這個夢想能實現嗎？肯定要付出異常艱辛的努力。活動圓滿落下帷幕，一切都要結束了。晚上回去的路上，他從後面跑到我面前說要聚餐，我只是反問了一句：「還要聚餐呀？」他說：「當然」。聚餐那晚，他從網路找來遊戲教我們玩，我在遊戲中輸了，他讓我咬著我黑黑的麻花辮做一個嫵媚的動作。我說，女孩長這麼大從來不知道什麼叫嫵媚。好吧，最後還是意思意思做了一下。

後來的事情就更簡單了，我們一起去做活動結算，他請我喝奶茶，我請他吃糖葫蘆。十二月初，大家都步入慌忙的考試準備階段。可是我常常會想起他，有一天晚上我忍不住跟我室友講了這個事情。室友脾氣直，罵我沒出息，鼓勵我去告白。我不是沒有勇氣，只是我早料到結果。他對所有人都很好，我只是這所有人中普通的一個。即使我對他來說，有些特別，也沒有用。我室友趁著我洗澡，加了他的ＱＱ，幫我告白了，這是我默許的。不管怎樣，自己早就過了暗戀的年紀，喜歡是要說出口的。我洗完澡出來，室友給我看了他們的聊天記錄，讓我不要枉費心思了。其實，他說的這些話我都有猜到，也覺得合理。既然他知道我喜歡他，那我就可以光明正大的喜歡了，這有什麼不好。沒過幾天，他就看了我的空間相簿，這裡記錄了我的大學生活。也許他是想了解我，看看有沒有發展的可能。或者他只是想滿足一下自己的虛榮心，畢竟，我長得也不是特醜的那種，拍的風景也很美。

謝：你們後來還有聯繫嗎，見過面嗎？

三三：轉眼到了元旦，我和一幫好友出去跨年。朋友帶了一瓶女兒紅，說是慶祝新年，我小口小口的泯著，不知不覺眼底就模糊了。我給他發個訊息，只有四個字和一個句號：新年快樂。我想我該在二〇一四年到來前結束這場沒頭沒腦的感情。過了一會兒，他也回了四個字：新年快樂，然後用了三個重重的感嘆號。我不知道接下去該說什麼，只剩下心裡酸澀，轉念又覺得沒什麼大不了的。其實，我骨子還是有點小傲氣的，作為一個精神獨立的女性，孤獨才能觸摸靈魂。一個人也可以玩一輩子，愛情和男人並不是我生活的全部。

寒假來了，我和朋友相約去了幾個城市散心，只是不敢在家裡待著，畢竟我的狀態不對，家人一眼就能察覺，這樣不明朗的感情，我可不好意思說出口。真正的戀愛，兩個人是勢均力敵的，而我只是一個人的獨角戲。回家後，我把拍的照片傳到我的空間相冊，這是我生活的一種見證。他又來看我的圖片和狀態。其實我從來沒想過去打擾他，畢竟感情這事還挺麻煩的。

新年開學，四月的一天，我從食堂出來，剛好碰見他，躲也躲不掉。他看到我，衝我笑，我從餘光裡瞥見他的笑容燦爛依舊，卻沒有面對他。他走到我前面一公尺的距離，又回頭對我笑，我還是沒有做任何回應，他無奈收斂了笑容，快步走開。

六月分考試結束，我和一個關係特好的學姐出去玩。每次到ＫＴＶ這種地方，人的情緒就會失控。學姐問我有沒有喜歡的人，我就說了他。學姐很驚訝說，他不是有女朋友嗎？我在圖書館看到他好幾次，他身邊都是有個女生呀。他們好像很親密的樣子。我說，不會吧，我每次看到他，他都是一個人啊。學姐說，你得去問清楚。我迅速給他發了訊息，其實我早想和他說清楚了。等了好久，他回我訊息，說剛剛考完試，還反問我聽誰說他有女朋友的，我又無言以對了，只好承認錯誤。他告訴我他正在考托福，我說知道他要去麻省，他訝然。我說，以後不知道怎麼面對他，他勸我想好點。既然他沒功夫考慮這個事情，就算了。或者，過不了多久我就會喜歡上別人了。

謝：你們就這樣結束了嗎？總覺得緣分未盡。

三三：確實是緣分未盡吧，又到了十一月，一年一度的活動又要辦起來了。決賽的那天，學弟叫我去劇院看看，我滿口應下，卻沒那打算。一來自己真的忙，二來我已經不想去做無謂的回憶了。偏偏那晚，他給我發來訊息，問我有沒有去劇院看決賽。我定了定神，才反應過來，喔，是他給我發簡訊。正在寫論文的我思路全亂了，突然覺得自己受了莫大的委屈。我跑到洗手間關上門，痛痛快快的哭了幾分鐘。抹乾眼淚，我回了簡訊，只有兩個字：沒有。他又說今年活動辦得真不錯，神祕大獎是把吉他。我又要回憶了，他以前跟我講過他的第一把吉他是如何被毀掉的。好吧，我不敢往下接了，真得是往事呼嘯而出。我轉移了話題，問他的托福如何，他說第一次只考了八十多分，我說還可以更好。

幾天後的一個天色昏暗的傍晚，我從電影院看《推拿》回來，發現外面下起淅淅瀝瀝的小雨，我就頂著書包低著頭小跑起來，一不小心竟然撞到人了，還好我小跑的速度慢的像烏龜，只是輕輕的摩擦一下對方的風衣。我抬頭一看，原來是他，他也在趕路，壓根就沒在意被我碰到了。我風度的說了句：「嗨」，然後繼續小跑，他又是反射性的「嗨」了一句。大概他走了幾步遠的時候才意識到是我的聲音，然後站在原地面向我的背影又「嗨」了一句。我是聽到的，但是沒有回頭。回到宿舍，我看到他又給我發了條訊息「you？」我報復似的回了一個字：嗯，連標點符號都沒帶。只是腦子裡想起《推拿》裡的臺詞：迎面開過來一輛車，你撞上了，是車禍。迎面走過來一個人，你撞上了，是愛情。這種情愫，那個呆呆的理工科生肯定不懂。

謝：感覺你們一直在錯過，怎麼就沒坐下來好好聊聊天呢？

三三：其實也不算錯過，後來還是遇到了。他就住在我隔壁樓。聖誕節那天。大清早，我就在路上看見狼吞虎嚥眉頭緊鎖的他。其實，我們有很多見面的機會，也可能很多次擦肩而過。雖然我們生活在同一個領域，但是我和他都是走在路上心在別處的那類隱形人。我看著他吃得狼狽沒有跟他打招呼，怕他尷尬也怕我尷尬。畢竟，他一直努力的在我這塑造一個「大神」的形象。晚上，我給他發訊息說聖誕快樂，他嘻嘻哈哈的回覆說忘了今天還是個節。我讓他好好生活，他說，活的艱辛。

第二天，我和朋友去靈隱寺拜佛，舉著香磕了好多頭給爸媽祈福，順便把他也捎上了。從寺裡出來的時候，我看到小寺門上有句佛語：一生都是修來的，求什麼。想來戀上求而不得的人，是命運的安排，人或故事只會豐盈我的生命，他不會是我的歸宿。

時間的腳步匆匆，讓我們這些肉體凡胎自認渺小。又是開學季，我和學院的一群女孩做了一個挑戰杯，這個競賽項目莫名其妙進了學校的決賽。我在進決賽的項目名單上看到了他的名字，想來也不奇怪，他這樣的人呢是不會放過任何一個科研競賽的機會。果然，我剛踏進決賽答辯的候場室，遇見的第一個人就是他。我跟他雙手一攤裝作大喇喇地說：「吆，真是好久不見哈。」他又是條件反射式的回應。比賽完了，過了三個多小時，我聯網查資料，看到他在ＱＱ上給我留言，他在問候我。你說這人到底鬧哪樣，他完全可以不用問候我，既然不能給我愛情，就不要關心我嘛。

四月，我開始準備考研究所，壓力有點大，人在壓力大的時候容易脆弱。我覺得委屈，必須要個答案。我直截了當地發訊息問他是不是就不喜歡我這樣的，他又開始打太極。他說：「再過一年我就不在國內生活了，這樣說來我的未來很不穩定。」我說：「其實，我明白你的想法，我只是難過。」他讓我以後想說什麼就說什麼，不要自己一個人難過，他追問我的打算，但是我是不可能出國的啦。我又開始流眼淚了，真希望這些眼淚變成冰雹，劈里啪啦的砸向他常常擺著一張笑意盈盈的臉。我追著他問，這麼久的時間，他到底有沒有喜歡過我。他說想是想過，但是在大學裡真沒有這方面的打算。我不作聲了，他說他很內疚，我說我要睡覺了。

第二天閨蜜剛好給我打電話，我就把這件事一五一十的交代了，情緒還是需要發洩一下。閨蜜罵我是笨蛋，我也覺得是。她說喜歡就要去追呀，明天讓他請你吃飯，我說，這招不錯。然後，我讓他請吃飯，他爽快的答應了。無論如何，我要直面現實，不留遺憾。

謝：你們終於要見面了，我都替你們著急。

三三：那天下午，溫柔的光線稀稀疏疏的灑在圖書館前面的花壇上，我蹲在花壇邊拍呀拍，抬頭髮現他從夕陽裡走來，正在發簡訊問我在哪。我站起來，他看見了朝我揮揮手。兩個人這樣見面無疑是尷尬的，但是我心裡卻輕鬆了。他說吃牛排好嗎，我說不要，牙口不好。他說隨我挑，我隨手指了一家，然後點了一份蔬菜煲，本來想好好的宰他一頓，不過突然沒了胃口。我們坐在閣樓上邊吃邊聊，聊了聊以前的事，也聊了聊各自的學習生活和打算。

晚上回去路上閨蜜給我打電話問我怎樣了，我說我要放棄了，我覺得自己好像不喜歡他了。閨蜜說，你再試試嘛，免得以後後悔。我就給他發簡訊聊了幾句，其實他真得很溫和，只是我說話比較惡毒，我就想讓他拒絕我，他就是不好意思。我沒看到他最後那條簡訊就睡著了，半夜胃疼起來，看到了那條簡訊，他說不知道該如何回我了。我生氣發了好幾百字的簡訊罵他混蛋。其實哈，想著自己也是矯情吶，我對他的愛情早就沒有了吧，只是不甘心這麼久不為人知的情緒。

當然，我們沒有在一起也沒什麼不好。兩個人在一起生活要面對的問題那麼多，肯定會讓我不堪重負。我只能說自己很感謝命運賦予我的驚喜與痛苦，經歷這麼件事，自己真的長大了，越來越愛我的爸爸媽媽和身邊關心我的人，不去痴想與我無關的遠景。後來的後來，我見到他總是雲淡風輕的轉身，轉頭，當做什麼都沒發生過。有一次在操場，他先看到的我，我和朋友說話。不小心呢瞥到他，他身邊有個女生。他一直盯著我看，眼睛睜的很大。我從旁邊走過，心裡想笑。看啥呢，就算他真得有了女朋友和我也沒有任何關係了嘛，任何東西都是有時間性的。

謝：其實你這人很真實的，感情這個東西確實是有時間性的。好吧，那你的下一段感情呢？

三三：好嘛，再交代一下我那幾天的異地戀，發生在大三暑假裡。他是我高中同學，也是理工科男，被保送讀研了吧。我有時候想我對理工科男莫名的好感，是不是從他那來的。我們兩人家距離挺近的呢，他高中的時候語文成績特別好，文章寫得好，字也很漂亮，也有點小文藝。高中有一段時間，他坐我後面，但是文理分科後沒怎麼聯繫過。大學時候偶爾會聊一次，都喜歡讀書和看電影，所以碰到一起就有說不完的話。可是我們的關係像知己朋友多一些，我都叫他大叔的，怎麼會突然變了呢，這事也有點意思。七夕那天，我好久不聯繫的另外一個高中同學額，突然找我。這個同學就是屬於那種空虛寂寞冷的人，總喜歡找女孩子聊天，以前還對我告白，我對他就倆字，特煩，還不好意思把話說得太難聽。之前我就一直騙他說我有男朋友，他就問東問西的，而且我在複習期間，狀態超級不好。然後也是機緣巧合，那幾個月又和大叔聯繫上了，我就跟大叔講了這個事情吶，我說明年七夕我陪你過，他好像很開心的樣子，現在想起來應該是逗我玩。本來只想打個幌子，沒想到把自己賣了。但是，我倆可能還真不適合談戀愛吶，做朋友都很輕鬆自在，做戀人呢就很拘謹啦。本來我自身和男生接觸都很表面的，不是很了解男生和女生的區別，也不懂得如何了解他的心思。所以沒過幾天，我倆就談崩了。他這人真是書讀得有點點多，心思縝密，又有抱負，對自己要求太高。我這人散漫慣了，覺得這樣子很有壓迫感，本來兩個人聊電影和音樂蠻好的，突然上升到精神和生活的重擔上，就不好玩了。還有呢，他在北京，我在杭州。對於我們這種沒有收入來源的學生狗，這麼點的距離就是銀河吧。他那時候還說讓我考研究所去北京，可是我都規劃好了，輕易改變我做不到。像他那種專業來南方的機會就很少啦，但是我真心不想去北京。他一開始說特想知道我戀愛觀是怎樣的，可是我還真沒有認真思考過，這可把我難倒了。說到底，我對他還是傾慕比較多吧，他比較踏實，所以我有問題喜歡找他。有時候我都懷疑自己到底了不了解他，也是我自個對人家不上心吶，我開始覺得自個太單純了像張白紙一樣，根本不了解男生。和平解散後，他說，他一直都在，我隨時可以找他，這話我聽著還蠻感動的。三天沒聯繫，我給朋友過生日發了條朋友圈，他看到了以為是我生日來找我祝我生日快樂。可是我還沒有辦法這麼快的理他，因為我確實還捨不得放了他的。過了五天我就忍不住了就去找他聊聊天，他總是隨著我的心意。又過了一個星期我又去找他，每次都控制不住聊到太晚，完全沒有精力做第二天的事情。後來，我讓他幫我找個人，他好不情願的樣子，雖然後來給我找來了，我也不高興，就把他刪了微信好友。後來我登QQ發現他竟然把我QQ給刪了，這是想讓我死心麼。過了幾天我才想明白，確實是我太自私了。況且，我倆的三觀都不怎麼合的，可能真沒辦法談戀愛。我開始思考自己對他到底是什麼感情，說起來也有點丟人，這麼大了連啥叫愛情都沒明白澈底。

謝：那麼你對他到底是怎樣的一種感情呢？

三三：我對他好像不僅僅是傾慕那麼簡單。我給他發簡訊，他估計早就煩了我不想理我了。但是，他還是回了我。怎麼說呢，我倆從開始就不是愛情吧。或者說是後來我對他懷有愛情了，那就不能再糾纏他了。當然，不喜歡就算了，我還是希望看著他以後過上幸福的小日子，或者飛黃騰達的，畢竟這是我青春裡很重要的一個人吶。想來想去，還是大叔讓我真正懂得如何去愛別人，但是我們也終究要兩兩相忘了，哈哈。這才是最好的結局吶，一生好在不完美。

謝：經歷這兩段感情，你現在的愛情觀是怎樣的呢？

三三：現在，我只能說愛一個人最好的方式，是經營好自己，以後才能給對方一個優質的愛人。我現在的缺點還真多，真要好好修練自己啦。愛情麼也只是生活的附屬品，是完成漫長生命很小的一個部分。當然，我還是期待，等我老去的時候，有個風趣可愛的老頭子，見多識廣，坦誠大度，緊跟在我身後，我一轉身就能看見。

相戀七年　家裡人的期許

文／汪佩瑩

主人公：可哥（化名），生於一九九三年。
學校（或所在城市）：杭州
專業（或文科理科）：文科
主角個性：開朗、熱心、做事很有耐心、經常把事情做到完美
採訪地點：杭州一家星巴克
採訪時間：二〇一五年七月二十六日

可哥的談戀愛走向了婚姻，她的自信和對愛的執著是這一代九〇後的形象特徵。聽完她的故事，真心祝福她

將永遠幸福，她也值得幸福。

「如果他有做出什麼對不起你的事來，我是絕對不認這個兒子的。」他用蘇北話說的。他比我爸大有八九歲，他是王仁的爸爸。

初中早戀，爺爺當眾搧了我的耳光——高一時分手，高二高三又在一起——我考上一本大學，他讀了專科——大二，他喜歡上了別人，最後我們和好。

汪佩瑩（以下簡稱汪）：可哥你好，先說說你和你男友的情況吧。

可哥（以下簡稱可）：我們家在蘇北的一個小城，我爸媽在蘇州，我從小就跟爺爺奶奶住。我弟弟阿晨今年上大三了。阿晨和王仁在一起時就打打鬧鬧，像親兄弟。我和王仁已見對方父母了，家裡默認了。其實，我家不大贊成，為這我爺爺還當眾掄了我耳光。

汪：那你們是怎麼認識的？

可：讀初中時，我留著長長的馬尾，可以說是年級頭髮最長的女生。在那個封閉的校園，我也是第一個剪瀏海的女生，其他女生都光溜溜的腦門。我學習好，是語文課代表。教學樓和老師辦公室不在同一幢樓，我每天都要跑另一幢樓去送作業。我們班和王仁班緊挨著，不，中間隔一個班，每次在轉角處，他都會看到我，「我從來沒見過這麼長頭髮的女孩子，當時真喜歡你那飄逸的頭髮。」這是他後來告訴我的。他覺得我很特別，也許是吸引他的地方。

汪：後來他是怎麼開始追求你的？

可：初二暑假，我的一個很要好的小姐妹，說要幫隔壁班級一位男生要我的手機號碼。我還只是初中生，手機都是我奶奶的。就隨意給了對方，雖然我根本不知道他是誰，也不認識他。

現在回憶起初中，那叫一個青澀，我們真是連說話都臉紅，不敢看對方一眼。記得第一次約會，他把我約出來，正常人都猜不到我們去了哪裡，竟然是網咖！我們都不好意思說話，索性就去了網咖，在兩臺電腦上用當時流行的ＱＱ來聊天，那真的是「聊天」呀！現在很多人說，世界上最遠的距離就是我坐在你對面，你卻低頭玩手機。可是當初我們卻恰恰相反，為避免面對面的尷尬才這樣。因為有了男朋友，我才有了ＱＱ號，我開始每天都記錄我們的故事，也一直保存到現在。

汪：就這樣你們是真正開始戀愛了，能說說具體的情況嗎？

可：那次以後，他每天放學以後都會送我回家，要知道我家和他家在不同的兩個方向，也就是說，他送完我就原路返回，再回自己家。他沒有和父母住一起，是住在一位親戚爺爺家的。

上完晚自習一起走回家，我問他，我們這樣算是談戀愛嗎？他很靦腆，告訴我，大家都說是，我們就應該是了。有同學說我們倆並肩走路的距離都隔了條馬路呢！

汪：回憶下那時候老師、家人或者朋友如何看待你們的？

可：也許是年少輕狂，覺得戀愛都是轟轟烈烈的，其實學校裡的同學都是知道的，包括老師。我和他早戀的行為是透過一件——應該說是震驚全校的事情，點燃了導火線，徹徹底底被家庭和學校所打敗。但是「雖死猶生」。

汪：說說發生了什麼，能稱得上「雖死猶生」？

可：有一天，班裡有個轉學過來的學生，叫蔣振。第一天就不交作業，我不是課代表嘛，超級討厭這種同學。過了沒幾天，他竟然表示喜歡我。可惜我卻不吃這套，可以說我當時很驕傲，不喜歡流裡流氣的男生，對於他，我一點也不領情。還有一點，就是我是有男朋友的人嘛。

汪：那你男朋友王仁他知道這位蔣振同學喜歡你嗎？

可：記得我和王仁第一次牽手，用「怦然心動」來形容是最好不過了。雖然那是冬天，我們都沒戴手套，他牽起了我的手，緊接著我跟他十指相扣，一股電流好像穿過了我的身體，心真的是緊繃一下。可以誇張地說，這比擁抱、初吻都讓我記憶猶新。可是在牽手後的沒幾天，他卻提出分手，理由是怕被發現。我知道，上大學之前，談戀愛要很小心翼翼，會害怕，但是不至於要分手吧！我把蔣振寫給我的情書全甩給了王仁，我希望用這樣的方式能夠挽留住他。

汪：後來挽留住了嗎？

可：我不高調，但是我的同學都很「高調」，遇到情感類話題，不是添油加醋就是火上澆油，想撮合我跟蔣振在一起。我當然是拒絕的。我和王仁的愛情就變得沸沸揚揚，每次走過這層樓，都會起鬨。我都感覺不好意思，像是一種危險。

汪：為什麼說是一種「危險」？

可：更大的危險還在後頭，那次學校裡正在召開運動會。我們每個班都有自己的車庫，用來放自行車的。車庫與車庫之間只有一條線，為了車庫，王仁和蔣振打起來了！我當時很緊張，怕王仁被打、受傷。聽到蔣振揚言要告到校長那裡去，我想都沒想，就直接去找蔣振，向他求情。當時什麼尊嚴、面子都消失了，沒想到，這招還管用。因為王仁和蔣振的衝突，我們戀愛的事被學校知道了。爺爺被找了去，他超級生氣，給我了一大耳光，麻麻的感覺，我到現在還能感覺到。我非常難過，哭乾了眼淚。我沒有低頭，反而更喜歡王仁。可是，我被孤立了，被認為是兩男生的「禍水」。

在哭笑中，我畢業了。考上理想的高中，王仁差幾分，沒考上。

汪：他一定很傷心，後來你們是怎麼度過的？

可：他每週都來找我，聊的都是和學習無關的事，我覺得他很沒上進心。他每次找我，我都會上不好晚自習，需要調整幾天，我調整好了，他就又來了。我跟他說，如果我們有緣分的話，高考之後再見吧！他說，他不要這樣不實在的承諾，他還說，我會等你，一直等你。

高二上學期，我在學校見到一個熟悉的身影，他站在公告欄看著。天哪，他怎麼會來？我們倆互相看見了，一句話也沒講。我們又走到了一起，他是借讀生。他說，是因為我。他借讀的班級又在我隔壁的隔壁，我讀文科，他是理科。每次經過都會遇到他。生活好像在不停地複製往事。在高二升高三的暑假，我們暑假補課，我騎自行車，他開電動車。每次上學、放學，總有人在後面跟著。我們就又在一起了。

汪：經歷挫折在一起不容易，其他同學應該很羨慕你們吧？

可：其實，我和王仁這麼多年來的感情，還是多虧了我的閨蜜，她一直給他打氣。聽說我要跟王仁分手時，她怪我說，你怎麼忍心這樣對待他呢？她說，沒見過哪個男生這麼真誠。也許就這樣一點點地，我們成長了，在一次次拉開距離後，又緊緊碰撞了一下。過去，我覺得他很弱，怎麼說呢？是經常會羞澀的那種。我也很霸道，唯我獨尊。現在呢，我不再像個初中小女生那樣傲嬌了，他做什麼事也都自信了。

我們終於熬到高考結束，我考到了省外的一本學校，他考上了大專。很多人說我們遲早會分手的，我們的感情仍然很好。

汪：說說你們在大學階段的愛情故事吧。

可：我在杭州念大學，一個月回家兩趟，看男朋友兩趟。坐公車到長途車站，再坐八小時客車到他的學校——江蘇常州。這期間的難熬，我一點也沒察覺，也許是談戀愛的時候，只嘗到了甜蜜，對付出無感吧。王仁很心疼我，他曾說，連他一個男生也做不到，你卻做到了。

汪：大學四年有鬧過矛盾嗎？

可：二〇一四年秋天，我們有過好幾個月的冷戰。王仁對我不冷不熱的，我晚上給他打電話，他幾乎都沒什麼話要跟我說，有時候說，你還有什麼事，沒事的話我就掛了。我很氣惱，本來就不經常見面，差不多一個月見一兩次，打個電話都不愛接，我圖什麼啊？

聖誕前，我剛洗完澡，頭髮還來不及吹乾，就給他打電話，已經深夜了。我說了沒幾句話，他就哭了。我聽得出他是喝醉了。他說，可哥，我們分手吧……我也忍不住哭了，跑出寢室，到走廊盡頭。搭在我的肩上，水滴就一直往下低，我的眼淚也一直往下流。我不知道為什麼，我告訴他，那我們就分手吧。電話那頭仍然在哭，我掛了電話，手機螢幕濕了一大片，與其說天冷，還不說心更冷呢。

汪：為什麼他會跟你提出分手？這個消息真讓人難過。

可：那段日子，我瘦了六公斤，一點胃口也沒有，吃了東西，我就反胃。愛情真是會折磨人啊！我實在受不了了，一個月不到，等兩個人冷靜之後，我直奔常州，去找他。

他對我這樣的行為感到很驚訝，覺得我很沒必要。其實我真的控制不住才去看他，想知道這到底怎麼了。在高一那會兒，我跟他提出過分手，所以我能理解他，但是我還是要去看他。我萬萬沒有想到的是，他身邊竟然有了其他女孩，而且是王仁主動追的那個女孩！

汪：也就是說你目睹了他和其他女生在一起，他為了這個跟你提出分手。說說你當時的心情和想法吧。

可：我氣急了，他竟然追其他的女生，而且我還是最後一個知道的。

我離開常州的那天，他跟朋友喝酒時，說和我分手了。說完瞬間就醒悟了，這樣做對得住我麼，對得起那麼多年的感情嗎？朋友陪他來見我，他說要離開那個女孩。我唯一感到欣慰的是，他還坦誠。我們抱頭痛哭，擦乾眼淚互相鼓勵，未來的路還長著呢，要穩穩地走好每一步。

汪：後來他回心轉意，你們還是重歸於好了嗎？

可：從那之後，放假我們就一起回老家，要麼住他家，要麼住我家。我如果住他家的話，我就經常幫阿姨做家事，叔叔阿姨都對我很好，特別是他姐姐。

汪：他姐姐很支持你們？

可：他姐姐結婚時，我們回到江蘇老家，給姐姐的婚禮幫一下忙。我提早好幾天就住到他家，幫忙按家鄉的傳統習俗籌備婚禮。那一天，姐姐是美麗的新娘，我是伴娘。這也算是他對我這個未來兒媳婦的肯定吧。姐姐出嫁後，親朋好友都散了，他的爸爸媽媽和我們聊天到夜深。那一晚，叔叔阿姨都把我當成家裡人。平時話不多的叔叔，告訴我說，如果哪一天王仁不乖了，我只認你這個兒媳，寧可不要他那個兒子。

汪：那你男朋友家表示接受你了、認可你了，能說說他們家具體的情況嗎？

可：可以直白地說，王仁家境的確不如我家，叔叔阿姨工作很辛苦，家裡又有三個孩子要養，他們的年齡比我的爸爸媽媽要大很多。對我這樣一個在長輩眼裡心靈手巧，做事很上手的女孩，當然很愛惜、很貼心。阿姨也常說，我學歷比王仁要高，以後過生活還是兩個人要和和睦睦的。

我緊跟著沒放棄五年「追戀」的心路歷程

文／汪佩瑩

主人公：希晴（化名），生於一九九四年
學校（或所在城市）：杭州
專業（或文科理科）：文科
主角個性：開朗、幽默、優柔寡斷
採訪方式：電話採訪
採訪時間：二〇一五年七月十六日

希晴的愛情故事就像一本長長的黑白電影，它是一段來自女生內心深處的告白，直抵人心，讀者也將為之感動。希望她能等到最後的美好愛情。

名字結緣——高中家庭聚餐——暗戀開始——有共同的交集到但錯過——不同的城市——朋友圈裡默默關注——等待畢業後告白。

汪佩瑩（以下簡稱汪）：你的愛情故事是暗戀，暗戀了多久？

希晴（以下簡稱希）：我只能跟你說，這段感情一直積蓄在我內心，已經五年了，從我十七歲那年起到現在，時間可真快啊。它激勵著我，讓我每天都有個希望。就這樣，我的這個「盼頭」支撐著我，有點傻。我超想讓他知道，但是又很擔心。我還是要等，我害怕說出來，願望一旦破滅了，沒了希望。

我們暫且叫他為莫陽吧。

我是一個追戀女生，他去過的地方，我要追隨。

汪：追隨是從什麼時候開始的？追隨到哪裡？

希：他畢業去了上海在一家公司工作。在二〇一五年初夏，我邁出了這一步。我要去上海！我和好友在週休二日，從我讀大學的杭州出發，乘上高鐵，一個半小時的時間就到了。其實我當時很緊張，我在想會不會遇到他呀。希望很夠遇見，但是怎麼可能呢。這麼大的城市，不會這麼巧的，所以我就勉強安心地玩了。的確我們在上海的兩天裡都沒有遇見，這是必然的。我們白天逛了好多景點，晚上在外灘愜意地散步。那晚風很大，我穿得很少，感覺快感冒了。街上有很多情侶牽著手、摟抱著，我很羨慕他們。

汪：那你有沒有聯繫他呢？你當時是怎麼想的？

希：我想，我和他在同一座城市，但是就沒有見面，也許我就是處於一種想見但又怕見的狀態，我都難以捕捉自己的心情。而我到底在期待什麼呢？但我很清楚地知道，我一直在等他，但等到什麼時候呢？我不知道。我只覺得我現在配不上他，在我眼裡他是最優秀的，考上了好的大學，又出了國讀了研究生，現在又在一家不錯的公司上班，我感覺我什麼也沒有。

汪：你這些想法有和別人分享過嗎？

希：我記得我一個很好的閨蜜曾提醒我說：「別到時哭著來見我就好了，你們之間不可能的，因為你們的經歷不同，至少現在沒有結果。」她是個理性的女孩，也是我的知己，她一再追問我到底為什麼不告訴莫陽，這樣猜謎語什麼時候才是個頭呢？我覺得一定要說出來，對方才知道嗎？就不能靜靜地喜歡一個人嗎？因為我覺得女孩子先告白總有點弱吧，感覺沒有像男生追女生這麼讓人珍惜吧。

我現在就是在醞釀，在沉澱。其實我是有點自卑，至少現在看來我們是不平等的，而我嚮往的是一種平等的愛情呀，我暗戀已經五年了。

汪：那回想下你們當初是怎麼認識的呢？

希：其實我們早就認識了，我們家和莫家一直以來是生意上的合作夥伴關係？因為每次看電視劇，都會產生這樣的情結，就是「世交」之間會有父母之命、指腹為婚的說法。因為我渴望，也很希望爸媽能在這事上為我做主。

汪：那你們從小就認識，應該經常見面是嗎？

希：我們兩家都是在一個地方的，但難得見面。我星星點點在父母那裡知道，他上了我們那裡最好的學校。因為學業，各自忙碌吧，也很少來往。

汪：長大後有沒有見過面，對他的印象如何？

希：直到二〇一〇年七月五號，我十七歲的那個暑假。我爸敲響我的房門：「準備一下，我們今天出去吃飯。」「去哪？和誰？現在就走嗎？」爸爸只是平靜地說了一句：「和莫家。」

當時我整個人都在回想，為什麼！我很疑惑，這麼多年不見了，到底長什麼樣子了，現在的我該說些什麼話呀。我太緊張了！回想起當年感覺太丟人了，只簡簡單單穿了紅色條紋的T恤衫，一件極其普通的黑色運動褲，沒有瀏海，紮了個高馬尾，辮子上還用一個可愛的卡通人物裝飾著，一個超級普通的女生形象。

汪：能具體描述下他的外貌嗎？

希：他的這個形象一直留在我的心中，一身淺藍格子襯衫、寬鬆的休閒褲，一雙簡單的涼鞋，他的頭髮不是很長也不是平板頭，看上去很精神，戴一副黑色邊框的眼鏡。

汪：在飯桌上你們聊了什麼？對他有進一步的了解嗎？

希：他考上了一所知名的大學，現在是大二的學生。他向我要了QQ號。當喝酒的氣氛活躍起來後，家長們都放開心懷在說笑，他母親莫阿姨走到我父親旁邊的空位子，搭著我父親的肩膀說：「讓他們在一起吧，我喜歡你女兒，到我家做媳婦……」全場叔叔阿姨也是在幫著撮合我倆。

汪：你當時的感受如何？介意家裡這樣的撮合嗎？

希：說實話，當時我並沒有喜歡他，而是在分開後的那晚，我才喜歡上他的。

那晚天空中還有一些星星，零星的幾顆，我們揮手再見。其實現在想想還是不懂事，女孩子一點也不斯文，而且我很懷疑會不會在莫陽的印象中我是一個壞女孩呢？畢竟男生不太喜歡女生喝酒這種行為。

到家後，我把窗戶打開，讓風吹進來，風比較大。我照了照鏡子，還是紅著臉。難道這是喝酒了緣故嗎？還是我真的在意父母的談話呢？我不知道，但是我很緊張，心撲通直跳，感覺找到了某樣東西，一直渴望的，但是又害怕被別人發現的那種感覺。

晚上，我站在淋浴頭下面，水嘩嘩嘩地沖洗我的皮膚，我想讓自己清醒一點。難道這就是愛情嗎？愛情到底是什麼呀？但是我不知道為什麼腦子裡全是他的臉，忘也忘不掉了。

汪：這之後你們還有過聯繫嗎？

希：二〇一一年暑假，我十八歲，這是我們最後一次見面。那次聚餐我真的不知道他會來。在等待中，突然出現了一個很熟悉的人，那種熟悉的感覺一下子就出來了。當時我已經坐定了，坐在我爸媽之間。我突然唰地一下站起來，要求坐在莫陽旁邊。現在回想起當時那個情形啊，我是有多大的勇氣呀，毫不猶豫地去坐在他和莫叔叔之間。

汪：你當時的感受還和當初的感覺一樣嗎？

希：在交流中，他說他要去英國念兩年書。我才知道那一次的分別，是最不捨的。直到現在我們從未見過面。

他走了，我高考了。可以說，我高考的其中很大一部分動力是因為他。莫陽在我眼裡是最優秀的男生，也是最溫柔的。他的一舉一動都是這麼體貼，而且很有家教，最重要的也許是因為雙方家長都很喜歡對方。由於學業，我們也就沒有在QQ上聯繫。因此也就習慣了不聯繫，僅靠著家裡一點點訊息去了解、去關心。其實我就是以這樣的姿態度過了我的高中生活。

我還記得在高考填志願的時候，莫叔叔讓我填報和莫陽所在大學的一所學校，這樣可以一起讀書，一起回家。我當時只想離父母近一點，於是還是填報了離家比較近的城市。由於我考得比平時都好，全家都很開心。我給自己打氣，希望努力再努力，讓自己變得更優秀。我想像有一天我能站在他面前說：「我配得上你。」

汪：上大學之後，你們還有聯繫嗎？

希：二〇一二年，大一的時候，我加了他微信。從此我們可以看到各自的狀態，各自的工作、生活。在這四年裡，我成長了很多，我也更喜歡他了。但是我始終沒有跨出一步告訴他，因為我覺得我還不夠優秀。我們之間也從未聊天，但是經常按讚或是評論對方發的狀態。也許是習慣了不聯繫，反而覺得現在聯繫實在不知從何說起。現在我也不想和他聊天，這樣反而讓我覺得很尷尬。

我希望我的生活是豐富多彩的，因此我常常去旅遊、吃美食、去實習、參加各種活動。我在「折騰」的生活中成長，我的生活也透過朋友圈來展示。以前不是寫日記的嘛，現在每天發個狀態來記錄我的生活。雖然是虛擬的，但是這是我生活的一部分，我希望他知道。

汪：說說你的追隨，都去了哪些地方？

希：我第一次追隨是二〇一五年一月，去了他曾經讀大學的地方。我喜歡重慶，很美麗，也很有味道。二〇一五年一月十五日，我和朋友們踏上了旅程。我的心一直「砰砰」地跳，我真的很害怕啊。高鐵上，我一直在回想我們之前的故事，曾經說過的話。他讓我好好讀書，將來上一個好的大學，告訴我「術業有專攻」，他說他到了英國拍照給我看那裡的風景，他說要做一桌好吃的給我……我說我會好好聽哥哥的話，我們說以後一起去旅行。我們有共同的興趣，都喜歡看電影，經常在狀態中分享各自看了什麼電影，評論觀影感受；喜歡美食，到各地拍一些特色，讓對方羨慕一下；喜歡旅遊，告訴對方我這次和誰去哪兒玩了；喜歡自己的家鄉，經常分享家鄉的一些名吃，體驗家鄉的味道；喜歡看書、運動、喜歡各種……

出發的前一天，我媽還問我：「你是不是去找莫陽啊？」我連忙擋了回去：「不是，當然不是，他都已經畢業了，見不到了。」母親不清楚什麼情況，又問我：「這樣啊，他現在在哪工作呀，我以為你這次去是找他玩，哎呀，他要是在就好了，就可以陪你們玩了，可惜了可惜了。」我就裝作是和朋友們一起旅遊的那種隨意樣，口是心非，但是我死活在父母面前不承認我是在乎他的。

那天天氣很好，風吹在臉上有點乾燥，陽光比我們那裡豔多了。我真的不敢相信，我穿越那麼多城市，終於到了。在這座城市裡，有他生活的痕跡。這裡獨特的景點，和我們那裡完全不同的飲食文化，各種新鮮與好奇。這裡到底有什麼樣的人，這裡的大學長什麼模樣，這裡的方言是怎麼講的。有時候幻想著，在路上有一個長得像莫陽的人，出現在我的視野裡。我知道這只是我的幻想，可以說，在接下來的四天裡，我幾乎都在幻想。

汪：你們去了哪些地方？

希：我們去了他的大學，我彷彿把自己當成了那裡的學生。我去了教室、圖書館，還在他們食堂吃飯了呢。我努力去想他當時是怎麼上課、怎麼複習、怎麼生活的。雖然他現在已經畢業，但是這裡是我離他最近的地方。但是校園裡的每一個角落，都有他的足跡。四季的花草樹木，他都見證過它們的生長。教學樓裡一定有他看書的認真樣子，樓梯口一定有他背著書包、捧著課本匆匆離開的背影。圖書館的某本書，也許他翻閱過，或者愛不釋手地借過幾回。食堂裡有他點過的幾道菜，用過的餐具，坐過的位置。

我感受到每一處地方都有他的存在，只不過他走得太快，而我到現在才來，有點晚了，但是不至於錯過吧。因為我懷著希望，我有盼頭。我很難想像他在微信上看到我在這裡當時的心情是怎樣的，會有什麼樣的想法，會知道些什麼呢？

汪：你有沒有聯繫他？

希：我發了個朋友圈，還定位了，他果然很驚訝，他介紹一些特別的校園建築和風味美食。現在想想好可惜吶，當時就應該進一步和他聊聊。哎，我們的關係還是這麼遠，不能進一步發展了，我真是個自以為是的白痴啊！

汪：就這樣你們獨自旅行，也沒有進一步和他聯繫？你當時的心情是怎樣的？

希：旅行永遠是短暫的，特別是最不捨的一個地方，總會很感慨。最後一天，我很難受，一點也不像當初來到這座城市的我，那麼激動。沒有人跟我說話，街上都是陌生的臉，找不到熟悉的樣子，那時我多希望他能出現啊。

喜歡一個人，就會喜歡一座城，會覺得他生活過的地方都是美好的。他所駐足過的地方，我也停留過。我們沒有相遇，但是我一直在重複著他的動作。他的生活軌跡，我將一直追隨。說不定哪天我累了，停下來休息的時候，上帝會讓他降臨，重新出現在我的生命裡呢，也許這就需要我的堅持。這也是屬於我的愛情，喜歡他，追尋他。

現在我們學習、工作在不同的城市，「遇見」是一件多奢侈的事情啊，而且沒有機會再碰到了。我經常想這樣的事，這些對別人來說簡直是荒誕中的荒誕。但是我正是在這樣的荒誕和幻想中度過的呀，我很快樂，也很感激。這五年的暗戀一直支撐著我不斷前進。

而我唯一的希望就是，一直有一份期待，至少現在他還沒有女朋友，這是從他的朋友圈裡得到的消息，也至少給了我一個等待的機會。總有一天，我會很自信地站在他面前，驕傲地說：「我一直喜歡你，現在我做到了。」

說實話，我不知道我該如何去得到別的男生的喜歡，或者怎麼忘記過去，重新開始一段感情。我害怕認識新的男生，他們的告白對我來說，是一種挑戰，也是一種考驗。我這個人就是習慣一心一意做一件事情，不能讓別的人、別的事同時出現在我的眼裡，甚至是干擾到我。尤其是感情方面，我就特別敏感。

汪：你還有其他感情方面的經歷嗎？

希：有。第一位男生是我們學校的學理工科的研究生，至今已經忘記長什麼模樣。他向我告白時，我直接告訴他已經有男朋友了，即使我根本就沒有，但就是這麼直接。

第二位男生，他的工作是和電視臺有關的。我們是參加一次說明會的活動中認識的，他曾說：「你不要老是幻想，不要再等別人了。」事前，我從未告訴他或者透露過一丁點，但是他的這句話驚醒了我，難道我的心思就會被人這麼容易地識破？那晚我告訴他，請你不要再來影響我的生活，這樣會讓我分心的，我們不合適。後來他還是想挽留，說做不了戀人能否做朋友，我沒有理他。

就這樣到了大三，身邊的人都陸續脫單，而我卻成了「另類」。第三位男生的確很優秀，有時我差點就把他當成了莫陽，但是我終於清醒過來，他不是！然而他終究「放過」了我，到現在我們還是很好的朋友，在生活上也互相幫襯著。這樣美好關係一直持續到他畢業，我們變得更加清晰，不再模糊。

汪：你認為你是很固執的人嗎？

希：現在想想，也許是因為我已經喜歡莫陽很久了，五年的暗戀是積累，這份沉甸甸的感情，沒有誰可以破壞，誰也別想插足我的生活。身邊的朋友勸我大學裡再不談戀愛就來不及了，以後工作圈子更小、更沒時間。而我卻一直很固執，我不知道為什麼，我已經不能夠再愛上別人了。

也許有一天畢業了，等我有了一份穩定的工作，變得很優秀了，「啪」地一下拿起手機，告訴他：「莫陽，我喜歡你很多年了，我一直在等你。」

戀人未滿　等待來自同一地域的愛情

文／鄭露娜

主人公：小G（化名），生於一九九二年
學校（或所在城市）：杭州電子科技大學
專業（或文科理科）：物理
主角個性：落落大方，活潑開朗，愛笑風趣
採訪地點：浙江某高校自習室
採訪時間：二〇一五年六月十日

在自習室見到小G的時候，她對於今天的訪談仍感到有些不好意思。「我也不知道自己的經歷算不算戀愛故事吶，畢竟都沒有正式在一起過。」她不停地這樣強調著。訪談途中，她會不自覺地說著說著就停頓下來，悵然若失地發一會兒呆，大概戀人未滿總是一件令人傷懷的事情。小G馬上就要大學畢業了，雖然她自稱已不再執著於愛情，我還是誠摯地希望她能快點遇到自己的Mr.Right.

支教認識小A，很聊得來——在小A的鼓勵下去考研究所，聯繫減少——考研究所期間認識小B，互相有好感卻因為地域問題不能在一起——考研究所結束後開始正視自己喜歡小A，但是遭到他的拒絕——和他們都只是朋友以上，戀人未滿——大四的我已不再亟需愛情，相信該來的總會來的。

鄭露娜（以下簡稱鄭）：從誰開始呢？小A還是小B？

小G：按順序來，先從小A說起吧。大三暑假的時候，我去參加支教（註：支援落後鄉鎮中小學校教育和教學工作）活動，認識了小A。當時我們去的是安徽下面的一個小縣城，蠻貧窮的一個地方，廁所都跟我們不一樣。他們是很髒的那種，擺兩個磚頭，人站在上面上廁所，然後每天晚上睡覺前有個奶奶過去用灰埋一下，把它鏟掉那樣子。他們那邊好像是不通水的，什麼馬桶都不能用，蠻原始的。

我們在那邊設有三個支教點，我一開始是在第二個支教點教數學，但是我很不喜歡數學，教了一個禮拜之後發現我也沒有辦法讓學生喜歡數學，就想說換個方向，去教別的，正好小A來了，我就順利調到第三個支教點去教語文了，好巧小A也是在第三個支教點，他教的是英語。

鄭：你們在同一個支教點，日常怎麼相處呢？

小G：白天就各自上課。我們當時上課是在一個大的毛坯房裡，隔開一半，我在這邊上語文課，小A在那邊上英語課，上課的時候互相能看見對方在幹什麼，有時候我抬頭一看他正在給一個學生講解一道英語題，他可能就看到我在一對一教小孩子練字，這樣子一來二去，我們也就慢慢熟悉起來了。當時我們是統一住在第一個支教點，每天早上坐一輛三輪車去第三個支教點上課，路上大概半個多小時到一個小時的路程吧，我們都是一路聊過去的。我就了解到原來小A也是溫州人，然後現在在杭州讀書。比較狗血的是他比我小兩歲，他現在才大二。

那次支教大概持續了二十來天吧，這二十來天裡，我就覺得我跟小A挺聊得來的。他是非常溫柔的一個人，也不是說特別的暖男，就是那種腦子比較會想，但是又比較低調，會在無形之中給你體貼的關懷，這種就比較合我的口味啦。而且他有一種讓我很欣賞的品格：他身上有一種特殊的「馨香之氣」，能夠影響身邊的朋友也變得正能量起來，包括能鼓動他的朋友來支教。你很少會看到他生氣或者散發負能量之類的。我就覺得他是人格魅力很強的一個人。大概是因為這個吧，我跟小A也比較親近，支教的時候關係也比較好。

鄭：支教結束後呢？你們還有聯繫嗎？

小G：有的。支教結束後我們就開始在手機上聊天，我不知道為什麼，我和小A之間就是會無條件的互相信任。在安徽接觸也就十幾天而已，但是我發現他很信任我，他家裡面的事情、他的情感經歷啊之類的都會跟我說，說得也比較掏心，所以晚上我們都會聊得比較遲。而且我們倆確實有很多方面的東西都可以互相傾訴、互相分享。七月底支教結束，八月分、九月分這兩個月我們倆就每天都聊天，真的，每天都在聊。我都不知道為什麼有那麼多話。每天不是我先找他就是他在QQ上敲我，一聊就停不下來，到了晚上聊完了就互道晚安，這樣子就讓我感覺很溫馨。

鄭：互相信任，這就是你和小A最契合的地方？

小G：不僅僅是這樣。九月初的時候，還沒開學，我去小A他們學校那邊參加夏令營，認識了他們學校的一個研究生，第一次動了考研究所的念頭。我還蠻喜歡他們學校的，就覺得考過去也不錯。不過當時也只是想想而已，還是蠻猶豫的。然後回去我就和小A聊到這個事情，他就說你想做就去做唄。他就是活得非常隨性的一個人，我說想考研究所他就會支持我。他跟我說考啊，考上了來我們學校一起玩。我也不知道有沒有受到這句話的影響，反正我就澈底決定要考了。之後考什麼專業也是小A給我出的意見，他說覺得我支教的時候語文教得挺好的，我就很乾脆地去報了語文。

鄭：他的話對你影響這麼大？

小G：這確實很奇怪，就是小A對我來說蠻特殊的。他這個人可能話不多，但是他短短的幾句話就正好能及時地滿足我的需要。可能我碰到一件事情很不安，四處跟人講，想要尋求安慰，雖然大家都是千篇一律的安慰我，但是偏偏只有小A的話能夠真正安慰到我，就是這樣一種感覺。這也是我以前從來沒有體驗過的，真是滿奇特的。

鄭：生命中能遇到這樣的人，是很難能可貴的體驗吧。

小G：是啊，我後來想想，可能因為我跟小A比較有緣吧。我大四，他大二，我們就正好在那個時候認識了；正好他碰到了一些事情，像學習上的問題啊，活動組織方面的，正好我又可以幫他；正好他也能對我產生很多影響，包括彌補我很多性格方面的缺陷，包括我一直在學習他跟朋友相處的模式，就是非常自然一點也不做作的那種。可以說我們互相都教會了彼此很多。

鄭：他讓你變成了更好的自己？

小G：也不是這麼說，而是他讓我更加發現、意識到自己的問題，從而想要去改變。我們倆這樣的狀況就比較恰好，比較巧合那種，估計這方面小A也很有同感。也大概因為這個吧，我們就聊得越來越好了。

鄭：你當時沒有仔細思考過你和小A之間的關係嗎？

小G：沒有啦，那時候我從來沒有想過自己喜歡他什麼的，我就覺得小A很好啊，對他的定位是傾向於男閨蜜和男朋友之間的那種感覺。但是你知道男閨蜜是有絕對不能成為男朋友的前提的，而且性格也不應該是那個樣子的，我感覺男閨蜜應該是嘰嘰喳喳的那種，就感覺有點娘的那種嘛。所以定義起來可能我和小A也就還是關係更好一點的朋友吧。而且我當時也沒時間釐清我對小A的態度，因為九月分開始我就忙著考研究所，跟他聊天也少了很多，他也不大會來打擾我，偶爾有事才會找找我。

然後考研究所期間，我又發現了一個跟小A性格差不多的男生，而且跟我更合得來。嗯，就叫這個男生小B吧，因為他們都比我小嘛，哈哈。

鄭：輪到小B出場了。

小G：是的。小B和我是一個班的。雖然大學同班四年吧，但是他是一個很低調的人，我之前就一直沒怎麼意識到他的存在，到大二才知道他的名字。那還是因為有一次我們班級聚餐的時候，小B的室友被慫恿來向我告白，都是熟人我也沒好拒絕，就說這個私下解決，結果晚上小B就代表室友來問我了。我就跟小B直說咯，我說我畢業了肯定要回溫州工作的，要找對象也會找個溫州人，所以我和你室友是不可能的啦。

鄭：這位室友算是無形中當了一次「媒人」？

小G：這樣說也可以吧。因為這件事情，一來二去的，我反而跟小B聊了起來，而且很聊得來。那時候他要考公務員，我就建議他跟我們一起複習，所以那個大四上半學期，我們的接觸就比之前三年都多了好多。因為一直一起學習、一起吃飯、一起聊天啊之類的，我就發現小B跟我之前想像的男生不太一樣，他是性格很好的那種人。他比我小一點點，大概小三四個月的樣子，但是給我一種很能照顧人的感覺。我不知道為什麼，跟別人都不太聊得開，但是跟小B就不一樣，可能因為他的性格很對我的胃口吧，我們就什麼都能敞開來講，互相都不會藏著掖著那種。可能對我來說，如果以後要在一起，我還是會選擇小B這樣性格的男生。這樣以後家庭發生什麼矛盾都能夠敞開了講明白，就不會產生誤會。我能感受得到他就是適合我的人，但是後來我還是很直白地跟小B講我們不能在一起。

鄭：在什麼場合下說的？是小B向你告白了嗎？

小G：沒有啦。也沒有很正式地去說，就是我們聊天的時候隨意聊到這個話題嘛，我就跟小B講我的擇偶標準，然後告訴他我對他是挺有好感的，可惜他不是溫州人，我們不能在一起啊這樣子的。

鄭：小B是什麼反應呢？

小G：他也沒有什麼很傷心的表示啦。我們都很理智，雖然互相都有好感，但是互相也都意識得到不能在一起。這個不能在一起一方面是因為地域原因，一方面也是時間不對吧，畢竟對當時的我們來說最重要的還是考研究所考公，也不可能一直在你愛我、我愛你之類的問題上糾結不清。不過這也不影響我們還是好朋友，還是會一起聊天。對考研究所當然也是沒什麼影響的，這件事可能更多就像是考研究所過程中的一個插曲吧。

鄭：就好比錯誤的時間遇到對的人，沒能和小B在一起，你會覺得可惜嗎？

小G：多多少少都會有一點可惜吧。本來吧，遇到一個這麼好的男生還不能在一起，是有點慘的，好嘛沒辦法，人家不是溫州的，沒想到後來我真的喜歡上了小A，他雖然是溫州人，我們也還是沒能在一起。

鄭：小A又要出場了。你怎麼發現自己喜歡他的？

小G：那是我考研究所結束之後，寒假去參加一個冬令營，又碰到了小A。那是繼我開始考研究所到考研究所結束之後跟小A的第一次見面。冬令營的時候我跟他聊起感情上的問題，我不知道是不是小A給了我錯覺，我問起他有沒有喜歡的女生，告訴他喜歡就是你看到她就很開心，不看到她就會很想她。結果小A就說有啊，你啊。

鄭：這真的聽起來比較曖昧。那你當時有準備和他告白嗎？

小G：對啊，我也驚到了，但是後來想想，可能是因為跟我關係很好，所以他才會這樣想吧。也就是因為小A那句話嘛，我就誒，愣了一下，就想我們是不是有可能可以發展一下。但是只是很短暫地想了一下，因為覺得不太實際嘛。考完研我肯定是要回溫州的，但小A是要留在杭州工作的，這樣子的話我們就不太可能了嘛。所以喜歡他啊在一起啊這種念頭基本上是一閃而過，也沒打算告白，我們就還是維持在比較好的朋友，聊得來，這樣子。

鄭：後來就一直沒有告白過？

小G：嚴格來說沒有。要不是後來那件事，可能我會一直跟他保持朋友關係，永遠不會去戳破那層紙。

鄭：發生了什麼事情？

小G：是這樣的，寒假回溫州過年，我們幾個互相都認識的朋友在溫州一起爬山，不過小A不在，他當時在義烏。就那次，有一對情侶就一直調侃我說他們覺得小A很好啊，要我跟小A在一起啊之類的。因為那對情侶裡的男生C是我朋友，對我的事情也比較關心，他就跟我說你和小A真的挺配的。為什麼他們會這樣覺得呢？我也是百思不得其解。我跟小A在他們面前頂多也就是一起爬過兩次山而已，也沒有表現出什麼親密的舉動呀？C就跟我說「因為你們兩個給我的感覺是你們很熟，但是互相碰面的時候又有一點小尷尬，這就很像情侶啊。」一天哪，他們居然連這都能ＹＹ出來？我驚訝之餘就開始自我反思，真的是這樣嗎？

之前還有一次我們一起聚餐，我陪小Ａ去買酒水飲料，他們知道了之後就覺得我們倆之間有點苗頭，然後就「哦」，什麼「越看越像啊之類的」，在我們的爬山群裡起鬨。他們老這麼說，這麼多次疊加下來對我肯定也是有影響的嘛，我就在心裡想，也許我真的是喜歡小Ａ的哦。因為跟小Ａ在一起也挺開心的，跟他在一起總是能讓我感覺非常好。而且當時還有人推波助瀾。爬山回來Ｃ問我說：「我覺得你和小Ａ很適合啊，你有沒有興趣交往試試？」我承認我心動啦，我就說我一個巴掌也拍不響啊，你肯定要先問問男方的意見嘛，然後Ｃ就去問了。

鄭：結果如何？

小Ｇ：哎，後來覺得還不如不問呢。小Ａ當時回覆說：「她很好啊，但是我們倆不合適的。」Ｃ就把他們聊天的過程截圖給我看了，然後讓小Ａ也跟我說清楚，免得我誤會。我就覺得挺尷尬的，可能我之前覺得小Ａ喜歡我、我也喜歡他的想法是錯覺吧，哎。小Ａ後來就有來跟我講這個事情，我就跟他說你不要太介意，就算是給他個臺階下，不然我跟他可能朋友都做不成了啊。哎，第二段就又沒成。

鄭：後來呢？還有再試著去爭取過嗎？

小Ｇ：再後來就完全沒機會了。年後考研究所結果出來了，我研究生初試過了，但是複試沒有過，就沒有辦法去小Ａ的學校讀研了，等於說也沒有什麼機會跟他碰面啊之類的了，最後那麼點機會也沒咯。再加上小Ａ其實也是很理智的一個人。我們聊天的過程中我就有發現，小Ａ對我們倆以後在哪裡工作這個問題其實是想得比較多、比較理智的。畢竟如果喜歡就在一起，難道就不用管以後了嗎？我回溫州、他畢業了留在杭州，那這樣以後根本就沒有機會啊，幹嘛要在一起是不是？他就會這樣想。

鄭：你呢？你是不是也會有這樣的考量？畢竟大四確實是比較敏感的時候。

小Ｇ：其實在這件事情上我也是挺理智的。沒辦法，大四了，不理智也不行，又不是大一大二的時候了。大四了肯定要想想未來，不然以後很麻煩的。我也確實已經沒有精力再去談一個分一個，再去傷一次心，然後再去找下一個戀愛對象了。就已經沒有小女孩的那種衝動了。哎，所以我跟小A也好，跟小B也罷，好像都只能停留在「朋友以上，戀人未滿」的階段，就會有各種東西，包括地域啊、年齡啊、緣分啊之類的，阻撓我們進一步發展那種感覺吧。

鄭：這兩段經歷，有讓你覺得收穫了什麼嗎？

小G：有，小A讓我喜歡上了五月天，非常喜歡。暑假的時候因為他，讓我對五月天沒有以前那麼排斥了。當時我給他推薦英文歌，他給我推薦五月天的一些東西，然後我就發現五月天的歌詞非常勵志，我考研究所期間也一直在聽，就是那種青春的東西，都有反映在他們的歌裡。這也就能看出來說你生命中的人都會對你產生影響的。所以我也就淡定了，不能談戀愛也沒什麼呀，對吧，不是男女朋友也沒什麼呀，對吧，真的都是沒什麼關係的。我也不會著急說我喜歡誰就一定要和他在一起，畢竟這麼大了，而且也沒有小女生那種沒談過戀愛，很想要談的那種衝動了。

鄭：現在有什麼打算？

小G：現在的話，現在考研究所也沒考上，就只能回溫州去。不過我反正也不著急，慢慢來咯，男朋友什麼的，總會有的。

技術男的春天　我的男友好奇怪

文／金鑫

主人公：喬（化名），生於一九九三年
學校（或所在城市）：杭州
專業（或文科理科）：傳播學
主角個性：妝容精緻，獨立而又敏感
採訪地點：杭州某校圖書館
採訪時間：二〇一五年十月十八日

喬大四了，目前在杭報實習，從事人力方面的工作。杭州還未消散的暑氣並沒有讓這個漂亮女孩的妝容有一絲不妥，舉止上也沒顯出一絲疲憊，笑容禮貌而不失可愛。雖然還沒畢業，但儼然已經是個成熟而獨立的職業女性了。我們的採訪就在圖書館的書吧裡混合著背書聲和聊天聲開始了。

技術男的春天，因為一臺電腦戀愛了——名偵探柯南，生日搞的跟偵探小說似的——情侶之間不吵架，這正常嗎？——橙色的上衣，綠色的褲子，你們時尚圈我真的不懂——結婚和談戀愛不一樣，但我想我們以後會結婚吧。

金鑫（以下簡稱金）：你男朋友是什麼專業的？

喬：理工科男。其實我不太喜歡理工科男，但總有意外嘛。

金：哈哈，說說你們怎麼認識的吧。

喬：認識的話應該在二〇一二年了，十二年的……完蛋了，我感覺這些細節我都已經記不住了。反正我跟他兩個人都比較神經大條啦，所以也記不住哪天認識的，哪天在一起的……二〇一二年的十月分吧。

應該算很平淡的吧，怎麼說呢？他比我大五歲，為什麼做朋友了呢？我室友一直說，你們倆在一起，你的那臺電腦哪怕是壞了，你都不能丟掉。原因就在於我的那臺電腦上，因為剛開始我的電腦出了什麼問題，我就順口說了一句。那時候跟他剛認識，所以並沒有向他求助。但他就說我幫你弄一下吧。因為還不是太熟嘛，我把電腦給他，還有點擔心，這個人會不會把我的電腦給拿走啊？（大笑）結果他弄完之後當天就給我了，還是蠻感謝他的。過了一段時間，電腦又出問題了，然後又去（找他）幫我修了一下，然後就開始話說多一點了。沒過多久，我室友的電腦又出問題了。後來我室友也說，我都給你幫忙了。

金：是他主動追你的嗎？

喬：因為他還算是一個很老實的人，就不會像……因為學機械的理工科男，你也知道什麼樣子啊，就很老實的那種吧。成為朋友以後沒事就聊聊天，說說話。後來就是每天都會給我發簡訊，我也不知道為什麼。反正我也不會主動跟他講話，我的性子就是這樣子的，基本上不會主動跟別人聊天、說話。

他就開始每天，上課啊，就給我發「我要開始上課了」。因為他研一是有課的嘛，然後他就說他各種亂七八糟，那我就回應咯。他每天都發，每天都發，後來可能就開始約著出去吃飯了，差不多約了有一兩個月的樣子吧。其實那個時候也有一點默認說有可能在一起這樣子，因為一個女生也可以明白，一個人經常這樣子給你發訊息，請你吃飯，肯定是對你有意思，對吧？

我也沒有去抗拒，也沒有明確地拒絕他。然後有一天他約我出去吃飯嘛，他說給你介紹我的朋友認識一下吧，今天我們要去唱歌你要不要來？我想唱歌我去也沒有事的哦，反正都是一群朋友，那我就去了咯。去了結果

KTV裡面沒有人，就我一個。他說，哎呀，我的那些同學還沒有過來，那我們先待著吧，說吃點東西，等一下啊。後來他點了一首歌……哎呦，我很神經大條的，那首歌應該算是（標誌）我們在一起的一首歌，但我竟然忘記了。哦，點歌之前他出去了一趟，然後回來點了這首歌。他開始唱，唱到一半的時候服務員送來一束花，然後（他）就拿著這束花，唱完這首歌，之後就跟我說了一段話，就說要不要正式在一起，這樣子。我居然忘記了那天是哪天，後來就算是正式在一起了吧。那一天我記得還下著雨呢。

金：他還挺浪漫嘛。

喬：他屬於一個非常憨厚老實，不善於浪漫的人。平時的話，我總說他，你從來都不知道為我想一下，偶爾來點小浪漫也是很好的嘛。

但是我的每個生日他基本上都會有很多驚喜……完蛋了，我記性不太好，第一次生日是怎麼樣子的？哦，那天他說你自己去看書吧。我想我今天生日你都不來陪我一下麼，對吧。後來到下午的時候，他說你來一下吧。他們宿舍是可以進去的嘛，然後我就去了，去了之後（發現）滿屋子都是氣球，地上牆上貼的。他進門有一個提示，一個箭頭，我就要跟著提示去找。根據氣球貼的形狀去找下一條線索，找到之後再去找下一條線索，然後又給我提示，我要去找一個鑰匙，我記得那個鑰匙我找了很久，實在沒辦法，求著他告訴我。然後打開以後是一個禮物，我又根據提示去他電腦上看了影片，應該是我跟他一年過來的一些點滴吧。反正那個時候他為了做這個影片，學那個軟體應該也學了很久。然後影片的最後又有一個提示，我要根據那個提示去找另外一把鑰匙，又是一個禮物，應該是這樣子。就每次都很費智商。

第二次的時候也是這個樣子。他應該是提前弄好的，我們那天先出去玩，後來回來我知道他要幹嘛，我已經猜到了。他又給了我一個提示，第一個提示是他圖書館一本書裡。他會問我問題，比如他會問我，我們去歡樂谷做的第一項活動是什麼？你要回答出來，他會告訴你東西在哪裡。因為我們不是一個學校的，他圖書館裡面只能我一個人進去啊，刷卡嘛。我進去找了那本書之後東西沒了，被別的人拿走了。

金：那怎麼辦？

喬：後來他查到了那個人是誰，又找了那個人的電話嘛。但那個女生居然不還，好醉，你明明知道裡面有東西，還把書借走了。但是最後是還給我了嘛。那個拿完之後，興致都已經被打消掉很多你知道嗎。

後來第二個地點呢居然在高沙的那個「都尚」，超市裡面。我要回答另外一個問題，然後拿到提示又要去那邊，不過他陪我去的。禮物在一個儲物櫃裡面，還要根據提示去找哪個儲物櫃，打開那個儲物櫃，又拿到另外一個（提示）。第三個我又去哪裡？第三個地點應該還是回到他宿舍那邊吃蛋糕這樣子。哎呀，好累，好心累呀，反正每次生日的時候都會有這樣的遊戲吧。

金：其實挺羨慕你們這樣，你們會吵架嗎？

喬：其實我們兩個都是神經蠻大條的，我們倆在一起沒有吵過架，三年，一次架都沒有吵過。我強調了好多遍他憨厚老實，我脾氣也還算挺好的吧，一般不會發脾氣，反正一切事情都還好理解的嘛。兩個人性格這樣子，有什麼事攤出來，大家都非常理智。有時候不開心了啊，不吵架不代表不會不開心。我不開心了，我就會說他，然後他就會跟我列第一點第二點。我就會說好了好了，算了算了，我沒有不開心了。

金：這屬於典型的男女生處理問題的差異吧，有沒有什麼地方是讓你不太滿意的呢？

喬：我跟他蠻奇怪的，三年裡面角色有互換。前一半的時間可能我懂得不是很多，比較依賴他。因為才大一比較小，對吧？各種都不太懂，可能要詢問他，因為畢竟他比我經驗多很多，對吧？他比我大了有五歲。一般我遇到什麼問題，電話過去，這個怎麼弄啊，或者我說你過來一下，他立馬就過來。就是隨傳隨到吧，比較照顧我。再比如寫作業要找資料，他就幫我找好，然後再教我。那個時候覺得他好厲害啊，怎麼什麼都會。但是當我什麼都懂了之後，就變成他什麼都靠著我。出門導航都得我來用，因為他性子很不急嘛，導個航還得慢慢來。我就屬於性子比較急的，算了，手機給我，你不要動了。

金：所以現在應該是你照顧他更多一點。

喬：現在就基本上我說什麼就是什麼，這樣子。他可能已經習慣於我更強勢，就像我現在應該是處於一個比較糾結的階段。我現在在實習，但是在那邊我還沒有說好能不能轉正的問題。就是說如果不能轉正的話我就沒有必要在那邊繼續待下去，因為已經實習兩個月了。現在又處於一個秋招的季節，我們分春招和秋招，其實後面還有春招，但是很多大企業都會在秋招招掉，所以說現在是一個招聘最好的時機嘛，那我到底要不要再去找。然後他昨天晚上問，他說你要不要我給你一點建議？我就說你要說你就說唄，還要問我要不要給我建議，你要是給我不願意聽我就不聽好了，你還問我。他每次都是這樣子，有什麼東西都經過我，問我同不同意。

金：嗯，那他也很照顧你。

喬：不過他毛病也蠻多的，有時候真的很煩，有一次我去南京，明明讓他給我買杭州東站的票，幸好那天我提前走了，後來我翻簡訊，發現是杭州站出發。我就說哥們兒，你辦事情好「可靠」啊。我就想你一個比我大五歲的男生，好意思這樣子的嗎？

而且他是一個非常不會說話的人，還得我教他。我一直說他是個情緒智商非常低的人，就說話太不理想了。偶爾明明說一句話，婉轉一下就會好聽很多，他就非常實在地說了另一個非常不好聽的，特別氣人。

有一次我帶了一個閨蜜，跟他的一些朋友一起吃飯，他的那些朋友我都很熟的嘍。那次確實是我說我閨蜜，說了句什麼話沒說對，當時他的一個朋友就說我，說你這個地方不應該這麼說，那我也非常誠懇地承認錯誤了，跟我閨蜜道歉了，確實是我話說的不對。然後我男朋友就搭了一句，說「你現在知道我平時多辛苦了吧」，就非常嚴肅地說。他當著他朋友的面就這麼說了我，可能這句話平時你當開玩笑說，就沒有什麼的哦。但是當時的場面，就非常的尷尬，桌子安靜了。

後來他的朋友也私下告訴我說，確實你男朋友今天話說的不對。其實挺讓我丟人的嘛，我說其實這句話你可以私下告訴我，我完全可以承認我的錯誤對吧。當時就很尷尬的，我臉都紅了，你知道嗎，我眼淚水都已經要掉下來了，真的。回來我還跟他說話，就當做什麼事情都沒有發生，但後來確實是沒有憋住，當他面就大哭了一場，反正就那次印象特別深刻，就真的哭了。

他是屬於平時非常的神經大條，但是你一哭啊，他就開始各種哄著。有時候我在想，你平時為什麼非得這樣子做啊。就是可能他對朋友就更加柔和一點，跟朋友就更加親，打打鬧鬧的。對我就不會那樣子，就不跟你有打打打鬧鬧，我跟他在一起，可能就會比較嚴肅。我有時候說你跟我也可以像朋友那樣子啊，然後有時候我會哭，他就會開始對我溫柔一點。

金：其實女生很多時候是很感性的，有些問題哄哄就好了。

喬：他從來不會哄人，我就說他情緒智商低，三年來基本上沒怎麼哄過我。可能我性格也比較強，太獨立了，我不會像小女生似的撒嬌，或者是你必須哄著我這樣子啊。可能有時候我會想，我是不是你男朋友啊？我會更照顧他一些，比如你是不是缺東西了，我就會想著給他買這買那，我給他買的東西比他給我買的東西多多了。他衣服，從頭到腳，用的，各種東西，只要我能想到的啊，基本上都會給他買。

剛才說什麼來著，哦，他不太會哄人嘛。還有他是一個穿衣服非常不講究搭配的人，不是說你買多帥的衣服，起碼顏色搭配上你講究一下對吧！顯得精神一點。那天他就穿了一件橙色的衣服，搭一件綠色的褲子。那條褲子還是我給他買的，我覺得還蠻好看的，顯身材的。我就說哥們兒，你穿衣服能不能稍微搭配一下下，你這個橙色的衣服搭綠色的衣服肯定不好搭的，這麼出去也太難看了。我就這麼說了他，他就不開心了。他不開心了，就頂了我一句嘛，然後我就有點不開心了。

我就說我完全為了你好，因為我跟他就蠻講道理的。跟他說第一點第二點，我就說你是我男朋友，你出門帥一點，我也有面子。你好歹出去別的女孩多看你兩眼我都覺得非常的開心，說明我男朋友帥，對吧。我說平時你帶我出門，我都會把自己打扮地很好看，我是你女朋友，我出去肯定要為你爭面子對不對。你朋友私下跟你說你女朋友蠻漂亮，你是不是很開心？而且你穿衣搭配的習慣好一點，可能以後見父母，平時工作中都會對你有幫助。

然後不知道為什麼，他就開始不講話了，就不理我了。你不理我，那我為什麼要睬你，我也不睬你了。天氣很熱的，出去撐傘他就站在一邊，也不要站的很近。我就非常的不開心，因為平時基本上不會出現這樣的問題嘛。

他去銀行取錢，我就跟在他的後面。他把門開開進去，「啪」把門關上，那我在外面啊。你不跟我講話就算了，你把門帶一下，我進去好了哦。我就默默地把門推開，進去。因為我本人就非常不喜歡吵架，吵架基本上就是我哄著別人的咯，我就主動跟他講話。他還是不理我，我就不開心了咯。

金：之後呢？你又哄他了嗎？

喬：當時兩個人都不說話，氣氛就很尷尬，我就想主動去改變這個狀況嘛。我就說哥們兒，你站著吧，我給你拍張照片，他就站在那裡一直把傘拆開合上，拆開合上。我說哥們兒我給你拍照片呢，你站地美一點，不要動了好不好。他也不理我，他說我高興呀。然後我就非常地不開心，我都主動示好來了，你還不配合一點。他走路走在前面，然後我就看到旁邊一對情侶在一起，拉著手好開心的樣子，我就覺得好羨慕。我當時那個眼淚水就開始要掉下來了，你知道嗎？我說哥們兒，你離遠一點，我說我一個人去湖邊散個心，因為我平時就屬於什麼東西都自己消化的嘛。但他非得跟著，他一跟著，他一說話，我就更忍不住了。他就開始問我——（他看我）不開心，他不會去先安慰你，他會先問你——第一點你為什麼不開心，第二點我哪裡做錯了。你說這種時候我都已經非常不開心了，你還要火上澆油，要我把不開心的事情敘述一遍。我就爆發了。我哭了他就開始，哎呀，你把包給我吧，我幫你提一下，你不要累著了，你在這邊坐一下吧。他就說你不開心，要不要喝點水。後來我給我媽打了個電話就恢復平靜了，他又恢復了，包又還給我了。

金：像他這樣不會哄女朋友對你們來說算不算個大問題呢？

喬：現在對我們來說問題是畢業以後的異地，他現在在南京，他們研究生兩年半，今年四月分到的南京。當時我就怕怕的，他就說身邊所有的異地戀沒有超過一年的。我現在都不敢說我能不能堅持到畢業。

而且他畢竟也蠻大的了嘛，他是八八年還是八九年的。我之前也有跟他說過這樣的問題，我說我不能保證我以後一定會跟你在一起，你年紀也不小了。我比較小，可能時間還有，對吧？我說你都到了三十多了，我給你拖的時間太久了，我說你自己要想好，就是能不能堅持這麼久，而且假如以後不能在一起了，你要對你以後的事情負責，對吧？他就說要先堅持著看看咯，這樣子。

金：他為什麼沒留在杭州呢？

喬：他找工作的時候，當時杭州也有選擇，但是可能要選一個更好的，他就去了南京。我是屬於不太願意去干涉別人的事情，因為當時也不能說我以後能不能跟你在一起，對不對？還是要理智一點的咯，就是說我不能影響你的就業選擇。我明確地跟他說過，我以後會留在杭州，因為我確實是想留在杭州的，我大學報志願的時候選擇的都是杭州的。但是呢他當時問我，他要不要去南京。如果我讓他留在杭州，最後又不能跟他在一起，就是影響別人的人生啊簡直是，對吧？後來我就說你去吧，不用管我。所以說我們倆就非常理智的，就不會說因為情感……他就去了。

其實我後面有抱怨過他，因為你明明知道我以後要留在杭州的，你為什麼要去南京？他就說誰讓你不管，明明問了你，我要不要留在杭州，你說你隨便。反正走掉也就這樣，我們每天都會聯繫一下。其實我跟他三年，基本上沒有一天不聯繫。就哪怕說你今天中午吃的什麼呀，我今天中午吃什麼啦。要不睡覺吧，那睡覺吧，這樣子。

金：異地的話大概多久見一次面呢？

喬：呃，應該有六個月了吧，基本上每個月見一次。可能就是他過來三次，我過去三次這樣，因為畢竟南京我也去玩一下了咯。見面的話就是週五去，周日回來了，其實時間蠻短的。不過我每次回家他基本都會送我回家，上一次我要回家，他說我送你吧。我說你得了吧，這麼遠。但是他還是把我送到家，他說你下車我立馬就坐另外一班車回南京。其實來回蠻折騰的啊，大概要七個多小時。雖然說他平時也沒有什麼驚喜，但是實處做的比較好。他以前讀書的時候，基本上我說什麼他立馬就過來。這個也可能是我們到現在也沒有談到分手，中間也沒有吵過任何的架的原因吧。因為雙方都明白，你是怎麼樣一個人，我是怎麼樣一個人。

金：你應該不算一個很依賴男朋友的人吧？情感上的依賴。

喬：嗯，我跟他兩個人相處，還相對獨立的。其實他的有些行為處事方式我不太能忍，但是我不知道我為什麼忍了三年。他確實是一個非常適合做老公的人，其實我有在衡量，我跟他在一起的時候壓制了我的一些性格、東西來配合他，我就想我能不能壓制一輩子啊？其實我個人是蠻喜歡去接觸我沒有接觸過的東西，喜歡新鮮的東西。他呢，屬於比較維持現狀的吧，好多東西我得一個人去做。就是說兩個人的興趣不在一個點上，理工科男，你也知道的。其實我不太喜歡理工科男，意外嘛。我現在覺得差不多了，能夠壓制下去了，所以說，兩個人在一起，有一方是要委曲求全的。

金：考慮過以後結婚嗎？或者雙方家庭？

喬：家庭的話，他的父母比較遠嘛，對我們以後來說其實是很累的。你以後工作肯定不輕鬆，他父母很遠的話，你以後過年過節怎麼辦，不可能不去管他們對吧。雖然說交通方便，但是費用呢，你也不是非常有錢，去一趟來回的話我估計五六七八千的都打不住。但是我覺得應該沒有什麼太大的問題，其實我覺得我跟他兩個人已經差不多了，就是說沒有外在的原因的話，估計以後會結婚。

第三章　我想和你珍藏保鮮

我不想彼此對視　而是共同瞭望遠方

文／謝士琳

主人公：小瑩（化名），生於一九九三年
學校（或所在城市）：山東財經大學
專業（或文科理科）：保險學
主角個性：有想法有追求且務實的女孩
採訪方式：電話採訪
採訪時間：二〇一五年七月十一日

中學時代是大多數人美好的回憶，青春懵懂，那時的感情乾淨的像朵白蓮花。如果那時候的愛情能延續一生，也是人間一樁美事。小瑩就在那時候認識了她的軍哥，開啟了一段不分手的戀愛。

高中相識——高考完開始聯繫——大一軍訓男生告白——開始異地戀——女生去男生的家——假期一起旅行——異地一起考研究所——女生將要來到男生所在學校讀研。

謝士琳（以下簡稱謝）：你們是從什麼時候認識的？

小瑩：我們是高中時候認識的，軍哥是我們隔壁班的班長。我跟我們班長關係挺好的，我們班長跟軍哥關係挺好的，所以大家都認識了。我和軍哥在高中的時候好像並沒有很熟，就是見面打個招呼那種。上高一的時候，記得我一下課就喜歡在樓道裡晃嘛，他可能每次都能看見我，然後他知道我當時成績好像還蠻好的，第一第二這樣子吧，他可能覺得這個女生還蠻厲害，這樣子吧。他很奇葩哎我感覺，他說看一個人漂不漂亮，看眼睛就可以了。我高中的時候不帶眼鏡，眼睛很大的。他就說感覺我的眼睛很漂亮，然後就記住了，這個讓他印象比較深刻。

高考結束的時候，我和我們班班長出去吃飯，就看了一下我們班長的通訊錄，然後我有了他的手機號碼。有了他的手機號之後，我就給他發了一個簡訊，簡訊的大意就是感覺你還蠻好的，可以做朋友嗎，這種意思。然後他好像從我們班長那裡得到了我的ＱＱ號碼，之後我們倆就聊天，但是當時他是要來杭州嘛，我在濟南。本來我感覺就是不可能再有聯繫了，就是感覺不可能再會見面了。

謝：感覺你們的緣分才要開始呢？

小瑩：你說對了，他竟然在大學軍訓的時候跟我告白了，他發了一條簡訊，我大概還記得。他好像是說「雖然我現在還一無所有，但是以後會給你幸福。你願意做我女朋友嗎？」差不多說了這種類似的話，在等我回覆。然後就是暑假中還有別的男生也告白過，我都直接拒絕了，都說不喜歡。但是對於他，我感覺還是有點不一樣，因為我感覺他還蠻好的。但我並不確定我是不是喜歡他，然後我就跟他說，也不熟嘛，因為我們高中也只是見面打招呼，也沒有深聊的那種。大家的價值觀什麼的，我當時是都不了解的。我就跟他說，我也感覺你蠻好的，但是就不是很了解你，現在就是做朋友比較合適。就這樣子委婉地和他說了一下。

然後等過了幾天之後，我也就開學了。開學之後，我感覺我們班的男生並不怎麼樣，感覺還是他好一些，然後我就給他打電話，我就說我們可以試一試。就這樣子開始了。當時暑假的時候，我就想著應該談了一場戀愛了，因為要趕在十八歲之前找到初戀，我們倆都是初戀。

沒談戀愛之前，我給自己預設的男朋友是鐘漢良那種類型的，我很喜歡他的那種雅痞的氣場。當時哈，我們班長他有跟我告白的意思，我感覺我們班長也蠻好的啊。其實當時我也有點明白，但是當時他在我們班是有女朋友的你知道嗎。不過他媽媽好像不喜歡他女朋友，然後他媽媽好像看上我了。

我們班長他暑假的時候有跟我聊天嘛，因為我們關係超好的那種，說話就很默契，他說我們上輩子可能是夫妻，他就說的很隱晦，因為他可能也是怕跟我說了，我再拒絕他，那連朋友都做不成了。然後軍哥跟我告白之後，我有跟我們班長打電話嘛，我說軍哥跟我告白了，然後他很詫異。因為當時我們班長和軍哥關係不是蠻好的嘛，但他並沒有跟我們班長說他喜歡我。我說假如他要是說過的話你倆的關係可能就不是現在這樣子了。就感覺軍哥還是很聰明的。他說那你有沒有同意，我說還沒有。然後他就說軍哥長得還蠻帥的，他也有說但是什麼什麼，他說軍哥是有點自以為是的那種人。我說我想再考慮考慮，然後考慮了幾天之後，我就說試一試嘛。

因為我沒有談過戀愛，我當時還年輕嘛，年輕的想法就是我沒有談過戀愛，就要找一個也沒有談過戀愛的。當時就這樣想，所以感覺我們班長也挺好的，但是覺得不可能，他有女朋友了，雖然他後來也分手了。

謝：那你們後來是就開始了異地戀嗎？

小瑩：後來就透過電話、QQ聯繫才慢慢熟悉起來的，哦，其實我們放假就是五一啊、清明節啊我們都是一起出去玩的。從北往南，北京、泰山、濟南、曲阜、南京、西塘、杭州、上海，差不多就是這些。去泰山的時候，尤其是爬到南天門那的十八盤的時候。因為它特別陡嘛，當時覺得好懼高，就是感覺心好累啊，爬不上去。然後他一邊扶著我，往上爬，然後爬上去了，感覺他還是蠻體貼的。然後我是路痴，我們出去玩都是他在找路線，怎麼走，坐什麼公車。我只知道我想去哪裡玩，我跟他說想去哪裡，他就計畫好路線。

謝：哈哈，他有沒有送過你一些特別的禮物？

小瑩：有的，就是他大一寒假的時候送了我一條項鍊。他當時買禮物的時候有跟我說，但他沒有說要給我買禮物，他說給他爸媽買點什麼，就是買一些杭州的特產什麼東西的。我說你沒有買給我嗎，他說挑一天沒有挑到什麼合適的嘛，明天再去看，然後等他買好了也沒跟我說買的是什麼。大一寒假，也算是第一次見面，然後他才把項鍊送給我，項鍊是那種外面是銀包圍起來的，然後裡面是藍色的水晶那樣子，然後他有跟我說裡面的水晶代表我，外面鑲著的銀子代表他，他說他要一直保護我。

謝：你覺得他身上哪一點最吸引你？

小瑩：我感覺他一直都很上進、很努力，就是一直在為未來努力這樣子。他是一個學霸，一直都很忙的，他之前有參加全國電子設計比賽啊什麼的，他每天都要到很晚，當時比賽的時候好像三天三夜都沒有睡覺哎。不過他得了個國家獎學金，還蠻厲害的。他最後綜合測評是他們全院第一名哎，會讓我感覺我要再努力一點。我感覺他一直都很上進的嘛，就是他能讓我看見未來的希望，不會讓我感覺我們倆的未來很迷茫的那種，然後他又對我蠻好的。我感覺上進心還是一個蠻重要的因素吧。

大家都說畢業都分手了嘛，我感覺可能假如他不是那麼上進，讓我看到希望的話，我也會跟他分手的。他就是能讓你看得見未來，會讓你感覺以後的生活會很好的，有安全感這樣子。然後感覺他很專一，可能他太忙了，也沒有時間去想吧。然後我感覺他周圍的朋友也蠻多的，他的朋友也都蠻厲害的。他朋友多，應該人品還過得去。然後他好像也還蠻孝順的哎，當時我們去爬泰山的時候，他說也要帶他爸媽來爬泰山，我感覺他什麼時候都能想到他爸媽。

謝：你們之間發生過爭吵嗎？

小瑩：吵架的話印象最深的一次，應該是因為他比較忙吧。當時是我們要搬宿舍，我們是大一大二在一個校區，大三大四在一個校區。當時就是好多東西，你懂搬一次家的感覺吧。好多好多東西，感覺好重呀，當時他好像就是在參加那個全國電子設計比賽，他當時就是一直在比賽，他也沒有給我打電話嘛。因為當時搬那麼多東西，然後又那麼重，感覺心情超不好。室友的話都有找男朋友來幫忙嘛，然後我就感覺找個男朋友又這麼遠，那不一點用都沒有嘛，哈哈。

他在比賽的時候有給我打過一個電話，他問我搬完了沒，我當時剛剛開始搬，所以就瞬間感覺不高興了，然後我就跟他吵架了。他當時好像還在參加比賽，然後也沒有說很多，就掛了。他比完賽給我打電話嘛，然後兩個人就吵開了嘛，當時感覺心情超不好。當時他們一起比賽的是三個人，另外一個男生我算是熟悉的，然後那個男生他可能感覺實在看不過去了，他就跟我說他們這段時間超累的，因為他們三天三夜都沒有睡覺嘛。我就想想，算了嘛，他也這麼忙。然後我跟你說，就勸架的這個男生啊，他女朋友跟他說「你是要實驗室還是要我」。

我們好像沒有鬧得特別僵的時候，因為我們吵架之後，軍哥都會道歉，可能有時候我打電話過去，他沒有接到。沒接到我可能就會煩了，然後可能就會吵起來。也有可能本來是因為心情就不是很好，就是講著講著就不開心了，然後我們兩個就會吵起來。我感覺我們倆就是打電話時間長了，講著講著就會不開心，對，不可以打電話時間太長。但是每次講電話講的不開心之後，軍哥都會道歉。然後我就會問他，你感覺你錯了嗎？然後他就會道歉，然後就好了。我們好像都沒有完整的一天是不理對方的。哦，好像有一次吵架，吵架之後我就關機了，他就找不到我了，哈哈。感覺他好著急啊，QQ、微信都留了好多條，他以為我就不理他了。我就是當時正好心情不好，就關機了。

他很容易煩躁哎，因為有時候我說一句話，他可能聽不懂，因為我感覺女生說話可能都比較隱晦，都比較會暗指那樣子，然後他老是讓我「你直說好不好」。他不會去猜，不會去想，感覺他猜不到也想不到，呆萌。

謝：那你們平時聯繫頻繁嗎？

小瑩：我們每天至少會打兩個電話吧，早上打一個，晚上打一個，中午有時候再打一個。異地戀嘛，就只能靠電話聯繫嘛。他好像那次還跟他媽說，是有免費簡訊還是免費電話的，可以給他媽媽發簡訊打電話的。他媽媽說算了吧，你還是給你女朋友打電話吧。就感覺他爸媽還蠻好的。我第一次去他們家是以同學的名義，好多同學都有去。他等我走了之後才跟他媽說我是他女朋友，他媽就說你怎麼不早說啊，我都沒有好好看一下。後來再去的時候就是我一個人去了，他那個什麼七大姑八大姨都去了。他爸爸那邊好像並沒有很多親戚，他媽媽那邊比較多。然後有一次可逗了，他家附近有一條小河，我和他在河邊散步牽著手，被他鄰居看見了，他鄰居特地跑到他家告訴他媽媽這件事，弄得我要笑哭了。

假如我要是打一個電話，找不著他，有時候我就會一直打，一直打。他有時電話裡會出現三十幾個未接來電，然後他就很恐慌，我到底是發生了什麼事情。然後他就跟我說你打一個沒有人接，就是我手機沒帶在身上，不要這麼一直打，一直打。可是我就是喜歡一直一直按，也可能是正在做別的事情，但就是想一直按到有人接為止。我可能也比較急躁吧，就是屬於那種想做什麼，就希望下一秒能實現的人。我還記得高中有一次考試，應該是月考期中考之類的啊。當時考著考著試，我就想喝水，然後我又沒有水。我就跟老師說，我要下去買水，我就下去喝完水然後回來考試，要不然我就越想越想做。我就是要是想做一件事情，就想馬上做。所以我這異地戀能堅持下來，也蠻不容易的。

謝：你覺得談戀愛之後，你最大的變化是什麼？

小瑩：談戀愛之後感覺會關心一個人了吧，之前你考慮最多的是自己，自己怎麼樣怎麼樣。然後現在就是你在做一些決定的時候，你可能就是說考慮到兩個人，就不僅僅考慮自己一個人了。比如你做考研究所的決定，你可能會想到兩個人。我們從剛剛上大學就決定要考研究所的，當時就是學校的選擇可能很猶豫。後來他說他所有的關係、所有的同學都在杭州，就很堅決的要留在杭州，我就沒有勸說他。因為我感覺他要真的跟我去了山東的話，萬一髮展不好該怎麼辦。當時軍哥有說不讓我考研究所，他說考研究所太辛苦了，我養你好了。其實後來在考研究所教室裡，一屋子的人都這樣子做，也並沒有感到那麼辛苦。考研究所的時候，政治英語都差不多嘛，就大家一起找資料，說說哪個學長學姐的考研究所經驗呀，然後共享啊。因為我在山東，他在杭州嘛，畫的重點可能稍微不同嘛，然後互相分享一下呀。

謝：考研究所的時候，他做過什麼比較貼心的事情嗎？

小瑩：就考研究所的時候，因為大家都很累嘛。我是那種很容易一累就會餓的那種人，可能剛吃完飯就餓。有一次我跟軍哥說，我好難養，因為我一會兒就餓了，一會兒就餓了，老是要吃東西。然後軍哥好像並沒有說什麼，也沒有回我微信。當時微信剛流行起來了，我以為他沒看到。然後過一段時間我就收到了快遞，他給我寄了一箱吃的。本來我並沒有想到嘛，快遞到了，我還覺得好神奇。然後打開一看，竟然是一箱吃的。感覺他還是蠻體貼的，他可能就是說的比較少，做的比較多。而且他有發各種獎學金，之後就會給我買各種東西。比如今年的情人節就沒有一起過嘛，我回家了，他就等我開學來了之後再送給我。反正趕上什麼節日，他都有送禮物。我也有送他禮物啊，我那次在網路給他買個腰帶，他還跟他一起玩的蠻好的那個同學炫耀。他說你看這腰帶好不好看，那男生具體怎麼說的我忘記了，大體就是說秀什麼秀。然後我問他，你知道腰帶是什麼意思嗎？他說你是要拴住我的意思嗎。

謝：其實異地戀真的蠻難維持的，你們維持異地戀的祕訣是什麼？

小瑩：我感覺我們沒有出現問題的原因可能第一是他有上進心，第二就是我們的圈子並沒有完全割裂，就是想法啊什麼的都蠻一致的感覺。感覺跟他在一起還蠻開心的，他周圍的同學也都好逗呀。我感覺我們異地戀能談這麼久，可能就是因為我們不是生活在兩個不同的環境裡，我們的生活是有交融的。就像他的同學啊，我都認識，就是他那發生什麼事情我可能都知道，因為我們都有聯繫的。有可能找軍哥找不到啦，就打一下他朋友的電話，他們就會馬上飛奔上去找到他。對異地戀來說圈子是最大的問題吧。我感覺他的圈子我都有融入，然後我的圈子他也比較了解這樣子。

我不是特別戀家的人，上大學的時候就不想留在山東的，但是我爸不讓我出來。然後等我去了濟南，上了大學之後，就是出來走嘛，出來玩，玩多了之後就會感覺濟南和杭州這種城市其實在你心裡落差是很大的，就是假如一直讓我待在濟南的話，我感覺已經接受不了了。我感覺我如果留在濟南，可能就出不去了，就是你就看不到外面更精彩的世界了那種感覺。因為假如我在杭州賺錢之後，可能可以到處玩呀，那我感覺我在濟南本來賺錢就不多，你又想著還房貸呀，還什麼，然後你可能就局限在某個地方了。看得人多了，看得事多了，就會感覺視野很開闊，就不會斤斤計較某些小事情，內心可以放得下更多東西。看過外面的世界，就不想再回去了那種。

謝：那麼，你們的考研究所結果怎樣呢？

小瑩：我考研究所成績還不錯的，但是目標定太高就被調劑了，其實我可以有很多選擇，但是還是選了軍哥所在的學校，軍哥也被調劑了，但是他還是他本來的學校，我們這次又要一起讀研了。以後我們應該就留在杭州了，就感覺這裡空氣啊，景色啊，工資啊，人啊都還挺好的。我就是不想讓我以後覺得我一生活的那麼乏味枯燥，人生就這麼幾十年，就不想虛度，不想老待在一個地方，就會感覺白來了。

可能我們都是不甘於平庸的那種，就是都不想過大家認為的那種一成不變的生活，都想找找刺激，就是想過的更好一點吧。都不想做那種替代性很強的，就是你也可以做，他也可以做，然後你可能一直這樣做，今天做的和明天做的這種特別重複的事情。就是不想為了生存而生活那樣子，我是想為了生活而生活。

謝：好吧，欣賞你，你用一句話來總結一下自己的愛情觀吧。

小瑩：用《小王子》的一句話來表達我的愛情觀，「Love does not mean to look at each other ,but to look the same direction」愛不是終日彼此對視，而是共同瞭望遠方。

浪漫的事不多　而且都是小事

文／王姣

主人公：靈靈（化名），出生於一九九四年
學校（或所在城市）：杭州
專業（或文科理科）：傳播學
主角個性：活潑動人的女生、心思細膩、懂得珍惜
採訪地點：杭州下沙二號大街兩岸咖啡
採訪時間：二〇一五年十月十二日

在安靜而溫馨的咖啡吧裡，我開始對我的直系學姐靈靈開始採訪，平日裡她的私生活就很低調，大部分見到她的時候都是學生工作的原因，她給我的感覺是「很忙」，但她又是一個開朗的女生，待人寬容，做事情認真負責，很有人格魅力，總想和她親近。我一直很好奇這樣的女生怎麼和男朋友相處？終於和她有了這次面對面交流的機會。整個採訪的過程中，我幾乎都是在傾聽，她很會表達自己的感情，而且對於戀愛關係有自己獨特的想法，感覺最深的是她是一個懂得珍惜的人，與男友相處的點點滴滴都是浪漫的小事。

和高中前男友和平分手——大學社團面試和現在的男友同個部門——他讓我介紹女朋友，我就牽了線，無果——他在我失戀分手期向我告白——一起忙學生工作——同一列車不同車廂去上海跨年——那些浪漫的不浪漫的小事都是點點滴滴的幸福。

王姣（以下簡稱王）：首先要謝謝你參與本次採訪，你能用一句話形容你們的愛情嗎？

靈靈（以下簡稱靈）：我們的愛情應該是不慍不火吧。

王：你們怎麼認識的？

靈：大一的時候，我們在同一個部門，也就是現在的校社團聯（校社團管理委員會）廣告部。話說納新的時候，校級組織有三輪面試，前兩輪都是單獨面試，第三輪是小組面試，我剛好和他分在一個組。我室友陪我去最後的面試，小組面試是分時段的，我去教室候場的時候看到他，他在玩手機，然後我心裡就覺得「這個男生有點帥的呀」，但是就是這個想法啦，也沒有想太多，後來進了面試的辦公室，才知道我和他一個組的嘛。

王：面試一個組，有摩擦火花嗎？

靈：面試結束第二天，我和他都被納進去了，然後就發現兩個人都進去了，變成同事了，但只是很基本的認識。他是建工（建築工程專業）的，一百八十公分，但是感覺可能沒有一百八十公分，哈哈，是土生土長的紹興人。

王：之前交流你說還有一個前男友？

靈：是的，認識他之前，我還有個前男友，和前男友也是奇奇怪怪的，錯誤的時間，必然的結果吧。

王：你和前男友怎麼認在一起的？

靈：那是高考幾天後，他家搬新房子，請我們幾個玩的好的朋友去他家吃飯，其他朋友商量好了一起起鬨，然後他就和我告白了，當時我們倆挺尷尬的。第二天，他就約我出去看了電影，兩個人也算是這樣在一起吧。

王：聽起來是一個還不錯的開始。

靈：誰知道（高考）成績之後，就是得猶豫了一下，因為不在一個地方，感覺聯繫起來就比較麻煩，就不能天天見面的那種。但是他又說：「現在不開始的話，就沒有機會開始了。」對呀，因為都知道分得太開了，就是如果在一起會比較難吧，那現在已經在一起就在一起吧，也就在一起了，沒有分。

王：哦哦，那就是開始了異地戀。他有來找你玩嗎？

靈：我當時大一是廣告部幹事，忙著舞臺設計、做道具什麼的，很忙，前男友第一次來下沙，和我們兩個共同的高中朋友來找我，我們三個人蠻熟的，我朋友說他早上很早就把她叫醒，要來下沙了，但他們來了之後，我就一直在那邊很忙，走不開。然後他們就只能在一邊看著我工作，也沒有怎麼聊，沒有聊很多。他趁我忙的時候，和我朋友去買了一些零食給我吃。中午的時候，我們就一起在現場隨便吃了一點飯，我的同事都在，反正那天我太忙，他下午就走了，挺失落的。

王：你去找過他嗎？

靈：我也去農林（浙江農林大學）找過他，他提前把路線告訴我，他帶我去參觀了一下校園，有一個挺大的湖，還吃了食堂的飯菜。

王：後來呢？

靈：大一寒假回去，就同學聚餐的時候一起吃吃飯，兩個人都有感覺，他有意識地比較象徵性的，買個項鍊、戒指、情人手鍊呀，就是有這種想法，就想買些東西表示吧。大二上半學期十月一日，我們都回家了，那天見了面，我就提出分手，他傷心地離開了，我也挺難受，但我不想再拖了。

王：看起來還不錯的關係，怎麼什麼突然提出分手？

靈：分手原因就是距離，不能天天見面，然後我感覺我是那種想要天天見面的人，本來因為距離的原因就很少見面，再加上事情比較多，就更難見面了，還有就是可能因為我這個人三分鐘熱度。原因在我，可能覺得不能經常見面呀，然後聊得少了，感覺不在一個頻道上面，就是興趣慢慢就淡了，想著就算了吧。

王：分手後還見面嗎？

靈：分手之後一段時間，我們還是相處挺好的，朋友叫我們一起出去玩，我們回去，也沒有什麼尷尬的，好像後來也就慢慢淡掉了。

王：好的，那我們繼續說說你的現任，在同一個部門裡相處怎樣？

靈：大一一年，除了工作上需要聯繫之外，沒有一點聯繫，就很普通很普通的同事，連朋友都不算。沒有啥聯繫，一點都沒有。

王：那你們什麼時候接觸多一點呢？

靈：直到大一暑假，他們建工的人好像要去青島進行美術實習，看看建築，畫畫寫生什麼的，他就在朋友圈發了一些圖片，我就評論了一下，然後就開始聊聊天，聊天久了，就感覺比之前熟了一點。

王：那怎麼越來越熟的？

靈：從朋友圈轉到直接在微信聊天，他有類似於讓我介紹女朋友什麼的，然後我就介紹我們班一個女生給他，就把女生QQ給他，他就加了，然後他們倆也就沒什麼結果吧，可能聊了幾句就不聊了。

王：你還做過他的「紅娘」，哈哈哈。

靈：那時候就是聊天，他會說他去實習晒黑了，他去健身了，就會發張照片給我。因為有一些男生，你熟了，就蠻聊得來的。每天都聊，聊得挺久的。有的時候可能不聊，但突然有個事情想說一下，就會聊起來，那個時候是《中國好聲音第二季》，我們就會說哪個導師會轉身，誰會贏啊，他猜一個，我也會猜一個，看誰猜得準。

王：你們確實很能聊，話題挺多的。

靈：你可能沒談戀愛，不知道，有的時候因為你和你男朋友在一起很長時間，你對你男朋友很了解的嘛，有時候你真的會不自覺地把他和其他男生比較。因為對於那個男生，你可能只是片面的了解，你可能只看到他表面的那種，然後他可能有壞習慣，但你了解的不多，所以你不知道，但你男朋友你了解很深入，有點地方你是比較嫌棄的。但突然有個男生不是這樣的，你就會覺得挺好的，不自覺地去比較，你跟男朋友講一些東西，可以和他講另外的一些東西。有些我前男友不感興趣的話題，我又可以和他聊，就是個這個樣子。所以有的時候覺得和前男朋友聊得多了，沒話聊，那就可以和他聊些別的。

王：有男朋友還可以與異性聊天？

靈：你不要想太多，有男朋友的人也是可以和男生聊天的偶，你只要不是太過分，在一個合理範圍之內就可以。我有一個朋友，我們是在一個QQ群裡面認識的，像我男朋友他不喜歡看《鋼鐵人》那種電影，然後我的這個朋友挺喜歡，我們就很熟，像《復仇者聯盟》上映，我就會找我的這個朋友一起看，我和我男朋友說，他都知道。像我在學校跳華爾滋，和其他男生一起跳，手牽手，轉圈圈什麼的，他都沒說啥。

王：他挺包容你的，具體怎麼告白的？

靈：我和前男友分手了，就發簡訊給他，他可能從那個時候開始追我吧，哈哈。和前男友分手之後，他出現頻率比較高，因為那個時候，他一直在給我幫忙弄學生工作。

王：學生工作拉近了距離，增加了現實距離，你還記得中間的小故事嗎？

靈：然後大二到了開學，我們就是大二的人了，剛開學社團聯就百團納新，我們廣告部就要做道具什麼東西的，那時候還沒有納新，所以都得自己來嘛，就會叫一些之前廣告部的同事過來幫忙嘍。然後他也有過來幫忙嘍，反正就那段時間接觸很多。他看我中午太忙沒時間吃飯，他也會給我買個飯什麼的。對，因為之前感覺第一眼看到他，就覺得挺帥的，而且覺得他人蠻好的，然後怎麼說呢，之前他就對我挺好的，納新期間一直給我幫忙，一直陪在我身邊，我挺感動的。

王：還記得告白的過程嗎？

靈：十月十四號（二〇一三年十月十四日），他和我告白了。因為在十四號之前，他知道我和前男友分手了嘛，他就一直問我要不要當他女朋友之類的，因為那時候很忙，我就說過了十四號再說吧。對，就是那天晚上，他給我一直一直打電話，不掛，應該十二點多了，不讓我睡覺，我們寢室的人被他吵得不能睡覺，類似於那種「不答應，就會怎麼怎麼樣啊」，室友就起鬨說：「很煩呀，答應他吧」，就這樣子，之前我和我室友一起學生工作，早上要擺攤，挺早的，他就把早點給我們買好了。

王：他很執著呀，關係確定後什麼感覺？

靈：一開始還是比較羞澀的，相互比較客氣的那種，還不能暴露「本性」的那種，就可以牽個手什麼的。因為我剛開始接手廣告部，還是比較忙的，剛開學事情比較多，他以前也是這個部門的，所以就會過來幫幫忙，我還沒和我的部長和幹事說（他是我男朋友），他們就以為他是出於以前部門情節來幫忙的，哈哈哈，其實是因為我們在一起了，他過來次數就比較多了，後來大家都知道了唄。在一起之後，接著就是牽個小手，一開始只有室友知道，有時候牽手走在路上，被其他部門的小幹事看到了，就開始在群裡說：「今天看到誰跟誰在路上」，時間長了，我也就大方承認。在一起剛開始挺好的，後來慢慢地就無所謂了，都是這樣的。

王：這麼快就平淡了，有開始「互相嫌棄」嗎？

靈：在看到其他女生走過，他就會挑我身材，說我胸小，我就會說：「那你去找別人呀！」開玩笑的那種，並不會生氣，不會因為這個問題一直過不去。我也會「笑話」他，一直就說他胖，沒有腹肌之類，也就是很無所謂，就是相互「嫌棄」一下，也就沒了。一般他趕作業會去圖書館，我有時候會去陪他。

王：你們有一起出去玩嗎？

靈：二〇一三年十二月三十一日，我們在一起不久，第一次出去玩，是一起去上海跨「十三、十四跨年」晚會，去的時候他是從紹興出發的，我從桐鄉出發，買的同一輛高鐵，然後是紹興到桐鄉再到上海，所以我比他早到，我等到高鐵過來的時候，就跟他說我在哪節車廂，他在快到桐鄉站的時候就走到那節車廂，然後開門我們就看到啦。

王：那麼多人，有什麼「定情信物」？就是你倆能互相認出來的？

靈：就是我給我自己和他買了一樣的兩條圍巾，一半藍色一半黃色，感覺這個圍巾的配色像哈利波特裡的顏色，哈哈哈！在福雷德！其實並不是很喜歡啊！那次之後基本沒怎麼圍啦，不過我現在也覺得蠻醜的。

王：哦哦，你們見到面了嗎？

靈：然後車開的時候就回到自己的位子上坐著，我們不在一個車節裡，就只能微信聊天嘍，他說很快就到了，出站之後我們就像電視劇裡那樣在人群裡找對方，然後看到了就擁抱了一下。

王：這麼浪漫，那晚有什麼特別的事情嗎？

靈：那晚人很多，因為我們是一男三女，所以他一個人要照顧三個女生，在人群裡唯一的措施，應該就是四個人手挽手吧。特別的事到還真是沒有呢，就是感覺二〇一三到二〇一四年倒數的一刻，他在我旁邊，很好。晚上，我們女生一間，他一間。第二天早上去上海逛了個街，但是我並沒有買衣服，中午吃了個味千拉麵，然後跟兩個室友分開之後我們單去去了金茂大廈。還有不知道哪裡走了走，逛逛手機店啊什麼的，印象深刻的就是到了火車站發現錢包被偷了，真的很心塞，他就一路安慰我，說要給我買一個新錢包，「包養」我一個月，直到寒假。就在和室友分開之後，他有說：「之前跟你們三個人在一起要照顧你們三個人，現在只有你一個了就還好」。聽到這句話就覺得他作為一個男生，雖然是我的男朋友，但是還是很照顧到我周邊的人，還蠻好的。

王：算得上是暖男了，有見過父母嗎？

靈：有一次本來是要去臨平，他卻弄錯了，去了湘湖，那就在湘湖玩，只是吃飯的時候有一個算命過來問要不要看看手相，我說不需要，算命的就說看我面相我旺夫，我和他就相視一笑。回來在地鐵上我的手機被偷了，然後就回家了拿我的舊手機，他可能怕我被罵，就陪我回家。我跟爸媽說：「他是我大學同學」，我爸媽也沒說啥，大家都第一次見面，都很客氣。我們去外面吃的飯，吃了桐鄉煲，飯桌上，我媽要他點菜，他就說隨便，或者就是跟著我的胃口走，也沒扯到什麼未來怎麼樣的這種話題，就是讓他多吃點，吃完飯之後我們也沒有對此進行特別多的討論，吃完就過了。他那晚就比較安靜，然後比較聽話的那種咯。

王：還有什麼特別浪漫的事嗎？

靈：浪漫的事不多，而且都是小事。首先每學期開學會從教務處裡面把課表截個圖，一般是我問他要的，看什麼時候有空，後來就是存的圖太多了，這張也就被淹沒下去了，晚上下了課，就一起吃晚飯，沒有吃晚飯的話，就會發個微信問要不要出去走一下。選擇選修課的時候，看一下能不能選在一起，我們選了一節《魅力昆蟲》，老師比較有趣，我們也就自娛自樂。

他在財經（杭州財貿與經濟大學）有同學，我們一起去那邊吃了酸菜魚，然後在江邊逛一逛。還有就是騎個小電驢去工商（浙江工商大學）看向日葵，拍拍照片什麼的，或者去杭電找我妹。之前比較空，一般都是一起吃午餐，然後晚上出去走一下。和我室友一起去KTV，僅有的一次唱通宵，也是廣告部聚餐。有一次聖誕節，我們倆單獨在KTV唱了半個下午。每次從福雷德廣場走回學校的時候，我們就從後花園穿過。一般會在後花園，或者在警官遢遢鞦韆，買一包瓜子，邊吃邊聊邊遢。他送我回來，分別時，我都是走動的，不會站的很久，親一下，然後說再見。

王：在一起之後有什麼變化嗎？

靈：現在在一起兩年了，可能剛開始，他還在追我的時候，還比較勤快，會打電話什麼的，那個時候他也說：「在一起之後，可能沒有現在這麼好。」一般來說不都是這樣的嘛，追的時候獻殷勤肯定要多一點，我當時就覺得這個人蠻老實、蠻可靠的啦，後來在一起發現這人確實沒有之前那麼好了，但是總的來說，還行吧，他該在的都在的那種。

王：相處久了會有摩擦嗎？

靈：跟他接觸多了，各方各面都會了解到的。我平時忙於學生工作，別人覺得我要做那麼多的事情，很辛苦呀，這是對於別人來說。但對他來說，那陣子想要找我吃個飯，我沒有時間，他就嫌棄我呀，就可能一方面知道你辛苦，一方面也嫌棄我沒有時間陪他。然後我們也會吵架，意見不合。

王：還記得有什麼鬧得不愉快的事情嗎？

靈：大三上半學期的時候，我們學院辦了一個「波蘭音樂節」，我在後臺一直很忙，沒有接到他的電話，也沒有及時回他電話。我姐從財經（浙江財經大學）過來，要看演奏，因為票數比座位要多，所有座位坐滿了就不能再讓人進來了，我先把我姐帶進去找了座位，我跟他說我姐會過來，他進去了就給我姐占了個座位，但其實我姐已經就坐了，他給我打電話問我姐在哪裡，要她過來坐，我當時太忙，沒時間看手機，訊號也不好，他打了好幾通電話，我都沒有接。後來結束的時候，他就不太高興，隨便說了一聲就走了，後來就問他怎麼了，他沒說啥。能看出來他人不太對，然後他就說很討厭別人不接他電話什麼什麼的。

王：嗯嗯，這可能是他不能忍受的。

靈：之前因為我工作上的問題可能沒有理到他，關心他，次數挺多的，就一次一次這樣積累下來，那次就吵得比較厲害，也不是當面吵，就是微信上面，文字上面的。但第二天也沒啥事情，照常一起吃飯，可能就會兩個人安安靜靜的說一說這樣子。飯桌上，他讓我從他口袋取出一個信封，說讓我回去再看，哈哈哈，就是那份六百字的思想彙報，流水帳似的湊字數。從那封信裡我才知道，他一開始也對我有好感，哈哈，我覺得挺搞笑的，蠻有趣的，沒想到我倆還有點「一見鍾情」的意思。誰說理工科系沒有情趣啦，還是會弄點浪漫出來的。

王：寫信確實是一個交流的手段，手寫的文字最有人情味。

靈：過了幾天，又因為我工作忙啥的，沒時間陪他，他就不開心，再幾天就是聖誕節了，平安夜的時候還在吵。最後也就類似於各讓一步，以後會注意什麼的，他也肯定能體諒到我確實挺忙的，他只說一下他內心的感受嘛，然後那個忙完之後，和他還在微信上吵，我就挺傷心的，沒有講話了。過了一會，他也沒講話，到了十二點的時候，往我支付寶裡面打了十塊錢，說你去買個蘋果吧。

王：哈哈哈，吵架也不忘送你禮物。

靈：他們專業課挺多，作業也挺多的，他們要上五年，學的東西挺多。其實建築還是有點偏藝術的，他們自己也說「建築工程是理工科生裡面的藝術生，藝術生裡面的理工科生」，他們不是非常死板的，我覺得理工科男也是蠻有情調的。

王：你覺得你們有默契嗎？

靈：兩個人的默契是潛移默化的，說不清楚。一般情況下，出去吃飯，他會去排隊，但如果我去早了，我也會去排隊。兩個人並不是說，男生不一定要幫女生把什麼都做好，就還是從很實際的利益出發，誰方便，誰就去弄。

王：實際利益？

靈：哈哈，突然想到一個事，就是我們在水果店買了五個桃子，裝在一個袋子裡，然後他送我到宿舍樓下，他問我要幾個桃子，三個還是兩個，我說隨意，然後他說三個和兩個有很大區別的，我就想了一下說「區別在袋子歸誰！」然後他就很驚訝地看著我誇我很聰明，嘻嘻嘻嘻，算是了解到他的想法了吧。

王：他的經濟條件怎麼樣？

靈：經濟條件還行吧，這個方面沒怎麼多問，他還是願意為我花錢的，但是我也不是那種纏著他給我買這買那的人，就一般節日可能會討要些禮物。我們在一起之後，他送給我的第一個生日禮物是一支手錶，還有就是給我買買衣服。第二年的「紀念日」他忘記了，我第二天告訴他，他就帶我去「天街」吃了一頓飯，買了衣服，他挑了一件，我也給自己挑了一件，結果試穿之後發現我挑的比他挑的穿上好看，他就覺得他還不夠了解我。

王：女生都是喜歡花的，他有送過你花嗎？

靈：有一次我們在外面散步，走到一家「一鳴」店，買了個蛋奶，當時嘛，我身上沒帶錢，他沒帶多少錢，然後買了蛋奶就沒剩幾個錢了吧，路過一個攤子，一個人用葉子編花，做手工藝吧，我覺得那朵花挺好看的，就問他多少錢，他說十塊錢，但是那是我們兩人身上都沒有錢，那就算了嘍，就回去了。回去之後，好像我已經上樓了，他叫我把相機還給他，我就下樓來了，他就把那朵花給我了，就是他出去買了那朵花，把我叫下來把花給我了。就那個時候，我覺得不錯偶，他有在意我那個時候的想法，或者我的心意。當時我正在追《盜墓筆記》，每天跟他說情節發展，他就送了我一套《盜墓筆記》，我很開心，覺得他關心我，照顧到我的喜好。

王：暑假裡怎麼度過的？

靈：大三暑假，我在學校實習，他在家裡實習，因為好久沒見，他就在週末來看我，然後一起吃晚飯，他說想打球，我就陪他去打籃球。因為我也不會打，所以就會比賽投球，也算是飯後的娛樂遊戲而已。之前就是他們學院籃球比賽的時候，我去看一下，平時他打球就和朋友去打，會提前和我說一下，他從來不打遊戲，這點我也是蠻喜歡的。

王：嗯嗯。

靈：暑假裡有個「七夕」嘛，那天好像是週四吧，反正大家都在實習，挺忙的，就只有週末有空，週四並不能見面，我想著找個週末去看看他吧，剛好也是好久沒見了。我沒告訴他的情況下，只是上了車之後，就拍了一張車票的照片發給他，然後他才知道我要去，他就給我訂了民宿吧，反正一家環境挺不錯的酒店。等我到了之後，告訴我怎麼打車去哪邊和他碰頭，見了面，他就帶我去一家飯店吃了飯，然後去周邊的超市逛了一下，沒去什麼景點看。晚上一起吃燒烤，下了雨，就走回去了。

王：你覺得你什麼時候最愛他？

靈：這麼說吧，沒有最愛的時候，我也不知道最愛的時候是啥時候。既然是談戀愛的過程是一個愛慢慢累計的過程，那最愛的時候一定就是以後的以後，也許是分手的時候，那個時刻也許你是最不想放開他的時候。如果非要有個高潮期，之後就慢慢趨於平淡，那是維繫不了很久的，高潮期不會只有一個的。

王：電視劇中都是轟轟烈烈的，你怎麼看？

靈：我覺得兩個人的愛情不用轟轟烈烈，除非在拍電視劇，不然不可能轟轟烈烈，我覺得。感情不是轟轟烈烈，但能震撼到自己；兩個人都普普通通，但恰好性格相投；天天都在說分手但是沒有一次當真，希望永遠不會成真。

王：你怎麼看待大學裡面談戀愛的？

靈：談個戀愛其實挺好的，談戀愛也是必要的。談戀愛好肯定是好的嘛，而且大學裡面閒的時間還是挺多的，真的能認識一個，兩個人都可以吸引對方，然後接受對方的這種人，就感覺那就是在一起，也不要想太多是不是可以真的可以走到最後啦，碰到了就應該去嘗試，能遇見那個人就很幸運了，和他在一起也是很幸福的。但是煩惱也是有的呀，就是有的時候你想事情，還要想想他，然後兩個人也會吵架，比如說你工作比較多，你心情比較煩的時候，他會約你出去吃個飯，走一走。

王：作為大四女生，你有考慮這段戀情的發展嗎？

靈：大四了，當然要考慮能不能一直走下去？他讀建築（建築工程管理專業）的，要讀五年，我畢業了，他還要繼續讀。他畢業了可能要回自己家，我也要回自己家，我家在桐廬，這樣就「再見」了。

王：那你會擔憂嗎？

靈：其實，就是不要考慮太多以後未知的東西啊！未來怎麼樣誰也不清楚，如果真的要因為虛無縹緲的以後而決定現在要不要在一起，那世上就不會有情侶這種東西了。

王：用幾句話作為自己的愛情宣言。

靈：我不求我的未來一定有你，但是現在我可以擁有你，那我為什麼要放棄這個機會？想著現在還在一起，就好好的唄。

王：很感謝你的分享和時間。

靈：這也是我很樂意做的事。期待你的書出版。

呆萌理科男友　尷尬中成長的初戀

文／金鑫

主人公：羽婷（化名），生於一九九四年
學校（或所在城市）：杭州
專業（或文科理科）：傳播學
主角個性：溫柔的小家碧玉
採訪地點：杭州某高校圖書館
採訪時間：二〇一五年九月二十五日

九月的杭州仍然很熱，羽婷走來的時候雙頰有些泛紅。羽婷是我所在的學生社團的部長，而作為部長，毫無疑問，她是個極體恤下屬的可愛學姐。她從不布置過於繁重的任務，也無心辦過於形式化的東西，喜　偶爾開開小玩笑。當然，也會在辦活動時專門給你留一份便當。或者也可以說她是典型的小家碧玉，單純、善良、嬌美。她的愛情故事並不複雜，甚至有些平淡，但對於一個希望初戀就可以天荒地老的人來說，這樣的故事足夠了。

大一加入同一社團相識——呆萌的理科男——餐館的魔術之夜——尷尬的告白——送我「恐怖」的禮物——初戀不甜——簡單、舒服，就夠了。

金鑫（以下簡稱金）：請聊聊你的愛情故事吧。

羽婷：我的愛情故事很無聊唉。

金：但對於八卦愛好者來說是不會無聊的，就從你們認識開始講吧。

羽婷：就是在大一的時候加了一個社團，校友志願者協會，我們就是在社團認識的。當時社團第一次納新沒有納滿，我們是在網路部，部門裡有另外一個男生王鵬（化名），就想推薦他們班的同學過來嘛，讓自己部門裡納滿。那天我是剛好過去，忘了是去幹嘛，王鵬就帶他同學過來嘛，他同學就是我現在男朋友。反正這就是第一次見面，很簡單的。

金：第一次見什麼感覺？有沒有一見鍾情？

羽婷：第一次見，就感覺長得還不錯，哈哈哈，但是我想這麼矮也不行，就是以女生眼光來看嘛。當時我跟室友一起加的社團，然後我跟室友說你看他啊，長得還不錯哦，就是這麼矮啦，可惜嘞。當時就覺得他身高不（高），也沒有萌生任何不正當的想法，反正就沒有往那一方面想，就單純的看他長得還可以。

金：那他對你呢？

羽婷：好像他同學讓他進來的時候，就不是為了加社團而加社團。他同學就跟他講有個女生還不錯，指的就是我。然後他就說這樣，那我加進去看看好嘞。就是（他）本身就抱著不（單純）的心進來的，你懂吧。後來他說（我）還算可愛的那種嘛，但是他當時沒有（追我）。他是理科男生，膽子很小的那種，也沒要我號碼什麼的。

金：那是什麼時候開始有進展的？

羽婷：大概過了一個月的樣子，那次是有一個值班，我沒有鑰匙嘞，我就群發（訊息）說「鑰匙在不在你那裡」。他以為我單獨給他發的，就覺得我單獨給他發簡訊，哈哈，肯定是對他有意思。本來他沒怎麼往這方面再考慮嘛，但他收到我簡訊之後就覺得，我都主動發簡訊給他了，那他就繼續發簡訊給我，然後就加了個QQ。那時候微信也用了，但是他不用微信，他用的比我晚一點，比較落後。過了一段時間，才加微信。

先是加了QQ，但是我不太上QQ，也不怎麼聊。但是這時候男生加你，你肯定會往那方面想了嘛。因為我覺的男生追女生都是這樣的，他可能也不是說專追你一個。他可能看到一個不錯的，就把她加過來，就不是因為單純的無聊才會加你QQ的。而且他又沒有加其他人，因為我室友也在那個社團嘛。說什麼做朋友，不可能的嘛。而且意圖很明顯，他不加別人就加你，這不是很明顯嗎？

金：當時你怎麼想？

羽婷：當時我覺得不是很喜歡他，那我想就不應該繼續聊，所以我也沒有多聊。但是他找我聊，我也不可能直接拒絕。人家也沒向我告白，我直接說不喜歡你，這不是很神經嗎？人家發你簡訊還是要回的嘍，但是他當時每次找我，我就很敷衍的跟他說話，每次都「嗯」「啊」那種很淡的那種，就想表明態度，只當朋友嘛。不想往情侶關係這種（方向）發展，就是沒有準備好談戀愛。其實每次我都回的很明顯，但是那種男生就是你回的明明（已經很明顯了），如果是文科男可能就看出來你不喜歡他啊，可他典型的理工男嘛，就看不出來，他繼續發發發。那時候他差不多一天找你個一兩次吧，那不是頻率還可以嗎？就是你不會覺得（很煩）。我不喜歡那種話很多很嘮叨的男生。

後來我們班組織了一次秋遊，是跟他們學院的一個班一起的，他剛好和那個班的班長認識，正好聽到。他就說我可不可以進來，就是加入他們班的秋遊。那次秋遊的時候，我就能避開就避開，那很尷尬嘞。我覺得（這時候談戀愛）太早了，就很傳統的。

金：那你什麼時候開始對他有好感的？

羽婷：也不知道（從）什麼時候開始，就是覺得他還挺好的，除掉身高啊。但是身高真的讓我心裡很有感的嘛，很難受的。對女生來說，身高很重要的嘛。但是他跟我聊天過程中，我就覺得他是還算老實的那種，也不會開玩笑啊，就以那種很幼稚的，很老套的方式來追人。感覺他是很簡單的那種男生，不是談過很多次戀愛，然後怎樣怎樣的嘛。

他有約過我兩次吧，約我去吃飯，我都沒有去。但是他後來再約我的時候呢，我想想看，覺得上了大學不能這麼拒絕跟人家接觸啊，哪怕最後沒有在一起。我想他既然還算真誠的跟你聊天聊了這麼久，那他找你去吃飯的話，不管怎麼樣，就算出於禮儀，也應該去吃一頓的嘛，第三次我就接受了。但在去的路上，他就很呆的那種，一句話也不會講哦，很尷尬。他就是那種很害羞的，比我還要害羞，不過我覺得那種害羞的男生本性應該還是不錯的。吃飯的時候，也會給你拿東西啊什麼什麼的，就還算可以嘛。後來我跟他坐在一起的時候，就是面對面坐著的時候，他那種局促不安的樣子啊，就是會覺得挺好玩的。

金：這個時候你會更主動一點嗎？

羽婷：那時候我也很尷尬，我就一直往下面看手機，也不跟他對視怎樣的哦。他就說你怎麼一直看手機啦，其實當時服務員就在邊上，吃牛排那種，服務還算可以的，（服務員）都在邊上站著嘛。他就從口袋裡掏出一副撲克牌，這不是很丟臉嗎？當時我就覺得，天吶，完蛋了！他讓我抽一張牌，就是很老套的那種。我當時想完蛋了，真是丟臉丟到家了。但我還是應付一下嘛，他表演完又說，你還要再看魔術嗎？我說我不要看了。我就想他這一路上原來口袋裡一直揣著一副撲克牌啊。男生不是沒有包的嘛，口袋裡有鑰匙錢包，然後再放上一副撲克牌，我覺得真是醉了，你知道嗎？然後他說是不是很無聊啊，我說還好吧，也不能直接說真的很無聊。不過他這樣子做雖然讓我覺得很尷尬，很神經噢，但其實那種方法還是很（值得）肯定的，他應該是很真心的想追我的。

但是原本開始的時候，他沒有說很喜歡你，我們第一次約會他沒有表達任何那種就是告白之類的話，沒有像小說裡寫的那種非你不可的感覺。人家本來就是抱著試試看的心態，但他不是同時跟兩三個女生聊天，都試試看那種。沒有那麼深，但還算認真。

金：這個時候你準備接受他了嗎？

羽婷：沒有，因為身高這點實在是過不了我的關，之後他再給我發簡訊，我還是偏向於不想接受他嘛。那他再請我吃飯，再找我聊的時候，我就覺得我應該表現地更加明顯一點，那再明顯他就感覺出來了。他後來有一次發簡訊說像我這樣的人就永遠不肯跨出第一步，因為我之前沒有談過戀愛，反正他就說我不好。我也挺生氣的，就沒有回還不知道回了個「嗯」。就是一個多禮拜吧沒有聯繫，認識的時候差不多是十月分的樣子，聊天差不多聊了三個多月，然後吃了頓飯，然後秋遊，真的沒有好好追過好不好，超級遺憾的。

金：後來又怎麼在一起的呢？

羽婷：那天中午，那天是耶誕節，去食堂吃飯，就碰到了。他向我打招呼，那我想他度量還算大的嘍，還打招呼。然後下午他忽然給我打電話，（當時）我們有個班會課，就不能接電話嘛。班會課上好之後，我想想人家給你打電話，你總要回個電話吧，我就給他打回去了。他就直接在電話裡告白了，然後我說，啊？這樣？那晚上再說吧。就先得緩一下，沒有做好心理準備嘛。而且哪有人告白是電話告白？但他就覺得所有男生都是這個樣子的，沒有覺得自己做的太簡單了。現在我就覺得太可惜了，這樣子就被追到了。

金：晚上你們怎麼說的？

羽婷：晚上本來還是不想接受的，但是再想想看呢，就覺得其實試試看也不怎麼樣的噢。老是嚮往小說裡那種（愛情），以前覺得在接受一段戀愛的時候，應該是彼此很了解也很喜歡。就像那種言情小說、電視電影裡演的那樣，必須有非他不可那種感覺之後才開始談戀愛，想想也是不可能的。而且他畢竟長得還可以，性格也還可以，雖然身高不夠點，但還沒有殘到一百六十五。不過人家一告白，你就接受，是不是顯得女生太不矜持了。但是我幾個室友，就一起說他好，說你接受吧，接受吧。

差不多十點左右，他電話打過來。其實我當時心裡是做了接受的準備的，但是他已經笨到那種你已經跟他講明白了，他還是以為你不接受的那種。我跟他講，你喜歡我是不是因為覺得我很可愛呀？他說是的呀。然後我說可愛的女生有很多嘞，我們也不是有太多的接觸，（你）也不是很了解我，你覺得我可愛，可我覺得我自己不可愛的。這時候你語言表達好一點不就好了嘛，應該說你就是很可愛啊。但他就說哦，那你的意思就是不接受嘍。那一個女生如果說「不，我接受」不是很神經？那我就說「嗯」，只能回答「嗯」了嘛。然後他就說好吧，我知道嘞，他就把電話掛了。我就莫名其妙嘞，我是本著接受的心，只不過前面來一點鋪墊而已，這個鋪墊一鋪完，你就以為我不接受。

我進了寢室，我室友就說成啦？我說沒有，我拒絕了。室友說怎麼會拒絕呢？不要猶豫了，接受吧，接受吧。我說可是我都已經拒絕了，難道我電話再打過去嗎？她們說打過去啊！然後我就電話打過去，說你剛才沒有聽明白我的意思吧。反正就很丟臉啦。我說我是接受的意思。他說這樣，就比較開心的那種。也沒怎麼講話就掛了，因為很尷尬的啦。就這樣在一起了。

金：感覺有點曲折啊。

羽婷：在一起之後，一開始發展也不是很順利。因為我們倆都沒有談過戀愛嘛，就很尷尬的那種，他也是那種很笨的男生。一般在一起第二天就約出來吃飯啊，但他就一直沒有約我出來吃飯。後來室友說要吃飯，我們就在寢室對面找了一家。吃的過程中他就很專心地吃，也不跟你講話。因為我男朋友就是很喜歡吃飯的那種，他吃飯的時候就很專注，只是稍微跟你講幾句話。都是我挑了一兩個話題，就很尷尬地結束了一頓飯。

飯吃好就下雪了，要撐傘嘛，當時心裡就很糾結，撐傘是跟他撐同一把傘呢還是自己撐一把？後來我想想，算了算了，應該兩個人撐一把，是不是？然後我（們）就兩個人撐一把，兩個人撐一把他也沒有牽手或怎樣，就是他不做任何事情。

金：這之後該約你了吧？

羽婷：後來他也沒約我，就直接寒假了你知道嗎？一個多月，他就僅僅是給你發簡訊，連電話都是兩三天一個吧，（這）不是覺得很平很淡的嗎？根本不像別人剛開始談戀愛那種，跟我期待的一點也不一樣，一點都不美好。而且（他）還老是問一些很無聊的問題，很無聊很無聊的。我也不喜歡主動找話，等到寒假快結束的時候，就覺得很難受嘛，一個寒假也沒什麼進展，自己就在想他這個人是不是待到有點太無聊啦？

而且他老是會誤解你的意思，其實我只是抱怨了一下嘛，我就說我們在一起也一個多月了，但是我們好像也只是發發簡訊，打個電話，其實跟普通朋友也沒差啊。然後他說那你什麼意思，是不要在一起了嗎？其實我只是表達一下嘛，女生一些小情緒什麼的啊，他就直接理解為你後悔了。我說我也沒有那個意思，但他好像有點生氣。

但沒過多久，他馬上就當做事情沒有發生一樣來找你，我很容易心軟的嘛，我就也當做事情沒有發生，就好嘞。

金：你們倆離得有多遠？

羽婷：其實我們（兩）家挺近的，但也不是很方便，可能要坐一個小時公車。而且我懶，這麼冷天，不想出去。而且那個時候還是覺得談戀愛太小了，出去的話肯定會被認識的人看到，就覺得很尷尬的嘛，所以寒假就沒有出去。

但那個時候我在學車，然後二月十四號情人節嘞。我是去學車的，但考駕照的地方靠近他們家那邊。那天下午，他就打的過來，送了我一枝花，就一枝，他說我買不到一束。因為情人節花都沒有了嘛。其實那朵還是粉色的玫瑰，很醜的，但是人家特意過來送你的嘛，就還算驚喜啊，我也還開心的。然後他就把手張開了，因為那時候我們一直沒有牽手嘛，他把手張開了，那我以為人家意思就是想要抱抱嘛，我就抱上去了。現在他講那時候是你自己抱我的，就說我怎麼這麼主動。

金：抱了一下之後他是不是稍微主動一些了？

羽婷：並沒有。等開學之後，他還是跟以前一樣，也不找你，神經啊，真的就覺得他已經笨到一定境界了。後來差不多有三個月了，也沒有牽手，除了那次情人節象徵性的抱一下，沒有任何進展。還是在發簡訊，連我室友都覺得好像促成我們兩個錯了。然後我說再過幾天看嘛，等到差不多三個月整，要是還沒有進展，我真的就不想再給他機會了。

金：看來後來有進展了。

羽婷：後來是我外婆過世，我回家，那個時候還是感覺他挺貼心的嘛，送你出去。然後下雨的時候撐同一把傘，撐傘的時候就搭肩膀啊，他也安慰我什麼的，那個時候就覺得還是挺好的，就不去想放不放棄的事了。

回學校之後他就找我去看電影，還沒牽手，竟然還沒牽手。他很害羞，他是那種很乖的嘛，就是家教什麼的還算嚴的。而且我們倆都會覺得在路上牽手很尷尬，即使這在大學裡面很平常的哦。現在在路上，我想勾他手的時候——挽一下，就挽一下，大一的時候根本不可能。就覺得天吶，太不好意思了。我記得當時看的《北京遇上西雅圖》，然後我就在想，看電影了是不是要親了？他要是真親我，我該怎麼辦呀？會不會很抗拒？就覺得很不好意思。那個時候他忽然變得很緊張，坐在你邊上會感覺的出的嘛。他就一直在抖腿，後來反正也就嘴巴碰了一下而已，他很尷尬，我也很尷尬。後來他就握了一下（我的）手，然後他說熱不熱，就放開了，很無語。

金：這樣說得好可憐。

羽婷：反正談戀愛半年，一起吃飯的時候數起來可能四五次都不到，很少的哎。後來沒過多久，又出去的時候，還是我牽的他的手。

我說，好像還沒牽過手吧？他說，這樣？沒有嗎，有吧？我說沒有。因為如果我心裡沒有防備了，就放得開了。我說還沒有牽過，真的。然後我就牽他手了，那時候開始還挺（放得）開的。走回寢室他說一開始覺得你還挺可愛的，跟你在一起之後發現你不是想像中那種小蘿莉型的，就是（說我）思想還算成熟的那種，因為我話挺少的嘛。他說其實有時候你還可以再任性一點。然後我說這樣，我就笑笑嘛。他一點都不懂我，因為我本身的性格就是超級任性的那種，現在他超級後悔以前他講那句話。

金：哈哈哈，他好像有點呆哦。

羽婷：他就很呆的，就比方你說太冷了。他就說把我的書包給你，你擋在前面，這樣就可以擋風了。就是各種講話都笨到不行，我一下子也說不出來，不過我也無所謂了。

他給你準備任何驚喜從來沒有成功過。我生日的時候，他送了我一個咖啡機，可是我從來不喝咖啡的。當時他來給我送禮物的時候，我下去抱了一個超大的箱子啊，就有一種不祥的預感。搬回來之後我說這是什麼東西啊，他說咖啡機，我記得你說過你愛喝咖啡。然後我想天啊，我哪只嘴說的，我抽死它。我肯定是那時候裝逼一下，說了一句，要不就是他聽錯了。超級超級奇葩的，而且咖啡機也不便宜，要五六百，很浪費的。我現在都想把它賣掉，我覺得放在那裡沒有用，而且他也同意了，他不介意的。如果說我喜歡他什麼，那就是他很簡單。永遠不需要猜他想什麼，在一起很輕鬆的那種，就我們倆的問題永遠都是小問題。他只比我大了兩個月而已，同齡男生嘛，肯定不會那麼照顧你。很多想法上，比方說在找工作啊，什麼資訊他都不如我多，就你有時候勢必要像（照顧）小孩子一樣照顧他。但好的一點就是，我跟他在一起，就不會有任何負擔和壓力，談戀愛反正就很輕鬆的那種。對有些人來說，他這樣太幼稚了，我就不是很介意。

金：他的浪漫一次都沒有成功過嗎？

羽婷：很少吧，就像一週年的時候，他忽然問我，我們那些照片還有吧？算算時間，一週年要到了。我就猜到了，要做個什麼影片吧，我估計。他大一的時候打遊戲，CS什麼的，但是他不會因為遊戲忽略了我的。而且那時候他也不是特別喜歡打遊戲，讀書也還算認真的。

我打電話給他，讓他幹嘛幹嘛的，然後他說能不能等等。我說怎麼可以等啊，我的事情怎麼能等啊？他說你確定你現在要我幫你做嗎？我說是的。他說你會後悔的。我說你不在打遊戲嗎？他就說不是在打遊戲。這不又猜到了嗎，證實了我前面的想法。耶誕節那天，我們準備一起去吃飯的，但他要上課，然後他打電話說你能自己來學校嗎？因為以前的話他肯定會先走回寢室，再陪我一起去吃飯的地方嘛。我說為什麼，不是應該你先回來，這麼重要的日子，你都不肯過來陪我一起走？他跟我說他不高興。你即使再怎麼，也不可能今天不高興啊。那我不想逼他嘍，我逼他的話他的計畫就要落敗了。那我說好吧，那我自己過來。我到了他跟我說的那個教室，燈都沒亮著，那不就又知道了？但你看到這麼大一個教室給你，他室友幫他布置過嘛，牆上有氣球什麼的，再用投影機放他做的那個影片嘛。寫的文字也是以那種理工科很幼稚的文字，就是挺可愛的嘛。我看的時候還是挺感動的，我一進去，就看他躲在講臺下面。我就說出來，看到你了。他就說你這人怎麼這麼沒勁啊。看完之後，我們兩個去吃飯，他說你剛剛是不是感動的要哭了，我說真沒有。我不至於感動的哭掉，但是還是挺開心的。但是後來兩週年什麼的再也沒有了。

金：第二年就沒有啦？

羽婷：等到第二年我生日的時候他就直接忘了。一般凌晨不都會發生日快樂的嘛，然後我一直等到凌晨。十一點四十左右他說要睡了，我想肯定是騙我的，等到凌晨了，零點零一分了，我說怎麼還沒發，我生日都忘了。我就一個電話打過去，他還很凶地說幹嘛吵他，我說我生日你忘啦。他說哎呀，完蛋了，我忘了。今年生日就隨便了呀，我不要他買禮物了，因為買禮物買的太恐怖了，會嚇到的。

以前會很想找那種大一點的，就是現在也會很羨慕同學找比她自己大五六歲的那種男的，特別體貼，然後偶爾有一點霸道總裁那樣的。但是現在在一起久了嘛，他真的對我挺好的。而且現在知道了，以前有些觀點是錯誤的，談戀愛之後才會知道，到底怎麼樣的人才是最適合自己的。

金：你們吵過架嗎？

羽婷：有段時間很頻繁很頻繁地吵架，其實是這樣的，我們吵架經歷過這樣一個過程，一個是他作，一個是我作。就打個電話你不跟他說再見他都會生氣，他就覺得我好像很不重視他。再比方說，我去選本書哦，其實那天他穿的太醜了，我就不想他跟我進去。然後我就說你在門外等我一下，我選好馬上出來。他一定要跟進來，那麼你跟進來就跟進來嘍，他就生氣了。

然後像我跟同學聚會，討論什麼，就很重口味的那種，他問的時候我說不能跟你講，他就生氣。他就覺得有什麼不能跟我講的，太見外了。莫名其妙，一個男生，這麼小心眼。但是這樣子就沒多久，而且我就是把他作的點都記在他重視我這一部分上，所以我都原諒他了嘛。他現在都不能聽我講那些，他覺得自己那個時候都有病，我也覺得他那時候有病，因為現在他完全不像（那時候）了，現在他就是不會生氣的那種人。就是什麼都不介意，很放得開的，以前就不知道為什麼，他那段時間就像神經搭牢了一樣。

金：可能他那個時候還不知道怎麼去愛吧。

羽婷：他作好（之後）就是我作的高峰期了。因為（他）打遊戲吵架——你電話打過去，他完全不跟你講話，你說吃飯，他就沒有回應。過了好幾秒之後，他就啊？這樣。那我就直接把電話掛掉，就很誇張。其實他不介意的，即使我一輩子那樣，他應該也會受得了，他是能不把事情放心上，就不把事情放心上。

本來是第二天就要去武漢玩的，票都已經訂好了，我就發簡訊給他，我說明天不去了，你把票退了吧。生氣嘛，就故意找一個東西來氣他嘛。他就真的退了，真是氣死了，真的氣死了，你知道嗎，氣話嘛，對不對，他就覺得你是講真的。然後他說你還生氣嗎，你要我怎麼做我就怎麼做你還生氣啊？那我不更生氣嗎！那時我真是氣死了。但是我很想去啊，因為我已經計畫了很久了，如果我不低頭，就是不講明白的話，就真的去不了了，那就錯過了。因為我們兩個是從三月分開始打算去的，結果一直有事，一直推到了五月分，再不去不是很難受的嘛。當時那個票退了，我超級超級難受的，都哭了你知道嗎？

後來我再找他，反正就講了很久之後，他就把票又訂回來了，但是我覺得訂回來的也不是以前的票了，就不一樣了，就是心裡很難受。而且退票費也差了一百多，都浪費掉了。雖然不是我的錢，我也很難過的。然後我心裡還是不舒服，還是在作，他就說那我再把票退了，我說不要不要。我肯下臺階了，之後就好了。

金：他和你最初想像的男朋友應該還挺不一樣的吧？初戀是不是大部分還都比較青澀？有想過畢業以後嗎？

羽婷：其實你只要跟他待在一起，覺得很舒服，就夠了。既然處到現在了嘛，如果分手了，再去認識一個男生，就很難過的。不是說天底下沒有男的比他好了，就是你花了那麼多年，在一起已經很習慣很習慣了。你又要去經歷這樣一個過程，跟別人認識啊，再談戀愛怎樣的，就是特別累，就不想重新開始了。如果哪天要真的分了，我肯定就拒絕談戀愛了，不是說絕望，對男人死心這種，就是覺得太累了。再去重新經歷一遍，就像把你的畫撕掉一樣，畫了這麼久這麼久，然後把你撕掉，再開始，就很難受。

穩穩的幸福　對得起七天的相知相識

文／金鑫

主人公：小穗（化名），生於一九九三年
學校（或所在城市）：廈門
專業（或文科理科）：文科
主角個性：溫柔的外表下蘊含著一顆不安分的心
採訪方式：電話採訪
採訪時間：二〇一五年十月二十三日

廈門知名大學的高材生，與男朋友一起被保送，聽到這樣的描述免不了好奇一下她是什麼樣的？剛一接通電話，就被小穗的聲音融化了。那聲音不嗲不酥，卻很甜，就像淡淡的蜂蜜水，從容地流進食道。並未見面，卻已然能想像到她的姣好的面容。相較於追求首飾玫瑰，她更傾向於水果和小玩意；相較於有些縹緲而昂貴的浪漫，她更傾向於細微而實惠的照顧。也許這就是他所說的真實、幸福，和她所說的細水長流吧。

在支教中結識——我看到他酒後唱歌很溫柔——慶功宴後告白——不到七天，我們就走到了一起——家人感到意外，但冥冥之中被綁定——等了一個月，終於等到了那句一生的承諾——他為我拒絕一所名校——我們一起被保研，家人祝福我們——平淡瑣碎的生活中不乏幸福。

小穗：直接講有點怪怪的，要不你問我回答吧。

金鑫（以下簡稱金）：嗯，好。你們在一起有多久了？

小穗：兩年多，快三年了。他大我一級嘛，我們是在大一暑假實踐的時候認識的。

金：我聽說你們從認識到確定在一起只用了七天？

小穗：嗯，我們是八月二號早上結束支教（支援落後地區鄉鎮中小學校教育和教學管理工作，又稱義教）的，然後五號就在一起了。所以我們在一起整個過程就是認識不到一個禮拜就在一起了，太衝動了。

當時恰好是去一所小學支教，結束的時候，我們會有一個文藝匯演嘛。我當時是負責我們整個演出的一個統籌工作，基本上每個教學班的活動我都會去看一下，包括說他們演出的時候整個彩排過程啊。

後來的話是因為我們演出結束之後會有一個慶功宴嘛，那天晚上，我心情也不是很好，主要是因為看到別的人、別的支教隊員和小朋友感情那麼好，大家因為要分開了嘛，都哭得稀哩嘩啦的。我雖然也會覺得有些捨不得那些小朋友，但是他們好像都跟我沒什麼交集。然後我出去外面瞎轉嘛，剛好遇到幾個小朋友圍著他。他當時喝醉了嘛，整個人就顯得很憔悴，沒有了平常的陽剛之氣。這種時候其實是最讓女生心動的時候吧，你看到一個大男生這麼脆弱，就會忍不住想關心一下，我就在旁邊坐下了。忘記了是小朋友要求的，還是其他什麼原因。反正他給大家唱了《愛轉角》，唱得很好聽，而且這首歌我也很喜歡。他在支教的時候唱過一首《精忠報國》，就很陽剛的那種感覺，然後這首歌就會更顯出他柔的那一面嘛。

金：嗯，有點俠骨柔腸的意思。

小穗：後來幾天，我們有在QQ上聊天嘛，覺得彼此的興趣和想法還都比較一致，但是也沒有想過會在一起。支教結束之後幾天，他出去玩，還會惦記著給我帶什麼東西啊，問我喜歡什麼顏色之類的。當時我就覺得說他可能對我有一些好感吧，可能我自己也有點喜歡吧。我問說他為什麼對我這麼好，然後他就回說，「我想說，我喜歡你。」看到簡訊的時候，我還挺震驚的。

金：他很有效率嘛。

小穗：他後來跟我說，他大概是在我們支教結束前三四天才知道我叫什麼。他來的比我們晚，所以交集也不是特別多。他就只是認識我，不知道我叫什麼，就只知道我是個可愛的小女生，哈哈哈。

那時候他做事就是還蠻積極的，挺負責的，跟小朋友也處的挺好的。其實這件事情對我們兩個還有很多認識我們的人來說，都覺得是意料之外的。我爸媽都覺得挺驚訝的，在我剛上大學的時候他們都不讓我出去的嘛，然後居然找個了這麼遠的人。

金：家裡離得很遠嗎？

小穗：挺遠的，我家是在福建，他家在湖北，所以一開始我爸媽還挺反對的，覺得我太大膽了，擅自主張跟省外的男生在一起，他們其實不太希望我出省嘛。

金：但當時沒想那麼多。

小穗：他自己也是比較負責的那種人嘛，他就說了自己以後的規劃。我們當時是五號晚上就發了一晚上的簡訊，應該是發了一個小時左右的簡訊吧。他有講到說比如以後他是醫生啊幹嘛的，以後可能會比較忙。也考慮到如果我們在一起之後情況會怎麼樣啊，他都會提前跟我說，就把最壞的情況告訴我嘛，所以當時我就覺得還挺可靠的。而且我覺得另外一種可能也就是那種神不知鬼不覺得，鬼使神差的感覺，就覺得好像就是他了，所以就在一起了。當時答應了之後，我們就聊了一晚上簡訊，聊到第二天天亮的時候，他還去拍了他們校區的日出的那個景象，所以現在我們兩個微信的頭像都是日出的那個圖片。

金：你們不在同一個學校嗎？

小穗：是同一個學校，但不在一個校區。

金：那這樣好像也有一點點異地的感覺，之後再見面的情境可以聊聊嗎？

小穗：支教結束以後，我們第一次見面，應該是他去車站接我。那天我們去了學校的後山，走了好多路，然後他一直走在我的左邊。我們第一次牽手就是在那天晚上，他在接電話，正好有輛車過來，我就拉了他一下，然後他就順勢牽了我的手，沒有放開。那天晚上我們在海邊的時候，還有個賣花的老太太硬給他塞了兩朵玫瑰花，他就真的傻傻地買了兩朵，後來我還一直調侃是不是要一人一朵，他會有點不好意思嘛。

然後我們在一起之後，我當時提前回學校迎新嘛，他有過來本部找我。那天晚上我們就是一起在籃球場上聊了一夜，一直聊到第二天五點多。就是聊一下關於家庭背景、「三觀」，還有我們的密友啊。他帶了一件襯衫，就把襯衫鋪在地上讓我躺著休息，然後坐在旁邊幫我滅蚊子。因為我這個人特別招蚊子嘛，那天晚上就被蚊子咬的好慘。但是當時就覺得他好細心好體貼，而且不是那種會「乘人之危」的男生，還是挺可靠的。

金：嗯，可靠很重要，那還有沒有什麼是你特別喜歡的？

小穗：他比較坦誠，然後比較樂觀啊，也很負責啊，而且他還是蠻有能力的一個人。他有什麼話就會直接說，不會隱瞞啊什麼的。就是包括他開心，或者不開心的話，他都會跟我說嘛。但是我比較難接受的就是他有時候過於直接，可能不開心的話表述會稍微直接一點嘛，而我又比較敏感，所以他可能會不經意地就傷害到我。包括有一次我們是在談論以後的規劃什麼的，然後他聽到我支支吾吾的，沒有明確的規劃嘛，他當時就有點生氣，然後就有點吵架的那種感覺。每次我要是有事情還一直吞吞吐吐，他就會很抓狂，所以就難免相互賭氣嘛。不過大多數時候，他還是挺體貼的，凡事都會為我考慮周全。然後樂觀的話就是他看問題就是蠻積極的那一種，就像是天生的樂天派那種。遇到挫折什麼的，就是首先不是情緒化，而是想著如何解決問題，怎麼樣能夠最大程度地彌補損失，他這點對我處理問題的方式影響還是蠻大的。比如他大一的時候得的是國家獎學金嘛，然後大二的時候得的就是一般的獎學金，然後他雖然不是很開心，但是就說沒關係慢慢來嘛。不過我有時候也會耍點小性子嘛，就是覺得遇到挫折的時候，更希望的是他安慰我啊，而不是告訴我下一步應該怎麼做。我沒辦法像他那麼理性。但是他首先想到的是怎麼幫你去解決這個問題，所以有時候因為這種分歧吧，我們有時候也會覺得有點無可奈何。

比較（讓我）感動的是我每次回家的時候他都會抽空送我，然後到車站接我。還有就是，我們在兩個校區嘛，所以基本上每次見面的話都是搭公車，要坐一個半小時。一開始我去那邊找他的話，他都會在晚上九點左右把我送回本部，然後再自己搭公車回去，所以他基本上回去都要到十二點左右。然後我在公車上睡覺的時候，就比如說我直接趴在他身上啊，然後他就不睡嘛，就直接讓我趴著。他會用手幫我擋光線啊，而且他每次都會挑靠近光線的一側坐。吃水果的話，他都會幫我剝好。其實就是類似的生活細節，可能很平凡，但是會讓人覺得很幸福。

金：好浪漫啊。

小穗：他第一次對我說「我愛你」這三個字的時候，也是糾結了許久的。開始的時候他就一直不肯說嘛，但後來是有一次他本來答應我說帶我去鼓浪嶼玩，但後來他臨時接到通知去外地培訓了，所以就有點放我鴿子那種感覺嘛，然後那天晚上打電話的時候我就很生氣。後來不知道怎麼的，他就對我說了那三個字。

金：為什麼開始不肯說呢？

小穗：之後他有解釋為什麼（之前）不說，因為他覺得如果對一個女生這樣說的話，就相當於說給她永遠的承諾了嘛。然後當時那個時候我們只認識了一個多月，這麼短的時間就讓他做出終身承諾肯定是強人所難的嘛。一開始我並不知道他是出於這個原因才總是不願意說出那三個字的，所以知道以後我很意外，也有點後悔啊。不過他說，既然說了，也並不是臨時的想法，必定是之前已經斟酌過了的，以後他就會把我看成他的另一半了嘛。

他做什麼事情都會考慮的比較周全，眼光比較長遠。會想到以後怎麼樣，或者說考慮到我的情況，他才做了決定。就比如說像這一次我們在填報保研志願的時候嘛，他就會想著怎麼樣選擇對我們倆以後的發展比較好，而不是說只考慮他自己的前程。然後他是在被本校錄取了之後又接到北京的通知，其實北京那邊的話對他們那個專業來說基本上算是全國醫科的最好的學校了吧，但是他當時就把它拒絕掉了。

我說不出去試試看你不後悔嗎，他說不後悔。要是以前的話，我肯定還會擔心這句「不後悔」的可信任度，因為我是那種比較慢熱的人，如果認識不是很久，我可能不會馬上就相信他。但是交往越來越深，我越覺得他是那種一言九鼎的人。因為我大學之後基本上每天都會寫日記嘛，我前段時間回家看到自己兩年前寫的日記，哦，好像是兩年前還是一年前寫的日記，裡面就有我們在一起的一些事情嘛，然後一些小情況，會覺得說以前沒有完全覺得這件事情是真的，就覺得好像在做夢一樣，然後現在就覺得這些事情是真的，現在相信了。

因為當初他說的話，做出的承諾，和現在的想法做法基本上都是一致的，不是我擔心的那種朝三暮四的人。因為可能聽多了別人的故事，就不太敢輕易相信太美好的東西，所以也不敢完全地相信他，就是說他以後一定會跟我在一起。但是現在我願意相信美好是存在的了，願意相信他會一直對我好。就像他說的，即使我們現在再怎麼吵，以後再怎麼吵，我都是他未來的另一半。其實我們很少會起爭執，最多也就是相互賭氣，說幾句氣話而已啦。

金：跟他在一起以後應該覺得特幸福吧？

小穗：還可以吧，簡簡單單的。我們倆基本上沒吵過架吧，就還算挺和諧的，因為在價值觀上啊，一些生活上的觀點還蠻一致的。會吵架的話也主要就是因為我剛才說的，他就是不擅長那種情感上的安慰，所以有時候我就會挺生氣的，但是基本上過一兩天也就好了。如果要用一個詞來形容的話我覺得就是細水長流，確實吧。我有時候會說，我們好像都不像戀人，倒像是居家過日子，簡簡單單，平平淡淡的。然後他就說，真實、幸福就好啊。

其實和他在一起之後，我覺得自己也學到了很多很好的想法，還有一些做事的方法吧。上個月，我第一次一個人去了上海和南京，但是我一點都不會覺得說害怕。因為我知道應該在出門前做哪些準備，在目的地應該怎麼做，還有遇到困難應該怎麼解決比較合適。這些都是在之前的那些旅行經歷裡他教會我的，或者說我耳濡目染學會的。

金：你們一起去過哪裡玩？

小穗：我們一起去過福州，杭州，紹興。在福州火車站的時候，他還說我適應性太差，因為在火車上我整個晚上都沒有睡覺嘛。（他）問說，如果以後出差的話，第二天怎麼工作？在杭州的話，我們去了斷橋，西湖，還去了岳飛廟，他特別崇拜岳飛的那種錚錚鐵骨。還有他在紹興的時候還寫了一首詞送我。他會比較隨性，所以跟他一起出去玩的話還挺放鬆的，就像我們去杭州玩了兩天很累嘛，他就說在酒店休息一天也可以。我之前一般會覺得既然是出去玩，肯定要多去一些地方才比較值嘛。但是他覺得出來玩的話，就是要讓自己高興是第一位的吧，玩得開心、玩得輕鬆才最重要，不要把自己搞的那麼累。

哦，還有一件事情就是之前我去南京的時候，因為我到那當天晚上兩點多吧，可能是水土不服還是怎麼樣的，就是生病了，急性腸胃炎，就要去醫院嘛。是賓館裡面那個老闆送我去的醫院，我剛上車的時候，就接到他的電話。當時還蠻驚訝的吧，因為他基本上最晚一點多也就會睡了嘛，我後來問他說為什麼你會凌晨兩點多（給我打電話），他就說他一直輾轉反側，睡不著，所以就給我打了電話，然後剛好我真的出事了。後來我再跟我同學說的時候，她們就說感覺挺心有靈犀的嘛，然後我有個同學就說看來你們這輩子是分不開了。不知道是湊巧還是真的心有靈犀。

金：還有什麼讓你覺得印象特別深刻的嗎？

小穗：其他的話我印象比較深刻的就是他送我第一份生日禮物嘛。因為他在實驗室裡面做實驗，然後他們那個實驗室有報酬的，所以他默默存了幾次做實驗的錢，然後給我買了一條銀色的手鍊。當時還挺感動的，因為他說這是用自己的能力賺來的。

我覺得他會是那種比較坦率的人，如果說體貼女生心思的話他可能沒有做的那麼好。但是他會做一些事情，比如我剛才說他會送我往返啊，就是會感覺說他是比較樸實，比較務實的那一種。我們兩個的話就沒有說像別人那樣特別花前月下，比如說很多男女朋友會相互送花，送巧克力什麼的。但是我們兩個在一起，送禮物的話基本上都會考慮比較實用的東西。節日的話，基本上他就會給一些水果，一些小玩意，還蠻節儉的那一種。

因為其實我覺得過節對我們來說最大的意義就是兩個人在一起吧，我自己也是一個比較認真，比較負責的人吧，所以很多觀點我們基本都是一致的。然後也是那種比較樸實的吧，雖然也會有點小女生，但是不會說特別追求那種特別浪漫的事情，所以他這種男生我覺得也只有像我這種個性的人才可以hold住吧。因為我同學有時候就會嘲笑說，他怎麼這麼不懂浪漫啊，不解風情啊，但我覺得還好吧。

金：你家裡人是什麼時候知道你們在一起的？

小穗：我們是八月分在一起的嘛，我爸媽年底就知道了。因為當時我的手機桌面設的是我們兩個人一起吃飯的照片，然後我爸爸剛好看到了。我本來還不想說，因為我爸媽比較認可相親後結婚的那種，所以對於自由戀愛，他們可能不是特別能接受。他們可能會覺得我是個乖乖女，應該很聽話啊，然後在他們看來談戀愛是那種很不乖的行為，我爸媽有點保守吧。但是我爸都看到了，我男朋友就建議我還是坦白比較好，所以我就跟他們說了。不過後來我爸說其實在暑假的時候，我們兩個一直打電話，他就已經差不多知道是什麼情況了。

金：他們是什麼態度？

小穗：一開始我爸媽還挺反對的，就一方面嫌他太遠了，另一方面也有點嫌棄他是個醫生，可能會很忙嘛。但是後來因為他們也會電話聊過啊，然後我爸媽覺得他還挺不錯的，所以他們也沒有再說什麼。我以前從家裡面出來會給他帶點吃的，帶點小東西啊什麼的。但到了後來我爸媽知道之後，我每一次從家裡回來的話，基本上我有的東西他都會有，就一式雙份。然後去年暑假的時候，他也從家裡給我帶回來一箱葡萄，是他們家自己種的。他對於水果的品種特別在行，每次去買水果，老闆都會誇他有眼光。

現在的情況是我們兩個大學是一起畢業嘛，然後都保送廈大，所以我爸媽現在主要考慮的問題就是以後我們兩個研究生在一起，又沒有收入，可能結婚、買房子啊，都是個問題，其他的基本都挺滿意的。反正我們就是平平淡淡中有幸福的那種，感覺還是挺幸福的。

放棄舊愛用你的成熟彌補我的神經大條

文／王玉靜

主人公：芳芳（化名），出生於一九九三年
學校（或所在都市）：山西師範大學
專業（或文科理科）：財務管理
主角個性：直爽、神經大條、粗線條。總是有什麼說什麼，一點也不懂掩飾，但卻有種別樣的可愛。
採訪管道：電話採訪
採訪時間：二〇一五年十一月二十七日

我跟芳芳姐原本就認識，我們曾經同在一所高中的不同年級讀書，再加上她是我姐姐的同班同學兼室友，所以我們的關係要比普通的同校生更親近一些。大學的時候由於高複（高考複習）的原因，芳芳姐和我成了同級，她也得以成為我《大四女生》的採訪對象，和芳芳姐聊天沒有那麼多拘束，可以隨便問，她也樂於回答，再加上她本身就是一個直爽的人，所以我們的聊天進行得十分順利，以下是我們本次聊天的具體內容：

我們經常會不知道因為什麼原因坐在一起——有一種循序漸進、潛移默化的感覺——我倆目前就都處於共同奮鬥的階段——有時候就會覺得是完全靠著最初在一起時候那點甜蜜的記憶支撐的——動如脫兔，靜如處子——不管走在哪裡，在他周圍都有一個安全區——三個月的愛情生化反應完畢，就只剩下普普通通兩個人。

王玉靜（以下簡稱王）：具體情況我姐應該跟你說過吧？其實就是想讓你聊聊你的愛情故事，而且聽我姐說你換了一個男朋友，現在這個和高中那段感情經歷都可以說一說。

芳芳：哦，原來是讓我給你講一下事情的開始、經過和結尾，呵呵，挺簡單的一個經過呀，現在這個就我倆是一個班的。

王：那你們是怎麼認識的呢？

芳芳：他我的同班同學，我學的是財務管理，班裡男生不多，有九個男生二十多個女生。其實我們這個專業是個綜合性的專業，文理科都有，但是基本上每個班都是女生多男生少，像我們班這種算是男生多的了，有的班一個兩個，有的班根本沒男生。然後你也知道的，大學沒有固定的同桌，大家就隨便坐嘛。然後我們這個專業比較重視高數，所以上數學課大家都是搶座位的，我每次去的都比較早，就屬於幫別人占座位的那種，我每次都會占挺多位子的，然後誰願意坐那裡就坐那裡，我一般都占第一排。就有一次他來的挺遲的，看到後面沒座位了之後就坐我旁邊了。那之後就發現偶爾公共課的時候經常會不知道因為什麼原因坐在一起。再後來有一天一起去圖書館看書，就坐在一起聊天什麼的，後來這樣就算正式認識了。

王：那你倆誰先追的誰呀？

芳芳：當然是他先追的我呀，當時還和我之前的男朋友在一起呢好不好。大一下學期開始的時候他開始正式追我吧，但其實也很簡單，就基本上平常聊天呀，一起做作業呀什麼的，沒有什麼特別的管道，像別人那樣表個白之類的是沒有的。你這麼一問我才突然想起來我居然沒有收過禮物！都是在一起之後他才送的禮物！唉，就這樣我怎麼還答應他了？

王：想聽更確切的經過，不要藏私。然後有沒有什麼特別感動的事情之類的？

芳芳：更確切的經過就是，跟他慢慢地相處多了，就感覺你情我願的，兩個人特別志同道合，很有共同語言。感動的事的話，就是我倆熟悉起來後的有一天，我在我們學校的湖邊排練啦啦隊操，練了很久，一整個下午都沒有吃飯，覺得餓得不行了那種，排練完的時候天已經很黑了，但是他就在那個湖邊一直等我，等了我一整個下午，後來又等了一整個晚上，最後陪我一起去吃飯。後來他給我發了個簡訊。因為之前他和他前女友也談了好幾年了，然後分手之後他就非常傷心非常難過，可是我又是很喜歡笑的那種人，就把他感化了。他有一天跟我說，他以為（從上次分手以後）不會再那麼用心得去愛一個人了，結果發現自己還是會動心的。那個時候我就跟他說我有男朋友呀。他就在那「諄諄教導」，不停地說說說，就把我說動心了。他說過之後過了大概有一個月左右吧，我就跟原來的那個（男朋友）分手了，再之後我們倆就慢慢在一起了。

王：那你最終會答應他是被他感動了嗎？

芳芳：也不能完全這麼說吧。我們是有一種循序漸進、潛移默化的那種感覺吧，除了那天他等我之外，就是平常他也會給我講很多故事呀，經常陪我聊天，然後他還是我在大學認識的第二個男生——第一個男生是班代。咱們不是晉城的嗎？算是晉南的，他是晉中的，相比咱們算是晉北吧，我覺得晉南跟晉北的生活習慣真的很不一樣。咱在家裡不是經常吃米飯嗎？但是到這邊之後就發現各種面啊、餅啊什麼的，我都不太喜歡吃，就不知道怎麼辦。然後他就會跟我講他們那邊的各種麵食和各種吃法，而且他又會做很多種麵食，慢慢就覺得這個人挺有才的，也很有耐心，這樣慢慢就把我感動了。

王：那你倆是什麼時候在一起的呢？同班的話應該有很多時間在一起吧？

芳芳：從大一下半學期開始，那個時候還沒有開始專業課呢。後來專業課開始之後，我們就經常在一起謀劃以後做什麼，感覺那個過程是很美妙的。就兩個人會一起討論找什麼工作呀，兩個人一起考證呀，那種感覺真的很棒。比如說我倆一起考了會計從業資格證和初級會計證，還有證券什麼的，他還考了教師資格證，但是我沒考，我不喜歡當老師。平常我倆在一起的時候就經常一起去上課，一起去圖書館，一起去玩那種。有時候也會一起去逛街，他不是那種特別喜歡逛街的，連自己的衣服也不喜歡逛，但是逛起來的話會比我還能走。我倆逛街的話一般都是我讓他去他就去，我如果不主動提的話他也不說，然後就跟在我屁股後面，屬於那種在後面拎包的，我說買什麼就買什麼，一般不提意見也不管，我看上就好了。

王：你倆在一起會吵架什麼的嗎？

芳芳：基本上也不怎麼吵架吧，一年最多吵兩次，如果吵架的話也是因為小事，一般都是我發的脾氣。比如說我和他約好了在樓下等他，等了十幾分鐘了，還是不下來，我就會生氣。他有時候就不說話，有時候哄哄我就好了。其他時候應該也會吵吧，但是想不起來因為什麼原因吵了。大多數時候就算我跟他吵，他也不會跟我吵。因為我脾氣挺差的，心裡不開心不發洩出來就不舒服，但是他很討厭吵架。他就很包容我吧。

王：你這火爆脾氣好像是要找個脾氣好的，那你倆現在都在幹什麼呢？

芳芳：現在我在考研究所，他在工作。他在一個投資機構上班，具體什麼名字我也不知道，反正就是那種固定資產投資公司。

王：你們專業對口的是這方面嗎？

芳芳：我們其實是搞財務的，但是他對投資比較感興趣，然後就研究了一下，後來找實習組織的時候就覺得這個工作挺好的，所以就走了這個方向。然後他現在也是雙休，因為實習公司離得挺近的，所以還住在學校，這樣的話現在基本上每天吃飯的時候能見上半個小時或一個小時，但是我很滿足，覺得現狀挺好的。

王：關於未來你們有什麼規劃嗎？

芳芳：關於未來，我是打算如果以後研究生能考上的話，那就繼續接著念博士，如果考不上的話讀書這個事就先放一放，然後考慮工作吧。我主要是在師範類學校念了個財務管理，所以就很想考到一個財經類學校接著再讀一下。我反正現在也是死馬當活馬醫了，我是今年九月分才開始準備考研究所的，人家都從去年就開始了，所以就算起步很晚的那種，十二月二十六號就要考試了，還有整整一個月，反正還是一頭霧水，該不會的還是不會，看見書上覺得也挺會的，但是一做題就不會了。如果考得上的話研究生還是打算讀財務管理，就想說沿著本專業一直考，然後博士讀出來再繼續工作。倒不是說考博士就對找工作有特別大的幫助吧，主要是我覺得我自己學得很不理想，就是學得什麼也不知道，除了考試之外的內容其他都不太了解，學的比較淺那種。還有吧就是我不喜歡自己去安排一些事，我比較喜歡執行，就是別人告訴我去做什麼，然後我去做。我之前上過人力資源那個課，那個老師就經常講一些關於人力資源的講座，就有一次是測定你適合做什麼工作，我的測試結果就是適合做財務工作，因為我適合執行，喜歡規則，不喜歡自己隨便做所以就想在這方面再加把勁兒。總之我倆現時就都處於共同奮鬥的階段吧。

王：那你為什麼跟原來的那個分手呀？是不是現在的這個追求你？

芳芳：也不完全是因為現在這個吧？我跟前任分手的原因很多吧，你想想，當初他在內蒙古當兵又不回來，他還要考軍校，就註定他是一輩子都要在部隊了，實在是太遠了，然後各方面客觀條件我都很接受不了。然後我就給他打了個電話，再然後就沒有下文了。他當時也有挽回吧，就是說讓我仔細考慮考慮呀什麼的，就是曾經有半年的時間其實都在挽回的過程當中，但是我已經說了分手了，而且現在的這個也挺好的，所以就算他說了各種挽回的話，那時候也沒有多大的動力能讓我回去了，然後就放棄了。

王：那我直白的說了啊，你會不會覺得這種行為有點「見異思遷」的意思是？

芳芳：沒事，你這樣想也正常。但是我覺得，其實我只是在對待我們的感情的時候理性了一些。你想我其實在這種事（在異地的情況下被別人追求）上毫無經驗，這邊別人對我很好，一直在追我，那邊他又離得很遠，我們倆就幾乎都沒有聯繫那種。其實說起來我和之前那個男孩子已經有三年沒有好好在一起了，昇了高三之後他就開始天天泡網咖，很少聯繫我，我高複那年他也不在身邊，讀大學之後又是異地，這種情況下其實我們的情分真的就有點淡了，有時候就會覺得是完全靠著最初在一起時候那點甜蜜的記憶支撐的，這個時候身邊又出現一個對我很好的男生，是真的很難抵擋誘惑。有句俗話不是說「女人是屬貓的，不是屬狗的，誰對她好她對誰好」嗎，我也是這樣。我跟之前那個男孩子在一起的時候他一直說我很現實，但是人不是一般情況下都會選擇更優秀、對自己更好的人嗎？這也算是我選擇現在的男朋友的原因吧。總而言之分手有很多理由，絕不僅僅是哪一個，當很多衝突堆積起來後，在某一個點就會突然爆發。但是我覺得要跟一個人走在一起最終卻只有一個理由，就是真的喜歡，所以即使沒有現在的男朋友出現，我也不會跟他走到最後的。當初我們在一起的時候是真的彼此喜歡過的，那會兒感情也很好，他追我的時候我覺得很感動，但是相處久了之後就會覺得他本身比較幼稚，他不懂什麼是責任，很多時候也不能理解我的感受。

王：分手後就斷了聯繫嗎？

芳芳：剛分手的半年內其實還有一些聯繫，主要是他找我，畢竟我提出分手對他來說很突然，他一時間還沒有接受。因為前一天還有說有笑，第二天就分開了，感覺對他來說打擊還挺大的。我覺得在那半年裡他其實成長了很多，比以前好多了，但是畢竟分手了，我也覺得「藕斷絲連」不好，所以後來慢慢地就淡下來了。

王：現在這個跟以前有什麼比較大的差別嗎？

芳芳：那差別大了去了。現在這個總體來說就比較內斂。他和熟人在一起的話說什麼都行，很活潑，但是在生人面前就很淡定、很安靜、很害羞的那種。突然想起來一句話，叫「動如脫兔，靜如處子」，哈哈……就是那種很沉穩，辦事比較可靠的那種人。生活上很有計畫，對未來很有目標，生活很循序漸進，一步一步向前走，而我是那種生活上有點亂七八糟的那種人，就很需要一個很有條理的人。我這人生活中就大喇喇的，然後他又是那種有條理的人，所以兩個人在一起就互補那種吧。剛好我是比較活潑的那種人，還可以彌補他不活潑的那一面，反正最、最、最主要的原因還是因為共同語言太多了。

王：哈哈……那你倆在一起是經常聊學習嗎？

芳芳：當然不！他不喜歡聊學習，他只是為了陪我學習。除了專業課，其他什麼毛概呀、思修呀什麼的，都不喜歡，專業課裡他超級喜歡數學的，其他也都不怎麼喜歡。但是其他方面我們會很有共同語言，比如說吧，我就發現一個現象，我們看見一個一件事、一個人，兩個人說出來的基本上都是一模一樣的觀點，總之就是世界觀什麼的比較契合吧。這句話他說出來，別人可能不理解，但是我就能理解；我說一句話他也總能理解我的意思。

王：那你為什麼喜歡他呢？

芳芳：因為他這個人比較那個……就是從小就比較懂事，家裡的工作什麼的都是自己做的，然後又很會照顧人，所以常常讓我有一種安全感。但是我前男友從來都不會照顧人的，他就跟個小孩子似地，他長得高又怎樣？我還長得矮呢，但是他就很少照顧我，現在這個男朋友就很會照顧人。話說我之前那個男朋友後來當了兵以後感覺看上去還是挺帥的，不知道是因為衣裳的原因還是什麼，反正看上去比原來帥。然後現在的這個男朋友家裡只有他一個孩子，是獨生子；原來那個他家是兄弟倆，他是哥哥還有一個弟弟。不是我覺得他小孩子氣，主要是他整天就只知道玩和吃，其他都不管，對未來也沒有太多的規劃。我覺得男孩子年輕的時候大多總會這樣吧，但關鍵的是他高中這樣也就這樣算了，可是他後來上了大學之後，一直到大一下半學期他還是那樣，雖然說是當兵了吧，但其實還是沒有多大的變化。其實是一直到後來他才有些變化，因為我對他打擊實在太大，所以就變成熟了。也不是（我）故意傷害他的心吧，說白了主要是距離的問題。不是有句話說「最長情的告白就是陪伴」嗎？

王：那你們在一起有什麼讓你特別感動的事情嗎？

芳芳：要說感動的事情，也挺多的。就記得大二的那年有一次去綿山旅遊了，介子推歸隱那個綿山，然後剛好趕上是五一去的，那會兒遊客都是自由上山去的，因為沒有車，車太少了，都排不上。就特別容易發生踩踏事件那種情況，然後他就在我身後抓著我的手臂，把我圍在一個沒有人擠我的空間，後來就順利的上山了。就那個小細節特別感動，因為不管走在哪裡，就是在他周圍有一個安全區。還有一件，就是去綿山回來的那年暑假。因為那會兒招服務員什麼的那種工作找不到了，他想給我買一個銀手鐲，但是又不想和家裡要錢，然後他就去工地上做了二十天工作，然後給我買了一個銀手鐲。身上都褪了一層皮，手上都磨起泡泡來了，然後那個暑假之後還給我買了一個戒指，都是他自己賺的錢。

王：為什麼要去工地呢？還能找到別的工作吧？

芳芳：我們這邊可能跟你們那不太一樣，就這種短期的工作特別難找，那這樣的話他不去工地又能去哪裡呢？就會有些男孩子覺得不太體面呀，或者很辛苦什麼的不太願意去工地，也正是因為這樣所以才很感動呀！

王：你們家人知道你們在一起嗎？

芳芳：知道。可是他們只知道我有男朋友，知道男朋友是他，其他的就不知道了，因為還沒有到了雙方見家長的地步嘛。他家人也知道，他家人想讓我去他家，但是我不想去，哈哈。我本來是打算大學畢業了之後再去的，但是提前了一年他家就想讓我去。他今年國慶日的時候回家裝修房子，然後他奶奶就說是讓他趕緊把我領回去，不然不讓裝修房子了，哈哈。

王：你們有結婚的打算嗎？

芳芳：結婚的打算？當然有呀，要不然呢？這麼大年紀了。確實有（結婚的想法），因為畢竟兩個人在一起已經三年了，互相覺得對方也還挺好的，雖然他長得不太高吧，但臉還是挺好看的，況且我覺得比我高就行了，哈哈。關鍵是對我好吧，主要還是他很成熟，跟他在一起，我就像個小女孩似的，想幹什麼就幹什麼，餓了就吃飯，渴了就喝水，睏了就睡覺，其他什麼也不用管。什麼也不用操心。總之我是想早早結婚吧，並不想拖太長時間，我是能接受在研究生期間就結婚的，有什麼不能接受的？念書期間結婚的人多了，我們學校經常會有一兩個研究生挺著大肚子去上課的，思想開放一點嗎。主要是如果結婚太晚的話，小孩生的就會很遲，對身體什麼都不太好，我還是比較愛惜自己。所以我就覺得只要兩個人感情好，只要畢業了時候合適了就可以結婚了，讀書什麼的都沒關係，我就是隨時都準備好了，哈哈，每個人的看法都不同吧，反正我家的人和他家的人都是希望我們早點結婚，尤其是他家的人，恨不得他現在就結了婚。

王：那你對愛情有什麼看法呢？

芳芳：我覺得愛情其實是一件很簡單的事，感覺對就行。像愛情這種事吧，頂多三個月的生化反應，生化反應完了，你們還剩下什麼？只剩下兩個人了，就沒有原來熱戀的時候那種激動呀、興奮呀等等，只是普普通通兩個人，你相信我，我相信你，你覺得我對，我也覺得你對。主要是兩個人個性上的吸引吧，多平淡呀？反正現在看著我們倆就跟看著一對老夫老妻似的。

六年戀愛五年異地的相互磨合過程

文／王玉靜

主人公：小倩（化名），生於一九九三年
學校（或所在都市）：山西省長治市
專業（或文科理科）：歷史學
主角個性：安靜、文雅、穩重、識大體、替別人著想
採訪地點：電話採訪
採訪時間：二〇一五年十一月二十二日

在沒對小倩進行電話採訪的很久以前，我就已經從我姐的口中多次聽到她和男友之間的趣事。每件事情說起來都很細小，但聽來讓人忍不住發笑。在得到《大四女生》的寫作課題後，當時跳到我腦海裡的第一個念頭就是要採訪小倩。從我姐那裡，我已知道小倩一直在進行著一段異地戀，而且已經持續了很多年——這並不是一件容易的事情。二〇一五年十一月，在跟小倩正式約定好採訪時間後，我從她那裡更加細緻地了解了她的愛情故事。

他先追的我——雖然他有缺點，但是優點多過缺點——總覺得會虧欠、會耽誤他——每天只要想著能聯繫，還挺開心——覺得他在那邊找了別人，真的特別崩潰——愛情其實還是很美好的，可能是因為遇見了對的人。

王玉靜（以下簡稱王）：我姐應該跟你說過這個事了吧？你就隨便講講你倆之間的愛情故事。那要不我們就先談談你倆是怎麼認識的吧？

小倩：我們兩個是高中同學，那時候都是文科生。

王：誰先追求對方的呢？

小倩：算是他先追的我吧，從高一的時候開始，入學沒多久他就開始追我。

王：可以具體講講你倆是怎麼在一起的嗎？

小倩：怎麼在一起的？他會做很多讓你感動的小事情。比如說給你買點小東西呀，關心你呀，送你回宿舍呀這些，你知道女生都是這樣嗎，慢慢你就會感動了。然後到高三上半學期的時候就真正說要在一起。其實在那之前他有跟我告白過很多次，但是就一直都拒絕，總覺得還沒有做好這種心理準備，要去談戀愛呀什麼的，就一直都在拒絕。然後那天他送我回宿舍又跟我說了，我就同意了。主要是那會兒也喜歡他了嗎嗎，後來就在一起了。之前其實很害怕開始，因為那會還沒有談過戀愛，總覺得有很多未知的東西，遇到很多問題自己也不知道該怎麼去解決。然後慢慢就覺得他給了我很多安全感，就在一起了。

王：你覺得他最吸引你的地方是哪裡呢？

小倩：他這人很有責任心，人很好，很上進，而且很善良，反正各方面都挺好的。雖然也有缺點吧，但是優點多過缺點。而且他比我聰明，很幽默，能逗我開心。這也算是我喜歡他的一個方面吧。我倆在一起學習上也互相幫助吧，比如那會兒已經高三了嗎，大家就會奔著一個目標說是考上一個好的大學，雖然說最終沒考上吧，但是還一直努力，感覺那段回憶還挺珍貴的。

王：那兩個人是怎樣開始異地的呢？

小倩：第一年沒考上之後不是複習了嗎，我倆不在一個學校複習的，因為他學習很好，經常就是全校第一，我麼，就是那種中等的，所以從那時候算是開始異地吧。再後來就高考了，他是屬於那種高考沒考好的，所以最後去了大同讀書。大同大學，你聽過吧？他現在學中醫，中醫學，主要是他那會兒也不知道選什麼專業，就覺得這個專業還比較特別吧，他也感興趣一點，然後就報了這個。我自己吧……其實我也是沒有考好。但是他分要高出我挺多，然後因為不想耽誤他嗎，所以就說能走好的（大學）就走好的（大學）。所以雖然就報志願這事討論過，但是最後還是每個人根據自己的情況，選擇了合適自己的（學校）。最後我就到長治來了，他去了大同。那會兒也沒有說是兩個人非要往一個學校去怎麼樣的。（我）總覺得會虧欠，總覺得會耽誤他。還以還是就那樣了，分開，在不同的學校。

王：異地戀會不會覺得很辛苦？

小倩：異地戀？當然會讓人覺得很幸苦呀。比如說經常看到很多男生會在女生宿舍樓底下送她，或者是給她打水什麼的，每天等著她，那時候就會有些觸動吧，比如說心情不好呀，或者說生病的時候，就會……難受，但是總會想起來有一個人會在另一邊為你堅持，就覺得其實心裡還挺踏實的，呵呵。有難受，但是過了就沒事了，難受一會兒，自己煩自己一會兒就好了。習慣了，以前還難過的挺多的，現在幾乎就很少，彼此可以說是習慣了吧，因為畢竟都好幾年了嗎。從高三複習班到現在，已經好幾年都是異地戀，有點「老夫老妻」那種感覺，哈哈。

王：那你們平常大概多久見一次面呀？

小倩：平常其實見面挺少的。寒暑假的時候會見面，比如說每年寒暑假我們都會回家的，回家的時候相對見得多，有時間的話就一起出去，吃個飯啊，看個電影啊什麼的，然後因為高中都是同學嗎，所以也會和其他同學一起出去玩之類的。總之，有時間就去見他。但是其實見面的頻率也沒有特別高，因為現在大家暑假都比較忙，比如說考駕照之類。像我去年就去打工啊，只回來幾天，然後今年他要考駕照，所以說見面的時間就比較少。除了寒暑假有時候（我）也會去看他，或者他來看我，但你知道其實大同離長治還是很遠的，坐車也比較累，所以這種見面也不是很頻繁，平均下來每學期會有一次或是兩次吧。平常的時候，比如說五一，也不想回家，他就會來找我，或者我去找他。但是每天都會聯繫，不管是打電話還是聊QQ，或者發簡訊，所以其實還好。

王：這種聯繫會有比較主動地一方嗎？或者就是誰有時間誰就聯繫？

小倩：沒有說誰更主動吧。因為我們倆也不是說誰非要先聯繫誰或是怎樣，我們會在某個點互相都聯繫。比如說我晚上去學習，回來的比較晚，那我可能不會去看手機，這個時候他會聯繫我。有的時候我比較閒了，我就會聯繫他。也沒有說他今天沒有聯繫我就不高興，我覺得我們現在互相都理解吧，因為每天不在一起嗎，每個人都有自己的事情去做，所以這樣想過之後就會覺得，還好！每天只要想著能聯繫聯繫，就還挺開心的。

王：這樣看起來你們之間感情其實一直都還挺穩定的，那中間有沒有出現過什麼波折呢？

小倩：要說波折也不是沒有波折吧，波折還挺多的。印象深刻的波折，就是高考以後。因為就是我考的分數比較低嗎，他比我還好點，雖說他考的也不高，但結果就是他進了一個比我好一點的學校，然後我在這裡，我就總覺得他應該找一個比我更好的（對象）怎麼樣，所以我那會兒就想著分手，我是一直這麼認為的。但是他不那麼想，他就覺得即使兩個人在不同的地方，只要兩個人的心還是在一起的，那還是可以走下去的。但是我那會兒就覺得不想耽誤他，然後就想分開，你去找你的（新的女朋友）。因為異地戀大學麼，分開的時間很多，應該是很辛苦的。我這麼想之後，就一直想分手，他就不分，就這樣分分合合其實挺多次的，主要還是因為異地吧。

王：異地戀有沒有給你帶來什麼困擾呢？

小倩：因為畢竟是異地，雖然每天都會聯繫，但是每天這麼多時間，你都不知道他在做什麼事情，總是沒有安全感，會覺得害怕，我會擔心他在那邊特別孤獨，然後會不會找其他女生，呵呵……總之會有這種擔心。然後這種擔心就會特別可怕，有時候就會真的是去懷疑他，懷疑他對你的真心。然後他對你的關心就會想成他是不是在那邊做了什麼虧心事啊，才會那麼關心你。

王：那你這種懷疑是不是因為有什麼具體的事情呢？或者他給了你不安全的資訊？

小倩：嗯……有啊。就有段時間我真的特別懷疑他。甚至覺得他真的在那邊找了別人，但是這邊還對我這樣，就特別崩潰！就剛上大一的時候，我發現他跟一個女生走得很近，他倆會經常聊天，還一起出去吃飯，去玩。那年他過生日，那個女生在校園廣播裡給他點了一首歌，他還發說說（QQ空間的動態）說是很感動。我那會兒怎麼說……就真的特別傷心那種，然後因為這件事也開始總吵。他說我太多心了，但這事我覺得不能全怪我，因為我根本就不知道他在那邊每天做些什麼事情。雖然我們每天都會聯繫，但是打電話就幾十分鐘，一天好多個小時呀，我大部分時間還是不知道他在幹什麼，就會有這樣的擔心。我後來想過，覺得這種事情可能是我想的太多了吧，但是他那邊確實也給我一些不安全的訊號，肯定我一個人不會胡思亂想到那麼嚴重啊。因畢竟嘛……你懂……一個人寂寞得久了總會想找些什麼寄託的，再加上這個時候剛好身邊又出現一個對他特別好的女孩，肯定會有點那什麼。

王：那他和這個女孩之間的關係你又是怎麼知道的呢？兩個人畢竟不在一起，想知道這種詳細的資訊很難吧？

小倩：我怎麼知道啊？因為人一旦心裡有疑心了之後，就會翻他的各種帳號資訊，看他們的互動，然後就會看到一些蛛絲馬跡，在那種時候（這些小事）就會被放大，然後就懷疑。但是最終可能沒什麼事，因為那可能只是好感啊。其實我現在就覺得完全可以理解了吧，因為剛到了一個陌生的環境，開始接觸各種新鮮的事物，肯定會被誘惑一些的吧。就算他們互相真的會有一些好感吧，也沒有上升到喜歡，因為如果真的喜歡的話，那我們倆肯定早就分手了。主要是因為不在一起，一些小的事情更容易被無限放大，這麼想我就又想通了，以前我就想不通，為什麼啊為什麼啊。其實現實的狀況是，兩個人的關係只是還好的那種，也沒有做出什麼出格的事情。那會兒兩個人一起出去吃個飯啊什麼的我就會覺得他們幹嘛去了？其實那會兒並不是他們兩個人單獨出去吃飯，是好多人一起出去的，我是因為關注點在他們身上，所以才只注意到了他倆，有種關心則亂的感覺吧。

王：那大學期間你身邊發生過類似的這種事情嗎？

小倩：我？我沒有。呵呵，女孩子要是有了（男朋友）就不會往這方面想。雖然是有人追吧，但是想著有好幾年的感情在呢，而且總覺得現在大學那種喜歡就是追你兩天，追不到就放棄了那種。總覺得現在好多愛情，因為太容易得到了，就沒以前那麼珍惜了。大學期間好多愛情發展的太迅速了，所以也不會覺得那麼珍貴吧。但我們倆之間已經有好幾年的感情了，互相都比較了解，如果你再處一個人，那你又得重新了解他的喜好，又要一個磨合的過程，所以真的就不想再處一個了。再加上他真的也挺好的，呵呵。

王：那兩個人在一起多久了呢？

小倩：我們兩個從正式在一起到現在已經第六年了，因為我們還複習了一年，但是其中有五年都是在異地。

王：你對愛情有什麼看法或是感覺呢？

小倩：你問我對愛情的感覺？愛情？我覺得吧，愛情其實它很容易擁有，但是需要兩個人都去付出努力，而且真的是需要用心去經營的。有些人總是在抱怨自己為什麼找不到對象，或者沒人喜歡她/他，其實我覺得或許這可能是因為他/她沒有敞開心扉去接受別人。愛情其實很容易去擁有，但是你又得小心的去維護。比如說兩個人都得為了這個愛情，嗯……遵守一些東西。（不能）去什麼和別的異性過多的曖昧呀什麼的，然後兩個人都是非常細心地呵護，都很關心彼此，這樣就很美好。但是呢，有時候（這種關心）也會給你帶來傷痛。比如說你先關心他，但是呢，那不是他想要的，然後你就把自己的這種願望強加到他身上，但是他不願意，然後就會帶來爭吵。總之，其實都是一個慢慢磨合的過程，了解了也就……覺得很多事情都是很平和的，都是還好的。兩個人剛開始的時候就會說吵架啊，或者愛得死去活來什麼的。但是時間久了你就會發現都慢慢平淡下來了，就像我們倆現在，因為都互相了解了，都知道對方的喜好和習慣，然後就會說為彼此去克制一些東西，為他去做一些改變什麼的。其實現在覺得愛情吧，其實還是很美好，大部分時間都很美好，可能是因為遇見了對的人吧。

王：你有問過他為什麼喜歡你嗎？

小倩：為什麼喜歡我？這個這個……早就，很早以前就問過，呵呵。他就說喜歡就沒有理由啊。其實你有沒有會覺得（這）就是一種不想回答的表現？但是有時候……或許他真的說不出來他到底喜歡你身上某一個特別突出的地方，很難說清楚。剛開始我問他，他就說看著我比較合他的眼吧，就是他說的比較漂亮，呵呵……然後人很好，然後也挺善良，比如說學習比較用功，就是這些吧。我自己覺得我其實長得還湊合，不算長得醜，但是也不是那種長得特別好看的。呵呵……我也不能自賣自誇說我長得特別好看是吧，你還是去問你姐去吧。

王：你覺得你是一個什麼樣的人呢？

小倩：關於我自己，其實我一直也沒有搞懂我是一個什麼樣的人，就是……哎呀……我是一個什麼樣的人？就是一個比較隨性的人吧！嗯，該到什麼年齡層就該做什麼事。也不會說是突破常規，做一些讓別人覺得就是怎麼說呢？就是有點墨守成規，跟隨多數的那種人，別人幹什麼我也幹什麼。就很普通，很平凡很平庸的那種人。以前的時候可能還會覺得自己怎麼樣，但是越長大就會覺得自己真是個……特別普通，特別平凡的人，也沒有什麼過人之處。反正我是覺得想得到什麼就得透過自己的努力。因為你看別人擁有得多，都是因為別人付出的比你多，唉，總之我就是個普通人。

王：兩個人之間有沒有什麼感動的事情發生呢？

小倩：有很多吧。比如說我們兩個都是臨汾的，臨汾市堯都區，但是兩家離得挺遠，我倆一個在這邊，一個在那邊，就像一個是南一個是北，但是我也不知道具體方位。然後複習班那會兒，我們已經在一起一年了，平常不是有時候放假就回家嗎，因為離得比較遠，我就騎自行車回家。但是他……雖然跟我家不是一個方向，但是他每次都送我，每次都送，然後再返回他家。我們倆都有自行車，有時候他會騎車帶我，有時候只是一起坐公車。即使只是這樣的小事，但是他能一直堅持。那會他時間也比較緊，但是就覺得路上可以說一些話，然後交交心。後來上大學以後，因為是異地嗎，他也經常會從網路買點東西寄給我，經常會寄，啥也亂買，什麼各種吃的之類的。我也會寄給他，總之看見了一些比較好的東西，就想分享給他，然後互相給對方買。我記得有一次他買了自己的東西，然後寄給我。我當時覺得挺好笑的，覺得這人還挺有心的。因為他就是想讓我去給他送東西，然後去看他。這應該是去年冬天的事吧？呵呵，所以就覺得還好。

王：那你們的情況家長知道嗎？

小倩：家長？哈，知道，早就知道了，都見過照片了，但是還沒見過真人。不過他去過我家，我還沒去他家。因為畢竟還在上學嗎，互相都不是很穩定，也沒有工作什麼的，總覺得（現在雙方家長見面）不是很適合。呵呵……所以也沒有說去見對方的家長，但是他們家也都知道，也不封鎖我們，算是一種默認的態度吧。畢竟咱們都這麼大了，也有自己判斷是非的標準，也不會去約束啊什麼的，所以其實還好……還挺開明的。

王：那對於未來或者婚姻之類的有考慮過嗎？

小倩：結婚什麼的現在還沒有考慮過，覺得太早了吧。畢竟現在還沒畢業嗎。現在我也沒打算考研究所吧，就想以後畢業之後回臨汾教書，找個代教之類的工作。然後他是學中醫學的，要上五年，現在大四上半學期嗎，就相當於我們的大三上半學期，還沒有那麼緊張得說是要考慮考研究所啊什麼的，主要是他所以他現在相對來說就還比較放鬆，比較自由。

從手機到單眼 一場真實的異地紀錄

文／汪佩瑩

主人公：橘燈（化名），生於一九九三年
學校（或所在城市）：杭州
專業（或文科理科）：文科
主角個性：甜美、會照顧人、貼心、能給人帶來溫暖
採訪地點：杭州拱墅區一家餐廳
採訪時間：二〇一五年八月二十三日

一對典型的九〇情侶，一架單眼相機，一場旅行，他們的愛情故事生動而又精彩，一起來傾聽她的故事，電影即將開啟。

高中被同班的藝術生告白——他去杭州學畫畫——回來一起高考——填志願的糾結——一個在南京，一個在杭州——四年異地戀執著兩地跑——買相機——攝影——旅遊——奔向結婚。

汪佩瑩（以下簡稱汪）：「攝影」是你的戀愛線索，說說你們之間的故事吧。

橘燈（以下簡稱橘）：你看，這些都是我們去過的每一個地方、每一個角落拍的照片，美吧！我們的愛情透

過照片來記錄的呢，他特喜歡給我拍照。他說我很漂亮啊，不拍照留下紀念那多可惜呀。其實我又不是像個模特一樣在那裡擺個傲嬌的姿勢給他拍照，其實就是擺一些簡單的動作，然後他就哢哢哢捏幾張照片。我覺得以拍照這樣的方式能讓我們的愛情變得更加珍貴吧。

像我們這樣的異地戀，聚少離多，如果不記錄的話，這樣的日子在腦中想想也就過去了，但是照片一拍，單單看著照片，就有好多故事可以說呢。電影、電視是一幀一幀的講究細節，那我們就是一張一張講究情調。我的電腦裡存著三十二G容量的照片，我閨蜜都說我怎麼這麼自戀啊，其實我想說我是很害羞的，當我說這些照片是一個特別的人拍的，有不同的意義時，閨蜜就說，你這就是在光明正大地秀恩愛，我覺得並沒有啊。因為我幾乎很少在朋友圈發我們倆的照片，也很少說那些矯情的話，因為愛情是自己的，我們兩個人的，沒有必要告訴大家我們倆今天約會了，在哪約會，還拍了很多照片，這些都是情侶日常的小事，沒有任何意義發圖炫耀的呀。

汪：你是怎麼看待這些照片的？

橘：我覺得這些珍貴的照片才是我們倆之間最好的見證。那些照片哦，並不是簡單地拿個手機或是單眼捏一張就是成了一張照片哦，那都是會拍照的人才拍得出的照片，講究的是技術。這我可不會，只要他一個人會了就好了呀，我只負責美貌，他負責技術咯。

汪：他是專門學的攝影嗎？

橘：他是藝術生，高二的時候我們分在同一個文科班，我們倆沒有任何交集，因為他當時根本就沒有入我的法眼，就是普通同學關係。那時候一個班嘛，沒有說過話，唯一的記憶就是班上有一個女生說他又白又有才藝，才藝麼，就是會畫畫嘍，然後班裡傳言說那個女生喜歡他，竟然還一直起鬨他們兩個，真是夠搞笑的。可是後來高二下半個學期，我也不知道他怎麼就注意到我了。

汪：他是怎麼注意到你的呢？

橘：那個寒假我正好把頭髮剪短了，所以我一直覺得是我把頭髮剪短之後可能跟之前不一樣吧，但是我問他，他就說「只是因為在人群中多看了你一眼」。哈哈好文藝啊，反正我到現在還是很好奇的。

汪：你們怎麼開始接觸彼此的？

橘：最開始我跟他有交集是在學校那個趣味運動會上跳繩比賽，我參加了，然後他是甩繩的。這也是我對我們之間的最開始的記憶。高中的時候好像腦子不夠使，太多東西需要記住、背出來，所以我對我們倆的愛情也就這麼馬馬虎虎，跌跌撞撞地留下一些記憶碎片，全都是玻璃碎片，很扎手呢，因為一邊怕成績下滑，一邊又擔心爸媽和老師知道，真是夠辛苦的呢。不知道為什麼，我一點也不知道愛情是怎麼開始的，我就已經在戀愛期了，很簡單也很平淡。

汪：說說你們倆在校園內的愛情吧。

橘：當時我不是住校嘛，有一天晚上晚自習，有個班裡的男同學也算是他的好玩伴吧，突然過來說跟我聊聊天。一開始一直問一些很奇怪的問題，比如說，你喜歡什麼樣的男生啊？像鐘哥這樣的，考慮不考慮啊？你覺得鐘哥怎麼樣？……弄得我莫名其妙，但是我根本沒有認真地想過，我就覺得這是在聊天，沒有記在心上，但是總覺得鐘哥和我八竿子打不著吧，平時也沒什麼聯繫，也沒說過什麼話，我一點想法也沒有，對他完全沒有感覺，就是一個普普通通的男生吧，我也沒想過要談戀愛。

結果第二天他就寫了張紙條讓那個男同學給我，我當然很意外但又突然明白之前的事都是什麼情況，不過那個時候我一點思想準備也沒有，就是有點不知所措，然後想跟別人說我不知道怎麼辦，但是又怕別人知道後會起鬨，所以我誰也沒說。我就是這麼不懂事也不知道怎麼拒絕人家，就回了他一張紙條，但是可能我寫得太委婉了吧，有些話好像讓他誤會了，陰差陽錯讓他覺得我沒有拒絕他。

汪：所以你們在一起了，是吧？

橘：就這樣，竟然在一起了！好吧，那就在一起吧。現在想想怎麼這麼隨意啊，可能也受當時學校和家裡的影響吧，兩個年輕人談戀愛，不能掉分數，我就是懷著這樣的美好願望，真正開始了戀愛。

汪：校園戀愛還是很美好的，現在回憶起來也是很美妙是嗎？

橘：可是好景不常，沒幾個月的樣子，他就要走了。因為是文科班的藝術生，他要高三一整年去省會學畫畫，然後再回來參加高考。對於藝術生來說，特長分比文化課成績更重要，所以他就這樣離開了。總感覺像言情劇一樣，一個人要走了，另一個人說「我會等你回來」。還真是這樣哇，發生在我身上。只是他跟我說，咱們高考報志願還是要儘量在一座城市。我說，現在考慮這個太遠了，以後再說吧。

汪：你們那時候有想過分手嗎？

橘：那個時候想反正都在一起了，我也不想隨隨便便分手，關鍵是成績也沒怎麼下降，班主任又是那種只要你成績不下滑就不來干擾你們的那種類型，所以我們就也有互相鼓勵吧。這樣也好，不在身邊反而讓我沉住氣，好好上課複習。

一大半年真的很快，有時根本沒想他某一天還會出現在我眼前，但是該來的總是要來。等他回來的時候，差不多都在忙著高考，我一點印象也沒有了，就在這忙忙碌碌中結束了高考，真是夠忙的呢。

後來結束了，我們倆才真正靜下心來說說各自的志願和未來打算。他是藝術生，先填的志願，他錄取之後我才開始填志願，其實我是拼了命地想去南京，無奈分數並不是很理想。看了很多南京的高校，有幾個滿意的然而分數可能差了那麼幾分，最終填的五個志願基本都是南京或者靠近南京的。也許是命中註定要分開吧，結果被杭州的高校錄取了，與前面南京的志願始終還是擦肩而過。我在杭州，他在南京，還好不算遠，當時他安慰我說沒事就這點路，以後每個月我都來看你。錄取那天我還是忍不住哭了，不知道為什麼，可能是因為分數不夠高，可能是因為不在一個城市吧，那時候超級傷心。

汪：你們開始了異地戀的生活，還習慣嗎？

橘：我們的身分就是異地戀情侶咯，過著你來我往的模式，南京就是我的第二故鄉了，角角落落我都熟了，說實話，杭州我都不怎麼熟，還不是他來了，我們一起去一些好玩的，吃一些好吃的。我才知道杭州還這麼美，其實兩個人在一起，也無所謂風景好不好看，因為待在一起的時間有限，一個月最多也就見一次，有時候兩個月才碰面，每一次見面都要籌劃好久。

就算說好了什麼時候來看我有時候也會因為他臨時有事而耽擱，我最不喜歡的就是這種感覺，因為本來的滿心期待盼了好久終於盼到了頭，結果就像被潑了一盆冷水一樣。我當然會生氣，我會冷言冷語，我會怪他，雖然心裡明白也不能全怪他，但是就是忍不住地要發脾氣。所以他只能超級委屈地安慰我、討好我，我也很難過的。

汪：他平時是怎麼安慰你的？又不在同一個地方。

橘：我們幾乎很少打電話，一個月也就打幾次電話，因為話費很貴，不像人家早上一個，中午一個，晚上一個，最多有時候再加幾次視訊。有時候一個人遇到什麼突發情況需要人說明但又找不到人的時候，真的特別委屈，特別想他，特別想要是一個電話過去他就能馬上來我身邊那該多好啊，但是，我卻只能一個人偷偷抹眼淚。有時候我很羨慕那些情侶吃完飯挽著手，去看電影、去逛街，我呢？只是吃好晚飯，互相發個微信，打電話都還要計算著話費，也是夠辛酸的。下輩子談戀愛，千萬不要異地戀，想要浪漫的時候，他就像人間蒸發了一樣，沒有音訊，我要的不是聲音，我要的是完完整整的一個人在我身邊呀。雖然我覺得很艱辛，也不知道以後會怎麼樣，反正想都這樣了走一步算一步吧，走著看吧，談戀愛，堅持最重要，以後的事誰知道呢。

汪：你們會經常看望對方嗎？

橘：二〇一二年十月中旬，他第一次來杭州，來回八小時的長途汽車，也是夠折騰的。因為當時到杭州已經是中午了，第二天下午還要趕回南京，畢竟是雙休，週一還得上課呢。我們就在我的學校附近逛逛，沒有去任何地方。第一次來，因為時間太趕，我沒有什麼特別印象深刻的，就是感覺他平安到了、平安回去了就好，雖然只有短短的十幾個小時，除去休息、吃飯的時間，在一起好好說話的時間也就很有限了。不知道為什麼他來了，我總是很心疼，可能是當時交通不怎麼方便吧，所以有時候我寧可他不要再來了，太辛苦了。但是他老是很堅持說，我一個人在杭州，不放心我，之前在高中裡又讓你一個人在學校，沒有給你一場完整的戀愛，現在一旦有空還是會經常來看我。

那次他回去後，過了十來天又來了，那是十一月了，天氣變涼了。出發時天還沒亮，告訴我他已經在去長途汽車站的路上了，大約到了中午的樣子可以見我了。當時我還在床上被窩裡呢，我哭了，室友還在睡覺呢，我又不敢哭出聲，就憋著哭，好難受啊。我很生氣又沒有任何理由，我不知道這到底是生氣還是太感動了。有點難過，有點怪自己，怎麼老是讓他來呢，多麻煩啊。我一直討厭那種老是讓男朋友陪著自己的女生，覺得那樣很沒出息，為什麼老是讓他圍著自己轉呢，畢竟不容易啊過來一趟，又不是隔壁學校的！

這次見面以後，我跟他說，以後你不要來杭州了，還是我去南京吧。我沒想都到這樣一說，他笑起來了，哈哈，你難道來南京就不辛苦了嘛，不都一樣嘛。看到他這麼開心地嘲笑我，我也不好意思地說，是哦，我們倆都是辛苦，誰叫你在南京啦，在杭州就好了啦。他說，這樣挺好的呀，我們可以逛完這兩個城市，變成地道的南京人和杭州人，再說，以後搭個高鐵動車也很方便啊。

汪：異地戀還是挺不容易的，後來你們都習慣了嗎？

橘：其實這樣以後，他還是照樣來杭州，沒有間斷過。二〇一三年一月十五號、三月二號、四月十九號、六月二十二號……他來過杭州，這些我都會記錄下來，車票或是景區的門票，還有就是手機裡存著的滿滿的照片，那時候還沒買相機，只靠手機這麼爛的像素保存著最最美好的回憶，現在想想好可惜呢。但是我們倆每次都能把這麼糟糕的像素拍得很文藝、很有感覺哦。我手機裡全是我的照片，這對於很多人來說都很正常，但是如果我告訴你們，這些照片都是我男朋友拍的，你們又說我秀恩愛，可是這是真的啊，我自己不愛給自己拍照，他總是捏一張、掐一張地，自己手機存滿了，就拿我的手機拍。

他說我們倆一個月見幾次面的時間我都要用照片彌補，以後老了回想起來，覺得年輕的時候好會玩啊，人家每天都可以在一起，我們才多少小時，濃縮的可都是精華哦。別的情侶在一起會各自低頭玩手機或是看電影來談戀愛，我們沒這麼奢侈，在電影院不說話的兩三個小時，我們都可以去好多地方，分享好多故事呢。

然後我聽著聽著，覺得特別感動。每個人談戀愛都有不同的方式，而我和他，也許是情侶中的奇葩吧，沒一起看過幾場電影，但是一起走過很多「路」，發現一些城市的角角落落，甚至去一些破舊的老火車站。我覺得我們倆的戀愛就像一場旅行，現在是學生，雖然沒有這麼多時間和金錢滿足我們去天南地北地旅行，但是我們逗留在幾個獨特的城市就已經足夠了，一個初來乍到的陌生人，慢慢地，慢慢地，就會有了我有空再去我的「第二故鄉」的感覺了。其實我們有很多「第二故鄉」啦，比如南京、杭州、紹興、廈門……沒去過幾個城市，但是杭州和南京變成了經常的目的地了。

汪：你有沒有經常去南京找他？

橘：二〇一三年十月十八號，我第一次去南京，那天是他生日。那時候好像動車剛有不久，所以他才肯讓我去，不然長途汽車他是絕對不允許的，太辛苦了。因為也是他生日嘛，所以我想正好也沒去玩過，順便跟他一起過個生日，然後我還帶了自己DIY的巧克力去。我們去了玄武湖，因為他學校離玄武湖比較近，他也蠻熟的。我們去了那裡，沒坐船就逛逛的話也挺久的。其實和西湖一樣，就是一個湖啊，但是因為和他在一起，景點好不好玩似乎都和我們不相關了，主要在一起的時光很享受吧。

汪：你對南京有什麼特別的印象嗎？

橘：第一次去南京，感覺南京還是有點古老的，文化氣息很濃吧，有地鐵特別方便，雖然地鐵上人特別多擠得要死，我感覺比杭州擠多了。和很多女生不同的是，我方向感還行的，所以一個人出門在外也就沒什麼好擔心的，可是他特別特別擔心，總覺得我沒個人在身邊他要擔心死，其實並沒有這麼可怕。平時自己出去還是都得靠自己想辦法，跟他出去的話就基本不想管什麼路線了，一方面是有他在起碼不怕走丟不像一個人的時候沒有安全感。但是他在認路這方面也不是強項，所以大都是我們倆一起研究，他不認識的時候我就會挺身而出。

我倆的好習慣就是出門之前做了很充分的準備，第二天的行動全部的計畫之內了。我朋友都說，我應該表現個小女生呀，什麼事都聽他安排好了，操什麼心呢，我不知道為什麼，和他在一起我除了情侶的身分，還扮演一個好搭檔的角色。我不想讓他操心，什麼事兩個人一起分擔比較好。大家都是同儕，幹嘛什麼事都要男生衝在前面，沒必要啊。我可以的，他也相信我可以的。

汪：生日有沒有為他精心準備慶祝？

橘：生日的話，就我倆沒有特別慶祝，也沒有買蛋糕，不是有我做的巧克力嘛，就是想他生日陪著他就挺好的。玄武湖回來也蠻晚的了，獅子橋離住的地方還挺近的，就去那裡的美食街吃東西，好像還是第一次一起去看電影。那個時候還沒相機，但是他在學校有攝影課，然後他用手機拍。

我們拍了一些有品質的照片，他說大學裡我要把你一年四季的變化都拍下來，以後做個相冊結婚的時候送給你。我說，平時的照片都這麼難看，我才不要呢。他說，女孩最漂亮的時候就是平時不化妝的樣子，那才最真實最可愛，不單單婚紗照上面的就是最最最美麗的。被他這麼一說，還蠻有道理的，我長得還不錯啊。平時就是不化妝，穿衣服也不挑剔、打扮什麼的，直白地說就是樸素。但是被男朋友一肯定就是什麼都無所謂啦，說實話，我們倆根本沒機會一起逛街，時間都用來趕車了，哈哈。

汪：之後還去找過他嗎？

橘：二〇一四年三月二十一號，我去南京找他，我們去三維攝影展拍照、夫子廟還有南京其他的一些民居、街巷。相對於他來杭州找我，我更喜歡我去南京找他，因為我更喜歡南京，我覺得這個城市裡不僅有我喜歡的人在，而且說不出來地喜歡這座美麗的城市。

六月六號，去了先鋒書店、紫峰大廈；九月二十號去南京老火車站拍照；十月二十號去清涼山公園；明故宮、一九一二街區、雞鳴寺……這四年幾乎把他所在的城市逛熟也是蠻厲害的了，每一次去都有新鮮感，都有一份期待。抽屜裡的車票拿出來就是一堆了，對南京真是大愛啊。

汪：你的記錄真的很詳細，你們也一起走過很多地方。

橘：就這樣一走就是四年異地戀，走過來了，想想也沒過多久嘛。我說過，我們在大學裡是透過攝影來記錄愛情的，的確是這樣的。大一的時候，他有門課是關於攝影的，同時又是學生工作中的新聞部的幹部，後來做到部長又到主席。他在我眼裡，是很優秀的，不單單是會玩單眼哦。當然單眼是他的愛好啦，也很渴望能買一個單眼，但是價格貴得要死。

汪：他買單眼是為你給你們的愛情增添一些顏色和樂趣吧？

橘：有一天，我剛上完課，他一個電話打了跟我說，買了一個我們倆都喜歡的東西，你猜是什麼？我一開始想，禮物麼，不可能啊，生日還沒到呢，情人節也不對啊，這傢伙買啥啦。我一開始猜是好吃的？然後他說，你就這麼點出息，不是啊，再猜。我就說是不是飛機票，我們都喜歡旅遊，剛說出來，我就覺得更不可能啊，買機票這麼大的事情不會不和我商量的。那到底是啥啊，別讓我瞎猜了。結果他很高興地說他自己存錢買了單眼！天吶，我當然很開心啦，主要是因為這事他一直心心念念了好久，現在終於到手了，真得替他開心呢。因為買個單眼很貴的，而且我們又是學生，他自己在外面兼職、打工，終於賺來了這個單眼，我啊，超級激動。在電話裡，我都尖叫起來了，當時走在校園裡，很多人回頭看我了，真是尷尬。我小跑著起來問他，真的嗎，太激動了。也許兩個人相隔太遠了，覺得一丁點收穫都會讓彼此高興得不得了。他就跟我說，哈哈現在我就只為你一個人拍照了，以後就把你拍得美美的。我當然是高興啦，就說那你現在就來呀。他說，好，明天就來！他買單眼是在二〇一四年四月三十號，果然第二天五一節假日，他就拿著相機來見我了。

現在從南京來杭州很方便，不像以前他第一次來杭州看我，要來回八個小時的長途汽車，也蠻折騰的。現在搭個高鐵動車，超級快的，見面也就是「分分鐘」的事了。

汪：還記得第一次用相機拍照的經歷嗎？

橘：第一次用相機拍，就說給我拍好看的照片。然後我們就去學校邊上運河旁邊拍了些，架著三腳架在房間裡拍了幾張兩個人的，後來也只是去學校操場上拍了些。我說你第一次買了單眼，不練熟就跑來給我拍照啦，這麼沒有誠意。他笑著說，我這不是太有誠意想第一個讓你上照嘛，第一張當然要留給你啦。還好他是學工業設計的，對於構圖、取景什麼的比我在行，電子產品對於男生來說，就是在玩遊戲，一下子就學會了，而且這並不是他第一次接觸單眼，之前的學生工作或多或少接觸過，積累的都是經驗，所以拍出來的品質都是很棒的。

現在拿著單眼就是文藝，取景民國時期的建築、楓葉林、破舊的老火車站就是復古，什麼元素在很好的設計中就能成為一幅美景，也怪不得現在很多年輕人都拿著單眼來一場說走就走的旅行。

我閨蜜說，我們倆就是兩點一線，不是杭州就是南京，真夠執著的，也不開拓一下活動區域後來，我們商量有了相機後去其他城市逛逛，就決定暑假去廈門。因為廈門都是文藝青年最喜歡去的地方，很小資，陽光、咖啡。

汪：看來你們每次出門都是滿載而歸，很有收穫。

橘：七月二十一號，難得出去的一次，卻是最不開心的一次。第一天到那裡都晚上了，第二天出去玩，太熱了，然後約了他朋友正好廈大的，帶我們逛逛。第三天就下雨了，還來颱風，出不了門，哪裡都去不了了。但是我們還是冒雨去海邊看了看，回來在一家很小資的店淘了點東西，然後就回賓館了。

不知道是淋到雨還是天氣突變，我的身體就開始很燙很燙，他去老闆那裡借了體溫計，好心的老闆還給了藥，到晚上我還是很燙，溫度很高。沒辦法就去了醫院，本來想掛個點滴，結果醫生就配了點藥，沒辦法只能回來了。第四天還是下雨，我也沒怎麼好，反正也是出不去，那時很煩悶。才玩了一天這個廈門行就結束了，因為我暑假在實習，這是請了假出去玩的，所以不能多待幾天就回來了。

其實我那個時候挺內疚的，出去玩還生病，怕被他嫌棄，我還一直說又下雨又生病的，超級嫌棄自己的，還有就是特別特別遺憾鼓浪嶼沒去成嘛，他也沒說什麼。還安慰我說，這也是一個特別的回憶啊，以後想起來還在廈門看過病呢，讓我把病例什麼的回去保存好，下次還有機會肯定再來廈門玩。雖然是這樣，回來後他給我看照片，天吶，真是一個驚喜啊。他給我拍了很多我生病的照片，還有那天在醫院裡等待掛號的照片，黑白色的構圖，巧妙的取景，感覺我不是真的生病，好像就是給醫院做廣告來的。真的好感動啊，這些都是一些生活的瑣事，但是被他這麼一來，我感覺自己越來越像他的模特了，有些不開心的事，他都能變得很藝術。他是那種話不多的，但是一些細節會感動你好久好久的那種人。我自己也明白也很內疚，但是他就是不能讓我感到很內疚的那種，不會讓我覺得很委屈，所以他一直在努力，創造一些很好玩的事情讓我開心。這就是我們之間的默契，互相懂得，互相理解。

汪：你們這樣也是不容易，彼此的理解很重要。有沒有想過畢業以後去哪工作、生活？

橘：這一路走來沒有什麼好遺憾的，之前覺得異地戀很辛苦，但是自己經歷過了，才知道堅持下來的最不容易，沒什麼好擔心的。愛情有時候需要有共同的興趣來滋養，平淡的生活還是需要有份執著。畢業後我們要到哪裡工作呢，會不會還是異地戀呢？我們覺得再也不會了，工作可以有很多，我們可以選擇，但是愛情沒法重來。還是要兩人每天在一起經營，這樣才慢慢組成一個溫馨的家。

單親女神　「健美」的愛情

文／汪佩瑩

主人公：簡多（化名），生於一九九三年
學校（或所在城市）：寧波
專業（或文科理科）：新聞專業
主角個性：女神級的人物、很幹練、穿著時尚、經常為別人著想
採訪方式：電話採訪
採訪時間：二〇一五年九月三日

她出身於一個單親家庭，他也同樣來自於單親家庭，他們的相遇好像是上天安排的一場邂逅，想聽聽他們的愛情心路歷程嗎？

從小一直是校花——身邊無數男生告白——大學兩週初戀——慘澹結束——「富二代」學長陪同旅遊——一直拒絕——健身房邂逅肖——告白、在一起——旅遊——畢業後跟隨他去北京工作。

汪佩瑩（以下簡稱汪）：說說你和你男友的故事吧。

簡多：（以下簡稱簡）：我和我男朋友肖都是來自單親家庭的，很巧呢，也是蠻有緣的吧。至少我們溝通起來的時候沒有障礙，不會想，哎呀，我家庭很特殊的，會不會他對我有想法啊，覺得我家裡是不完整的，但是我現在不用想這麼多啊，這樣在一起超級好呢。

我從小爸媽就離異了，我記得小時候每天吵吵鬧鬧，沒一天安寧的。我覺得我以後打死也不結婚，結婚了還要吵，又離婚有什麼意思呢。現在我就是對愛情很渴望，但是又超級害怕到了結婚的年紀，我該怎麼面對。即使感情很深厚，也害怕那是暫時的，以後還是要平平淡淡地過日子。萬一有一天我的婚姻也變成像爸媽那樣的，我……反正很難想像，也不敢多想，過好現在的就好。

汪：你還有兄弟姐妹嗎？

簡：我還有個比我大六歲的親姐姐阿雅，我倆姐妹關係很好，什麼話都說。她大學畢業後沒幾年就結婚了，我外甥都已經四歲了。看著他們過著安穩的小日子，有時候我還蠻羨慕我姐的，但是我們倆的性格有點不同吧。我是比較活的，不想永遠待在我家那邊的小地方，年輕人嘛，幹嘛不趁年輕多玩玩呢。結婚、生小孩這種事情，我想都沒想過，感覺跟我沒關係吧。反正我一點也不想，我是愛情至上的，不是圍著小孩、圍著家庭轉的那種女生，可能談一輩子戀愛更適合我吧。

汪：說說你自己吧，在這樣的單親家庭中是怎麼成長的？

簡：從小學到高中，我一直被稱為是學校的校花，其實我並不這麼覺得，不就是長得好看一些麼，又不見得是件光榮的事情。有時候反而很不開心，身邊各種男生都有，很吵，我一點也不喜歡。很多人圍著你轉，也是很麻煩，特別是有時候心情不好，那叫一個焦躁嘞。不想理他們，在我眼裡，愛情是最珍貴的，一點點沙子都不能進眼睛裡的那種挑剔，可能覺得談個戀愛不能將就吧。如果我心一軟的話，哇塞，這樣多人屁顛屁顛跟著你，哄你，討好你，你是要有多少心思對付他們啊。我可沒這麼閒呢，愛情麼，不能強求，該來的時候總會來，高考結束我就想，隨便吧，總會有緣遇到那個人的，不要隨隨便便開始一段感情，我負擔不起。

汪：在現任男友肖之前你還交往過其他男生嗎？

簡：在遇見肖之前，我很不認真地對待之前的幾位男生。因為他們是第NNNN個男生跟我告白無數，又被我狠狠地拒絕，但是死皮賴臉一直堅持地那種。哎，實在沒辦法，當時我也是閒著無聊，開始嘗試一下，也是第一次面對愛情這種東西。

汪：說說你的第一次愛情經歷吧。

簡：我大學是在寧波讀的，念新聞專業。我大一的時候，不是要期末複習嘛，我就臨時抱佛腳，在圖書館一直複習了一個禮拜。其實大學生都這樣，不到考試絕不拿起書來看的，我也是，讀書就馬馬虎虎的，我沒什麼心思在學習上。但是每門考試我一定要透過的，不然掛科很煩的哇。

然後我就每天去圖書館的同一層樓，估計是被人盯上了吧。那天，一個男生突然走到我的位子旁邊跟我告白，我當時嚇一跳，什麼啊⁈圖書館還能邂逅的啊？都是什麼人呢，餵餵餵，你們來圖書館光物色美女來啦？我第一反應就是假正經，不好好看書，一看就是那種不要讀書的那種男生。

汪：那你拒絕他了嗎

簡：我態度很不好，他就要我電話，我當然是不給啦，但是他說他關注我好幾天了，然後說了一些喜歡我的話，又說自己是大四的，化學專業的，在準備考研究所。我這麼一聽，就更覺得好笑了。人家可是打著考研究所的旗號，這回可是認真地向我告白呢。哎呀，也真是辛苦呢，在圖書館備考還要順便找個女朋友，真是服了。

於是，我就把手機號給他了，反正覺得留個號碼也沒事。而且在圖書館這麼安靜的氛圍下，赤裸裸拒絕一個男生，不太合適，說話都輕聲輕語地，就這樣，他成了我的初戀⁈我想嘛，高考後應該要談個戀愛了吧，至少嘗試一下。但是後來呢，想想看，也是變佩服自己的，人家閃婚，我就談個兩個禮拜的戀愛，結束了。他當時不是要每天備考麼，天天待在圖書館，我就每天在外面自己玩，兩個人偶爾也在食堂吃個飯，超級無聊的。我覺得不能再這麼將就了，反正也不喜歡對方，幹嘛浪費別人的感情。我就主動退出這場尷尬的感情，不想騙人。但是我的初吻是給了他，每次閨蜜問我的時候，都嘲笑我沒出息，是啊，本來想好好對待一份感情，但是現實卻不是這樣，還是投降吧，再見吧朋友。

汪：你在感情上面顯得很冷靜，你自己也是這麼認為的嗎？

簡：我麼，什麼事都看得很開，身邊倒是有男生一個個追我，同齡的、學長、工作了的、朋友的朋友的朋友，各種都有，但是被追和自己主動喜歡一個人的感覺完全不一樣，提不起興趣，算啦，再等等看嘛，總會有人出現的嘛，反正還年輕哈哈。

汪：這之後你還經歷了哪些感情經歷？

簡：大二的時候，我跟閨蜜果子去紹興旅遊，本來要去溫州的，但是暑假颱風來了，就退了動車票，還是就近玩麼好了。紹興，這個地方還是蠻好玩的，文化底蘊很深厚，我就是一個平時不喜歡看書的人，都覺得這個小城啊還蠻適合養老的，等我以後老了，住這裡那該多好啊，節奏很慢，挺好的呀。

我們吃好晚飯，要穿過魯迅故里的行人徒步區才能到旅館，我們當時定的那家旅館就在那附近，很方便的。當時我倆正在走，天氣麼也超級熱的，就當飯後散散步咯。然後，一個人從我們背後飛來，那真的是飛過來的，天吶！我以為遇到搶劫了呢，這光天白日下的，到底是劫財還是劫色，嚇死人了。然後我跟閨蜜尖叫起來「啊啊啊啊啊啊啊」，周圍的人都朝我們看了。

我回頭一看，天吶！竟然是我學長——大齊。我說，你怎麼在這裡啊?!他喘著氣說，我家在紹興啊，你怎麼來了，也不告訴我。我說，你是怎麼知道我們在這裡的，你是不是在跟蹤啊？他笑著說，我剛才在公車上嘛，坐在靠窗的位子，看見你了，就急著在下一站到站時下車，然後跑過來追上你們的啦。我現在才知道公車站與站之間還這麼多路，走死我了。

閨蜜果子一直沒緩過神來，還緊捏著我，問我他到底是不是壞人，怎麼可能這麼巧啊，是不是帶定位系統的。我也很奇怪他竟然這麼神奇地出現，但是當時也不好好介紹，就隨便跟她說了一下，這是我的學長大齊。

大齊送我們倆到旅館，說明天他負責做「地陪」，全程帶我們逛遍整個紹興。晚上九點多，我們回到賓館後，大齊也回家了。閨蜜問我的第一件事，就是他到底是誰。我就和詳細地跟她說了大齊追了我一年的事情。

汪：他是怎樣一個男生？

簡：他是土木工程專業的，他這個人麼其實就是又土又木，樣子還過得去，就是有點矮，才比我高一丟丟呢，有點小白臉兮兮的那種。大一的時候，我們是在學校社團認識的，他就開始追我，跟我告白，其實我一點也不喜歡他，沒有那種大男孩的感覺，他看上去就是我們南方人的腔調，小家子氣的。雖然他家是富二代，家裡是做生意的，有時候經常開著車來學校，知道嗎，我們學校開車來上學的人很普遍，走出來一個個都是有錢人，要不拉條洋狗出來，要麼挽著個漂亮的女朋友出來，都是這樣的。但是大齊從來沒有狗和女人，感覺還是蠻可愛的。

我們來紹興之前，我還是蠻害怕的，千萬不要碰到他啊，結果！還是碰到了，沒辦法，怎麼說呢，有時候就是這麼巧的。但是放心，我不會改變我的想法的。

汪：你改變你的想法了嗎？

簡：那晚我和果子聊得很晚，差不多也就一兩點了吧，感覺就是白天發生太多事情了，有點驚訝吧，可能就很難入睡。又加上我們第一天住在外地，睡眠品質就更差了。兩個人熄了燈以後，還翻來覆去地，我本來平時晚上就要吃一小顆安眠藥睡覺的人，那時聽到果子翻身來翻身去的，很大的聲響，就更加難受，估計我是三點多睡著的吧。

汪：你們在紹興旅遊，他有表示過主動地追求你的意思嗎？

簡：第二天，他早早地來旅館接我們，敲了我們房間的門。果子嘛，是第一個起床的，早就準備好了。我還在床上，大齊一身簡單的白色T恤，看上去很乾淨的樣子。我呢反而被他嫌棄了。

這天天氣也超級好，不像個颱風天，早知道就直接去溫州，不來紹興了。不過還好，既來之則安之，我心態還是蠻好的。

大齊帶我們去了一家老字號大小的早餐店，點了當地最好吃的生煎、豆漿。那裡聚集了很多當地人，很愜意的一個早上，老老少少們。然後我們就去大禹陵，一個蠻有名的景點，主要還是果子喜歡去，我也就隨便啦。到了那裡才知道，要爬山的，哎，我最討厭爬山了，超累的。但是果子像打了雞血一樣，很亢奮，她呀，就是不管去哪裡，都能自high的，還帶著大齊一起high。一個不停地問他，簡直了。還好大齊是那種很有耐心的、蠻貼心的暖男吧。不僅是對我，而且對我的閨蜜也超級好。可能就像網路說的，一個男生想追一個女生的話，先討好她的閨蜜，搞好關係，這樣比較成功。但是這法子在我這行不通，我知道你的好，但是我不會委屈我的感情的。

我記得他給我們拍了很多照片，很美。這就解決了一個問題，那就是和閨蜜出去沒人給我們拍照，而且可以不用自拍桿，實在太棒了。

中午，我們回到紹興市區，他請我們去一家很豪華的餐廳，很小資。閨蜜用方言跟我說，你們倆簡直是情侶。反正他聽不懂，還好啦。但是果子也知道，我們倆不可能，她說她樂意當個幾天的電燈泡，反正你倆成不了。

下午我們逛了沈園，去了倉橋直街，玩桌遊、打牌。然後大齊請我們喝星巴克，這是一家在市中心的店，他說是他前女友家開的，他是常客。之後他給我們點了點心和咖啡，其實我覺得嘛，大齊啊，你就應該找這樣的女朋友，家裡跟你一樣有錢，很會消費，花錢不需要經過頭腦，但是我跟你不一樣啊。首先，你不是我喜歡的類型，然後就是跟你在一起，我找不到自己在談戀愛的那種感覺，就好像是幫你花錢。

那天在去逛景點的時候，他看到我跟其他的男生在聊微信，他就超級生氣，有點不開心了。其實這個我已經習慣了，身邊男生是多，又不是玩曖昧，只是擺脫他們的這個過程有點累。有時候我也在想啊，什麼時候才有一位男生值得我去主動跟他聊到很晚很晚，第二天照樣能早起跟他約會出去玩呢。算了算了，還是慢慢等吧，也許了解的男生多了，看多了，就知道自己以後到底要找怎樣的了。我不是那種來者不拒的女孩，隨隨便便感覺我們可以，就在一起，毫不猶豫，我其實蠻怕的，感覺現在對男生一點感覺也沒有，他們只是喜歡我的外貌，什麼美女、女神這種的，但是我要一個真的能跟我交心的，很難。

後來還是送我們到高鐵站，然後很不捨的樣子吧。他說到學校他再來找我，其實開學後，我就沒見過他，不太想吧，不想來往，不想浪費他的時間。

汪：開學後你們有過聯繫嗎？

簡：開學後，我就在減肥健身，一週去兩三次健身房，還辦了張卡呢。沒去幾個禮拜吧，就收到一條簡訊，他叫肖，說他經常在健身房看見我，想跟我認識一下。哎，其實我有點神經敏感吧，一聽到或者一看到這樣的話，我理都不想理，現在的世道就是搭訕的時代，看見一個漂亮妹子，就過去說加一下微信，認識一下，真的好隨便呢，我就沒理這個人。

過一個禮拜，我照常去健身房，但是還是躲著那一個人，怕他出現。我每次都躲著，好歹是花一千多塊錢辦了張卡健身的，不能就這麼半途而廢吧。後來幾次終於沒見到他。但是他還是沒有放棄發簡訊給我，他說他是大連人，在寧波工作，是關於平面設計的，還說讓我當模特什麼的。漸漸地我發現他還是蠻會聊的，覺得我們聊的很投機，感覺就像是老朋友一樣。就這樣，聊了一個禮拜吧，他約我出來，在我們學校校門口等我。

汪：你當時是怎麼想的？

簡：我心裡還是有點嫌棄的，因為他說他已經工作了。我就覺得應該是那種上班族，挺無聊的那種，反正先見面嘛，又不是定終身的事情。

然後第一次見面，我發現他看上去很年輕，像大學生一樣，很陽光，很可愛。我們就去看電影了哇，看完之後已經很晚了。我們就去對面的肯德基，他點了很多東西，都沒有吃，然後我們就一直聊天聊天聊天，那次我們聊了兩個多小時，聊得很愉快。我們聊到家庭，原來他和我一樣，來自單親家庭，我覺得他很認真，不知道怎麼地，我開始真的對他感興趣了，好像我們有很多相似的地方。他還「騙」我說，他要看手相，其實就是為了摸手咯。他就是很幽默，我們很聊得來。時間很快啊，就送我回學校。

汪：你當時想和他交往嗎？

簡：其實第一次見面就差不多嘞，在學校門口見到他的那刻，我覺得就這樣了，是這樣子的。可能我對家庭很看重吧，我們的家庭背景很相似，在某些方面都有同感。比如說，我們互相都不會觸碰到爸媽如何這種底線，因為家庭的不完整，有時候很不能理解對方為什麼一個勁地提爸媽的事，也不會過多講一些家裡的事情，多問一句話。我們漸漸熟悉起來，我覺得肖更像是我的家人，一個好久不見的親人。我經歷的，他都能懂，不用再多解釋什麼。

回去我們還聊，那個禮拜我們見了三次。

汪：他是怎樣一個人？

簡：樣子麼，不是很好看、很帥的那種，但是是我喜歡的。主要是跟他在一起，聊起天來都很舒服，不像是我要腦子裡想一些東西來應付他什麼的，都是很自然的。他比我大三歲，性格很好，很有話題。他很會為人家考慮，每次出去都是很照顧人的，也很隨我的。朋友們都說，肖和之前追你的男生相比，論條件、論樣貌，說實話，都比較差，為什麼你就偏偏選擇他了呢？是的，他並不是什麼帥哥、富二代，但是只有交過心之後，才知道，他是符合我的，我們在一起才配。人與人之間沒什麼可比性，每個人都是獨特的，只在於你到底選擇哪一位。肖在我眼裡，就是一個獨一無二的人，任何人都比不上他。

汪：他跟你告白了嗎？具體能說說嗎？

簡：那個禮拜過後，有個晚上，他問我說，可不可以做我女朋友？我毫不猶豫說，我就回了一個字，好。他問我真的假的啊，我說真的。他完全興奮到睡不著，超級激動。我們倆就是那種，都有過曾經，有過各自所謂的男朋友、女朋友的，但是現在我們都在一起一年半多了，感情也超級好的。我真的處在熱戀期，而且，這樣的感覺天天都有。

我們平時麼，就隨便吃吃逛逛、看看電影，也很難得出去的嘛，他不是要上班嘛。我有時間，但是他不能有很多的時間來陪我。所以我們就去離寧波比較近的嵊泗了。這也是我第一次跟他出去玩，旅遊的過程中，我們都很開心。因為覺得每天都有說不完的話，他就是蠻體貼的。其實旅遊對情侶來說還是挺好的，這樣在一個陌生的環境下，更加了解對方、性格啊什麼的。

汪：肖有告訴你是怎麼認識接觸你的嗎？

簡：說到之前健身房的事哦，他其實是問我教練我的號碼的，每次我來了，教練們都打電話叫他趕過來，有時候不巧，他正好有事，來不及。有一次等他過來的時候，我早就走了，就這樣，我們錯過了很多次在健身房見面的機會。其實我那時候還在躲著他呢，沒想到，現在竟然成了我的男朋友，也蠻欣慰的呢。我們就是所謂的「邂逅」，這可能是緣分吧，但是我很珍惜現在的，以後怎麼樣關鍵是現在走的每一步是不是踏踏實實，所以我們很尊重對方，都能為對方考慮，這樣像橡皮糖一樣，要緊緊黏在一起，分不開了。

汪：你家人對你這段感情有什麼想法嗎？

簡：我把我和肖的事跟我媽和我姐講了，我媽和支持我的，但是我姐不是很同意，覺得肖家住得太遠了。他不是寧波人，是大連的，只是在寧波工作。覺得這樣以後過年過節不是很麻煩嗎。但是我也不是寧波人啊，我現在還沒有打算留在寧波，說不定以後我們倆去其他地方工作什麼的，其實也講不清啦。但是她們還是蠻祝福我的，覺得這個男生還是蠻可靠的。因為那次我媽、我姐還有我姐的婆婆來寧波玩。肖帶著她們逛逛，一起吃個飯，家裡人還是覺得他蠻穩重的。那天，他表現得不要太好哦，很懂事、規規矩矩的，就像個小孩子，也很有禮貌。我說你裝成什麼樣了，太會演了吧。其實見家長這種事啊，真的超級迷惑性的，那時候，真是包裝得很好很好，完全和我倆平時的狀態不一樣，也蠻逗的。

我們在一起的時候，還是不斷有人追我，告白什麼的。我不是現在租房子租在離我實習的地方蠻近的一個社區嘛，有個男生叫海峰，就是住我家對面的那幢樓。我以為麼，有時候進進出出社區，都巧能碰到吧，才認識的。但是後來才知道，原來他是我一個異性朋友的朋友。那次剛開學，我叫我的一個男同學亮仔幫助我和我好友小然的學生證拿去註冊。他旁邊還有他朋友，就是海峰。學生證麼，不是都有照片的哇。後來我朋友亮仔向我好友小然告白了，在我的撮合下在一起了。而亮仔的朋友海峰，向我告白，我跟他說我已經有男朋友了。但是他說沒關係。天吶，現在這種人怎麼這麼多，知道你有男朋友或者女朋友，但是沒關係啊，我還是要追你。現在這樣的人真的很多，我碰到過很多，怎麼這麼不要臉的。你以為你在耍流氓嗎還是在秀真誠你有多麼多麼多麼喜歡我啊。真是有點神經的。

我姐還說這樣的人可以考慮啊，人家是寧波當地人，有車有房的呢，工作已經穩定了，不好嘛。其實要碰到一個像肖這樣的人真的很少，也很難得，我已經很滿足了，其他那些有的沒的，物質啊什麼的，我又不想要。主要還是看人，感覺對了才最重要。

汪：肖會因為你身邊有男生追求你，有什麼感受嗎？

簡：有時候他看到其他一些男生在追我，就會很認真地跟我說，這樣讓他很沒安全感。我當然會答應他，以後不會這樣。其實他是很擔心我被別人喜歡啊什麼的，這樣他壓力比較大，但是我很放心他啦，因為他比較「醜」，哈哈。就是讓我很安心的那種，所以我們倆在一起，還是蠻踏實的。也不會因為這種事情吵啊不開心啊，我們就把這個當成玩笑開開，調侃一下。

我最愛的是肖，只是他。

汪：你畢業以後有哪些打算嗎？

我們畢業以後去北京，這是最近幾個月我們的打算。他當時告訴我的時候，我整整一個月都睡不好覺。我朋友們都勸我要麼回家要麼留在寧波，不要去這麼遠的地方。其實我也想過，我回家也沒什麼依靠的，從頭開始一份工作。留在寧波的話，可是他不在了，我的朋友們都各回各家了。去其他城市麼，我也蠻慌的，也是零。這些東西想來想去，其實就簡化為一個問題，你到底喜不喜歡他。

我覺得談戀愛以後，什麼事情都會想得簡單一些，不那麼糾結。歸根到底就是你選不選擇分手，如果一起的話，就是還能在一起。但是不的話，這段感情就這樣沒了。我之前說過，我是個感情至上的人，身邊可能有很多異性，但是一旦有一個讓我不捨得的人了，我就不可能這麼輕易放棄的。所以，我還是跟他去北京工作，等我拿到畢業證後。

這事我跟家裡人說了，我媽覺得很好啊，沒什麼大不了的，年輕的時候麼，就應該出去走走，不一定你要賺大錢，但是在不同城市待待也挺好的，不是什麼壞事。但是我姐超級反對，我們還鬧脾氣了呢。她一直讓我回家回家，我知道我以後年紀大一些肯定會回去的，但是現在年輕嘛，總想在外面闖闖的。

肖打算二〇一六年三、四月分先過去，安頓一下，北京有他的朋友在，就一起合租一個房子。他還是搞設計，工作他還是蠻自信的。他家雖然是大連的，但是他不想回家的那種。他的朋友開了家公司，會給我介紹工作。

我大四一直都在實習，是關於活動策劃的，這個工作我很喜歡，也很擅長。所以如果去北京的話，也就做相對的工作，先站住腳，然後如果想進媒體的話，也努力著吧。畢竟我是讀新聞專業的，也不能浪費這個專業背景，是吧。

汪：你自己有想好去哪工作嗎？

簡：我也迷茫過，覺得以後萬一分開了，我還會在北京嗎？但是現在想太多也不好，還是過好眼前的日子。現在開心就好，我反正就是一個生活沒著落，但是又很嚮往一份簡單真摯的感情和一個雖然沒多少錢但是很有意思的生活。現在我們又不打算買車買房，這些都會成為負擔，那還不如不要呢。不管我在外面經歷過多少苦，我覺得總比我待在家裡面要好吧。有可能就是家庭的原因吧，我和肖都覺得回家反而缺少一份東西，還不如在外面過好自己再說，簡簡單單就好。

第四章 不能相濡以沫，只能相忘江湖

初心不改如果有緣 我還會選擇你

文／謝士琳

主人公：青青（化名），生於一九九三年
學校（或所在城市）：山東大學（濟南）
專業（或文科理科）：機械工程專業
主角個性：活潑可愛又喜好文藝
採訪方式：電話採訪
採訪時間：二〇一五年八月二十六日

青青是個外向型的女孩，無論出現在哪裡，都帶著一束光。但是人生從來就不易，當你在愛情的漩渦裡，痛苦、難過、低迷，無法自拔的時候，正是自己在成長的時候。沒有哪個人的愛情是容易的，想要通關總要吃點苦頭。但是，我們仍需對愛情和生活懷抱認真和期望。

大一相遇有好感——偶然單獨相處——同學撮合、開始聯繫——約會——暑假分離、男生告白——開學正式告白——一起上課吃飯、出去玩——半年後出現危機——我鬧分手又復合——他畢業、澈底分手。

謝士琳（以下簡稱謝）：先來說說你是怎麼認識你的那一位的？

青青：起初，我在學校辯論隊嘛，要為校賽做準備，在一次會議上遇到他的。他是比我大一屆的團支書嘛，他需要給我們這一屆的團支書開會。然後恰好那個時候另外一個教室被占用了，所以兩個部分（的同學）都在同一間教室待著，（他）正好坐我旁邊了嘛。很巧的是，他是我的班代和我的當時學生會部長的好哥們，就聽說過。因為他有那種神奇的外號，我就很好奇這個外號是怎麼來的嘛，問了他一下，就聊起來了。但其實從那之後也沒有什麼見面的機會，沒有什麼接觸，中間很長一段時間，我都忘了大概有多久了，就一直也沒有什麼聯繫。

是後來的一次全校大合唱，那個時候需要很多人一起來湊齊這個人數，大一、大二、大三全都有。雖然我唱歌跑調，但是人不夠，他們就把我拉進去了，然後突然之間發現，哎？這個學長也在這裡。因為我有那種怪癖，我特別特別喜歡穿白襯衫和格子衫的男生，就很淺顏色那種。恰好第一次遇到的時候他穿了一個淺藍色的格子衫。就在人群當中，一下子就看到了，本身他皮膚也比較白嘛，然後就覺得「哇，好帥啊」。就是大海一樣的感覺，你懂麼。我一直形容那種我特別喜歡的氣質很乾淨的男生，就是有一種海洋的感覺。他就給我那種，就是很有衝擊性的，很乾淨的感覺，跟其他人都不一樣。

呃，比賽的前一天晚上，他回去的路上跟他朋友一起，正好走在我跟我同學的前面。很巧的是，我跟我同學一撥人當時都是一個部門的，在學生會的一個部門，大家都對這個學長有所了解。然後當時都在聊上一屆哪個學長最棒，哪個學長最好。她們指的都是一些學生會裡面的人嘛，然後我當時就低頭說了一句，我覺得那個叫「小卡」的學長特別好。就有人聽見了嘛，她們對我們的班代和部長都很熟悉，然後從那以後，她們就老是調侃我。這種事就傳啊傳啊傳，就傳到上一屆的耳朵裡了。然後我們班代和部長聊天的時候就會跟我提到這些問題，就也老是調侃我，就說哎，那個誰誰他沒有女朋友啊，你們在一起吧，怎麼怎麼樣的。剛開始我就是覺得那學長挺好的，我也挺喜歡的，但是我是絕對絕對不會敢去追人家的。後來就是有一次晚上，我正在那邊上自習。然後我們班代和部長突然打電話跟我說，我們在外面吃飯，你過來吧，我們一起聊聊天，玩一玩。我說行，然後我就過去了。去了之後發現，在那一堆人裡面，還有他在。

我印象特別深刻，那天晚上在我們學校的那種吃飯的地方，就是室外的那種小桌子。然後一共有五個人，加上我是六個人，三個學長加一個學姐，還有他。然後聊著聊著，他們就說我們想去買點東西，你要不要跟我們一起去呀。然後唬弄他們四個人就都走了，只剩下我們兩個坐在那裡。就很尷尬的場面，不知道該說什麼，就是想化解一下尷尬的場面嘛，然後我就拿起了我們班代的手機，然後問哎，你知不知道這個解鎖密碼是多少。他正好知道，然後我們兩個把手機解了鎖之後，就開始用我們班代的手機亂發東西，就黑他嘛。兩個人就玩的很開心。後來他們就都回來了嘛，就開始說你們倆怎麼趁我們不在的時候做這種事情啊，還一唱一和的，很默契嘛。笑一笑就過去了，然後就各回各家，各找各媽了，也沒有別的什麼。

謝：緣分來的時候，什麼都擋不住，你們是要開始一段緣分啦。

青青：是的，當時身邊的人都會說，哎，你跟那學長在一起啦？上一屆的學長學姐們知道這件事就說你們兩個在一起吧。然後大家平常都會說啊。我不知道他當時是什麼樣情況，但肯定他身邊也會有人這樣去調侃他。

後來大概到期末考試的時候，還加上當時正在考四級，然後就有很多問題不會嘛，而且總會從上一屆傳下來各種各樣的題庫啊，或者是畫重點什麼的。正好我們當時在學大物，大物特別難，有很多很多問題都不會。然後正好大物有題庫，但我們這一屆的人很少有，都是從上一屆傳下來的，所以就去問認識的學長要題庫。然後那個學長跟我說哎呀，我這沒有啊，我給你發過去個ＱＱ號，你管他要吧。我當時不知道他給我的ＱＱ號是誰的，就直接加了，管他要那個大物資料嘛。然後聊著才發現，哦，原來是他。借要資料的機會嘛，兩個人也會多聊一聊別的事情。正好他智慧車做的比較好嘛，相當於代表學校參賽的那種，就懂得比較多。我就想說，可能從他那邊也能了解關於這個方面的知識啊什麼的。然後就聊得很開心啊。

其實剛開始跟他聊天的時候很辛苦的，就是你想給這個人留下一個好印象，不希望氣氛冷掉。就會絞盡腦汁地想一些那種特別逗的話來，讓氣氛變得活躍起來，所以特別累。我記得考四級的前一天晚上，坐在床上聊天，寢室裡面又熱，然後跟他聊天的時候又提起來精神，要想各種各樣的話題，就害怕哪句話說錯了，就出了一身的汗，我們宿舍的人都嘲笑我。但是很開心，當時特別開心，因為其實每一天的生活都不一樣，每一天都能對那個人多了解一點，聊得就特別開心，會聊到晚上十二點啊一點啊。

後來有一天晚上，當時我正在跟他聊天，用QQ聊天。然後他突然就說我在寢室裡待著好悶啊，我要出去走一走，放放風。我說好，那你就去吧。我也沒有想那麼多，自己在做自己的事。然後他又發來一條簡訊說，你要不要出來一起散散步啊。我當時很緊張，我們倆以前從來沒有一起出去過，我會覺得好尷尬。然後我就在想到底要不要出去，要不要出去。後來我真的是很瑪麗蘇那種，拿了兩個棒棒糖，拿著手機走出去。我說我要是出了這個樓梯口，這個秒數是一個奇數我就一定出去，然後我走到樓梯門口發現，是個偶數。我就想，是偶數也要出去。後來我才發現，什麼扔硬幣啊一點用都沒有，你想幹什麼你還是會想去做。但同一條路，他走的左邊，我走的右邊，兩個人方向又不一致，就沒有遇到。後來找到了，兩個人就在校園走了一圈。那個時候你都能感覺到，這兩個人將來不出意外的話是會在一起的。這算是進了很大一步吧，畢竟兩個人都已經單獨出去過了。

謝：你們的感情也是順其自然的發展了，你覺得自己已經認定這個人了嗎？

青青：我覺得我先動心了，然後那個暑假我們在做社會實踐，那個團隊裡面也有他。我們是分校區的，我們住的地方是在南新校區，他做智慧車的地方再南校區，離得也不是很近。有一次是拿著手機去路邊拍影片，當時很熱很熱，正好拍影片的那個地方離南校區很近，然後中午就去那邊休息。我們趁著中午休息的這段時間也會交流啊，這種潛移默化的事情就是讓兩個人越來越了解彼此了。其實在跟他聊天的過程當中也會跟學長聊，跟學姐聊，就是想從側面了解一下這個人。當時其實很多學長學姐給我的意見都是你最好不要跟這個人在一起，因為他的性格是很冷的那種。就是很慢熱，很慢熱，他們平常朋友在一起，他的話也不是很多。然後做什麼事的話也不是說特熱情的那種，雖然人很好，但也不是特熱情。他們都覺得小學妹什麼都不懂，跟他在一起會受傷的。這麼教育我嘛，說你一定要做好心理準備，他們一般稱呼他都稱呼冰山一樣的人。然後我跟學姐說我有信心可以融化冰山，現在覺得好瑪麗蘇啊。

我是覺得如果當時沒有那麼多人調侃我的話，我可能還不會這麼直接地往這方面想。我宿舍的室友就天天晚上都在教育我，跟我說你應該怎麼跟學長說話，他喜歡什麼樣的人，你應該把自己變成什麼樣的人啊。然後我同學去上個自習，看見了學長在哪個教室自習，她就給我發個簡訊說那個學長在這個教室自習，你快過來吧。反正同學就是一個強制的推動力，可能已經分開了很久很久了，但是跟他認識跟我也認識的人平常在我這邊的時候還會聊，你們倆怎麼分了呢，當時不是挺好的嗎？

謝：那麼你們感情什麼時候有了更進一步的發展？

青青：我現在記得也很清楚，他是陽曆七月十八的生日，巨蟹座。他生日那天是我要離開學校的那一天，我買了塊蛋糕，就在宿舍那邊等他，然後把東西交給他，說了聲生日快樂就回家了。他後來也放假了，這個過程當中聯繫肯定是沒有斷的。直到有一天晚上他們在那裡打保皇（註：紙牌遊戲），就是山東人愛玩的那種撲克，打得太開心了。本來是在跟我聊天，然後打著打著就忘了，我當時想（我也）太不被重視了，我還是生氣一下吧。第二天他一直跟我發訊息嘛，我沒有理他，他就知道我生氣了嘛。我說你什麼意思啊，也太不尊重人了吧，就是用那種很生氣的口吻跟他說了一番話，然後他就發過來很長的一段話告白了。

然後我當時記得很清楚的是，那段時間每天起來第一件事就是拿起手機開始看ＱＱ，看有沒有訊息，沒有訊息就發過去一個訊息，每天聊天聊到很晚很晚。我覺得我當時的做法就很瑪麗蘇的，他也超級瑪麗蘇的。有一天他還跟我說，我要給你創造一個童話。他還特別喜歡一種蔬菜，番茄。然後他說他要創造一個番茄味道的童話給我，我現在想想覺得好噁心。暑假那段時間雖然說見不到面，但那是很幸福很幸福的一段時光。中間我們視訊過一次，你知道我為了找一個好一點的角度，把計算機放在我們家無數個地方，看哪個角度好看一點。後來八月二十一號我到了學校，然後八月二十八號晚上，我們兩個人出去散步。因為總覺得手機上的告白很不正式，就跟他說，不行，你必須給我一個當面的告白才可以，而且很有創意的那種。然後那天晚上我們兩個到學校操場上，他邊唱著歌，邊告白了。好開心，那天晚上太陽，不是太陽，月亮特別圓。

謝：後來呢，你們的愛情故事應該很美滿的吧。

青青：後來的故事跟大多數情侶都差不多吧，就是每天一起上下課，基本上天天黏在一起。因為他成績特別好，然後我就依靠他給我輔導功課，因為很多那些特別理論性的課，我根本不懂，做題的時候也不懂。跟他在一起的那一年是我學分最高的一年。

他是那種做事情特別認真的人，他只要決定了去做，他就一定得做好，他有那種完美主義強迫症。就是他特別想做好，我也知道他有能力做好。但是當他把這個「我要做好」放在心裡太高太高的位置的時候，他會產生很大的心理壓力，會導致他每天都覺得我自己過得不開心，但我不讓自己過得不開心，所以要強迫自己不能不開心，這就是惡性循環你知道嗎。他現在發狀態也有那種感覺，他一髮狀態必然跟努力啊成功這些東西有關，跟洗腦了一樣。基本上他心情不好的時候，我就找那種特別搞笑的影片給他看，要不然就拉他出去玩。因為我喜歡收集特別搞笑的娛樂影片，我不知道你看《快樂大本營》麼，他裡面有個遊戲叫《誰是臥底》，有幾期的《誰是臥底》實在太搞笑了。我記得他有一次心情特別不好，無論幹嘛都不開心，說話也有點有氣無力的，後來我才知道他也是學習上遇到了一些問題，還有科創上。然後我們兩個在圖書館找了個角落，我就放那種特別搞笑的影片給他看。剛開始他也沒有反應，然後看著看著實在是太搞笑了，他就狂笑起來，後來他心情也就好了。

然後濟南有個地方叫曲水亭街，就是一個小巷，一條街，有從大明湖延伸出來的支脈。然後那邊有好幾隻鵝，當時我每次見到他之後就說你看，這邊有好多隻鴨子，然後他就會強調這是鵝。這樣好多遍，後來才記住。我們還經常去湖邊看那些老爺爺們釣蝦、釣魚，然後沿著大明湖走了一圈又一圈，一圈又一圈，當時真的兩個人快把大明湖踏爛了那種。冬天我也去過，荷葉什麼都枯死了，柳樹也是乾的。不過我覺得去哪裡都無所謂，關鍵是跟誰去，是吧。後來就再也沒有找到過那樣的感覺了。

謝：是的，相處久了，你覺得你們是適合的人嗎？

青青：我覺得我們倆性格其實還是很互補的。但是，我覺得是我的問題，當跟他在一起的時間越來越長的時候，當你們兩個之間已經沒有什麼東西需要再相互了解的時候，你們兩個人的感情需要靠什麼來維繫？本來按照正常來講如果能夠一直走下去，應該是相互的理解，但我覺得我當時給他的就是不理解。就是自己當時太自私了，只考慮自己，不考慮別人。一個問題可能已經過去了很久，我還能再把它翻出來，從新再說一遍。後來就感覺好煩啊自己，這樣做真的是招別人討厭，我也不明白自己當時為什麼要那樣。尤其半年之後的那段時間，你會覺得你有的時候都控制不住自己的情緒，你總是想把一件很小的事情挖到很深的地步，弄得兩敗俱傷的那種。可能就是我問一句你喜不喜歡我，男生的回答就很簡單，我喜歡你之類的，他不會去想很多。但女生需要的就是你喜歡我，你為什麼喜歡我，你喜歡我哪兒，你為什麼不喜歡別的人這個部分。就是這樣，把一個很小的問題擴大的很大很大，多煩人啊你說。

謝：那你們是矛盾真正激化是什麼時候呢？

青青：那個時候我會覺得你要畢業了，我要留在這邊，我們可能有很長一段時間都沒有辦法見面。他應該做的不就是爭取二十四小時中的百分之七八十都在我身邊，一直陪著我麼。我自己沒有經歷過畢業，我不知道他那段時間到底在幹嘛。後來我自己經歷了畢業，才發現那段時間真的好忙。而且他當時是他們那個班班長，後來我是我們班支書，在畢業那個時間要整理檔案，要整理很多的東西，我才知道他那個時候到底有多忙。我還天天那邊要求著他，你要過來，你要過來陪我。而且他也要陪同學嘛，需要很多的時間來處理自己的事情，但是我當時就特別的不理解。就是剛才說的自己太自私了。

而且，說實話，我是一個特別不喜歡變化的人，我會覺得分手之後的心理調節太難。而且你要再遇到一個新的人，又是一個很難很難的過程，然後就很不想很不想變化。而且當時我真的想的是我以後要努力，要怎麼怎麼樣，我們兩個人要生活在一起。

再之後，越靠近畢業，心情上浮動越大。我還在考試，壓力也很大，然後又想著他要離開了，將近一個月的時間，基本上每天都在不斷的哭當中度過的。你要是對著一個人哭三十天，你覺得他煩不煩？但就是控制不了的，每次一說話就會想問他，我們將來會是什麼樣子，特別想讓他承諾一個特別圓滿、很確定的未來。但是男生，尤其是他那種性格的人，不會想這麼多很理想化的東西，他只會告訴你現實。然後因為賭氣，他的畢業晚會我也沒有去參加，就是因為賭氣，現在想想好傻。他畢業前三天，那天他喝醉了酒，跟我打電話，我現在相信他喝醉了酒之後跟我說的那段話是真的。我之前生氣的時候跟他說過你趕緊回家吧，你不要在這裡陪我。然後他那天晚上跟我說我不要回家，我要在這邊陪你直到你考完試。但是當時就跟著了魔一樣，無論他說什麼，我腦子裡總有一堆話去反駁他。當時我的腦子裡面反應的就是，這些話都是他喝醉了酒胡說的。那段時間腦子裡就像著了魔一樣，不斷在反駁別人的好意。到最後的結果就是真的把這種好意完全的抹掉了。然後他回家之後的第二天吧，我們就分手了。

謝：女孩子在愛情裡總會情緒化的，你們真的分手了嗎？

青青：是的，真的分了。我們分手的時候是七月三號還是四號的大清早，那天我們宿舍的（同學）已經都走了，只剩下我一個人。他發了一大堆話，就是說感覺兩個人的關係已經很淡了嘛，反正就各種各樣的理由，就分開了。其實看到那條簡訊第一感覺是很平靜的，然後就一個人躺在床上，躺了十多分鐘，就突然意識到這難道不是夢嗎？就感覺自己剛剛就在做夢一樣的。

其實中間我們兩個也鬧過分手，雖然基本上都是我無理取鬧提出來的。哦，說到這一點，我想說無論兩個人發生什麼事情，不要把話說死。尤其是女生，不要遇到什麼事情都說我要跟你分手，我不要再跟你在一起了。這種話說出來，說一次還好，說兩次也還好，但說三次、四次、五次的時候，你會讓這個男生覺得你根本就把我們兩個之間的這種關係當作很輕而易舉的東西一樣。就是你說分手就可以分手嗎？女生老感覺自己不被重視，但其實說這種話的時候感覺到比較傷心的應該是那種比較慎重的男生。

謝：分手之後那段日子很難熬吧。

青青：是的，第二天早晨我就坐很早的火車跟我爸走了。我以為可以用那幾天的那種玩啊什麼的，放鬆一下心情就把這件事給忘了。但是你每一個能靜下來的瞬間，腦子裡想的還是這件事情。就在每一個可能我爸爸看不到我表情的時候我都是在那裡哭的，你不能在家長面前表現出來。因為我爸一直相信我是一個特堅強的孩子，我媽甚至覺得我不應該把任何一種感情當作一回事，因為她覺得女生如果把這種感情很當作一回事的話，會很容易受傷的。更何況她其實很反對我跟我的前任在一起的，她覺得太遠了，而且感覺家庭上也不是很合適。她當時跟我說的是畢業分手挺好的。我覺得我媽這樣子好過分啊，但是你也阻止不了家長的想法。

別人失戀的時候不應該是瘋狂地買買買，瘋狂地吃吃吃，然後在家裡面哭死嗎？我那段時間就連哭的機會都沒有，就必須要在爸爸媽媽面前展現地超級正常。因為他們覺得我應該正常，即便是面對這種事情也應該正常，所以我就要表現地正常。然後憋了一堆的眼淚在肚子裡，整個暑假都是每天要保證有大量的內容來充實自己的腦子，才能保證你不想起來這件事情。你看到現在大概有一年多了吧，現在想起來很多事情還是很清晰，即便不是那麼在乎了，但還是很深刻。我覺得我最痛苦的就是我失戀這段時間，修整地實在是太慢了，我適應性特別差。

謝：好吧，我們現在不想痛苦的事了，想一些他給你留下的美好的東西吧。

青青：哦，對，我現在還留著他送我的每個玩偶，因為每個玩偶都太有意義了。他送給我的加菲貓現在還在我家裡，我們倆過得第一個聖誕節他送給我的，他有一個外號叫「大貓子」，因為他長得像貓。我們學校周圍是一片荒山，沒有亂七八糟那種花店的，然後他就跑到市區裡面買玫瑰花，塞到加菲貓的手裡，然後送給我。那個時候覺得好幸福啊，加菲貓就是他自己嘛。後來是一隻紫色的小熊，現在還跟在我身邊呢，我走到哪兒就帶它帶到哪兒。然後我喜歡薰衣草，所以他買了一隻薰衣草小熊。我記得是之前跟他提過一句，因為學校超市裡面賣一種小熊，就是背後會有薰衣草袋子，味道很好的那種。當時正好我同學她男朋友送了她一隻，哇，好羨慕啊，我就說好可愛，然後他可能就記得了吧。

謝：現在呢，這段經歷已經過去了，你接下來有什麼打算？

青青：現在的話生活就是按部就班嘛，工作的話還是第一位的，至於感情的話，我還是隨緣。以後會安排相親什麼的，反正讓我媽找就好了。我覺得要是有緣分的話，我還是想回到以前那個人。

不知道以後回想起成都 還會刻骨銘心嗎

文／謝士琳

主人公：熊熊（化名），生於一九九二年
學校（或所在城市）：西南民族大學
專業（或文科理科）：國際金融與貿易
主角個性：溫柔善良孝順、可愛伶俐
採訪方式：電話採訪
採訪時間：二〇一五年六月三十日

熊熊的這份愛情，沉甸甸的，讓人心碎。原生家庭造就了熊熊獨立、自我的性格，在這場青春裡，熊熊遇到了疼愛她的人，也錯過了疼愛她的人。現實的生活，僅有愛情遠遠不夠，能夠相守到老的人必須是並肩作戰的戰友，能在這紛繁複雜的世間相互信任和扶持。成都，對她而言，不僅僅是走到玉林路的盡頭，坐在小酒館的門口。她把這一生最美好的年華都留在了那裡。

QQ聊天認識——熟絡，好朋友階段——去成都上大學，開始戀愛——兩個人出去旅遊、同居——去男生老家——回成都——淘寶截圖意見不合——和好——前女友照片意見不合——關係冷淡——澈底分手，男生離開成都。

謝士琳（以下簡稱謝）：你們兩個人是怎麼相識的？

熊熊：說起來我也記不清我倆是怎麼認識的，好像是在QQ上聊起來的，我也不知道是怎麼加上的，他說他好像見過我，所以我們就聊起來了。他當時在成都當兵，我上高三。因為我不小心被分到實驗班，在實驗班成績墊底，厭學情緒特別大，而且我都是自己一個人在家，爸媽和哥哥姐姐都在外地做生意。我一般上完晚自習就和他聊天，每天都要聊到後半夜。

還有那時候我剛剛和初戀男朋友分手，心情也挺不好。其實因為常年父母不在家，我早就養成了獨立的性格。突然有了男朋友，然後男朋友又走了變得挺不習慣的。然後他突然出現了，我當時就覺得有個男人能給我依靠挺好的。

謝：那他身上總有吸引你的地方吧。

熊熊：說到底，他應該是我比較喜歡的類型吧，現在給你數數，他有幾點比較吸引我，第一他情緒智商高比較會哄人，第二他長得真得比較帥，第三他是兵哥哥。我前男友也是兵哥哥。

那會，就是我高三的時候，我自己一個人在家過年，我和他聊天的時候，他就說要不你來我家過年吧。那時候我們還沒談戀愛就是普通朋友，我還挺感動的，當然我沒去啦，但可能就是這些一點一滴的感動讓我後來接受了他。

謝：那你們的故事是從什麼時候開始的？

熊熊：二〇一一年高考的時候，我剛剛考過二本線。本來不想上大學了的，我爸媽就一直勸我說要我上。我就把填志願的目標鎖定在成都，當時我想著成都屬於西部，錄取分數比較低，而且他也在那裡。我就填了西南民大的國際金融與貿易，然後就被錄取了噻。大學開學頭一天我拖著行李下了火車，然後就見到了他，他幫我拿東西去宿舍。同學問我說這是誰呀，我就說是我表哥。然後後來我宿舍人都管他叫表哥。

其實，我去成都的時候，我們倆還沒有確定關係。他這個人也是比較細心，就來我宿舍一次就把我宿舍的人都搞清楚了，連聯繫方式都有了。我開學第二天他說老家有點事，要回家。哦，這個時候他當兵已經復原了，在他成都叔叔家的鋼筋廠裡工作。他們家都是農民，一家人在山上養雞。其實他家壓力還挺大的，據說他爸爸以前做生意啥的賠了好多錢，那時候還欠債，也不能說是欠債應該是貸款。

他回去了一個星期吧，給我打電話說可能要去北京了，不回成都了。我當時特煩悶，你說我剛來他就要走了，什麼意思呀，我說那就算了吧，有一個星期沒接他電話。一個星期後，我宿舍那個女孩，叫我去操場，說要和我散散步，我說好呀，那就去唄。我們圍著操場饒了半圈，我就看到操場月臺上有個人影特別眼熟，然後我宿舍那個就把我帶到那去了，然後她捂著嘴笑著跑了。

謝：那你當時是什麼反應呀，會不會驚喜？

熊熊：我當時沒什麼反應，我就知道是他。我覺得吧都那麼大的人了還玩這種遊戲真是幼稚。我生著氣轉身就要走，他就追上來，我也不太想理他說了幾句話就回宿舍了。我同學看我回宿舍就說我，說你不是應該很高興的麼，這放別人身上是多大的驚喜呀。我沒吭聲，反正我心裡沒感到有什麼可高興的。後來，他那段時間幾乎每天都來找我，我們就算真正在一起了，他叔叔家的鋼筋廠離我們學校還挺遠的，坐車得兩個小時才能到吧。那時我週末幾乎都是在他那過的，或者他來我們學校陪我。他住的那間房子其實還挺暗的，所以我幾乎除了吃飯就是睡一整天。實在無聊就給他洗洗衣服，他朋友都說你女朋友好乖啊。

後來，我們在成都談了差不多兩年的戀愛，那兩年還算很甜蜜的。其實我口味還是挺重的，我們見面百分之八十會喝點小酒，吃個燒烤，一直到現在燒烤還是我的最愛。有一回我帶我同學去他那，他還買了紅酒說要好好款待我同學。說實話他就是比較成熟的人。

室友同學都特別好，他會覺得他對我同學好，我同學就會對我好。有一次，我跟他提起我希望我將來的房子裡掛著一個大鞦韆，然後第二個星期去他那，他蒙著我的眼說要給我個驚喜。然後我走進房間，睜開眼覺得沒什麼呀，想是不是在騙我。他說，你抬頭呀，我一抬頭看見屋裡掛著一個鐵絲座椅式的鞦韆，樣子特別精緻，繩子上還裹著塑膠的樹葉子。當時那一剎那覺得好感動，真是好感動。

謝：哇，好浪漫，這才是愛情呀。

青青：想起來覺得他確實對我挺好的，他教會我最大的東西就是愛心吧。和他每次坐公車他都會給人家讓座，其實也不是說我沒愛心，就是我沒有這種習慣。高中時候做公車回家每次都要被擠個半死，哪有心情給人讓座呀。但是後來他讓我慢慢養成了這種習慣，我現在見了老人小孩也會讓座了。

還有，汶川地震的時候，他還在部隊，我也不知道他透過什麼途徑資助了一個小女孩，小女孩後來還給他打過電話寫過信。怎麼說呢，覺得他是那種特別有女人緣的暖男類型。他上高中的時候認了一個妹妹，其實我一下子就看出來，那個女孩是喜歡他的。一直會給他打電話幹嘛的，女孩上大學的時候家裡爸爸生病了，他還鼓動高中同學額給女孩家捐款。

真的，他是特別會心疼人的那種，我倆在一起他總是特別細心。有一回，我不小心看到他的一本日記，上面記一些什麼，我上一次去，他有哪些地方沒做好，惹我生氣了怎樣怎樣。我看得時候覺得好有壓力，不過還好，後來我們分手，他不屬於死纏爛打型的，還好。那個時候，晚上睡覺，我動一動，他都能覺察，然後會問我怎麼了，我說要喝水，他就立馬下床去給我倒。出去散步，他總是說要背我，我就不讓背，我不太喜歡這種在外面表現的那麼親密。

謝：你們有出去一起旅遊過嗎？

熊熊：我和他一起去過黃龍溪，黃龍溪是成都邊上的一個古鎮。其實，他這人特別喜歡給我拍照。他也是算是個蠻文藝的人，他每次給我拍照就一定要找個角度，把我拍的美美的。他喜歡找那種電視劇裡的感覺，就是想留一點老了用來回憶的東西。

記得有一陣子，網路不是特別流行一個段子麼。就是人家本來是男女朋友，女生在等公車，男生騎著自行車到女生面前停下說，美女，我可以載你一程麼。女生說，好呀，你先親我一下。然後男生親了下女生的臉就帶著她走了，旁邊那個老大爺就嚇傻了，就覺得說現在年輕人怎麼都這麼開放。他就特別喜歡這種感覺，有一天晚上，我跟他散步，他看到前面一群老大爺就說，你先跑過去站著，我等會上來親你，嚇嚇他們。我就走到那群老大爺面前，等他過來，在他離我不到一步遠的時候，我轉身就走了。哈哈，其實他也挺逗的，但是我總是不配合他。

大一升大二那個暑假吧，他跟我說他奶奶病的比較嚴重，想看看我。我本來也不想去的，後來看他真得很想讓我去，我就去了。他們家人還是挺好的，不過有一點比較奇怪，他們家他和他爸爸都不工作，尤其是他爸，像大爺一樣坐在屋裡喝酒。他家的工作都是他媽媽做的，餵雞，撿雞蛋，清雞糞。我去的時候，他媽總是做那些排骨呀羊肉什麼的，然後要在外面鍋裡燉，他媽就一會做點別的，一會來送個柴火。我看她那麼忙就說我給你看著鍋好了，他媽怎麼都不讓就說，你去看電視，你去看電視。一大早起來，我看他媽一個人扛著鋤頭下地了，我就說他，你們家男人怎麼都這樣啊，我們家以前種地的時候都是一家人一起工作的。他就說，行，那等會讓我爸去都借幾個鋤頭，我們一起去，我就呵呵了，我當然不想去。

其實，他算是家裡的幾代單傳吧，家裡人都很慣著他，他以前吃餃子都是他媽把餃子皮剝好給他吃，他不吃肉餡的。我不知道這個事，在他們家吃餃子麼，他媽媽就一個勁的給我盛，我吃不下了，就跟他撒嬌，他竟然把我剩下的都給吃了。當時他爸媽眼都瞪得很大，我還在想，這有什麼不對勁麼。原來是他從小到大都沒吃過肉餡的。

謝：嗯嗯，你們之間發生過爭吵嗎？

熊熊：其實是有的，我每次和他出去玩必須要吵架。想起來了，在他家的時候他有一個一起當兵的哥們叫我倆去玩，就是沂水的一個景點，好像是地下龍宮吧。哎，我也忘記了。然後他哥們請我們吃飯，怎麼說內，我其實小脾氣還是挺多的，因為他哥們說了一句什麼話，我就生氣了，沒給他什麼面子，吵了點小架。後來去景點玩的時候，他用以前的士兵證進的，我用學生證。他的士兵證有很多景點還要另外買票，他不想花錢就說在外面等我，我就更生氣了。你說嘛，兩個人來玩，讓我一個人進去，這叫什麼事。說他比較吝嗇麼，也不是。

他給我買禮物的時候還挺捨得的，會給我買一些項鍊戒指什麼的，他就是屬於偏成熟的那種吧，不會說給你買個包呀鮮花什麼的。然後回他們家，我去陪他奶奶，在老人家面前我肯定不會表現出來這種不開心的情緒的，我就陪他奶奶聊天呀什麼的。他也真是挺搞笑的，跟我說，找到一個對付我生氣的妙招，就是每次把我惹生氣了就把我帶到他奶奶面前。在他家待了五六天，我就回家了。當時他爸媽讓他把我送回家，意思讓他見見我的家長。但是我剛下車就讓他回去了，沒讓他去我家，我也沒告訴我爸媽我交男朋友了，後來我去我祖母家和我祖母閒聊時說了這個事情，祖母就說不行，說沒學歷配不上我，我就跟我祖母說這事千萬不要告訴我媽。

謝：那後來呢，你們一起回成都了嗎？

熊熊：後來暑假開學，我就回了成都，他也跟著回了，在他家的時候他說他可能不回去了，他媽媽就說如果不回去那我怎麼辦，所以我回成都的時候他也跟著回了。其實，也沒有什麼好說的了，我們倆之間說來說去就是那點事，我去他那，他來學校找我，吃燒烤喝啤酒，看電影玩計算機，我生氣他哄我，他生氣我找他。當然我倆在一起的時候，都是他哄我比較多。

有一次，他看我手機，然後當時我準備買內衣，在淘寶上截了一張圖，存在手機裡，被他發現了。他以為我自己拍照發給別人看，剛好那個女的身材和我蠻像的。我本來覺得這有什麼好解釋的，我又不會做這樣的事。可是那次他還真生氣了，大晚上自己回去了。我感覺這事是我不對，八點多坐著公車去找他。我給他打電話，他說在喝酒，他問我在哪，我沒回答就掛了電話。等我下了車走了幾步路，就看他來接我了，然後我倆就沒事了。

其實說真心話，他對我真得很好。我現在還會回憶他對我的好，只是像親人那樣溫暖吧，畢竟再也沒可能了。現在他已經回老家一年了，娶了個當地的女孩，生了個兒子，好像過得挺幸福。

謝：聽起來，好難過，那麼你倆是怎麼分手的？

熊熊：我倆分手的導火線是我在他計算機裡面發現他前女友的照片，然後我就翻他的東西，竟然還在他的抽屜裡發現那個刻著他前女友名字的打火機。他下班回來，看我不理他了，一下子就能覺察到情況不對，我就把那個他前女友送她的打火機扔在桌子上。他當時特別孩子氣，在我面前把打火機扔的老遠，我還是沒消氣，當天下午就回學校了。

那次，他第一次沒有馬上追來吧，真得是在一起久了，都快兩年了，兩人都疲倦了。我也開始好好思考我們之間的關係了。當時有一種感覺，好像是突然從夢裡醒過來，該好好面對現實了。本來他沒有學歷，這也不是什麼太大的問題，類似於銷售這樣的工作，只要肯努力就可以了。可是他又是那種想得很多但是從來沒有實際行動的人，可能也是因為他身上背負的東西有點多吧，所以他就是那種沒有勇氣行動的人。要真的和這樣的人過一輩子，那以後買房買車怎麼辦，不管怎樣，總不能跟他回家種地餵雞吧。他一直想讓我畢業兩年之內和他結婚，這個我也辦不到，我也要有自己的工作呀，怎麼可能那麼早結婚呢，他又沒有養我的能力。

沒過多久，他又來找我，我們也還可以聊聊，但是越來越冷淡了，我跟他聊了一次說徹底分手了。他沒來找我，但是過了一個月，他過生日嘛。他的哥們給我打電話讓我陪他過個生日，可能這是在成都的最後一個生日，我就去了。我發現他手上有個刀疤，從他朋友那知道，是他自己割的。其實，我還挺心疼的，想如果他來找我復合，我們也許還有可能。也是我自己不好，當時表現特別冷淡，他就沒說什麼了，一起吃了頓飯，我就回學校了。後來，他跟我說要回家，回家之前來學校看了我一次。我當時抱了本書說要去上課，跟他簡單得說了幾句就說要遲到了。

我當時沒有想過這可能就是我們這輩子最後一次見面了，沒有什麼捨不得的感覺，就頭也不回的走了，想起來自己還真是絕情哈，當時至少應該回頭看他一眼的。

謝：唉，我眼淚都要流下來了，你們後來就再也沒見過了嗎？

熊熊：是的，他回家後偶爾會在QQ上找我，我都不怎麼理。但是我會去空間看我們倆人在一起時發的說說啥的，也會看他的動態，不過從來沒有留言過。後來我知道他結婚了，我還看了他老婆的照片，長得一看就是那種很懂事和賢淑的類型，感覺也沒有什麼好嫉妒的，只是覺得能對他好就行。我偷偷登了他的QQ，他的密碼是我設的一直沒有改。我把他之前發的我倆的所有照片和動態都給刪了，我覺得自己要替他做了結。後來他再發的照片就是他剛出生的兒子了，我看著覺得挺可愛的，但是長得不太好看，我還想他那麼好看的一個人怎麼兒子不隨他呢。

謝：你後來有了新的感情了嗎？

熊熊：再後來，我看到合適的男孩子也會接受，但是沒有一段長久的戀情。我覺得可能因為他對我太好，慣出我不少毛病。那些男生總覺得我特別作，其實我自己也覺得。

我和第三任男朋友在一起的時候，一不順心，轉身就走，也不解釋為什麼生氣了。還有一次我們晚上在外面逛街，我說我要回去了。那個男生就給我打個的，我就生氣了。他問我為什麼，我說這麼晚了，你不應該把我送回去嗎？男生就說，我把你送回去自己還要回來，來回的要浪費多少時間和錢呀，然後，第二天我就提出分手。我就想我這樣子以後可不好找男朋友了。

謝：你現在怎麼樣呢？

熊熊：現在我一個人，剛畢業。因為工作太忙，我也沒空談戀愛。夜裡睡不著的時候，偶爾會想起他。然後會看看自己以前發的微博，覺得還是暖暖的。雖然都過去了，但也是一份特別美好的回憶吧。

走著走著就散了　最好不過各自珍重

文／謝士琳

主人公：根根（化名），生於一九九四年
學校（或所在城市）：杭州
專業（或文科理科）：文科
主角個性：坦誠率真、眼界開闊
採訪方式：電話採訪
採訪時間：二〇一五年九月四日

或許婚姻有適合一說，但愛情是沒有規律可循的，青春期的荷爾蒙始終瀰漫著純真與美好。根根是個爽利的女孩，活潑、率真，卻十分的理性。她說，你真正放下一個人，不是刪除他所有的聯繫方式，那是一種逃避。當你看到他發的狀態，他發的圖片，誰在一起做了什麼事情，你都無動於衷，那才是真的放下了。拿得起放的下才能活得灑脫呀。

高復相遇——高考完男生告白——開始異地戀——安徽相遇、關係親密——關係開始冷淡——男生邀女生去上海玩、女生拒絕——聯繫漸少——男生打電話分手——互相關注對方。

謝士琳（以下簡稱謝）：根根，跟我講講你初戀的故事吧。

根根：我的天，你讓我懷念初戀，萬一搞不好復合怎麼辦？他特立獨行吧，用這個詞挺可以概括他。他是一個很有理想、很有目標的人，他高中的時候就知道要學法學。我後來想考浙大的法碩也有一點受他影響。原來他是想考中國政法的，本碩連讀，讀七年，然後去外面深造。然後他比較想去的是美國密西根州立大學，他那時候跟我講，他說全球排名第十八名，他想去那裡學法學。但是就我目前所知，他現在應該是準備考中國人民大學的研究生，我感覺是。然後他大三上學期還是下學期好像去臺灣交流了半年。我們後面也有聯繫，我知道他目前也是單身。他這種人就是想遇到一個特別，能跟自己聊合拍的女孩子，但是他自己就比較特殊，所以也比較難遇到。他也是那種寧缺毋濫的人。所以就沒有——畢竟我這種女孩子還是難遇到的啦。

謝：那你們是怎麼認識的呀？

根根：我們倆是高四同學，我高四是去我們隔壁市，也就是我們省最好的中學臨川一中讀的。他是南昌人，我是上饒的，然後我們去的另一個城市叫撫州。我們高四那時就是說不清道不明的關係，就一直沒捅破那種。高考完六月八號的晚上，他就跟我告白了唄。

謝：那你們的感情是怎麼發展起來的？

根根：我們倆原先是沒有坐在前後位的，我本來坐在第二排，因為我比較愛講話，老師就把我調到（後面），一次一次地換位子，搞的我高中換了四次還是五次的位子。後來我就坐到第四排，他坐第五排，他就坐在我後面那個位置。然後我們倆就逐漸交集日益密切了。他覺得我和一般的女孩子不一樣啊，他覺得我不會那麼小女生，眼界、談吐、性格的話都比較好，他自己這樣說的。

說那時候吧，一開始我挺嫌棄他的，可能初高中那種時期的愛情都有一種感覺，就是在互相嫌棄中喜歡對方。講開始的時候吧，我坐他前面，他坐我後面，我買了一本地圖冊，挺厚的一本，他沒有。我也不知道他是不是刻意不買的，反正他就每天下課的時候，或者說無聊的時候，他就站起來，把手一伸，從我的書立裡面抽那本書。然後再加上他姓袁，我給他取了個外號叫長臂猿。我給他叫這個外號他不會說什麼，他就笑笑。但是別人一叫，他就說我討厭別人給我取外號，反正就是他只准我一個人叫。

謝：那他哪一點比較吸引你呢？

根根：他比較特別吧，一般上課聽不到他想聽的，他就睡覺，就不怎麼聽，也有上課做別的事情。比如說買支很好的毛筆，然後畫鴨子，然後給我傳紙條。我們倆拿毛筆划鴨子，比看誰畫的好看，然後畫竹子，什麼什麼的。還有他每週都會買那個《中國世界地理雜誌》，那個好像還挺貴的，哦，不對，是《國家地理雜誌》，對不起，我擦嘞，他都會買，沒一期都會買，買回來跟我一起看。一開始買了幾期，我看的挺起勁的嘛，然後他每期都買，我說你幹嘛每期都買，那時候他說了一句話我挺感動的，他說要不是你喜歡看，我才不會買呢，幹嘛幹嘛的。上面每一期會有一個專欄，具體介紹一個景點，就說這裡怎麼怎麼美。（他）跟我介紹怎麼好玩啦，有一次他說可以一起去那邊玩啊，我說好呀好呀。

謝：那你們在一起的生活應該蠻開心的吧。

根根：嗯，高中的時候不是補課很多嘛，大家都蠻拼，尤其是高四的嘛，但是我們倆不一樣。我覺的我們倆高四過得比前三年還都開心，畢竟有那麼個人嘛，再加上我們也不是那麼拼的人。別人都回去寫作業寫到一兩點，那時候流行聊ＱＱ，回去之後我們就聊ＱＱ。在學校的時候我們就討論題目，晚自習下課之後，我們會在教室再待半個小時，他屬於那種理科比較好的，知識比較廣博的那種，然後他地理很好，地理是他的強勢科目。我可能是這種文科類的、語言類的比較好，然後我教他英語，他教我數學這樣子。

其實本來他數學不好的，比我還差的，我是屬於還比較好的，他屬於比較差的，在及格線徘徊那種。但是他為了想教我，比如說一道題有好幾種解法，他為了用其他更簡便的方法教我，也炫耀一下自己的本事，在數學上有下一番苦功夫啦。我們老師也當面表揚他，就說他這個解題方法比較新穎嘛。然後他就教我啊，嘚瑟啊，然後他數學就比我好了，有時候還可以考一百三一百四的。他教我數學、地理，我教他英語，互補，兩個人還挺合得來的。

我記得我們高中的時候，早讀課不讀書的，你知道我們讀什麼，就是那個歐巴馬在芝加哥的就職演講，我現在還記得。「Hello,Chicago.」他那裡面有很多術語啊，政治術語啊什麼的，然後我英語比較好嘛，都是我幫他翻譯，給他寫音標啊，中文注釋啊，幫他順暢的閱讀嘛。然後他也會帶CD過來，他有一個iPad，他會在裡面下音訊嘛，然後我們倆一起聽，他會念他的演講，聲情並茂的念給我聽，我給他指出來好在哪裡呀，錯誤在哪裡啊什麼的。

謝：哈哈，好吧，那你們發生過哪些有趣的事情呀？

根根：他很搞笑的，他平時還喜歡在寢室裡面種大蒜什麼的。還有他有時候會買啤酒，易開罐的一扎，然後放到書包裡，晚自習的時候喝。一次喝個五六瓶什麼的，喝完之後就打嗝。那時候我有帶一條我外婆在我過生日的時候送我的一條銀項鍊，那個時候不知道為什麼，後頸那塊就黑掉了，我說是不是你啤酒喝多了，打嗝打得。他就笑笑不說話。

他很奇怪，他有時候會買一個比較奇怪、比較不同的杯子，飲料瓶，好像是類似於脈動啊、尖叫啊，他心情不好的時候，會跑到河邊，把那個水倒掉，他不喝，然後他在從河邊灌一瓶有泥沙的水，帶到教室裡，欣賞。所以我就說他很特別，很奇怪。哦，他還有很奇怪的一點是，他不喜歡過洋節，比如聖誕節啊，感恩節什麼的，如果你跟他說一句什麼什麼快樂，他就會很掃興地跟你說什麼不要過洋節啊，有點崇洋媚外啊，他不喜歡啊，他這樣講。哦，那次之後我有點生氣，因為我跟他說聖誕快樂，他發了一個什麼來著，反正就挺認真的過這種節日。

我是不怎麼學習的，我和我室友，我室友也不可靠，我們倆都不愛學習。我們倆每天都說今晚早點睡，對身體好，明天早起，明天早上四點鐘起來寫作業。結果一覺睡到七點鐘，七點二十開始早自習，然後我們班主任天天在門口守著我，盯著我進去。不過我英語成績比較好，我們班主任是英語老師，他比較縱容我，而且每天我就遲著到進去，上早自習他走了之後，我又偷偷跑出去買早餐吃。我記得有一次，我們班主任全程盯了我們一整節早自習，我就沒機會出去買東西吃。然後大概上課上了一節還是兩節之後，我就很餓嘛。我就隨口說了一句，好餓哦。然後我的同桌，是個小女生，她很八卦的，然後她就說＊＊＊，你們家君君肚子餓了。那個時候已經打了預備鈴，提前三分鐘打得嘛。然後他當時身上也沒有錢，他就問別人借了二十塊錢，然後出去買了早餐，買了蘋果，買了香蕉，就是各種都備齊了嘛。然後打正式鈴的時候他還沒有回來，過了幾分鐘，他從後門進來，跟老師打了個報告，老師瞪了他一眼。他從後面進來，坐到他座位上，然後他從抽屜裡遞過來給我吃，當時沒說什麼，因為已經上課了。後來下課的時候，我本來想跟他說謝謝的，我轉過頭去，然後他說真會吃，幹嘛幹嘛的。我說我又沒說讓你買，然後他也沒說什麼。反正就那樣。

高考後那個晚上我是租在學校對面的阿姨家，阿姨人也很好。我們住在阿姨家的有三個人，我和我室友兩個女生，還有一個男生在另外一個房間。他們兩個當天好像成了，他們兩個好像現在還在談，不過分分合合，現在還是在一起。那天晚上他們倆個出去了，我陪阿姨在聊天，那天晚上我男朋友打電話給我，八點的時候，然後就支支吾吾，前面就鋪墊了很多，我記不清了。然後那天就跟我聊到第二天凌晨五點，手機都聊沒電了。

謝：你們之間經歷過什麼特別難忘的事情嗎？

根根：他給我一次特別大的安慰就是，高復嘛，填志願嘛，我們是一本線是十五號到二十號出結果，但是我的成績從十五號開始查，家裡各種親戚啊都每天幫我守，只要上計算機就會幫一下我的那個錄取動向嘛，但是我一直都沒有哎。直到二十號，就是最後一天下午的時候才出來結果，我就是被浙江理工大學錄取了。當時那幾天就是十五號到十九號那幾天我特別煩悶。二十號還沒出來的話就是二本的啦，而且重要的是我還不服從調劑，你知道嗎？如果被退檔的話，你這個檔位就是空的，就是沒有學校要你。我就可能回去填補錄，補錄就是學校沒招滿的那種冷門專業嘛，當時我都填了補錄了，我爸說我要是補錄都沒上，他就要找人找關係然後去省內的學校了。但是我就一心不想留在省內嘛，我就想去外面，去浙江啊。我那時候跟我男朋友講，我說怎麼這麼久都沒有訊息，我就每天跟他講。然後他每天跟我打電話，就為緩解我的緊張心情嘛。就說沒事，別怕，有我在。然後就說你一定會被浙理工錄的。我說你怎麼敢確定，好多人都空檔了，幹嘛幹嘛的。要是錄不上我今年就白讀了，我又得去補錄了。他就說沒事的，你相信我，你一定會被浙理工錄的。當時就特別特別激動，特別感動。哎呦喂，還挺可靠。

謝：那你們上了大學之後怎樣了？

根根：上大學之後，我們就每天打電話呀，然後期間我們還出去玩過一次，大一上的時候，十二月十幾號，我們去安徽玩過一次，當時是去逍遙津，本來是應該我接他的。因為他從北京坐過來的話好像只有一趟車，然後他是第二天早上七點鐘到。我選擇的那趟是晚上十一點發車，大概五六點就到，應該是我接他。但那天我剛到那個候車廳，他（候車廳）就說晚點了，晚點四個小時，當時我就有點崩潰了，為什麼第一次見面就會晚點。我就跟他講晚點了，他就說那你還要不要來？他說晚點的時間確實挺久的，你可以先回去，但是我還是比較希望你來，他這樣講嘛，後來我還是想幾個小時，就等等嘛，我還是第一次碰到晚點四個小時這種情況，但是我還是咬咬牙，這樣子。在第二天早上，他是比我早到的，然後他在那裡等我，找到我之後，他過來一把就牽住我的手，他說你今天怎麼這麼可愛呀，幹嘛幹嘛的。我們倆的著裝什麼的和當初都不一樣了，（我）那天穿了個紅色的小馬夾，他說挺可愛的。然後我很羞澀的笑了笑。後來我們就打的去逍遙津公園玩，去湖邊散散步啊，然後就牽手啊，接吻啊。我擦，初吻就給在那裡了。當時有一點緊張，因為能感覺到他的心跳啊，他抱我的時候我可以聽得到。後來我們又去了李鴻章故居，還去什麼安徽還是合肥博物館、博物院什麼的，還去了蠻多地方的。去博物院的時候，他牽著我，或者抱著我的肩，然後我們一起欣賞那個古蹟呀，名畫啊這樣子。然後走累了，就坐在那裡，我就靠在他胸前，或者肩上，跟他講話。然後他就弄弄我的頭髮啊，親親我的臉頰啊，就這樣。我們完了一天，然後開房的時候我沒想到他開的是個大床房，但是那晚的話，還好我們沒有踏破最後一道底線。

自從那晚之後嘛，我不知道他好像家裡發生了什麼，但是他好像不是很願意跟我分享他不開心的事情，我也沒問。我也不知道為什麼，後來就慢慢疏離了，我也不知道原因是什麼。後來比如他空間發了一條不開心的狀態，我也沒有評，我也沒有關心他。

謝：那後來呢，你們聯繫過沒有？

根根：來年開春的時候，他給我打電話，然後不是他原來的號碼，他原來的號碼我是倒背如流的那種，而且我也給他設置了特別的名字，他拿了一個不知道誰的號碼打給我。響了三下我才接，我說請問是誰，他那邊大概停頓了三秒，他說是我，然後我就知道是他了。當時我和我媽媽在逛街，我媽在我旁邊，我不太方便接，我也沒跟我媽媽講我這段戀情，我為了避嫌，我就說我現在不太方便，待會我再回給你。我當時語氣可能也比較冷嘛，他好像有點受傷。後來我也沒有回給他，那天好像是過年之後也沒幾天吧。他可能就得鼓起勇氣給我打電話，然後我又挺冷的，之後就也沒打給我了。

下一次給我打的時候，那天已經是上學了，我記得我在上選修課，星期二的選修課，他給我打電話。原來生氣我把他聯繫電話刪掉了，他打過來的時候手機沒有顯示嘛，我當時沒反應過來，因為很久，已經一兩個月都沒有跟他聯繫了好像。因為各自都賭氣嘛。然後我說我現在在上課，等會兒九點多的時候你再給我打過來。後來九點多的時候我給他打過去了，兩個人聊得都是「最近好嗎？」「嗯嗯。」這種的。我就說我知道你想說什麼，你應該也知道我想說什麼，我們都彼此心照不宣了對不對。他說對。我說當時我就跟你講過，就是我跟你在一起很開心，但是我比較擔心的一點就是，你是一個很追求自由，很不羈的一個人，不一定能陪我很久。你又不想被感情束縛，又想回歸一個人自由自在地生活，那樣我會很傷心。我跟他在一起之前就跟他打了預防針，我說你這種人只適合談談戀愛，不適合長期的在一起生活，或者說結為夫妻這種的，就適合短期談的那種，尤其是適合精神戀愛的。因為精神交流的話我們兩個是十分順暢的。然後他那個時候還不相信，但是當那天我講出這番話的時候，說你終究還是應驗了我當初講的話，然後他就說嗯，是的，對不起，幹嘛幹嘛的。他說聽你的聲音還有你最近發的好像你最近過的還不錯，我說還好啊。我說那大家都知道彼此想要說什麼，那就不用說出來了，那就這樣吧。他說嗯，好的，你保重。我平時說你胖也不是真的嫌你胖，其實你的身材還是屬於比較勻稱什麼什麼的，不用減肥啊什麼什麼的。我只是嘴上說說的，你不要真的去減肥。因為他以前老說我吃的多呀，要減肥啊。我說我知道了，那就這樣。然後他隔了五秒鐘還沒有掛電話，我就先掛了。當時的話，我沒有太大的感覺，我就下意識的去QQ上看了一下，然後我就感覺不對勁，好像有個人不在了，我一看，他果然把我刪掉了。他就還是挺難受的，反正我覺得是這樣。

你真正放下一個人，不是刪除他所有的聯繫方式啊，可以逃避或者說不讓他出現在你的生活裡。而是你看到他發的狀態，他發的圖片，什麼和誰在一起做了什麼事情，你都無動於衷，那才是真的放下了。然後我就覺得說他比我更放不下吧。

謝：後來呢，你有關注他嗎？

根根：之後就是偶然的一次，我就有看知乎的嘛，然後有一次就是看知乎日報上推播的一個答案嘛，然後我看他答了一個什麼題，我忘記了。但是我潛意識的就覺得這個帳號應該就是他的，然後我就點開看，果然就是他的。然後我就看到他有關注單身的那種話題、失戀的那種話題。那個問題是「你是什麼時候決定放棄一個人的」，然後他的回答是「當你向一個人走了九十九步，而她卻從未向你跨出一步的時候」。然後當時我就知道我們倆為什麼會分開了。因為他是單親家庭，他爸爸生意忙，照顧他時間比較少嘛，他從小就比較獨立嘛，其實這種人是最渴望家庭的溫暖的，還有朋友同學，女朋友給的那種關懷和愛的嘛。然後我又屬於那種大喇喇的，然後我們倆跟一般人可能不太一樣吧，因為一般情侶談戀愛都特別膩歪啊，然後我們還挺理性的，都交流一些不一樣的那種話題，我們都比較注重精神層面的交流。他覺得說好像做了很多事情是在為我啊，感覺不到我在向他靠近啊，就是各方面我都在拒絕他，反正我是沒有覺得，我覺得我也為這段感情做出過努力啊，也沒有全部都是他來遷就我什麼的。

不過我記得他有個朋友在上海，他有一次就直接從北京飛到上海，還是坐高鐵到上海，結果那天給我打電話說他在上海，上海離杭州很近嘛。他說他第二天過來看我，我說你不要過來，我沒有準備好，你不要過來，我說有安排嘛。我覺得他那次也挺沮喪的嘛，反正就是說他做很多事情都在向我靠近，根本感覺不到我在靠近他嘛。我就覺得他挺需要那種被需要的感覺。但是我個人嘛又比較獨立，又不太喜歡依賴別人，我又不是那種小鳥依人型的女生，所以他可能感覺不到那種可以保護，給別人溫暖的那種感覺。然後同時我可能對他的關懷也不夠吧，我們倆又都死要面子啊。

他的微博我也是有的，他跟我分手那一個月都沒有發狀態。然後之後發了一條，就是說「恭喜，我已經整整一個月沒有喝酒了」。因為他是那種一有心思就會想要喝酒的人，而且他那種紅酒啊、洋酒啊、伏特加那種都喝的，然後有時候會把自己灌醉，這樣。然後他上海那個同學就評論說「恭喜你，終於走出來了。」我反而覺得我挺沒心沒肺的，當初電話掛斷之後，第二天我好像跟沒事的人一樣，也沒有說為這段感情怎麼煩心啊，怎麼失魂落魄啊，就不像一般女生就特別撕心裂肺啊，肝腸寸斷那種感覺。挺淡定的，別人根本看不出來我失戀，或者有什麼異樣。我就是一直覺得我們彼此都會遇到更好的人，然後就各自珍重，揮手再見吧。

謝：經歷這段感情，你覺得自己改變的是什麼？

根根：我還是懷抱著相信美好，就是遇見美好，還是比較樂觀積極向上的。我後面遇到的男孩子就不像他那麼單純，就他還是比較難得的。但確實我們倆還是比較適合談那種柏拉圖式的精神戀愛，不適合一起生活或者結婚這樣子，確實不適合。因為性格都是那種硬碰硬的，都是那種石頭型的，雙方都不肯讓步的。但是怎麼來講，可能我還是有點偏中性吧。然後他又是獅子座，我記得網路有個梗說，處女座最看不慣獅子座裝逼，我覺得我看他就有一點。我不知道我們以後還有沒有可能，因為我們的人生軌跡已經不一樣了，我不想說我正在工作，我的男朋友在讀研究生，我會覺得我的心智會比他成熟很多，然後我會挺累的，不想這樣。然後我知道我自己適合什麼樣的男生，就適合一個比我大三到六歲的，然後可以聊的來，然後他又比我成熟。因為女生本來就比較早熟，男生本來就比較晚熟，最好比我大三到六歲。能夠承擔一些責任，但又不能有很深的一個溝，讓我覺得沒法溝通。我覺得我這種人喜歡聊得來的人，不喜歡喜歡慣著你、寵著你，一直給你照顧啊這種的。我喜歡一起成長，但是要比我稍微年長的人。

兩條平行線 永遠沒有交集過

文／汪佩瑩

主人公：平萍（化名），生於一九九三年
學校（或所在城市）：杭州
專業（或文科理科）：護理
主角個性：身高很高、溫柔、話不怎麼多、踏實、細心
採訪地點：杭州江幹區某中餐廳
採訪時間：二〇一五年五月八日

用兩條平行線形容平萍的愛情故事是最合適不過了，但他們有過美妙的交集，有過冷靜的瞬間，最終還是面向遠方，背對背離開……

初中告白——高中告白（不同城市的高中）——我考到皓傑所在城市的大學——被他告白無數——我喜歡上別人（寬子）——分手——我住在皓傑家過中秋——他有女朋友了——我們就像是兩條平行線，有過重合但最後還是走向平行。

汪佩瑩（以下簡稱汪）：你是怎麼看待愛情與婚姻的？

平萍（以下簡稱平）：婚姻是一種交集，有了交集才能在一起生活。他想和我走向婚姻的，可是我跟他就像兩條平行線，一直延伸，並排著，就算有交集，那也是短暫的重合，最後還是各走各的。

他大學讀了一半，輟了學，跟著家裡人做生意去了。我多多少少不太喜歡學習不上進的男生，但是現在想想，人麼，要學會感恩，他對我的感情，能讓我感動很久。即使僅僅持續幾分鐘的熱度，那也是很美好的，但是只能回想一下，因為他現在已經有女朋友了。

汪：那你喜歡過他嗎？

平：我喜歡他，跟他在一起「玩」的日子一直印在我心裡。但是生活中總是有很多讓我沒法和他在一起的因素，它們阻止著我，我不知道是我內心不願意還是我們倆真的不合適呢？

汪：你們是怎麼認識的？

平：我們很早就認識，我可以說，我是我們鎮上的乖乖女，不敢早戀，不敢在學習上分心，不敢做出什麼青春期叛逆的事來。一直都是安安穩穩、平平淡淡的。但是對於他，我卻有另一種說不出來的情感，但是我一定是理性的，這一點，我很自信。

和大多數孩子一樣，我從小學開始就特別羨慕那些成績好的男生。特別是他又有號召力，不管是班裡成績好的還是差的學生都很願意和他作伴，老師又喜歡他，那就更博得女生的好感了。我就是其中一個，覺得這男生太出色了！他叫皓傑，我有點崇拜他。

汪：能想像出這麼出色的男生一定會有魅力吸引著女孩子，是吧？

平：當年我們那裡有奧數比賽，那是聰明的孩子才參加的呀，反正我是不行的。哎呀，我感覺他就是學霸，就是我的偶像了。小學一個班，初中隔壁班。我們當時小學直升初中的，同學就是原班人馬。其實我覺得在鄉下念書還是挺好的，大家都是一個村裡或是隔壁村的，大都一個鎮上的，感情蠻深。到現在我的那些死黨啊，閨蜜啊還不是之前那傻里傻氣的「小團體」呀。

初二暑假，班裡有個同學生日，一群人去市區慶生。當年ＫＴＶ是時尚，我們就感覺自己走在時代的前端了。因為是一大幫人乘城鄉公車到市區，回來也就以同樣的方式。好不容易擠上公車，找到了位子。很巧的是，皓傑竟然坐在了我旁邊。天吶，我從來都沒想到，我竟然有機會可以近距離地接觸到我從小崇拜著的皓傑，我的偶像呀！心砰砰砰地直跳，之前唱K的波瀾還沒撫平，就又來了一波。超級慌的，想和他說話但是又超級害怕。

汪：後來你們交流了嗎？

平：可是之後發生的事，讓我本來就難以平復的心情，又更加地慌亂了。怎麼形容呢，只能說是很複雜吧，一種狂喜，心跳聲將要跳出喉嚨來了。皓傑將他的頭靠在了我的肩膀上，說「我累了，靠一下。」什麼?!他在問我嗎？還沒等我回答，他已經閉上了眼睛。我只好僵著身子，保持剛才那個姿勢。他這是睡著了嗎？我該怎麼辦哇？全車幾乎都是我的同學，但是我不能表現出太明顯，我假裝不在意。同學之間靠著、枕著，怎麼啦，沒什麼好驚訝的嘛。恰恰相反，我已經快失去力氣了，但是為了皓傑，我還得這麼僵著四五十分鐘到家。我當時想很多，他這樣的行為單單是對我還是對其他女生都這樣呢？我是不是有幸成為眾多少女中的一枚呢？算了算了，都什麼年代了，我們九〇後女生也還是蠻開放的，沒什麼大不了的。

流言有時有，有時無，我並不在意。因為我是乖乖女哦，只關注學習，像皓傑這樣的學霸男神，我麼，只能瞻仰瞻仰，還是保持天真無邪的少女情懷吧。

汪：在這之後，你們經常聯繫嗎？

平：初中畢業那會兒，當時很流行踩ＱＱ空間，時不時就留言、評論一下。也就是在那時，我和皓傑有了交集。我們經常在ＱＱ上聊天，我們都愛開玩笑。

記得有一個夏天的下午，我的電腦右下角「嘀嘀嘀」地閃動著，是皓傑。我點開後，發現他發來了一串「鳥語」。

「什麼東西呀？」好像是日文或是韓文吧，一開始我以為是他發錯了呢，實在看不懂，我就馬上回覆他。

「你自己去查。」

查就查咯，我就去網路搜了，原來是「我喜歡你」的意思。當時我真嚇了一跳，這是我人生當中第一個男生向我告白，來得這麼突然，我一點準備也沒有。但是又想想看，有點疑惑，這是為什麼，好玩嗎？是他用個外文在耍酷嗎？

沒過多久，電話響了，原來是皓傑。他很平靜地向我告白，說喜歡我。這種感覺就像是在看電影，我沒有打算，也不知道應該是接受還是拒絕。我到底喜不喜歡他呢？萬一被爸媽、老師知道了怎麼辦呢？

汪：你當時是怎麼表態的？

平：當時腦子瞬間就短路了，我直接告訴他，我現在不想談戀愛。說完我就有點後悔了，他會不會以後不理我了。但是我覺得我就不想早戀，我還是有原則的。我心裡想啊，家裡人對我的期望是考高中、考上大學，戀愛這種事到大學裡再說吧。因為我知道他的父母在杭州工作，他現在跟著爺爺奶奶在家鄉農村生活，高中、大學將會考到杭州的。那我以後就努力考到杭州去，不知道為什麼我就開始暗暗下決心了。

高中了，他在杭州讀，週末他來回家鄉找過我。高一一開學，他連連打電話給我。我對他說，你要是真的喜歡我的話，那你就等我啊，我馬上會和你見面的。這樣，我還是「拒絕」了他。高中其實是斷了聯繫的那種狀態，在不同的城市各自忙各自的。

汪：高考之後你們如願以償了嗎？

平：高考後，我終於考到了杭州。我和皓傑之間有一個共同的朋友，那就是我閨蜜——阿真。阿真的男朋友和皓傑是哥們兒，因此阿真和皓傑也就是稱兄道弟的那種，即便後來阿真和她男朋友分手了，但是他們性格上都放得開，都挺玩得來的，關係很要好的。

汪：你們在杭州經常出來玩，也保持聯繫是嗎？

平：二〇一二年十月一日，那是大學裡第一次放假。我搭幾個朋友一道兒回家，那時候我們家那裡高鐵動車還沒開通，我們只能去客運站乘大巴回來。節假日車票很難買到，皓傑就幫我和阿真一起買好了。

我從濱江趕到杭州北站，他們已經在檢票口等我了。他很「醒目」，就是長得高唄，一個大高個矗立在那裡，能不明顯嘛！他背朝我等著，穿著橘黃色的大T，這是他喜歡的顏色，全身很運動的感覺。我有點尷尬，心理想怎麼開場白呢，這是我們多少年後第一次見面哎。那時阿真是看見我的，然後，皓傑轉身就看到了我。我慢慢走過去，他一上來就摸了我的頭，這是他習慣性的動作。其實一見面就有了熟悉的感覺，根本沒有我想像的那種緊張，心裡繃著的那根弦一下子鬆了下來，我舒了口氣。

三個人的票，其中一個人只能分開坐。算是巧合吧，我們又坐在一起，肩並肩。我望向窗外，打算眯一會，其實我根本睡不著。他掏出手機說：「我最近在一部電視劇，你要不和我一起看吧。」於是他把一副耳機分給了我一個，小小的手機螢幕，聚焦了我和皓傑的目光，螢幕上倒映著我們倆的臉。我們聊了很多，一個半小時的車程，感覺才十幾分鐘。

「要不要一起去市區逛逛？」他提著我的行李箱，一副嚮導的樣子，我忍不住就笑了。於是我倆就和阿真分開，她先回家去了。我們就在市區散步，人超級多，很擁擠。我們到了一家叫「姚記糖葫蘆」的店門口，他給我買了很大一串。「呆子，這不是你最愛嘛！看到冰糖葫蘆我就想到你，真想把你吃掉。」他老是叫我「呆子」，我感覺自己在他面前木木的，可能男生都想有種優越感吧。這樣以後，他每次見我，就從他的包裡「變」出一串糖葫蘆，我超級感動。不是糖葫蘆有多好吃，其實我早就吃厭了，小時候喜歡紅紅的、甜膩膩的味道，但是長大了覺得女生吃甜食會發胖的，就漸漸不怎麼吃了。但是皓傑每次見我都給我買，我就每次都吃。因為當一個人記住你愛吃的東西時，你一定會被感動死的。

汪：這次回家的經歷之後你們應該對彼此有了進一步的了解，後來有繼續聯繫嗎？

平：有了這次搭伴回家後，我們開始微信聊天，聊得更加頻繁。從之前的斷了聯繫到慢慢變得熟悉。

國慶後，因為每個學校，每個專業開始上課的時間不同，我們就陸續各自回杭州了。他在市區的校區念書，閨蜜阿真在下沙念書，我在濱江，我們仨的地理位置簡直就成了三角形。

十月底，我們三個好友聚餐，我和皓傑去下沙找阿真玩。皓傑就從市區來濱江接我，然後一起去下沙。一見面，他就從他的單間斜包裡掏出一串紅色的亮晶晶的糖葫蘆，在我面前晃了晃，我簡直比收到生日禮物還開心呢。杭州的公車上有朝後的位子，他坐在那個朝後的高一點的位子上，我和他面對面坐在稍微低一點的位子上。我撕開外面的膜，咬了一大口。

「公車上不能吃東西的呀！」

「那你幹嘛給我買呢！」

我倆就是一見面就會「吵」，這是習慣性的對話。

我趕緊在公車開動前，把一顆糖葫蘆塞進嘴巴，嚼著。這時車子剛啟動，不知道是因為慣性的緣故還是什麼，他的身子往前傾，他就彎下腰，伸手在我的嘴角邊蹭了蹭。車子穩了，他的手還停留在我的嘴邊。我們之間沒有說什麼，但我心裡「咯噔」一下，這情景就好像只有小說裡才有，卻發生在我身上，這比糖葫蘆還要甜蜜。

我們逛下沙，吃吃喝喝，這也是年輕人經常在大學裡享受的日子。

晚上回來，他不放心我。還是一起原路返回，送我到濱江，然後他自己回市區。

汪：你們這樣算是一次次熟悉了，他有對你告白嗎？

平：漸漸地，又再一次「熟」起來了，我們幾乎每天都聊。即使今天沒什麼要說的，他每天晚上都會發我一個「晚安」。直到有一天，他突然打電話給我，我正好晚上從自習室看書回寢室。他大聲說：「我喜歡你！」我愣了，但是我聽得出電話那頭鬧哄哄的，好像在聚會。

「你是不是在玩『真心話大冒險』啊?!」我很生氣，這些飯桌上的遊戲，他竟然用在我身上！對於這樣的告白，就算是遊戲，我也不喜歡把這種事情拿來開玩笑，就淡淡地掛了電話。

我記得有一次我們開玩笑，他說他曾讓算命先生算過，「十年無桃花」。我就嘲笑他，但是我心裡竊喜，還好他現在還沒有女朋友，也就蠻放心的。而且我大一的時候，繼承了我小時候的性格，就是乖乖女。說好高中不談，等大學再說。其實到了大學，我還是這樣，覺得太早了。皓傑就是射手座的典型，愛自由。他做事蠻粗糙的，而我喜歡成熟的男生。我就心裡面想啊，「十年」是個概數，那你別著急，我等你，等你成熟，等你穩重。我說不出來我是不是真的喜歡他，但是這需要時間，我們倆現在的狀態真的適合談戀愛嗎？我感覺，等過幾年我們成熟些，再在一起好了。

那次意見不合之後，他仍然每天微信我「晚安」。簡單的兩個字，我覺得已經成為習慣了，並沒有回他。終於在幾天後，他突然問我，你知道「晚安」是什麼意思嗎？當時我覺得他真是搞笑，太幼稚了，幹嘛又來問這種無聊的問題呢。我很不情願地表示不知道，想聽聽他到底有什麼名堂。

「晚安，是我愛你愛你的意思。」我聽完覺得真是八竿子打不著的事，什麼玩意啊！其實有時候被皓傑告白無數次後，我都有點聽覺疲勞了，可能一開始就不願意和他在一起，也就註定我們永遠也不會在一起，走不到一起。接著他就很詳細地解釋：「wan an，就是wo ai ni ai ni啊。」天吶，我簡直就是文盲啊，這麼點小兒科的東西我都不知道啊。不對啊，正常人誰會這麼想啊，不就是網路流行語嘛，有什麼稀奇的！從此以後他每次「晚安」給我，我只回個「安」字。我可不能表現得這麼明顯，不然他以為我默認了呢。我承認我有點口是心非，欣然接受他的喜歡，也僅是接受但不行動的那種。

汪：對於他的告白，你的態度是怎樣的？

平：對於他的玩笑，我已經有些麻木了，雖然有驚喜，但更多的是我自己的選擇。一次和他相約吃飯，他很正式地提出讓我做他女朋友，我第一反應當然覺得他在開玩笑啦。我就反問他：「你是不是缺女朋友啊?!」他有點生氣就說：「你怎麼還是這樣？告白這麼多次還拒絕。」我不說話，長時間的沉默就這樣開始了。

我住在四個人的寢室，其中一個是我最好的室友，她叫露露。皓傑曾經經常來我們學校找我，我就拖上露露一起，就這樣我們仨吃飯、逛街、看電影，互相也加了微信。然而在我和皓傑沉默的日子裡，皓傑把所有事情都告訴了露露，包括他對我的感情。露露是個貼心的好女孩，她就把她與皓傑之間所有的聊天記錄給我看。在那時，我才知道皓傑喜歡我最大最大的原因是我比較踏實，而他想擁有的戀愛是奔著婚姻去的。我這才意識到他對我是認真的。那晚，我就急著拉著露露去頂樓的天臺，告訴了她我的真實想法。其實有些話，我絕對不可能對皓傑講，在我眼裡，他還是像個小孩子，正處於青春期的叛逆小孩。

露露說：我覺得他配不上你，你這麼優秀。

我說：他是有我看不中的地方，比如翹課、遲到、打牌等等，但是我還是很自卑，我遇到有些問題還是他幫我解決的。

露露勸我還是再等等吧，並且尊重我的選擇。

她和我同一個寢室，在大一升大二時轉專業了。她轉去的班級男生很多，她人緣又好，我也因此認識了不少男生。其中一個也就是我的前男友——寬子，我們短暫地在一起是因為我們之間有共同的特點，他也是我喜歡的男生類型，那就是學習好、有上進心。

我說過我是個乖乖女，以學業為重，因此圖書館、自習室都成了我和寬子學習的主要場所。複習階段，我們天天在一起，他也很認真，看書、吃飯、散步，我們有共同的話題。他很上進，又很幽默。跟他在一起，我用三個字形容，「新鮮感」。

汪：那寬子給你的感覺就是愛情了，可以這樣理解嗎？

平：很多人都說大學裡談戀愛只是為了排解寂寞，我記不得從什麼時候開始在一起的。但是一遇到一個男生學習好，對我又很好時，我覺得就可以嘗試在一起。但那種絕對不是愛情，我覺得就像是精神上的朋友。但是就這樣一步步，我以為不是男朋友，卻成了我的初戀了。我知道我們不會長久的，只是在一起。最後還是會分手的，所以我只享受這個過程，我喜歡他。

正當我和寬子談得熱火朝天，有一天皓傑超級狠心跟我說：「我沒有這麼大方，我是不會祝福你的！」接著，他發了個截圖給我，上面寫著他喜歡我的天數。他告訴我，一切都結束了。我沒有問他具體是哪一天開始喜歡我的，因為在那時也就沒有必要問了。

暑假，雖然各回各家，但是我和寬子透過每天打電話維繫著這份簡單的愛情。夏日傍晚，我散好步回來已經是天黑了，回家的那段一百多公尺的黑黢黢的路讓我害怕，當時我真想讓寬子陪，因為他曾每天陪我散步，一對一的，有一種安全感。但我覺得應該不要緊，做個女漢子吧！回來後我告訴了他，他卻很生氣，覺得我當時為什麼不打電話給他，沒有把他當成男朋友看。而在這樣的生氣中，我似乎感受到我一個人還是可以的，男朋友這三個字好像對我來說不那麼重要了。

我和寬子分手了，是我先提出來的。因為我感覺自己在欺騙皓傑，我心裡還是有他的，就是死活不承認，不願意在一起。最後我還是回歸了那段被告白無數次卻一直拒絕他的狀態。我不知道他是不是還會像以前一樣喜歡我，其實我覺得已經無所謂了，反正不要騙他就好了。和寬子之間的那種根本不是愛情，只是女生對男生的小崇拜，維持不了多久，就會死掉，沒有生命的。

汪：和寬子的分手，你找到真正的愛情了嗎？

平：告別第一段戀情後，我和皓傑第一次見面是大三的中秋節。也許時間過去久了，不怎麼尷尬了，稍微好點，畢竟我當時沒有男朋友了。我們還是照樣吃飯、逛街、去西湖看音樂噴泉……中秋節，我和阿真都沒有回老家，而是在皓傑杭州的家過的，這是我第一次在異地感受到家的溫暖。皓傑的爸爸媽媽做些紡織生意，日子過得還蠻不錯。因為都是同鄉人，說話吃飯都是按家裡來的，完全是就像自家盛宴。皓傑廚藝很好，我們一起去菜市場買菜，回來做菜。

「咦？這雞腿怎麼都沒皮的呢？」

「吶，不是『呆子』不喜歡吃的嘛，我全弄掉了。」

他還是一如既往地叫我「呆子」。我們就在這美味中度過了難忘的中秋節，一個是關於「家」的節日。

吃完晚飯，皓傑媽媽一定要我們留下來，太晚回去實在不放心。皓傑也一直拉著我懇求我能住下來。因為阿姨真的很熱情，像媽媽一樣待我們，我和阿真也就留了一晚。那晚，阿姨給我們捏好了牙膏，整理好床鋪。我們睡在皓傑的房裡，他卻只能在沙發上過夜，也難為他了。我躺在床上根本睡不著，我感覺有一種愧疚，但又有打死也不承認的倔強。

早上醒來，熱騰騰的白米粥和小菜已經擺著我們眼前，他早起就忙碌，我當時感到有種被重視的感覺。

那天，皓傑告訴了我他的理想。他在杭州的一家城市現烤店當學徒，學做西點，打算以後自己也開一家西點店。這也許是他唯一認真「學習」的一件事吧，聽他描述得很生動，我能感受到他在努力，在證明什麼。我聽到後很開心。

再過幾天，他告訴我說不想上學了，我以為他說著玩的。但是後來，他真的輟學了，與大學說再見了。當時我心裡完全空掉了，覺得怎麼可以這樣，為什麼這樣對待自己，小時候這麼優秀的皓傑，為什麼到了大學學習就不努力了呢？我該怎麼辦，該怎麼面對他。我想了很久，覺得我離他越來越遠了，他從我和別人談戀愛起就沒有對我說過「喜歡我」的話了，也沒有挽留過。本來我還想有些幻想，但是現在希望澈底撲滅，不可能了。我要放棄他了，也許他早就已經放棄我了。

汪：最後你們還是選擇分開了？

平：再後來，聽說他有女朋友了，帶來和我認識一下。我堅決不讓他來找我，但他一如往常那種自由的作風，說已經在來的路上了。

他們因為西點認識，女生已經在上班了，是她先追他的。我沒有問他們什麼時候在一起的，是我談戀愛後嗎還是……沒必要再問了，他不願意再等我了，而去接受別人的愛了。三個人在濱江的垃圾街吃著、聊著。他們肩並肩坐在一起，我感覺那個女生是最幸福的。我發現皓傑已經不屬於我了，永遠也不跟我說「晚安」了。

他們打算回老家，跟著家裡人做紡織生意。我感覺他不僅離開了杭州，更是離開了我，永遠永遠離開了，我們回不去了。

我猛地發現，一切都變了。那種感覺就好比，自己痴痴地看著即將走向婚姻殿堂的新人，互相交換著戒指，就是在那一刻，我才發現他真的很帥，很帥。但是我又不是新娘。

以後我是不是應該勇敢一些呢？

可愛不可及產生距離的不一定是美

文／王姣

主人公：小良子（化名），生於一九九二年
學校（或所在城市）：咸陽師範大學
專業（或文科理科）：英語系
主角個性：開朗大方的北方女孩，敢愛敢恨，說話直接，成熟穩重
採訪方式：電話採訪
採訪時間：二〇一五年十月十二日

春節回家火車上認識了良子學姐，她活潑開朗，主動與我交流，成熟穩重，一路上照顧我很多。平日裡她都是在每個英語角裡面忙碌著，為自己的專業夢想努力——成為一名中學英語老師。她總是給人一種自信的積極能量，但每每談到交男朋友，她會稍作猶豫。這次採訪是五次電話採訪的結果，她時而語氣快速，時而沉默不語，在愛情面前，她或被動或主動，體驗了甜蜜但也體驗了「可愛而不可及」的痛苦。敢愛敢恨和說話直接的她在經歷了感情的起起伏伏之後依舊順其自然、坦然面對以後的感情路。

我向他告白，他第一次抱我——他轉學後又來找我，抱了我一夜——我被告白，他說他喜歡我——一句話描述我的愛情，可愛不可及。

王姣（以下簡稱王）：首先要謝謝你參與本次採訪，你和他是怎麼認識的？

小良子（以下簡稱良）：他是我高中同學，從高中我先喜歡他的。我給他告白之後，那天晚上在籃球場，他抱著我在籃球架子下面坐了很久，很久才回宿舍，第一次擁抱，第一次kiss蜻蜓點水般的。

王：那你們在一起了嗎？

良：但是他並沒有說我們是在一起的，因為我知道他喜歡另外一個女生而那個女生不喜歡他。他雖然沒有拒絕也沒有同意，於是曖昧就開始了，班上的人也以為我們是在一起了。

王：後來呢？

良：後來他轉學了，有一次他回來找過我。也是晚上，他抱著我睡到一大早，只是抱著睡覺，期間我問過他：「你到底喜歡我不？」他只說：「我就想抱著你」，然後就呼呼大睡了。之後又走了，我心裡想算了吧，不牽掛了。之後，我開始目標轉向學習了。可是怎奈，高考成績不理想。我不知道又怎麼的聯繫上他了，他說讓我去安中（安康市安康中學）複習，可是我選擇了永紅（安康市教育部直屬高中）。

王：他有和你告白嗎？

良：有的，後來在一次英語模擬測試時，我的手機震動了一下。我一看，是他發來了簡訊，真的挺短的，就是說：「我覺得你挺好的，我們在一起吧。」天那，我心裡都亂起來了，然後我一緊張都不知怎麼答題了。平復了一會，關掉手機繼續答題，事後他約我去江邊的草灘，真正的kiss從這裡開始的吧，想想真害羞呀。我也沒有問他為什麼會跟我告白。也許我是想只要他現在和我在一起就夠了。

王：你現在怎麼想的呢？

良：其實現在想想，當時挺傻的，應該問清楚的。

王：他轉校後你們怎麼樣了？

良：他從我們學校轉到安中，然後高考了，沒考好，就不去上了，就去長沙幫親戚開店，我送他去火車站他不讓我送，可是我還是去了，然後去逛超市買吃的，他竟然給我剝荔枝，餵我吃，挺不好意思的。當時真捨不得他走呀，想著在一起沒多久，又要分開了。暑假也沒怎聯繫，只是一週大概三次電話吧。我暑假就忙自己的事，助學金的事，沒跟他怎麼交流。

王：那你們開始異地了？

良：後來我上大學了，聯繫少了，但是還在聯繫著。距離是產生美，可是距離遠了，產生的美也容易沒了，這句話說的很有道理。在我上大學期間，他一直在長沙給他親戚幫忙照顧生意，沒空來找我，我也嫌太遠了，懶得去找他。他呢，一個人在那邊，也比較無聊吧。然後他就和我一個高中的好朋友在一起了，她是我高中的同桌，對我挺好的，我們以前關係挺好的。

王：你是怎麼知道他有新的女朋友？

良：我怎麼知道的？是他有一次喝醉了，打電話過來說出來的。

王：那你當時很生氣吧。你有重新考慮你們的關係嗎？

良：我很惱火，應該有兩年沒理他了，是因我覺得我需要冷靜一下，我覺得我為他付出太多了，而他呢？沒有考慮過我的感受，想做啥就做啥，我不想這麼傻了。當我知道他和別的女人在一起，那就算是分手吧，默默地分手吧。我曾經也問過他啦，我問他：「你喜歡我嗎？」他說：「喜歡」。可是「喜歡」不一定是「愛」呀，對吧。更可笑的是，那個女生和他也是異地的，不是在一起的，你知道嗎？我就更加生氣了。

王：就這樣結束了嗎？

良：他就很氣人了，然後我就不理他，好久好久不理他，之後不知怎麼，他就去當兵了，在「西安政治解放軍軍區」，可能以前我給過他地址吧，他就寫信寫到我學校裡了，我就給他回信，中間一共四次吧。第一次信裡面，就是說好久沒聯繫我了，給我道歉唄，說有空請我吃飯唄，哈哈。後面幾次也就說說最近的生活情況，又聯繫上他，我確實很開心，但也挺失望的，過去的就只能過去了。

王：你打算原諒他了？你覺得他愛你嗎？

良：我也覺得自己很可笑，我也不知道他到底愛不愛我，反正有時候真的吧，像戀人一樣，有的時候挺奇怪的。

王：奇怪在什麼地方？

良：最可笑的是，有一次他從西安過來找我，說他媽過來了，要我和他一起去接他媽，我沒去，我拒絕了。我覺得他就這麼一個不確定的人，就是他都不知道，都不確定我是不是那個人，他媽來了，就讓我去見他媽。我覺得這個男人不成熟，做事考慮不清楚，所以想了想覺得不合適，我就沒去。

王：你覺得他外形怎麼樣？

良：他是當兵的，哈哈，身材肯定好，一百七十到一百八十之間，差不多一百七十五吧，反正我穿高跟鞋沒有他高。部隊裡面嘛，一天也不讓出來，我只去找過他一次，還是去西安買計算機的時候，順便去看他，就在他們門口，那時候他剛進去，事情比較多比較忙。

王：你們有經常約會嗎？

良：回想一下，高三畢業那時候一起玩過，上了大學之後，就沒怎約過會，也沒啥好說的。

王：會有親密行為嗎？

良：他挺理性的，不是那種黏人的人，所以不像戀人那種把你摟半天，才讓你走的那種。大街上摟摟抱抱像啥麼，我們都不喜歡。雖然我是學英語的，然後看似比較開放一些的，但實際上，思想上還是比較傳統，比較保守的，你知道的吧。

王：有印象比較深刻的約會經歷嗎？

良：高中那次，他叫上他兄弟，我在南門社區門口見面，一起出去玩，前面我們就是那種，也不敢走得太近，走著走著，他就拉著我的手，把我背著走，這段挺懷念的，好吃的就算是麻辣燙了，那晚的麻辣燙真心好吃。

王：你對他什麼感覺？

良：我感覺他總是對我忽冷忽熱，忽近忽遠的，讓我難以捉摸。印象比較深的是，有一次他帶我和他朋友一起去吃飯，他們喝酒，我以為他也讓我喝酒，結果他拿出一瓶營養快線，然後說，女娃家，不要喝酒。於是我心裡有點小感動的。

王：能感受到他挺在意你的。

菲：還有令我感動的是，在有一次過馬路的時候，我走路不看紅綠燈，正要往前衝的時候，他一把把我拉到身後。很生氣的說：「沒長眼睛看車啊」。雖然被罵了，但心裡還是樂滋滋的，哈哈哈。真搞不懂他是在乎我還是不在乎我呀。

王：他是一個浪漫的人嗎？

良：他是個不懂浪漫的人，也不會製造什麼驚喜。他說話很直接，有時候喜歡，有時候不喜歡。他對你好，就直接說出來，他自己也承認過，他不是那種浪漫的人。然後吧，可是我就是喜歡他，可能是第一次看他笑的樣子，就被他迷住了吧，我是不是有點花痴？

王：情人眼裡出西施，哈哈。

良：說實話，我妹說他長得有點像張翰，我只不過覺得他笑起來和張翰比較像。以前上高中的時候，剛好他在窗子邊上坐著，剛好那時候出太陽，他剛好穿一件比較乾淨的白襯衫，一笑，兩顆小虎牙露出來了，就感覺特別可愛的那種，不知道怎麼說，就是喜歡看他笑，哈哈。

王：他有給你買過禮物嗎？

良：他不會去給你買啥東西，也不會給你準備禮物。他只會把你叫出去，想幹啥，帶你去，然後想吃啥，我請你吃飯，就是這樣，要麼想要啥，我給你錢你自己去買。他會主動給我錢花，但我不怎麼會主動問他要錢。

王：他這麼直接，有傷害過你嗎？

良：他有時候說話太傷人了，過於直接就容易傷人嘛，比如說兩個人在吵架的時候，然後他說的話就有點過分，他會說：「誰讓你關心我的」之類的話，氣頭上的話，總覺得聽起來很冷，當時聽著蠻難受的。

王：有膩在一起的經歷嗎？

良：我們只是說我們兩人喜歡在一起了，然後就特別親密，你有我，我有你，兩個人就挨得特別近，說是要分開了，就特別理性，他就站在那裡送我上車，啥話也不說，也就那樣。

王：你到底愛他嗎？

良：我也不知道我愛他有多深，但是這樣說吧，只要有人跟我告白的時候，我就去問他：「你到底愛不愛我？」他就不說話，就猜到了說：「是不是有人跟你告白了？」哈哈哈。

王：你拒絕過其他男生？

良：其中有個男生，我拒絕地也蠻尷尬的。他是我一個鄰居，比我大三四歲吧，個子也挺高，長得挺帥的，就是他是一個開計程車的，還有吧，就是比我大，我覺得和他在一起肯定怪怪的，他對我挺好的，他說從初中就開始關注我，我一點也沒有察覺到，而且我發小也知道那個男生喜歡我，還是透過我發小告訴我，她們覺得怪怪的，住的那麼近的，以後多不方便呀，我也不知道，可能我的想法比較奇怪吧。

王：那你怎麼與他相處呢？

良：我剛開始把他當朋友呢，他以為我喜歡他什麼的，然後他就越來越跟我關係走得比較近，然後又一次，有一次他說啥來著，好像是跟我告白了，我說不行，他說他要見我，我說不行，他說喜歡我很多年了，我說：「不值得你這麼做。」然後我沒有直接說不喜歡他，我說：「我現在不想談戀愛，想要好好學習，不想談戀愛。」他肯定很傷心，很恨我的。

王：你還是有考慮到他的情緒，當時對被你拒的男生什麼感覺？

良：聽我發小說，那個男孩說是為了等我，沒有找女朋友什麼的，然後我在想，我要是答應他，豈不是又耽誤他了嗎？而且跟他在一起那種感覺，不是我喜歡的那種感覺。

王：你現在對被你拒的男生什麼感覺？

良：拒絕給我告白的人之後，其實現在想想，哎，當初有點笨呀，怎麼不先看看呢？可能我現在快要畢業了吧，畢業了之後就要工作，工作之後就要結婚，需要有合適的對象啥的。

王：你最近還和他接觸嗎？

良：去年正月二十三，我二十二歲生日，他陪我過的，只是一起吃牛排，他幫我切牛排，吃完然後去看電影《哈比人》。他不愛逛街，之後就送我回學校了。沒說什麼特別的，很平常的生日快樂之類的。他一天大忙人，在部隊你也知道很難出來，能有時間陪我過生日就不錯了，我感覺這就夠了，我並不奢求很多。

王：你覺得他對你的生活帶來什麼影響？

良：可以說他是我從高中到大學一直的牽絆，除了他我不想和別人談戀愛，不知道為什麼。給我告白的所有人都被我狠狠地拒絕和深深的傷害。明明人家對我很好，可是我老覺得哪裡不對，可能是感覺不對吧。在大學裡除了和他那短暫的異地戀，我好像沒有談過戀愛。一是心累，二是我們學校女的太多，男的太少，看的上眼的更少，哈哈哈。

王：你支持在校的大學生談戀愛嗎？

良：我支持大學生談戀愛，只有經歷過，才知道怎樣選擇。試一試不就知道了麼，嘿嘿，不試怎麼知道合適不合適，哈哈哈。

王：你對於社會上出現的大學生出格事情怎麼看？

良：大學生都是成人了，很多事都能自己把握，戀愛的度也要好好把握。我是非常反對大學生做人流這種事，這是幼稚和極不負責任的表現。所以在談戀愛時一定要擦亮眼。

王：你們相識七年，斷斷續續的相處，對以後有什麼打算嗎？

良：就是因為他在外面，我在學校，我們的共同話題越來越少，打電話次數越來越少。可能知道我快要畢業了，現在也沒怎麼打擾我，他現在在西安工作，留在部隊了。現在想隨便啦，順其自然吧，也就是朋友啦。只是如果偶爾我過生日，他會給我打個電話什麼的，平常就聊聊微信。

王：作為大四女生了，你能用一句話描述你的愛情嗎？

良：一句話描述我的愛情，可愛不可及。

王：很感謝你的分享和時間。

良：這也是我很樂意做的事。期待你的書出版。

生活中的「克拉之戀」 致理想的愛情

文／王姣

主人公：菲菲（化名），生於一九九三年
學校（或所在城市）：杭州
專業（或文科理科）：化學系
主角個性：內向，愛笑的小女生，喜歡多想，很在意別人的看法
採訪地點：杭州下沙二號大街某花園
採訪時間：二〇一五年十月十日

黃昏的下午走在學校的後花園裡，溫度剛剛好，從考研究所複習中抽身出來的菲菲姐稍顯疲勞，但經過之前的採訪邀請，她還是欣然和我分享她的愛情故事。於是，我就開始了半結構化的採訪菲菲姐，在我眼中菲菲學姐像孩子一樣天真單純，但竟然也有著跌宕起伏的愛情故事。菲菲姐是理工科女生，平日裡學習很認真，多次獲得獎學金和榮譽稱號，樂於助人，是一個愛笑會露出兩顆虎牙的小女生。經過與她交流，深深地能感覺到她的善良使得她喜歡多想，很在意別人的看法，她的倔強使得她經歷了「克拉之戀」。最讓我印象深刻的是她一直在追求

理想的愛情，但卻在愛情的這場遊戲裡矛盾和糾結，兜兜轉轉或許最後找到適合自己的歸宿。

大一被小A告白，不知所以然——大二和小B在一起，不是想像中的愛情——大三向小C告白，情理之中被拒絕。

王姣（以下簡稱王）：首先要謝謝你參與本次採訪，你的感情經歷是怎樣的？

菲菲（以下簡稱菲）：我的感情經歷還是比較平淡的，好像沒什麼好說的，就有點迷糊啦。談戀愛這種事情，大四真的來不及了，要畢業了。大學裡，我也算是有一個「三角戀」，是三個人關係很好，但關係又很複雜，而且是貫穿始終，和我告白的男生我就叫小A吧，和我在一起過的叫小B吧，我告白的那個叫小C吧，而小A和小C是很好的朋友。

王：你們是怎麼認識的？

菲：大一開學有一次老鄉聚會，當時我就覺得我特別緊張，和他們也不是很認識，有些人認識，有一些不認識，總體我還是表現比較羞澀的，因為我就是覺得不熟，我不是那種自然熟的，而是慢熱型的，吃完飯後，我就回去了，和我一個班裡的同學出去散步，小A就突然發簡訊給我，問我有沒有男朋友？我說沒有，他說讓我考慮一下做他女朋友，我直接就拒絕了。

王：為什麼直接拒絕了呢？

菲：畢竟剛開學，相處時間太短，除了在老鄉會上見過一面，坐在一起吃頓飯，基本沒啥深印象。他突然和我告白，我很詫異，根本不敢想，也就沒有同意，拒絕他也是再正常不過了。因為女生嘛，想找一個真正對她好的人。我想找一個能真誠待我的人，但是當時我看不到他的真誠。

王：那小A後來找過你嗎？

菲：後來快到期末了，他說約我去圖書館複習，我也拒絕了，正好不想去，馬上期末考試，我想在寢室複習。後來他覺得我也比較冷淡，就沒怎麼再聯繫，也就平平淡淡。

王：你們現在怎麼樣了？

菲：現在我們還是聯繫的，關係還蠻好的。

王：你對他什麼印象？

菲：他一百七十左右，長得中上，是材紡輕化（材料與紡織學院輕化工程專業）的，我是化學系（理學院化學系專業）的，我們專業比較相近，都是工課，兩個人在一起，比較有話聊。他這個人比較固執，有一次去西塘玩，回來的時候，他說要做公車回來，雖然公車很快，但沒有坐地鐵舒服，所以基本上他下了決定，就不會再變，也沒有人能改變他，不知道喜歡我是不是也沒有變過，哈哈。

王：在一個學校，相近專業，平時還有接觸嗎？

菲：大三大四我和小A成為很好的朋友，因為畢竟是老鄉嘛。

王：小A現在怎麼樣？

菲：小A考本校研究生，就是因為我也考研究所，所以最近交流比較多。

王：你們一直有聯繫，現在面臨畢業，你對你們的關係怎麼看待？

菲：其實真正想一下，我和小A真正可以聊得東西比小C多。如果理性的話，真正適合我的還是小A。一開始向我告白，是我不太了解他，所以沒同意，我室友說如果一開始我接受了他，我們可能會走得很遠，只能說我們錯過了，緣分沒了，我不明白他當時告白是出於何種目的，他現在對我蠻關心的。

王：如果他現在再對你告白你會拒絕嗎？

菲：如果有可能他再次給我告白，我會接受他的，其實我現在想找一個一起走下去的，我覺得跟他應該能一起走下去。不過，這麼長時間了，或許已經淡了，還是要看他吧。

王：剛才你提到了小C，說說小C的情況

菲：說說小C吧，我出省讀書，我閨蜜都在廣東，我一個人在外她們都不放心，而且他們覺得我傻傻的，容易被騙，哈哈。她們希望有個人可以照顧我，剛好大家都認識小C，都覺得他不錯。我們高中的時候在同一層樓，平時見面也就是打個招呼，現在剛好又在同一個學校，所以又一種天然的親近感。他是法政的（法政學院），我閨蜜就說如果和他在一起，能照顧我也挺好的，而且我閨蜜一直覺得他這個人不錯。我和我閨蜜感情比較好，我比較在意她們的看法，她們都說好，我心裡也就也就比較傾向了。

王：你們相處多久？怎麼熟起來的？

菲：我和他相處一兩年，也覺得他人不錯。我們大一的時候，一起去當過一天的志願者，他做事情很踏實，而且還照顧我，給我買水，給我背包，感覺挺貼心的。還有一次是一起出去玩，突然下雨了，我穿的是裙子，覺得挺冷的，他就把外套脫下來給我穿，他個子高，衣服很長，我比較矮，我穿著就像穿裙子一樣，確實蠻開心的，回來之後本來是要洗一下再還給他，但他說不用，我也就放棄了。

王：他很照顧你呀。

菲：大一大二我的事情可多了，需要什麼東西他都可以給我。大一下半學期，我想借一個特別小的有巴掌大小的螺絲起子，問了身邊的人，他們都說沒有，但一問他，他就會有了，我覺得很神奇，好像什麼都為我準備似的。大二上半學期，我自行車丟了，每一次在老鄉群裡面借自行車的時候，沒人理我，就只有他會把自行車借給我。說要請他喝奶茶，一直也沒有實現，他也沒有提過。

王：他確實很在意的，還記得比較感動的事情嗎？

菲：大二下半學期，有一次，我同學過來找我玩，但我不知道去哪裡好，就去問他，他直接給我發一個Word文件檔。我又驚訝又高興，十幾頁的內容，三千多字，裡面有具體的旅遊地點以及詳細路線截圖圖片，還用不同字體標注出景點周圍可以吃飯、住宿的地方，簡直就是一個活地圖呀，一個很詳細的旅遊攻略。我看著呀心裡真的很感動，覺得他十分貼心，對他的好感也倍增。現在我還保留那份Word文件檔，很實用，關鍵就是那是他發給我的，這是我對他的回憶裡不可缺少的一次經歷，我覺得挺浪漫的。

王：他是一個比較認真的人，感覺對你也很用心。

菲：大三上半學期，我上一節攝影的選修課，有一次老師要我們去拍照片，我不知怎麼辦，第一我沒設備，第二也不知道怎拍，就去找他。因為我知道他會攝影，我就問一些拍照技巧，我讓他幫忙拍，然後不知道啥事情，我們一直沒有約著去拍。到了交作業的前兩天，我問他怎麼辦，他就直接把已經拍好的照片給我發過來，我就交上去了，也就是說，這個作業就是他幫我完成的，哈哈，感覺像作弊。

王：你經常找他幫忙，他幫你完成，你有什麼感覺？

菲：他這麼用心的幫我，我還是挺感動的，我說會請他吃飯，但後來也沒有合適的機會，其實我還欠他很多頓飯，因為他幫了我很多忙，他就像我的閨蜜一樣，都是我眼中的「好人」，太多次的幫助讓我對他產生依賴吧，可能是這種依賴變成習慣而已，我想讓這種習慣變永久而已，於是，我就向他告白了。

王：怎麼告白的？

菲：那是大三下半學期，五一放假的時候，我在家裡面，一個下午，很悶熱，我剛睡醒，還不怎麼清醒，想了一些有的沒的，就打了很長的一段話，給他發過去了，也就算是告白吧。那天我很緊張的，畢竟是第一次告白嘛，其實我告白也算是實現我給閨蜜的承諾吧。我一年前說過要一年後要追到他，所以那天也就那樣了吧，昏昏沉沉的做了件傻事吧。

王：你除了閨蜜的承諾，對他本身有什麼感覺？

菲：我自己覺得，我也是想找一個可以依靠的人吧，他人很好，很有想法，有主見，我沒有主見，我覺得我們可以互補。

王：他怎麼回你的？

菲：他回過來說他已經有喜歡的人了，聽到這話了，我能怎麼樣，不能怎麼樣。我就說我們還是做朋友吧，他說一定是，其實一開始我也已經準備好了被拒絕。我後來才明白他不喜歡我，他拒絕我了，就是我單純喜歡他而已，他只是把我當朋友而已，但是被他拒絕之後，我也不是很傷心，我感覺我自己很作，有沒有？

王：雖然意料之內，但還是被拒絕了，你現在怎看待這件事？

菲：我被拒絕了，也不是很難過，我自己也能感覺到他只是把我當朋友。但當時那段時間，我自己壓力也比較大，準備考研究所，也要選專業，沒啥目標，然後當時我又問他意見，他有給我意見，然後覺得蠻信賴他的，其實我們分專業，我就問他什麼專業比較適合我？也相處了兩年了，多多少少對我有一些了解，他給我分析了一下，我覺得有道理，我大一大二都有找他幫忙，很依賴他。但我被拒絕了，也不傷心，不知道當時自己怎麼想的，就是糊里糊塗的。

王：那你現在後悔嗎？

菲：你說我現在後悔嗎？有一點後悔吧，因為感覺現在見面多多少少是有點尷尬的，但是已經在努力的在不尷尬，在一些人多的場合下，我不會說很多話，有時候在學校裡見面了，也就只是打個招呼而已，還是各走各的，有些事情還是自己想出來的，是自己想太多，其實又沒必要想太多。

王：你和小C是怎麼發展的？

菲：我直到大三才向小C告白的，也是因為小A的緣故吧，我們三個都是老鄉，因為他們倆是很好很好的朋友，他們部門也一樣，所以互相認識的，他們住在同一棟樓，挺近的，他們也經常會一起打羽毛球，一起吃飯，而且還騎自行車出去玩，反正就是好朋友的那種，就像好兄弟一樣，所以我不想因為我的原因破壞他們的關係。

王：那你們三個人的關係是怎樣的？你能描述一下嗎？

菲：小A、小C和我，我們三個人的關係在我的內心，真的很像《克拉之戀》，一個是天上的星星，一個是身邊的人，那種我暗戀的那個人小C就是天上的星星，和我告白的那個人小A就是我身邊的人，真正的有話聊是和小A，和小A在一起，我感覺什麼都可以聊，平常朋友圈裡面也會互相按讚，感覺有意思的就評論一下，就是那種很平常的交流。

王：這種關係很難相處的，你現在交流什麼感覺？

菲：現在想想蠻尷尬的，畢竟大家都是朋友，所以也覺得不可能在一起了，我覺得就像是「三角戀」似的，我怕說開了不好，我顧慮到他們的友情。不過，現在不糾結了，覺得絕對不可能在一起，怕影響他們的感情，我就是怕這個，我不介意他們在背後面談論我，我不想因為我讓他們兄弟鬧翻，現在沒資格追求感覺自己不是特別喜歡，不夠喜歡吧，能不能在一起，順其自然吧，可能吧，我會遇到更好的。

王：你們平時有在一起聚餐嗎？

菲：我喜歡安靜，不喜歡吵吵鬧鬧的，自己的生日也就隨便過過，是學生嘛，也沒有太多錢去請他們，而他們還要還回來，覺得挺麻煩的。但老鄉聚會不一樣，大家都很忙，每學期只聚一次，他們倆都會來。我們八九個人就在三三吃飯，然後又去操場坐一坐，聊聊天，都很正常的，大家在一起，就是玩得很開心，也沒是啥的，我沒有和他們單獨出去過。

王：你現在忙什麼呢？

菲：現在我和小A都在考研究所，各自複習，他考本校的研，晚上有的時候會遇到，他在圖書館值班，我也是等閉館音樂才走的，在圖書館門口遇見了，就一起回去，隨便聊聊，感覺蠻好的，一切都等考完試再說吧。小C已經開始實習了，而且整天很忙，現在幾乎不怎麼聯繫了。

王：你和小B怎麼認識呢？

菲：中間有一段插曲，到了大二下半學期的時候，認識一個男的，他會經常跟我走呀，那就是小B。大二暑假，大概七月分左右，我去麗水的一所小學支教，完全是團體生活，大概二十來天，三十多人一起備課，一起自己做飯吃，在一起時間比較多。支教期間，週六週日一起去教小朋友簡單的英語知識，不教課的話我們會去一些當地的景點玩。那段時間感覺有點曖昧，他總會逗我，和我開玩笑，我和他一起玩的時間比較多，他對我好我也能感受出來，和他一起做事情我也覺得挺快樂。支教快要結束的時候他對我說：「我們這樣像不像在談戀愛？」我說：「我不知道哎」。他又說：「我喜歡你，做我女朋友吧。」當時我沒有明確答應他，只是不說話。後來兩個人就自然而然的在一起了，支教結束後，我們一起出去玩，路上他有牽我的手，我覺得兩人在一起，這也是正常。

王：很快就開始這段關係了？現在怎麼想的？

菲：其實我當時也是有點排斥的，我只是把他當朋友，不是那種很好的朋友。我的內心是糾結的，他總是很黏我，我就很煩，但他又對我很好，我又不好意思拒絕他。而且我也沒啥感情經歷，他給我講喜歡我，出於好奇，我就沒拒絕吧。就這樣糊里糊塗地在一起，差不多一個月吧。我們很少打電話，支教結束了，我在家期間，每天就是微信聊天，聊一些有的沒的，每天微信互相罵，罵來罵去，有時感覺有時候是有過快樂的。

王：後來呢？

菲：開學回到學校之後，我發現那種感覺不是我真的想要的，可能是當時我第一次談戀愛，也沒啥經驗，和我想像得不一樣，就打算和他提出分手。

王：怎麼不一樣？

菲：我覺得兩個人一開始交往會很羞澀，然後希望他能真正了解我，但我發現他不是真正了解我，主要是心裡沒感覺，當時只是他對我好，我才接受的，我可能對感情比較挑剔，沒有真正的動心吧。

王：你現在怎麼看待這段關係？

菲：冷靜下來，內心發現也就那樣吧，也談不上特別喜歡，再後來自己想了一下，還是覺得算了吧。感覺自己的內心有點對不住他，當時覺得不是特別喜歡他。我總會想起我的朋友對我說，小C不錯，感覺自己很花心，有點對不起他。

王：相處過程中，有什麼感覺？

菲：在相處過程中，感覺他不是我喜歡的那種男孩子，我喜歡的性格他都不是很明顯。我怕我自己陷的時間越長，就越抽不開身，所以覺得早抽身比較好。而且我們不是同一個地方，我家人肯定不同意，幾乎沒有未來，女生還是希望會找到有未來的人，我是希望談戀愛就永遠談下去，能好好的在一起。所以後來我就和他說分手吧。

王：他什麼感覺？

菲：他可傷心了，在學校分手的時候，他就坐在凳子上悶悶的，好像還哭了，當時我就覺得特別對不起他，覺得自己是一個壞人，那段時間我自己心情也不好嘛，不過我覺得沒有未來的人，長痛不如短痛，早點斷了也好，「早死早超生」的那種意思，我覺得他對我很好，但我沒有體會到那種愛的感覺。

王：有種快刀斬亂麻的感覺。

菲：你知道嗎？大二是我最衝動的一年，我大一的成績還不錯，大二就不行了，是因為那時候自己有點小叛逆，然後就談戀愛，想嘗試一下，發現不對勁，就分手了，覺得自己好叛逆，我不後悔和小B分手，這樣我的初戀就沒了，反正和小B糊里糊塗的，我也不懂自己怎麼想的。當時是因為我沒有談過戀愛，感覺有一個人對我很好，就想試一下，後來嘗試一段時間，發現一個人好，就是兩人在一起也沒什麼多大的感覺，哈哈哈，這樣說真是不好，覺得蠻對不起他的。

王：你挺矛盾的。

菲：我是希望能有一個自己喜歡的，畢竟大學期間，我還想找一個真正喜歡的，但有些話蠻羞澀的，難以說出口，後來可能我心裡有喜歡的人吧，也就是小C，所以那時候，我就果斷分手了。其實現在想想，也不算是真的喜歡小C，就是有那麼一個人是我高中朋友都希望我和他在一起，然後他們老在我跟前說他有多好多好，就是值得依賴的人，然後後來發現他人真的很好，但我還是不明白什麼是真正的喜歡？

王：你有可能去相親嗎？

菲：我室友最近在相親，所以我也有可能會去相親。我們班裡面有個男生向一個女生告白，女生拒絕了，那個男生消沉了幾天，都沒好好複習，我覺得我當時被小C拒絕，沒有很感傷，而且更有鬥志，所以證明或許我不是很喜歡他，只是好感吧。

王：作為大四女生，你對戀愛怎麼看？

菲：大四快要畢業了，感覺在一起不久就要分開了，除非是老鄉，老鄉到時候總要回家的，總之是有未來的。我現在變得可理性了，不輕易談戀愛，我單身狗就什麼都不知道，就想體驗一下，然後發現一個人比較好，自己的內心和感受不一樣，感覺在一起，我感覺一點也不想他，就是不喜歡他，然後覺得很對不起小B，他對我真的很好，但他對我越好，我就越內疚，我覺得自己沒有什麼能給他的，所以我做決定分手，哈哈哈，你怎麼看待我？反正分都已經分了。

王：經歷過三段戀愛，你現在怎麼想的？

菲：我現在是順其自然，反正主動我也主動過了，被動我也被動過了，哈哈，其實我想要的很簡單，有那麼一個人對我很好，但是也不特別黏我，我不喜歡別人老是黏我，而是很平淡很平淡，就我爸媽一樣。

王：你眼中的「愛」是怎樣的？

菲：我眼中的愛就是「小夫妻」，哈哈，就是那種平平淡淡的，正正常常的，就是有人可以一起分享喜怒哀樂，也就是陪伴吧，雖然我被傷過，也傷過別人，但我現在還是嚮往愛情的，對愛情滿懷希望的。

王：很感謝你的分享和時間。

菲：這也是我很樂意做的事。期待你的書出版。

經歷三段感情　我想生活充滿新意

文／王玉靜

主人公：小麼
性別：女
年齡：二十一歲
學校：浙江工業大學
學院：經貿學院
主角個性：青春、活力、嬌俏，比較典型的南方女孩
採訪方式：電話採訪

我是在實習期間一個極偶然的機會才接觸到小麼的。那時候我跟同事說我在寫大四女生的稿子，同事興高采烈的對我說也許他可以幫我找到一個。我心裡雖然興奮，但是沒有抱太大的希望，畢竟對她來說我是一個「陌生人」，而關於愛情的事情也許並不太容易向「陌生人」吐露。讓我驚訝的是，僅僅兩天後我就從同事那裡得到了小麼的肯定回答。她的爽快也讓我在無形中拉近了和她的心理距離。我們在比較輕鬆的氛圍中開始談話，以下是我們談論的關於她愛情的故事

我有過三個男朋友——我初戀的男孩子很陽光很可愛很可愛的——過了一天我就反悔了——第二個男朋友我是因為賭氣才找的——這個人好帥啊——我感覺現在的男生對自己的未來都不是特別明白——我一直都覺得我們在一起我很被動——我喜歡男生很有新意——門當戶對其實還挺重要的。

王玉靜（以下簡稱王）：我們今天主要是聊聊你的愛情故事，你可以隨意說點什麼，如果你無從開口的話，可以我問你答。

小麼：好呀，你問吧。

王：現在是戀愛中的狀態嗎？

小麼：現在沒有。

王：聽你朋友說之前有過三個男朋友，可以聊聊你的初戀嗎？

小麼：初戀吶，嗯初戀已經三年沒有聊了誒！我們是高中同學。我們一個高中的，我去圖書館的時候他也去了，然後就認識了，接觸了一段時間後慢慢就在一起了。

王：可以講一下比較詳細的戀愛過程嗎？

小麼：我們都是理科班的。那時候我是樓上班的，他是樓下班的。高二暑假的時候，大家不是都要到圖書館去看書的嗎，然後我閨蜜跟他是很好的朋友，所以我們就坐然在一起看書，之後就加了QQ呀。那會我是通校生，所以暑假開學後晚上要回家。他是住校生，他偷偷帶了一個手機，但是我們學校是不准帶手機的，他就讓我幫他充電。嗯，然後好像兩三次之後，他就在手機裡面寫了東西，讓我去看。所以可以說是他先追的我。高中的時候，每天都在上課，學校管的比較嚴，也不讓談戀愛，每天也不怎麼見面，所以下午啊、晚自修啊、吃完晚飯啊這些時候，就偷偷得跑在一個地方去見一面，後來我們兩個高考結束後就分手了。

王：那會兒為什麼接受他呢？有什麼比較特別的原因嗎？

小麼：為什麼接受他呀？因為他這個人很陽光，很可愛很可愛的！而且，就有一次，我記得超清楚。那時候我跟他還不熟，吃完午餐的時候，我走在路上，我之前並沒有注意到他，然後旁邊有一個推著三輪車的老爺爺，很重很重的，他就跟他的朋友一起去幫他，他那會兒沒看到我，但是我看到他了。那時候我就覺得這個人還不錯，人還挺好的。再之後就是高二那年的暑假在圖書館跟他聊起來，他還挺會聊天的，就這樣在一起了。

王：初戀還是挺珍貴的情感吧，那兩個人為什麼最後分手了呢？

小麼：嗯這個說起來有點長。總之他成績不好，就二本吧。高考不是要報志願嗎，然後我們那會因為想在一起，所以討論過這個問題，剛開始他說要去杭州，所以一本報志願的時候我就填了杭州。後來呢，輪到二本填學校的時候，他覺得杭州沒有適合他的學校，就去了蘇州，當時我就而且暑假那會兒，高考過後每天都很空，兩個人整天黏在一起，小衝突也很多。有一天大吵了一架之後，我就先主動提出分手吧，他就說那好吧那就分手吧。但我說的就是氣話呀，過了一天我就反悔了，就不想和他分了。然後再去找他，他還是說算了吧。之後就一直都有聯繫。然後大學剛開學的時候，我……因為當班委發生了一點不開心的事情，然後我就打電話給他。然後就在那會，有一天他突然跟我說他已經有女朋友了。然後我……那年十一國慶回家我就又去找他，之後就狠狠地吵了一架，再之後就再也沒有聯繫了。其實那會兒我很難過很難過的。我跟他說分手並沒有認真地想過，只是鬧脾氣麼。後來發現他是真的鐵了心要分手，就真的整個人都絕望了，後來慢慢地就淡下來了。

王：覺得跟他之間的感情沒有繼續的可能，慢慢淡下來之後就開始了第二段感情這樣嗎？

小麼：嗯……其實那會兒也沒有因為他有女朋友了就淡下去。就是下一個男朋友其實我是因為賭氣所以才答應一個男生的。是一個學長，就是我們班助。他在追我，我又有點賭氣，然後就答應了。但是沒過兩個禮拜我就反悔了。那個人他有點……就一生氣起來有點暴力傾向。他平時人很好，但是一生氣起來就很恐怖，我也不敢再跟他提分手，然後就持續地鬧啊分啊，反正也持續了一年多。我們兩個是在我大一第一個學期快結束的時候在一起的，到我大二快暑假的時候就分了。因為他那個時候就快畢業了嗎。然後因為一直都不喜歡他，所以他畢業了，我就強行要分手了。

王：後面的那段感情呢？你喜歡那時候的男朋友嗎？

小麼：後面那個？後面那個我挺喜歡的，嗯長得很帥又很高，呵呵呵呵。

王：那可以說一下你們是怎麼開始的嗎？

小麼：嗯……他不是我們學院的。他是機械學院的，我是經貿學院的，然後我有一個好朋友是他們學院的。有一次我去看他們晚會，就看到他在臺上跳舞，然後就覺得哇，這個人好帥啊！然後我就跟我朋友要了他的號碼，之後剛開始我一直都不敢跟他聊。後來他有一次突然跟我打了個招呼說你好，然後我們就隨便聊了幾句。再過了幾個月之後，有一次他就突然問我是不是在考雅思。那會兒我已經考過一次了，然後會經常在朋友圈分享一些這種資訊，他應該是看到了才問我。因為他才剛準備第一次考試，所以他就問我能不能給他分享一些經驗，然後我們倆就經常聊天，慢慢地就熟悉起來了。

王：是因為都有出國的打算才慢慢在一起的嗎？

小麼：是，最開始是因為這個事兩個人比較有共同話題。但也是因為這個事情，現在又分了，呵呵呵呵……

王：可以講講具體原因嗎？

小麼：因為他就是我感覺他對自己的未來不是特別明白。就是……他自己也不清楚自己以後到底要怎麼樣。他考雅思已經講了很久了，但始終定不下來。上次報了名，因為自己有事情，他們那種理工學院，實驗也挺多的，就一直推一直推，又取消了報名，結果到現在還沒有報。現在，如果大四的話，大家肯定都已經申請了（出國），他就一直都沒有弄，反正就是因為這個事情就一直都挺不開心的。

王：那這樣說是雅思的事情導致你們直接分手的嗎？

小麼：就……我還是覺得他對未來沒有規劃。而且，之前我問過他到底要去哪個國家，我是定好了要去英國。他最開始說要去美國，跟我在一起之後就說要一起去英國……或者歐洲的一些國家。然後前一段時間，我再問他，他又說他跟他爸爸媽媽商量了還是決定去美國。我說那你自己決定也可以啊，幹嘛一定要聽爸爸媽媽的？他就說不能就是要跟爸爸媽媽商量之後，我覺得他自己沒有想法的。

王：那你們兩個人大概在一起多久啊？中間相處模式怎樣呢？

小麼：我們倆大概去年的七八月分在一起的吧，到今年的七八月分分開，大概一年。這中間其實他對我也挺好的，但是他這個人特別冷，高冷的冷！很冷很冷，很酷很酷的那種！就平時吵架的時候他就只知道冷戰，也不知道跟你……就是找女生低頭啊，哄哄女生啊，從來都不知道哄一下女生的。每次都是等我自己脾氣發完了，氣消了，然後再去找他，但是我一找他他就會……理我的嘍，但是他就堅決不會先找我。嗯……所以我一直都覺得我們在一起我很被動。

王：最後的決裂是因為什麼事情呢？

小麼：其實我們分開彼此也沒有怎麼提，我想想看最終是因為什麼……哦，當時他去美國玩了，然後他回來十幾個小時居然一直都沒有訊息的。我是透過他的微博才知道他已經下飛機了，但他就直接沒有跟我說他已經到家了……他只是一直在那裡不斷地刷微博，還按讚了他前女友的微博！然後我就不開心了，我問他，他就……各種含糊各種撒謊之類的，我就不想理他了，然後就不跟他講話了。後來都不講話三四天了，他還是一點反應也沒有，也不搭理我。我越來越心灰意冷，然後我就刪了他微信。後來就發現他把我們之前弄的……ＱＱ情侶空間取消了。然後我就……哦，那好吧，那我就把他的聯繫方式也全部刪掉了。嗯……我覺得他那種行為是一種暗示吧。

王：你爸媽對你戀愛的事情是什麼看法？

小麼：我爸爸媽媽？他們不知道我高中談過的，就只知道我大學，我大學才跟他們講得，高中沒有。我爸媽他們反對高中談戀愛，就影響學習呀，再加上高中學校也都禁止。大學嗎……中間那個就略過不說，然後最後那個……是我自己跟我爸媽講的。他們就一直問東問西啊，要問那個男生是哪裡的、家裡幹嘛的、怎麼怎麼的，就好像我要嫁人了一樣。但事實上，我們兩個自己都沒討論過這種事情呀！大學還太早了，所以我爸爸媽媽跟我講這種事情，我就隨便講幾句敷衍過去。心情好的時候就跟他們講一講，呵呵呵。他們看了那個男孩子的照片，就說太瘦了，長得挺好看的，就是太瘦了。

王：現在有喜歡的男孩子嘛？

小麼：現在沒有喜歡的男孩子。之前有一個男孩子要追我，但是……長得不好看，我就不喜歡！哈哈哈哈，就一兩個禮拜前，是我同學，但是這個人……嗯，我很考慮我旁邊人對那些男生的看法的。要是我旁邊的閨蜜覺得那個男的不好，那我也……覺得這個人不好。也不是只有長得不好吧，哈哈，當然長得不好也算，嗯……人不好也是。

王：自己的感情，為什麼會很考慮身邊的人的看法呢？

小麼：我覺得有時候你喜歡一個人是很盲目的，就不知道這邊其實還是有問題的，所以還是要靠別人來提醒你一下。

王：那你自己喜歡什麼樣的男生呢？

小麼：我個人喜歡瘦一點的，我喜歡男生很有怎麼說，很有新意。就是知道給女生一些驚喜，很貼心。比如說生日之類的肯定得記著的吧，那生日你送禮物的話要很有新意的那種，而不是哦，生日到了，隨便買個禮物送給你這種。呆呆的那種我不喜歡，機靈一點吧。我希望他能夠……比如說就是週末出去玩的時候，他自己可以想好要去哪裡玩，要不要帶我去玩什麼新的事情呀。我也知道剛戀愛的新鮮感到後面就沒有了，但是雖然生活越來越平淡了，可是新意還是得有啊！

王：你對有未來的感情生活有什麼規劃嗎？

小麼：哈哈……首先出國的話，想找一個外國男朋友！但是太長遠的規劃沒有……因為得先有一個男朋友呀。不過，大一點的規劃還是有的，就是我讀書讀好……因為讀書的時候肯定是不要結婚的。所以等我讀完研究生，就想大概兩年之後結婚，再之後，大概兩年之後再生小孩，呵呵呵……

王：家裡人有幫你相親嗎？

小麼：相親？那倒還好吧，不過我姑姑是有在幫我留意，呵呵呵。就是，我不是雙胞胎嗎，所以我姑姑的朋友就介紹了一對雙胞胎給我們，問要不要相親什麼的，但是後來介紹人家裡出了點事，所以也就沒有下文了。

王：你對愛情有什麼看法嗎？

小麼：你問我對愛情的看法呀……我覺得，好像我身邊女生都這樣，大家剛開始的時候，其實並沒有特別喜歡那個男生，因為大部分都是男生來追女生的。但是在一起時間越久吧，其實是那個女生越捨不得那個男生。那個男生倒是慢慢地淡化了。那些男生們，最開始追你的時候，各種殷勤，就是什麼事都愛跟你講……時不時就要跟你講兩句講兩句，連吃個飯也要跟你講兩句。到最後變成你總是找他，他卻一會兒說在打遊戲呀，一會兒說在幹嘛幹嘛。就不怎麼理你了……越來越沒有心力了。男生就這一點特討厭！無聊了就喜歡找女生玩，然後最後追到手了又變得很高冷。

王：你覺得婚姻跟愛情之間是怎麼平衡的？

小麼：婚姻跟愛情……這個……就是我表姐剛結婚一年，現在生了小孩。她經常跟我說，以後結婚千萬不能……就是只是看人的性格啊什麼的，一定要考慮家庭方面的因素。她結婚之前還是有另外一個男的在追她，那個男的對她超級好，追了她很多年，經常會送各種禮物給她，家庭條件也蠻好的，但我姐就是覺得那個男的又矮又醜。結婚之前，我姐夫家裡條件一般吧，但是對她也挺好的。但是結婚之後就很懶的呀，幾乎就……一天到晚打遊戲，下班回來就打遊戲，沒有以前那麼貼心了。所以她就說，如果當時她答應了另外一個男生的話，可能境遇會不一樣一點，生活品質也會更高一點。呵呵，雖說嫁給那個男的也不一定就會更好，但是人都會這樣想啊，要是當時不這樣做，選了另外一條路呢？我姐這個事吧就告訴我，（以後結婚）我也是要考慮家庭的問題的。因為我不想結婚之後自己還要奮鬥啊……幹嘛幹嘛的。也不是當全職太太吧，就是不需要像我們班很多女生……讀會計去事務所一天到晚加班到死那種，呵呵。所以想平時找一個輕鬆一點的工作，隨便拿一點小零用錢，然後奮鬥的中心還是在以後的丈夫和孩子身上。工作和家庭之間，我會更關注家庭。以前我也考慮過家庭主婦，但是這種就太……那個什麼了，因為沒有一點自主的權利。這樣考慮的話，我以後找對象也要找一個比我家稍微好一點的或者跟我家差不多的吧，門當戶對，其實還挺重要的。家庭啊、品行啊、父母啊的意見什麼的都會考慮的吧，那如果我父母不中意的話，那說明那個男孩子肯定有他不好的地方呀

第五章　無處安放的荷爾蒙

驢友變男友　一起去雲南一起出國

文／吳菁

主人公：月亮（化名），生於一九九四年
學校（或所在城市）：杭州
專業（或文科理科）：文科
主角個性：性格外向、獨立自主
採訪地點：杭州某大學女生寢室
採訪時間：二〇一五年九月十三日

月亮，體育超好的籃球校隊菁英，一個大喇喇的寧波女孩，喜歡文藝的東西，也喜歡運動的活力，去過很多地方打球，也去過很多地方遊玩，對動漫很有熱情，而且除了籃球外也很擅長游泳，要不是當時選了籃球，以她的技術，可能都要跟孫楊當隊友了。

大二認識（他在南開我在浙江）——網路認識的驢友（一起結伴去雲南）——在去雲南的火車上我們成為男女朋友——到了雲南我們一起玩——回來他來看我——我放假去找他——他要出國——我也決定一起出國——我們都為一起出國努力

吳菁（以下簡稱吳）：你男朋友和你怎麼認識的？

月亮（以下簡稱月）：我的故事其實有一點點的狗血，因為我們是因為旅行而認識的。在大二暑假，也就是開學讀大三的那一年，我暑假打算出去玩，沒有想好去哪裡，初步想去雲南，自己這邊只有一個人，我就想在網路找個驢友，然後就在貼吧裡的一個旅遊吧找人，看有沒有可以一起去。他也在吧裡發了貼，他先發的我再發的，我沒看到他的，但是他看到我的貼子，就來我的貼子下面留言，其實我的貼子下面還是有一些人留言的，他的貼子下面就沒什麼人，他看到我這個就跑到我這個下面留言，還說「要麼我跟你一起走，要麼你跟我一起走」，他還在我的下面搶占了好幾樓，告訴別人樓主已經跟他走了，趕走了其他的人。

既然這樣了，那我就想行吧，那就跟他搭夥吧，反正也無所謂。我們接下來就考慮去哪裡的問題，他說隨便，我說我也隨便，我挺想去雲南的，他說可以，那就去雲南吧，然後我當時事有點多，於是就想讓他做做攻略，設計設計怎麼玩，他就有在弄，但是他的攻略做的實在不怎麼樣，超級不好，我就超不滿意，然後我就火死了，我就說我自己來，我就自己來了。

那個時候剛好還是世界盃，他是義大利的球迷，我當時也看世界盃，我就是會跟他聊世界盃，我有時候就是會跟他講我看世界盃怎麼怎麼的，然後反正就兩個人每天基本上就都會聊天。有時候講出去玩的事情，有時候會講世界盃，有時候就是純瞎聊。

我跟他買的是六月二十九號從上海去雲南的火車的，他在跟我去上海之前他去了廈門，他正好同學在那裡，所以他去廈門玩之後就直接從廈門坐車去上海然後跟我一起從上海去雲南。我是在去雲南的前幾天我回了趟家，就是回了趟寧波。反正那時候基本上跟他的話題不是旅遊就是世界盃。我也不知道我都講了些啥，我忘記我有沒有聊起來感情的事情，好像有聊過，那個時候剛認識嘛，互相會發照片啊然後我當時就覺得他有點虛胖，不是strong，是虛胖。我也給他看過我的照片。我們說話聊起來，我說我挺高的，他不相信，我說我是打籃球的，他也不相信，他還跑到我的空間什麼的去看，最後確定了。我就開玩笑我說「怎麼，我那麼高你很有壓力啊？」他就說「沒有，我也不矮的好吧」我問他多高，他說他有一百八十七，當時我的心裡還驚了一下，心想還可以嘛。因為我出去玩的時候都沒有遇到什麼高的。

然後就覺得聊一下也挺好的，後來他說他是南開的我就驚訝了，沒有想到碰到這種高材生。然後後來他自己說嘛，我也想不起來到底聊啥了，反正他就有跟我提過一句意思說我們可以發展一下，那個時候我們還沒有見面。當時我愣住了，我沒有想到，因為當時我們兩個連面都沒有見過的，我就覺得哎呀，這種話怎麼能信，我就問他「你是在逗我？你是在開玩笑嗎？」然後他可能也覺得有點不妥，然後他就又說這件事情再議吧，當我們見面了再聊吧，就自己給自己否了。我當時也沒有往心裡去，就當他開玩笑了。

吳：你還記得見面之後的情形嗎？

月：後來到了二十九號出發那天，我是買的火車票從寧波坐動車到上海，然後跟他在上海的車站碰面一起去上海南站坐火到雲南。我們在火車上坐了四十多個小時。我們買的是臥鋪，買的時候比較晚了，所以座位沒有連在一起，不過除了晚上睡覺意外白天都是坐在一起聊天的。我那個時候在走之前還犯了一個傻，就是我出門那天我爸媽不在家，之前我媽非讓我背一個小包，說那個方便，我就很不喜歡那個小包，不樂意背它，臨出門我就把那個包換掉了。因為出門玩我爸給的我是現金，就給了我五千塊，我就在錢包裡放了一千，其他的四千塊我就放在了我媽非要我背的那個小包裡，結果我出門我把包換了忘了把錢拿出來了。就只帶了一千塊出了門。我當時發現的還挺及時，一出門到樓下我就發現了這件事情，然而並沒有什麼用，因為我沒帶家裡的鑰匙，我想著出門這麼多天帶鑰匙沒必要，萬一不小心給丟了就不好了，而我的爸爸媽媽那天又都不在家。我其實出門挺早的，因為我怕趕不上車什麼的，我提早了一個小時出門，結果出了這檔子事，我就在我家樓下閒晃了一個小時，就在想我要怎麼爬上去，怎麼樣拿到錢，我又不敢告訴我爸媽，就一個人在樓下轉了一個小時。最後實在想不到辦法，我就給他打電話了，問他怎麼辦？那個時候他還在去上海的動車上，他聽我講了這個之後整個人就在那裡笑了兩分鐘，後來他笑完了就跟我說「沒事，我這裡有錢，應該夠我們兩個人花的，你趕緊去趕車吧。」我當時其實不太相信，因為我想一個學生他一般出去應該不會帶太多的錢這樣子，而且我也覺得這樣不好，畢竟我們不熟，那個時候整個人都不好了。但是後來我就想沒辦法嘛，因為還是要趕車的嘛，我就最後一個小時還得坐公車去車站，就是差點沒趕上車，就是在最後一刻趕上從寧波到上海的動車的。

他那個時候到的比我早，他到上海比我早就在等我，我當時出來背了個包又拖了個箱子，說實話打扮得挺邋遢的，就不是穿的很正式，就形象不太好感覺，他也沒有很正式，只是穿的比我好點。他還有點臉盲，他當時在出口等我認出他來了，但是他沒有認出我，我就故意晃了他一下，就故意去旁邊上了個廁所，拖拖拉拉的才出來，我就朝他走過去，他也沒認出來，反正就是智商特別捉急。後來反正他看過來一個妹子，身高又這麼高，他就知道應該是我了，然後我們倆就從上海虹橋站轉車轉到上海南站坐火車去了。反正當時也挺搞笑的，我們要做地鐵去南站，一路上他就在看著我永遠在做的一件事情就是在比身高，然後就在說「你怎麼這麼高啊，你怎麼真的真麼高啊，我從來沒有跟這麼高的妹子站在一塊過啊」反正就是吧啦吧啦說了好多，一直在那邊講這個話，後來我不耐煩了，就說「你就這麼站兩天就習慣了。」後來到了南站，我們兩個就坐在肯德基裡面就在那等著，有一搭沒一搭的聊天，他就把我沒帶錢的傻事數落了一遍，又嘲笑了我一遍，各種笑話我。後來他就說他有，讓我也不用擔心，也不用著急給他，那是我就想，唉，那他說他有就他有吧。

吳：所以你們一起坐了很久的火車出去玩，那有沒有聊什麼？

月：後來上了火車，沒什麼事情，就兩個人就聊天，在火車上就鄰座的什麼的不是喜歡拉著一起打牌嘛，然後我們兩個一起，又是年輕人，又是一男一女，然後大家都以為我們兩個是情侶，那個時候他還問了我一下說「人家可能都會以為我們是情侶怎麼辦？」奇怪的是我並沒有反感大家這麼說，所以我就說「那他們以為就以為了，這樣還能省不少事，要不然咱們跟人家解釋來解釋去也沒這個必要，又沒什麼好解釋的。」然後就這樣，大家都以為我們是情侶，然後就在火車上跟人打打牌，聊聊天啥的。後來到了晚上，兩個人東拉西扯的，他就講了一些他以前的感情經歷，但是我講的比較多。我那段時間其實也是煩心事太多了才想出去走走，然後我就講了很多，他就聽著，適當給予了一些評論……因為要在火車上待了兩個晚上，就每天都是在聊天嘛，從天南聊到海北，因為我們真的大部分時間都在聊天，所以很快就熟悉了，我們下火車是七月一號早上七點多吧，就那天的前一天晚上，也就是我們在火車上的最後一個晚上，我不知道怎麼的就說多了就情緒有點失控，就是講起來我在體校啊什麼的很多的事情，包括以前在體校的時候隊友怎麼怎麼樣，然後隊友的感情經歷怎麼怎麼樣，然後就覺得對自己的人生觀影響挺大的，反正就是一些破事嘛，然後他就聽了之後他也挺感慨的，我也有在說我以後就是不想在從事跟體育有關的事情了，他就表示很理解我。我也不知道他那個時候怎麼想的，反正就聽多了感覺他自己的情緒也有點失控，他就忽然跟我說「我去洗把臉」，我當時就愣住了，我想說你幹嘛要去洗臉，後來我問他，他跟我說他當時也有點小激動。然後他就跟我說，意思是就是既然我不想再從事體育有關的事情，他就說他帶我出來，開玩笑的說就是跟著哥混，哥以後罩著你。然後就算是告白了吧，雖然不是那種深情方式的。然後就是火車臥鋪邊座就是大晚上的也沒人燈都沒了，我倆就坐在那裡聊天嘛，然後他就抓著我的手說什麼意思是就是哥帶你混，以後咱們不混體育圈了，大概是這個意思吧，但當然他原話不是這麼說的。當時說心裡話我還挺感動的，因為對於我來說其實有一個人聽我說了那麼多然後理解我擔心我，我挺開心的，然後就覺得各個方面還挺符合我對男朋友的要求的，人嘛也不用長得很帥，我是屬於看身材不是看臉的，個子也挺高的，年齡也比我大，他的經歷也是挺上進的感覺，就挺有骨氣的一個男孩子，反正我對他各個方面印象也挺好的，而其還是個學霸（偷笑），然後我就同意了，這樣就我們就上了火車還是驢友，下了火車就真的變成情侶了。

吳：這麼閃電就變成情侶了，那你們玩的開心嗎？

月：後來到了雲南，旅遊嘛，就是玩玩鬧鬧啦，在雲南那段時間也沒有什麼特別的，就像是普通情侶出去玩這樣子，只不過那個時候剛剛在一起還挺有新鮮感，就挺有那個勁的。我感覺我就是沒怎麼正經八百談過戀愛的人，然後很多事情也沒有經歷過，很多事情就感覺像是第一次啊，就比如說看電影啊，吃飯啊，以前雖然也有交過男朋友，但是都沒有一起像情侶似的逛街吃飯，所以很多事情都是第一次，就像第一次談戀愛一樣。我們出去他牽我的手我還有點小緊張，一起逛街也覺得那種感覺挺奇妙的，以前怎麼都沒有過，剛開始我還是有點不習慣，因為我一向是獨立慣了，忽然一下子身邊多了一個人感覺挺奇怪的，他還是挺膩歪的，總是逗我然後牽著我，時間長了就好多了就習慣了。

後來我們大概玩了能有半個多月，真的是玩的很盡興啊，每天什麼都不用想就是跟身邊的男朋友甜蜜蜜的到處逛，那些煩躁的感覺都忘記了。後來我們要回去了，我買了七月十六號回杭州的火車票，他買了去重慶的飛機票打算再去玩的，我其實也想跟他一起去，只不過因為我是籃球校隊的嘛，過段時間就要開始訓練了，所以我就沒有去。我走的那天好像是湖南還是哪裡發大水，就把鐵軌淹了，我當天那趟車就停運了，停運了回不去了我就在想我要怎麼辦，然後他真的是挺踏實的，凡事都照顧得很好，他當時就帶我買了昆明飛杭州的機票，陪著我一起去杭州，然後我倆一起坐的機場大巴去的東站，到了之後他坐動車回天津，我坐動車回家這樣子。

吳：那異地之後呢，你倆有沒有找對方？

月：結果過了不到一個禮拜吧，他就說他在天津待不下去了，說想來我這邊，我說那你就來吧，他就來寧波了。他一來我那個時候每天白天就要各種找藉口出門，很神奇的是我不知道我爸爸媽媽怎麼知道的，就是我當時到了雲南之後不知怎麼的他們就發現我是跟一個男生出去玩的，我並不知道他們怎麼知道的，我也並沒有膽子敢問他們，後來他們就問我是不是男女朋友，我就默認了。那個時候我還在雲南時候我媽就發微信質問我是不是跟男朋友出來的，我本來只是跟他們說是跟同學一起，這下露餡了，我就承認了，結果回家就被教育了……他們就問很多問題，關於他的各種事情都問了個遍，還問我為什麼都不告訴他們，我哪敢告訴他們我們是出去了之後才變成男女朋友的，真讓他們知道了那還不慘了，所以他過來我都不敢跟家裡說，我怕這種情況下我爸一個激動會抽他，質問他就這麼把我拐到雲南了，嘿嘿。

後來他來寧波沒幾天我就因為要訓練回杭州了，他就陪我一起回來杭州，然後在杭州待了半個多月，然後他又回家待了幾天。本來說八月一號要訓練我才回來的，結果不知怎的通知我們推遲到八月十五，我就無語了，我們就在杭州玩了半個多月。那個時候我不知道自己的狀態是怎樣的，我沒意識到自己跟平常有什麼不同啊，是隊友看到我就說我整個人狀態就不一樣啦，就說「長眼睛的人都能看出來你有多喜歡他」我當時還一愣，有這麼明顯嗎？其實我也說不清我在喜歡個啥，就是喜歡吧。

吳：那平時異地戀你們兩個怎麼相處？

月：因為他是山東人，在天津上學，我是寧波人，在杭州上學，家不在一起，學校也不在一起，就是那種本來應該是八桿子都打不著的距離，結果我倆就是完完全全的異地戀。開學之後，只能發發微信或者打打電話，然後電話也不多，頂多一個禮拜打一個，對於異地戀來說這個頻率簡直超低。我們不常打電話主要是他不喜歡，剛開始我也挺不高興的，就有跟他說過這個問題，因為畢竟是男女朋友，一個禮拜聊一下也太少了，但他這個人就超級我行我素的，就很大男子主義的一個人，聊完了他也沒有改變，後來我也就算了，反正我覺得我自己獨立性也蠻強的，也不是那種黏人的女生，也不會二十四小時要他彙報啊什麼的，也就算了，無所謂了，不跟他一般見識了吧。

吳：那你們平時相處的方式就是互相找對方嘍？

月：嗯，我第一次去天津是中秋節我們放了三天假，我又前後翹掉了兩節訓練課，我就坐的火車去，飛回來了。我也是第一次去天津嘛，他就帶我在市區住了三天，帶我去各種好吃好喝的，各種閒晃，他帶我去天津之眼，我還認識了他的朋友，跟他們一起出去吃了個飯，因為我的個性還是挺女漢子的，大家相處的都不錯，現在也算是都挺熟的了。第一次去天津，加上他在那裡，就感覺所有事都可有意思了，每天都精力充沛的到處逛，心裡挺興奮的，很high的感覺。

再下一回見面就是他過來杭州了，他是國慶前一天過來的，那個時候他已經在準備雅思了。他就是來看看我，畢竟太難見一面了，所以趕上放假趕緊見一見，他很忙，待了一兩天就走了，我陪了他一天，他走了我就回家了。

吳：異地戀會不會有什麼不愉快的地方？

月：我們兩個偶爾也會吵吵架，他這個人情緒智商很低很低，我經常會說他不會關心我，感覺很多事情不太會替我著想，有點自我為中心，有點像長不大的孩子。反正他不喜歡的事情就不行，怎麼樣都是不對的，怎麼樣都是有問題的，我有時候就說他「你前面也不是沒談過戀愛，怎麼這麼笨」。他情緒智商低到連前女友為什麼跟他分手都不知道，我那天還說他，他還說不知道，我也就無語了，唉，慢慢教吧。

吳：你們堅持到現在，有沒有共同的計畫？

月：我們有討論過畢業以後的打算，他說他想出國，我就問他打算去那裡，他當時說的是美國或者澳大利亞。我當時也有考慮過想出國，但是只不過一開始因為我的英語實在是太爛了我又沒有下定決心要補，所以不了了之，剛好他要出國的打算給了我動力，他說他想出去，他爸他媽也想他出去，然後我就想既然這樣子那就一起去嘍，也挺好的，我也就開始下定決心要去了。

我一開始跟家裡提出國，爸媽也覺得挺好的，我就開始找資料了，也開始關心這些事情，但是那個時候其實還沒有完全下定決心，我也怕自己是因為他的原因才想要出國，我想萬一要是出國就是為了做一個陪讀那我這個成本實在是有點高啊，所以我就想先弄清自己是怎麼想的，為此我想了還挺久的，後來確定自己是挺想出國的，就決定了要去。

關於去哪個國家的事情我們也有商量過，因為他媽媽很想讓他去美國，他自己是有一些名校情結，當時我是這麼跟他說的，我也想出去，但我肯定不會去美國，因為美國要求高，就我的成績來說去美國肯定是不行的，就算能去也不一定能畢業。而且美國的消費又挺高的，我們家條件雖說還可以，但也沒有說很有錢啊，反正就是各種原因我是不打算去美國。我告訴他讓我去美國不太實際，我要是去我肯定去澳大利亞或者紐西蘭，他當時是說「那我們就去澳大利亞吧」我們兩個就這麼初步商量定了。

後來我跟我爸說這件事，我爸問起他，我說他也打算去澳大利亞的時候我爸就立馬反應過來，就問我是不是因為他才去澳大利亞的，因為女生很容易這樣，他很擔心我是一時感情用事，就很嚴肅跟我談了一下，然後他就說他希望我去紐西蘭。我爸當時怎麼都不肯鬆口讓我去澳大利亞，但是最終因為專業的原因，我的專業去紐西蘭不合適，所以他還是同意我去澳大利亞了。後來他一直觀察我的狀態，看我學英語的狀態什麼的他也大概明白我不是一時腦熱的因為他才要出國，也就比較放心了的同意我去澳大利亞了。

後來我爸又問我一個很嚴肅的問題，就是他是不是真的想去澳大利亞，不要因為我而不去美國去澳大利亞，我爸既不想讓他決定我的人生，也不想我決定他的人生，讓我不要影響他的決定。我一想也是，就反覆跟他聊，問他這個事情，讓他自己決定，他就一直說他要跟我去澳大利亞，我當時心裡還是有一點不踏實。直到前幾天他才說實話，他不是有名校情結嘛，去美國他覺得不一定能升得上一流的大學，所以他決定去澳大利亞，這樣還能跟我一起，他媽媽看他堅持也就隨便他了。

反正我們就是現在準備考雅思的事情，出國的事情，我一開始可能確實有抱著跟他一起出去的念頭，後來自己就想明白了，覺得那個時候還是很幼稚的，因為如果不是自己要努力的話我看雅思分分鐘就想放棄了，所以還是為了自己吧。

很多人都覺得我們兩個挺配的，也覺得我們兩個一定會結婚啊什麼的，對於我們兩個，現在是還挺好的，反正要是到時候真的去澳大利亞的話大概會念兩年，現在是異地戀可能很多問題還沒有發現，因為每次見面都不容易，互相之間都更多的是體諒包容，很多尖銳的一面沒有表現出來，如果出國兩個人可能接觸會更多一些，就更能了解對方，我覺得到時候要是一起出去，還能一起回來，那基本上就是他了。

我不是那種談戀愛不認真的人，但也不是會為了談戀愛尋死覓活的人，我盡自己最大的努力去做，結果就順其自然吧，也希望我們兩個都能順利去澳大利亞，然後我們都好好的。

最「不可能」的戀人　希望你是我的「一生」

文／吳菁

主人公：柚子（化名），生於一九九四年。
學校（或所在城市）：瀋陽
專業（或文科理科）：文科
主角個性：大方穩重，活潑可愛，溫柔體貼
採訪方式：網路視訊
採訪時間：二〇一五年十月二十八日

我一直認為柚子的情緒智商很高，至少我覺得比我高很多，她是個瀟灑的人，同時也很懂得如何生活，我一直佩服她，我覺得她看的很清楚，也不會被莫名其妙的事情束縛，我欽佩她的勇敢，也祝福她一直幸福。

高中認識（一個班的）——我好朋友喜歡他（我喜歡另一個男生）——他和我朋友在一起——我跟我當時喜歡的人在一起——他和朋友因為學校和家長組阻止而分手——我替朋友送東西給他——他跟我告白——我答應他在一起——我們一起去了同一個大學同一個專業一直到現在。

吳菁（以下簡稱吳）：你一向很成熟懂事，你覺得愛情是怎樣的？

柚子：我想一般人都是跟我一樣的吧，都會在上學的時候談幾個戀愛，然後家長和老師還死命的不讓，非管這個叫早戀，說什麼影響學習，我是從來都不聽的。我一直相信這麼一句話，就說「人的一生，經歷過三次像樣的戀愛便已足夠。一次懵懂，一次刻骨，一次一生。」到目前為止，這三種我是都經歷過了，當然現在這個就是我的「一生」，雖然不知道最後在我身邊的那個人是不是一定就是他，但是我想不出意外的話，應該就是他了。

吳：那你跟你的「一生」怎麼開始的？

柚子：他的名字我用L代替吧。我倆的事真的是挺讓人想不到的，我和L能在一起真的是挺神奇的，因為在這之前我完全不會想到我會跟他在一起。我和L高中的時候就是一個班的，那個時候我是跟他沒什麼交流，我好朋友A特喜歡他，每天就在我邊兒上提他，一開始我對L的印象全都是從A那裡聽來的。我當時是喜歡班裡的另一個男生，就是我覺得「刻骨」的那個人，我就直接叫他「刻骨」了。「刻骨」是個典型的理科男，特遲鈍，追他追的我都累死了，那個時候你說怎麼可能想到我們倆個最後會在一起，我自己都想不到。

吳：那後來呢？

柚子：後來，有一天，A就把我拉到操場溜達，然後樂的不行了的就告訴我她跟L在一起了，當時看她高興的說話都磕巴了，我也挺高興的，我一直都知道我朋友很喜歡L，這下倆人終於在一起了那我肯定是很高興的，他倆好了以後我也使勁追那個「刻骨」，然後我也如願以償的跟那個人在一起了，那個時候還覺得老天爺對我倆挺不錯。那時候我和L兩個唯一的交集也就是A了，我每天都聽A像個花痴一樣的講他倆之間的事，邊講邊犯花痴，我也是醉了，估計L也是每天聽我好朋友講我倆之間的事，我倆除此之外真的是八竿子都打不著。那時候我和A都和自己喜歡的人在一起了，兩個人每天都是樂呵呵的，誰知道這兩個感情沒有一個結果是好的。

吳：你跟A都有男朋友了，後來怎麼分手的？

柚子：我們高中是我們區的一流高中，校規什麼的特別嚴，整的挺嚇人的一天天的，我們學校關於早戀的處理也挺嚴重的，往輕裡說就是留校察看，學習差點的被抓到直接就被退學了，所以大家一般都躲著教務處的那幫老師。當時A和L就特別倒楣，逛操場的時候就被教務處的老師逮著了，當時情況還挺嚴重的，學校是肯定不允許他倆在一起的，老師和家長不管是威逼利誘也好還是苦口婆心也好，總之是勸他倆趕緊分開，幸好他倆的成績都還可以，最後是沒出什麼大事，但是他們還是得分開。我還記著那個時候A不到一週瘦了十斤，每天的臉色都嚇人，她那樣我在旁邊心情也不太好。現在再想想，也許不成熟的愛情都沒有好下場的樣子，他倆前腳剛分手，後腳我也跟「刻骨」也分手了，我倆的分手比較簡單，可能是因為我的小脾氣還有「刻骨」的木訥。「刻骨」真的是很理工科的一個人，反應慢的可以，我有的時候真的是不知道該說什麼好了，你說學習挺好的一個人怎麼談戀愛能那麼遲鈍，反正不管怎麼說最後就是我和我的好朋友又變回兩隻單身狗。

那時候我跟A狀態挺像的，反正每天就是她看著她的前男友，我看著「刻骨」，雖然分手了，但是我倆還是挺在意他倆的，但是我倆誰都不說出來，都不吱聲，這算是我們倆的共同點了。不過我倆還是有區別的，A向來很專一，喜歡一個人就一棵樹上吊死那種的，而我單身的時候卻是來者不拒，我不認為這樣有什麼錯，我一直覺得忘記一個人最好的方法就是愛上另一個人，結果嘛，無非就是兩種，愛上了或者沒愛上，至於別人覺得我是為了自己的花心開脫找理由也好，還是說相信我也好，那都我所謂，我不在意別人怎麼想，總之我不認為自己這是在玩弄別人的感情，畢竟我真的嘗試過接受另一個人不是嗎？就算接受不了，那也不是什麼錯誤吧。

我當時真的就是這樣想的，也沒覺得自己有錯，但是現在想一想，我是挺些後悔的。因為我當時這個不成熟的想法，讓我後來一段時間挺痛苦的。那個時候隔壁班的一個男生喜歡我，我們就在一起了，可是我發現我怎麼都沒辦法愛上他，後來我就跟他分手了，那個時候我下課都不敢出門，因為一出去就會看到他的眼睛可幽怨的就那麼一直盯著我，有時候還會拉住我問我為什麼，我真的是不知道該怎麼解決這件事。而且特別倒楣的是他班在我班跟水房中間，每次輪到我值日擦黑板的時候A比我還要難受，因為我不敢出門，所以她要負責來回水房和教室洗抹布送抹布洗抹布送抹布，並且還得一直忍受著那雙眼睛在看到她的時候亮起了希望，然後發現只是她一個人的時候再次變得無比幽怨的折磨，唉，當時她還跟我抱怨來著，說感覺自己每天被那麼一雙眼睛看著走過來走過去的像做了天大的壞事似的，我也挺煩悶的。

這算是一個小插曲吧，反正在這件事之後我們倆很長一段時間沒有一個敢出教室的，就算吃飯什麼的都是用溜的，感覺像是做賊了似的。因為我倆活動地點被局限在教室裡了，她嘛就是每天看著她的前任犯花痴，我嘛也還是喜歡我那個「刻骨」。後來至於我和她的前任是怎麼熟悉的，這點還得說是因為我那個花痴女朋友。

吳：Ａ都做了什麼？

柚子：那個時候Ａ不光每天在那裡犯花痴，還犯花痴犯到讓我去替她送東西給他，因為她自己不能去。我尋思看在她那時候天天為我忍受隔壁那個傢伙替我洗抹布送抹布的份上，也就答應了替她送東西。

她也真的是挺猛的，我都不知道她是怎麼做到的，自從我答應她開始，這一送就是一個學期。一開始他是震驚，後來他是尷尬，再到後來他都麻木了，最後我送一次東西他就一副很欠揍的樣子噁心我一次，逼得我當時只能尷尬的硬著頭皮解釋了一句「這東西真不是我送的，你千萬別自作多情哈。」然而他也是夠了，就像跟我槓上了一樣，我送一次他問一次誰送的，我當時氣得不行了，他妹的，他絕對是故意的，明知道不是我，還問個什麼勁兒，當時真是磕了。可是我答應了朋友絕對不說是她送的，只能跟他說「反正不是我，你愛要不要！」當時真是挺無語的，瞎子都看得出來是誰好麼，他這是鬧那樣。

吳：那你們後來怎麼樣了？

柚子：然後放暑假了，雖然高一的時候我就加了Ｌ好友，可是我們一個字都沒聊過。那個假期我和我的「刻骨」吵了一架，那個時候我覺得ＱＱ真人性化，跟「刻骨」吵完了我特生氣，就把我的隱身對其線上，改成了線上對其隱身。設置這個得先線上，我當時就一邊吃雪糕一邊把ＱＱ調成了線上，然後設置了對其隱身，誰知道剛設置線上第一個給我發訊息的不是「刻骨」是Ｌ，我就蒙了，他給我發ＱＱ幹嘛，嚇得我一不小心雪糕沒拿穩掉腿上了，結果由於突然收到了太涼的刺激我就站起來了，最後雪糕君又被我踩在腳丫子下面。當時我真的是不知道該說什麼了，我一邊擦著地一邊欲哭無淚，收拾完看到ＱＱ上這貨第一句話說的就是「稀客啊，終於盼到你上線了。」我當時以為他是閒著無聊突然看到我線上非要給我找點不自在的，就沒理他，去沖了個澡。然後回來才給他回了一句「有什麼事嗎？」我回覆以後他立馬就回我了，他讓我語音聊一下，說有事跟我說，當時因為我剛跟「刻骨」吵完架也是聽煩躁，而且他還嚇得我雪糕掉了，所以開始說話的時候我完全沒有好氣，一上來就特狠的說了一句「什麼見不得人的話怕我截圖啊，非要語音！」然後他那邊吭哧半天，回了我一句「我打字慢，一指禪，你懂得。」

既然他都這麼說了那就語音吧，他一開口就直陳主題了。其實我當時也猜得到，我和L之間也就A值得說一說，他當時跟我說他知道那些東西是誰送的，然後他又說了一大堆，大概就是他收下了自己覺得不太好，不收的話感覺對我不太好之類的話。然後我就無語了，我問他「你打住，為什麼是對我不太好？」

其實後來想想也是，這東西只要是我去送肯定就已經對我不好了，畢竟這麼多雙眼睛看著呢，張口閉口的就是說什麼我撬我好朋友牆角什麼的，但是至於他收不收，對我來說其實是無所謂的，畢竟他們口中說的那些撬牆角的難聽話我都能接受，收不收又算什麼。

在他的一通解釋之後，我一個頭有兩個大。其實我真沒想那麼多，這種事情的確是只有我們三個人知道的，班級裡其他人都以為是我送的他東西，他覺得如果不收的話會讓我很難堪之類的。然後我就安慰他說「沒事，你看再大的事大的過我主動去送你東西這件事嗎？我送都送了就說明我不在乎別人怎麼說。」然後我聽見了他沉默了好一陣子之後終於憋到崩潰的一句話，他說他是真的不想收。

他告訴我，他和我好朋友已經是不可能了，就算是之後考到了一個大學也是不可能的事，不光是家庭和老師的原因，他說他從主觀上已經不想和我好朋友復合了，時間長了感覺就淡了，這道理我懂，所以我很容易就能接受他的觀點，我只是覺得有些遺憾，他們之間經歷過什麼，發生過什麼，我是親眼看著的，現在變成這樣我也是挺傷感的。

怎麼說呢，他曾經承諾過我好朋友，說要是考進一個大學就在一起的，然後他和我說那只是不希望她失去上進心，他說這是他唯一騙她的一次。其實理論上我是能接受的，但實際上我還是忍不住劈頭劈臉的罵了他一通，畢竟女生本來就是個感性的生物，我是，我好朋友也是，理性上我能接受並不代表感性上我可以接受。他當時也沒有反駁，就那麼靜靜聽著我罵，直到我後來說到男人沒一個好東西的時候，我的電話響了，我啞著嗓子跟他說等一下，然後沒來得及掛語音就直接去接電話了。

電話是「刻骨」打的，電話裡說了什麼我現在是記不清楚了，反正我也只有遇見他的時候有哭的份。電話掛了之後聽到語音那頭一個惡意的嘲笑聲音，他特別討厭的說「喲，終於發現你還有幾分像女人的。」我惡狠狠地告訴他，「說完了就閉嘴，我掛了。」「哎哎哎，別掛，你罵我罵爽了你就掛了，我多虧啊。」「你活該。」「你狗嘴裡吐不出象牙。」「你狗嘴裡吐出來的都是屁話，一個字兒都不可信！」……罵到後來給他氣樂了。他說，「我發現和女人講道理就得挨罵。罵完了人家得出結論你說那一堆都是屁話。」對此我只有一句話「你知道得還不算晚。」

吳：那後來他追你了嗎？

柚子：我以為我們的交集應該到此為止。我知道了他的想法，也該找個時間把這件事情隱晦的讓我好朋友明白。只是第二天我就發現了哪裡不對。他半夜的時候發我一條訊息，我沒看到。他說，去他空間看看。他在我們吵架那天更新的日誌，我看過之後大概明白是寫給我的，只是不知道他為什麼要這麼做。論關係，他是我好朋友的前男友。論交情，我們昨天才吵過架。出於禮貌和感謝我還是回覆了那篇日誌。我隱隱約約覺著我不該問他為什麼，至於我到底在逃避什麼當初我也不太能說明白，只是感覺他沒有理由無緣無故的這麼對我。也許只是我不敢細想，為什麼他迫切的要和我說他主觀上已經不想和我好朋友在一起了這種事，為什麼我的情緒波動，會讓他寫一篇日誌來安慰我。我當時是隱身線上。在我評論完他的日誌之後他居然直接給我發了視窗，他說，「你這個沒良心的居然對我隱身。」我想了半天，決定打個擦邊球，我不想知道他為什麼這樣，但是我也不想這種事情繼續發展下去。所以我說，「謝謝你的安慰。以後，別為這種小事費心了。」他愣了一會，然後告訴我「這不是小事。我不喜歡你和我說謝謝。」當時我真的是很亂，不知道接下來該怎麼辦，我已經不知道該如何處理這件事，人家沒說明，我自然不能拒絕。總之我就是感覺我像是那只溫水裡的青蛙，而且，我不知道該如何勸我好朋友不要再去喜歡他這件事，我總不能說「你前男友好像是看上我了，你別傷心，兩條腿的蛤蟆難找，三條腿的男人有的是？」可是我也不能看著她為了一個根本就不會兌現的諾言往坑裡跳啊。

後來他越來越頻繁的在QQ裡找我，我決定無視他，不管他說什麼我都不回答。男人的毅力有時候也挺嚇人的，我玩QQ飛車遊戲的時候不停地看到一個不認識的號跟我一起跑，後來他告訴我是他小號，我換去高級駕駛區，他小號進不來就換大號過來陪我玩，我真的不知道我還能怎麼躲。

我實在是沒有辦法了，決定跟他說清楚。我說「你知不知道自己在做什麼？追你前女友的好朋友？你能不逗我嗎？」可是他但是就是一個死不承認，就說「你這女人怎麼那麼自作多情？我說我追你了？」我當時也火了「那你能不能別搭理我別在我面前閒逛！」「我就是覺得你人不錯想和你當好朋友。」這下我真的不知道該怎麼辦了。

後來，我發現避開這個話題不談，他的確可以算得上一個做好朋友的人選。我和他也越來越熟悉，當時我還是儘量避免和他談論有關於感情方面的問題，可是開學之後，班級裡流言越傳越厲害，我和我好朋友之間有一段時間就變得很尷尬，我發現她很慌張，有時候想說什麼又咽回去了，可是當時我也只能說我不喜歡他，可是他喜歡我也是事實，我沒辦法跟她解釋，我是從來沒想過去否認這件事，但是由於上個學期一直是我往他那送東西，所以大家似乎都認為是我追的他。

吳：那後來你怎麼接受他的？

柚子：他是在有一天中午跟我告白的，至於是哪一天我確實不記得了，他就說有些事情要和我談談，其實我大概多多少少猜得出來，我覺得我也是不能再逃避了，於是中午吃飯的時候，我和他在就在校園裡瞎閒逛，然後閒逛閒逛他就跟我告白了。我當時應該是算已經有了心理準備吧，所以並不是太慌張，我跟他說了如果我們在一起會有多大的影響，而且很有可能我會失去一個好朋友，並且我也很明確地告訴他，我那個時候喜歡的人仍然是我的「刻骨」，如果後來我發現我接受不了他，我還是會跟他分開的，而且身為高三的我們已經馬上要畢業了，如果畢業之後他不能陪我考上一所大學的話這一切也都會成為泡影，然後我問他「所以，你現在還很確定你要和我在一起嗎？」他沉默了一會兒，大概是沒想過我會想得這麼清楚，然後他跟我說他知道我不相信他說的話，不過他會做給我看，只要我給他機會。我想如果刨除掉我好朋友的影響，我真的是有極大的可能去嘗試一下的跟他在一起的，所以我跟他說，「我答應你這段時間我不會和別人在一起。但是我也不會和你在一起。我們還是好朋友。直到我做出真正的決定為止。」他笑著說好。

至於什麼時候開始真正的不怪他，真正的想要和他走下去的，大概就是填志願的時候吧，那個時候他看了我的志願之後就立馬回家改了志願表，因為這件事他還和家裡人吵得天翻地覆的，不過最終他還是義無反顧的跟我一起報到了我們現在所在的學校，而且我們報了同一個專業。在那個時候，我承認我從心底裡對他的態度還是發生了變化，我知道我是認真了，而且我覺得這個人也值得我認真的。

他是那種喜歡數學討厭英語的人，通常之下他的決定不會這麼任性的，如果不是為了我，他不會選擇國際會計這種一週的課有半週都是英語的專業的，但是他居然為了我放棄了更多更理智更好的決定，寧可跟家裡鬧翻了也要跟我一起，不得不說我感動了。

吳：上了大學之後呢？

柚子：他確實做到了他說的話，他說我要是不放棄，他就不會離開我。直到現在我們依然是每天一起吃飯、一起自習、一起寫作業、一起玩遊戲，我跟其他女生不一樣的一點是我不會阻止他玩遊戲，相反的，我也很愛玩遊戲，我經常跟他一起去玩，一般情侶因為玩遊戲冷落女朋友而吵架的情況等等根本不會發生在我們身上，我們看起來完全不一樣，但我們的生活真的很合拍。雖然也是會像大多情侶那樣偶爾會吵個架冷個戰的，偶爾我還會吃醋，但是我們倆都知道我們是不會離開對方的。我只知道我是受不了異地的，所以當初告訴他除非他跟我報一個專業，至於現在四年過去了我們為什麼還不膩煩，我想應該是在對方心裡我們已經過渡到了將要成為一家人的那個階段吧。

我的學習態度比他散漫，經常讓他這個「老師」幫我做筆記，帶著我複習，他對我的好是那種細水長流的，我想也許我們是最合適的人吧，也許當初在一起的時候我迷茫過，但是跟他在一起越久，他對我的好就讓我越卻看清自己，我很愛他，我願意跟他一直走下去。

跟他在一起我覺得我越來越白痴了，我的生活都快不能自理了，每次回家我的行李箱他都要幫我重整一次，每次看到他一個人拎著兩個人的行李我都很感動，我不會做飯，他說以後他負責做我負責吃，我覺得自己就像他的小寶貝，我甚至開玩笑跟他說我以後養狗不養孩子，他每每聽我說這些傻話都無奈的笑。

吳：一路走來不容易，那你們接下來怎麼打算？

柚子：高中升大學的考驗度過了，現在大學要畢業了，我們算是再次面臨一個很大的問題就是就業問題。很多大學情侶都在畢業之後由於各種各樣的原因會分開，所以一般我們都管畢業季叫分手季，但是我覺得如果兩個人想在一起，什麼事情也不能分開他們，如果不想在一起了，什麼天時地利也白搭，與其擔心那些外在的因素，還不如從自身開始做起，讓自己變得更好點，愛情本就是兩個人的事情，不能強求，也不能放任。我也很認真的思考過這件事情，我想如果有一天我和他真的分開了，也也只能說是我倆緣分不夠吧。

反正這四年的相處，我們對彼此的了解可以說是閉上眼睛都知道現在對方的表情，當然太熟悉有時候也不一定是一件好事。可能我們已經過了那個想要給對方驚喜，想要去發覺彼此之間新的東西的年紀了，如今我們的相處模式反倒更像是相濡以沫的老夫老妻的感覺，不干涉對方的交往，但是都融入的很好。我想如果不出意外的話，這個人就是我以後要嫁的人了吧。

現在有的時候我會回顧一下之前發生過的事情，每次回想總是讓我挺有感觸的，緣分這種東西，真的很奇妙，原本好像不可能有交集的兩個人卻真的實實在在的走在一起，並且很有可能繼續走很遠很遠，到今天為止我一直相信只有陪伴是最長情的告白，我相信已經發生過的事情，我相信陪伴著我一直走下去的人，這總好過相信那些還沒實現的東西。

平淡是我的福氣　浪漫只在偶像劇

文／餘珺皓

主人公：小夕（化名），生於一九九三年
學校（或所在城市）：杭州
專業（或文科理科）：文科
主角個性：安靜、內向、話不多
採訪地點：杭州某校圖書館
採訪時間：二〇一五年九月十三日

一段始終由女方採取主動權的戀情，女生卻是在現實中非常溫柔、惹人憐愛，柔弱的外表遮掩不住那顆渴望轟轟烈烈愛情的心，或許是文學藝術或是影視作品的深刻影響，對愛情始終抱有戲劇化的強烈幻想，但能終歸於平淡戀情亦讓人產生強烈的好奇心。

初中對我告白卻不了了之——高中畢業後再次告白我答應了他——第一次見面的尷尬和忐忑——從小浸淫在偶像劇裡的我在初中嚮往浪漫的愛情，交了一個混混男友——現在的男友沒有驚喜卻對我好到讓我有些無所適從——日益覺得感情平淡的我提出了分手——分手的心痛讓自己明白已經割捨不下對方，重新復合——對愛情的理解已經發生改變，平淡的日子也很幸福。

餘珺皓（以下簡稱餘）：先談談兩人認識的經歷吧。

小夕（以下簡稱夕）：我們是初中同學，在沈蕩中學，初中時一個班的，高中是兩個學校，我去了海鹽比較好的那一個元濟高級中學，但是高中我們沒有什麼聯繫，一次都沒有，沒有聊QQ，什麼都沒有，但是初中的時候我知道他喜歡我，但是沒有在一起而已。

餘：初中就對你告白了嗎？

夕：因為初中上晚自習的時候，住校嘛那時候，他坐我前面，那時候轉過來聊天，然後在我借給他的書上後他就會寫字，不是寫「我喜歡你」，就誇我，我記得有一段特別搞笑，他說「我對你的景仰猶如滔滔江水般延綿不絕」什麼什麼的，快笑死了，但是當時我沒什麼反應，看到就看到了，也沒說什麼，也沒和他講，他也沒跟我講。其實他寫了東西，後面也就沒下文了，因為他沒有說啊「我喜歡你，我們在一起吧」這種話，那我也不可能……反正那時候對他就這樣吧，到高中也一點聯繫都沒有，就有一次坐公車碰到過，就打個招呼也沒有什麼。

餘：那後來又是怎麼重新聯繫上的呢？

夕：高中畢業以後，是我閒得無聊，在QQ上把以前的同學都加了一遍，加了之後他就找我聊了，那時候可能六月十幾號吧。他是一開始就問我這個問題，就有沒有男朋友，我就說沒有啊，他說噢，那我可不可以問你個問題，我說問，他就說可不可以追你啊，我說這是你的問題啊，我答不答應是我的問題啊。後來幾天就聊天聊天聊天。

餘：從你的回答裡感覺對處理感情遊刃有餘啊。

夕：反正那時候我還停留在初中對他的印象吧，就還行，後來吧他就一直說以後會照顧你啊，會對你好啊。那時候我挺擔心的，因為那時候志願都還沒報嘛，然後我很擔心會分到不同的地方，因為我適應不了異地戀，他說他可以做到，我說我不可以做到，我對自己沒有信心。後來可能也是感動吧，他就一直說就算是異地他也不會放棄啊，七月三號晚上我就說那好吧，就答應了。

餘：算是一種變異的網戀形式了。

夕：之後第一次見面是那個暑假的同學會，初中同學會，那是初中三年畢業以後第一次開同學會然後才看到了，那應該是八月吧。去之前還是比較期待，因為要見面了。我記得是他先到的，我進去之後就有意無意地掃視了一週，微微笑了下，就跟別的朋友聊天了。但是沒有坐一塊，三桌嘛，他就和男生坐一塊，他們在一桌，我們女生基本上也在一桌，分開的。那時候超尷尬的，真的，反正他坐在那邊，我是看不到他的，有點背對嘛，也不是故意這麼坐的，但他能看到我，我當時還是有意識地表現得很淑女。

之後就有去唱歌嘛，包了兩個房，我是和他一個房的，但是我還是和我的好朋友坐在一起啊，就是這樣的，後來我同學拿我的手機跟他說我們出去走走，他知道是我同學，但是用我的手機意思就是我說的：我們出去走走嘛，因為畢竟都沒有說過話。

餘：你非常主動啊！

夕：但是還是好尷尬，說的第一句話肯定是不記得了，因為那時候還有另外一個男人，他和他是好朋友，要跟他一起回家的嘛，然後那個男的有點喝醉了，那他只能帶著他說一起去，他想帶著他嘛，因為喝醉了有點怕，不過那男的其實還是有點清醒的，就說噢，你們走吧你們走吧，我自己打車回吧，然後就打車走了，後來我們倆就去公園逛了會兒再打車到車站回去的，反正就東扯西扯的，我好像真的沒什麼印象了。

餘：那上大學前就一直維持著這種淡淡的狀態嗎？

夕：後來中間還有見過幾次，那時候高中畢業辦大學酒，一般都是這種套路嘛，大家吃完飯就去唱歌，然後唱歌的時候，我同學就會說你把他叫過來，那我就把他叫過來，還有就是他也正好在海鹽吃飯，我也正好在海鹽吃飯，他要去唱歌，我也會過去，基本上就是這樣子，就沒有單獨出來過。

到了填志願的時候，我一開始就想留在附近嘛，就不想出省，在杭州吧大概就這樣，我五個學校全填了杭州，就全填了這一片。我男朋友說那我儘量也填杭州吧，第一個學校填的是杭州，後面有幾個不是的，但是我好像沒有擔心過他的分數誒，因為他說過會留在這裡，那我就覺得好啊，我最低的要求就是要在一個城市。

餘：後來果真也是如願了。

夕：我在杭州下沙嘛，他是杭電三本的，杭電的三本第一年是在另外一個校區，在西湖區，離西溪濕地很近的，第二年搬到下沙這裡的，但我沒想到兩個校區會這麼近，而且我根本不知道，他也沒有跟我講他第二年會搬到這裡。大一一整年的時候我經常會跑到那邊去嘛，好像大一快期末吧，他才和我講大二要搬到下沙來，當時反應就是天哪，好近啊，怎麼那麼巧，太有緣分了！大一我去找他一個月一次肯定有的，基本上都是我去，因為他那邊有山，有西溪濕地嘛，那我可以順便過去逛一逛，下沙這邊又沒什麼，但是就是遠點嘛。

餘：那他之前有過女朋友嗎？

夕：他之前沒有感情經歷的，我不是，他也知道的。

餘：你有過前任？

夕：是初中，初中的時候傻得嘞，可能我初中太沒有安全感了吧，男生都欺負我，都覺我的好欺負，氣死我了。可能男生覺得好玩嘛，一般男生都會欺負女生的這種，一般我們的座位是兩個男生、兩個女生這樣子隔開的，那我前後都是男生，那些男生經常惹我生氣啊，就轉過來拿你的東西啊，扯一下你的頭髮什麼的，太討厭了。然後那個時候我也不太懂，就特別容易相信別人，別人對你說「我會對你好啊」類似這樣的話，我就會很感動。

餘：看來就有一個男生對你說了這樣子的話。

夕：那時候初二吧，那個男的就寫字條，那時候很流行寫字條的，他離我坐的沒有很近，所以傳字條過來。

我也是考慮了好幾天，可能真的電視劇看多了，什麼《惡魔在身邊》啊、《惡作劇之吻》啊之類的，覺得這種情節好浪漫噢，因為第一次嘛有人這樣對你說。我覺得那時候都不太懂哦，什麼叫男女朋友，那時候就算交男女朋友，那週末也不會約啊，就只是在學校的時候見面，然後他買點東西給你吃，我們也不一起走啊，也不一起回家，也不一起幹嘛，也不知道這算不算談戀愛，但那也談了很久呢，到高一呢，將近三年。

餘：那這段不是戀愛的戀愛又是怎麼終結的？

夕：後來分手了可能是我意識到了這種關係是不可能到以後的，他是屬於我們班成績最差的那種，念得肯定是職高啊，那我還要上大學，還要幹嘛，而且家裡人也不太可能會同意。所以我就說，用簡訊說我們就這樣吧，以後在一起的可能性也不大就這樣，他也沒怎麼挽回，那就這樣吧。我男朋友後來有和我說過我初中的那個男朋友，就說我真的難以想像那個時候你竟然會和他在一起，因為所有人都會覺得不配啊，根本就不配啊，就一個乖乖女和一個混混在一起，而且長得也不是很好看，然後他就很想不通啊，我就說我也不知道，別和我說這個了，我不想讓他提起這一段，就覺得是我的黑歷史。

餘：看來你們在一起對男朋友的傷害不小。

夕：那時候初中所有的同學都知道，老師是快初三了他才發現的，那男的會傳紙條，所以坐在後排的那些同學就反映，可能他們覺得哎呀好煩人啊，怎麼又有紙條，可能讓後排的人幫忙傳嘛，就比較麻煩，結果老師就知道了。

餘：那現任也是靠感動贏得了你的芳心了。

夕：現在感覺第二段我好像也沒有吸取教訓啊，也是被感動，第一個他是有點混混的樣子，但是對我還是很好的，這一個對我更好，好到讓我覺得可不可以不要這樣，不要對我這麼好。因為他會為你考慮很多啊，什麼都為你著想，我本來就不是一個很有主見的人，比如說吃飯，他一定要問你意見，吃什麼吃什麼，然後這種時候，他問一個，我說不要！問一個，我說不要！問一個，我說不要！那到最後我就會很生氣，我就說你就別問我，就直接帶我到店裡吧，不管什麼我吃著也就那樣了，不要問我。

餘：感覺是你比較強勢一點。

夕：強勢的話可能是我強勢一點，我平時挺溫柔的但是對他我可以凶，一般生氣、發脾氣的都是我，他一般不會生氣，我沒有見過他生氣的時候。他自己說我生氣一般不會超過半小時，因為他很乖，有很聽話，他爸媽管的也比較嚴。我們在家寒假暑假都不會出去，這點我很生氣，你想作為一個男生你肯定要約吧，那放假了，我們家又這麼近，但是他就不會這麼做啊，他就覺得爸媽看的很緊，因為那時候還沒有告訴爸媽有女朋友嘛，他也就在家不怎麼出來。就算有時候是我約也是因為我正好在外面，說那今天出來吧，他就說啊我今天都沒有和我爸媽說過，啊不能出來，就這種詞，我就很生氣，每次都會因為這個生氣，大一、大二都是這樣，後來我就不理他了。

餘：傳說中的媽寶？

夕：像大二暑假那個七夕節，那天我也想出去，然後他又說不能出去，我就覺得每次我要幹嘛的時候他總有事情，或者正好有事情。然後我就跟我同學抱怨，我朋友就去跟他說，他總算開竅了，就來說明天我們出去吧，我說好啊，結果他那天晚上腳踢到門踢壞了，包了紗布不能走，然後第二天就不能出去了，後來我也不想提了，就這樣吧。

餘：也是非常戲劇化了，像小孩子一樣。

夕：他是比我小，比我小將近一年，我九二的，他九三年十二月的，所以我有時候會覺得就和小孩子待在一起的感覺，因為男生成熟本來就要比女生晚一點，我也會覺得他很幼稚，比如說一包喜糖裡面，他會把自己喜歡的挑出來，雖然我也會這樣，但是我覺得男生嘛，就不應該這樣，不喜歡的就不吃。

餘：那之前對男朋友有自己的標準嗎？

夕：對男朋友的標準，什麼陽光，開朗啊，長得肯定要高一點，現在這個就長得蠻高的，這一點符合，他大二寒假的時候和我說他一個寒假長了十斤，我就說天哪，你別來見我了，他大一的時候是最好的時候，晚上也經常吃宵夜，就怎麼吃也不胖，也就七十八公斤左右，他有一百八十公分左右，那我還是能接受的。現在都八十二公斤了，我明顯能看出來手臂、腿，穿褲子也能看出來，還有肚子，我真的好嫌棄。

我喜歡那種瘦高型的，因為我覺得和我比較配一點，他說我現在沒有吃很多，我不會再胖了。

餘：他對女朋友有什麼要求嗎？

夕：他的標準我不知道，但是我知道他高中有喜歡過另外一個女生，這個好像是他主動和我說的，就說我沒有交過，但是有喜歡過，而且這個人也是我們初中同學，是他以前的同桌。

我說那你初中的時候怎麼不說啊，但是他高中的時候他也沒有追，他可能覺得害羞吧，覺得自己是乖學生吧，他真的是一個蠻內斂的男孩子。大一的時候有一個喜歡他的女生，他高中的時候那個女的就喜歡他，跟他告白過，但是他沒有和她在一起。大一的時候她好像也在他那一塊，和他原來大一的校區挺近的，然後去他的學校找他玩過，讓他帶她逛校園，不過這些事情他都會和我說，那個女的還叫他一起回家，但是他說我不回家，我有女朋友。

餘：雖然害羞但是對待感情還是很忠誠的。

夕：那時候好乖，那時候當然也會有一點點吃醋的感覺，所以我大一真的還是蠻喜歡他的，他也有和我提過這個問題，說大一你都會主動跑過來，現在都是我過來，對我愛理不理的，我說因為後來課很多，作業很多，到後來就不過來見你了，我就說很忙啊，以後還要更忙啊什麼的，他也就覺得很正常。

餘：甜蜜的熱戀期過了後就趨於平靜了。

夕：我們大一可能黏一點，大二、大三可能就淡了，淡了好多，我跟我朋友抱怨，他就說我們像老夫老妻啊，但是他說很正常，你們現在就應該這樣子了。那我也有想要過轟轟烈烈，我們一起出去旅遊啊，一起幹嘛，但是們玩一般就在杭州，就沒有出去玩過，想要出去的時候吧，總是有很多事情。

本來大三噢，上學期不是挺空的嘛，但是我有事情，我爺爺突然生病了，所以那幾個月我基本上每個月都要回家個幾次，去看一下。我是希望對方主動的，我有跟他講過希望他主動一點，所以他這個暑假有提出來去哪裡玩，但是我還是有事情，就照顧爺爺嘛，我就說今天也不行，明天也不行。

他就說那到了學校再說，可到了學校我這個學期又找了兼職，我現在每天晚上都要兼職呢，星期天上午也要，所以我現在又沒有時間出去，有時候是覺得太平淡了，內心還是挺不甘心的。

餘：想要擁有一段轟轟烈烈的愛情。

夕：我當時高中畢業就想，我大學裡肯定要改變一下，我爭取自己去追一個人，但是我那時候還是答應了他，因為他很堅持，唉，本性就是改不了，就是受不了那種很堅定說「不會放棄你」的那種人，因為我心很軟，特別容易感動，別人說什麼就相信別人。

餘：感覺並不是因為喜歡而是因為被感動才在一起的。

夕：我覺得我如果那時候想提分手又會覺得自己不可以這樣子，是大三上那個寒假吧，其實我有說過類似的話，可能在家的時候想的比較多，沒事情做就亂說話。那天可能不怎麼聊，他就會問我，在幹什麼呢，人呢，怎麼不回我，這樣的話，然後我就說了句你還是我男朋友嗎，他說難道不是嗎，我說嗯，就這樣吧，他就頓了一會兒，然後又繼續跟我說，如果你覺得是這樣的話，可以啊，就類似這樣的話，他也沒有挽留我，就說你自己想清楚，我同意嘛，你說怎麼樣就可以。

那時候我想就是自己生悶氣吧，就打了這麼一個字，因為他在家也各自有各自的事，那我有時候找他他也不回我，我也會不開心，然後他來找我，我就會有怎麼現在才來找我這種心態，就那種感覺。

餘：連分手也相當平淡啊，沒有預想中的激烈。

夕：他發過來這句話之後我就找我朋友說這個問題，把我們說話的截圖給他看，他就問我你是不是想要分，我就說我也不知道，該怎麼辦，我就跟他說如果真的要分的話我也好捨不得，好像感覺不一樣，他就說你們可以嘗試一起出去啊什麼的，你可以和他長途旅行嘛，就兩個人在一起像生活一樣，過得久一點可能就會有不一樣的感覺，就可能特別需要這樣一段。

跟我朋友說的時候我還哭了呢，就說好捨不得那句話的時候哭了。後來那天晚上我就說再想想吧，其實已經想好了，然後第二天再跟他說，意思就是說什麼你不要記得昨天的話，昨天我抽風了，他說嗯好，我知道了，然後就又好了。所以我們冷戰最長時間也就一天，他肯定不會不理我，那我一天之後一般也都會回他，我覺得我好心軟，覺得沒什麼可以大吵的。

餘：會有時候感到過於平淡嗎？

夕：感覺已經平淡到有和沒有都一樣的感覺了，我有和他說過這句話，就可能放假的時候在家吧，也無聊，然後又空虛，放假的時候一天兩天不聊天好像覺得也沒什麼，因為在家有自己的事情要做，然後就不聊。他學電氣工程的，就沒有那種浪漫的氣質，不懂得浪漫，我是希望有點小驚喜這樣的。其實我有一個男神，我很小的時候就喜歡，大概三年級的時候，因為他長得又高又帥啊，就是那種好感懂嗎。他是我小學同學，後來初中他就不在我們那邊讀了，但是後來有加微信，他以前也有女朋友嘛，經常給他的女朋友拍照，晒朋友圈，晒幸福，但是我和我男朋友幾乎沒有照片記錄，他不會給我拍，看著人家這樣超級羨慕。

餘：那還會出現之前所說的分手的情況嗎？

夕：我是有過一點點要結束這段平平淡淡的感情去過一段轟轟烈烈的生活的想法，但是我不會分的。我不是說我上次寒假有提過嘛，我就心裡好像空了一樣的感覺，就自己覺得很奇怪為什麼會有這樣的感覺，他就好像自己的左右手一樣了，在的時候不會覺得怎麼樣，不在的時候就會覺得不一樣，可能習慣了，比如說拿起手機給他說句話，不管說什麼話，或者發個表情什麼什麼的都可以，如果需要抱怨，我一般都找他抱怨，哪怕很小的事情我都找他說，他會開導我，因為他不會生氣啊，你說多久他都會陪著你。

餘：那現在雙方父母知道了嗎？

夕：現在我們爸媽都還不知道，因為一開始也不會問啊，大一大二的，到了大三後面的時候可能會說起這件事情，是不是可以找了？我正打算說呢，就現在這段時間可能會說了，因為有人要給我介紹物色了，都到了這個時候就不得不說了，反正我們家離得都挺近的，我估計我媽還認識他的，因為他們老家和我媽媽大姑姑家很近的，小時候不就在一塊嘛，我外婆家的親戚基本上都在他們家那一塊，就應該都知道誰誰誰。

餘：有沒有想過畢業以後的生活？

夕：我有和他討論過畢業以後，就都回去吧，我考教師資格證考回去，他可能一開始不會回去，因為他哥哥在金華，他說他畢業會先和哥哥到金華去做一會兒，我也不清楚，反正一兩年我是可以忍受的，那時候大家都有工作了，狀態肯定不一樣了，生活會被工作填滿了，結婚可能也要等工作一兩年之後吧，我還是比較聽話的，萬一我爸媽不同意的話我就不知道該怎麼辦了。

餘：你認為在感情中最重要的是什麼呢？

夕：我就覺得談戀愛，愛情不一定是第一位的，其他比如責任啊，你想啊都這麼久了，如果我說分手好像也對不起他，就有那種責任啊，就不能說這樣子就分了，我會覺得耽誤他青春。還有性格方面吧我覺得我和他還算合，可能是因為我們兩個人比較像吧，因為我本身是一個很安靜、很文靜的一個人，那種特別開朗、嘻嘻哈哈的人不會喜歡我，因為我怕他們會覺得我話不多，因為我真的很少說話，但是我和他在一起我會說很多，好奇怪。

餘：看來對方也不是特別開朗了。

夕：我就覺得可能還是他太內斂了，然後我也很內斂，我就很怕我們倆的以後，我在想以後到他家哦，因為我在自己家不說話沒關係，我到他家我好怕我適應不了，他媽會覺得我談不攏，怎麼沒有話好講。而且他看起來就很害羞，他笑得時候就是那種很靦腆的笑，就微笑，連大笑都很靦腆，就一看就是一個靦腆的人。不過我初中的時候覺得他那個樣子很可愛，就像小孩子一樣就很好，現在就覺得還欠缺一點，性格還得再成熟一點，但是我沒有很明顯的和他講過，因為我覺得自己也是這樣子，如果我要要求他，那必須自己也得改變一下。他沒有什麼感覺的，就覺得我很好，因為我知道他喜歡我是比我喜歡他多一點，因為從初中開始嘛，然後高中三年又沒見，他能這樣跟我說我就覺得還不錯，這個人還挺專一的，

而且我現在理解的愛已經不是那時候理解的愛了，那時候的愛我覺得應該是可以讓人產生很多美好的幻想的。現在要我說喜歡不喜歡他，我也說不上來哦，大一的時候是挺喜歡的，但越到後來就越覺得是很平常、很正常的一種關係，就像我和你的關係，和他的關係也就那樣。但是你說真的要分手的話還是不一樣的，可能時間久了都會這樣吧，已經有一種親情的感覺，小時候就覺得愛應該是一直喜歡的呀，所以我初中就真的一直很喜歡我那個男朋友，而且我還到了越看他越覺得好看的地步，真的，剛開始也沒有注意過他，後來在一起久了，誒越來越好看了，誒不錯啊，然後全班人都覺得好醜，我覺得好好看，真是要瘋了，所以我說那時候就是傻，然後別的喜歡我的男生就會覺得怎麼這樣啊、怎麼這樣啊，初中喜歡我的男的真的還是挺多的，但是都是長得不好看的，而且成績都不好，所以現在這個是我挑的長得最好看的一個了哈哈。

深陷姐弟戀 「姐姐」也有顆「公主心」

文／餘珺皓

主人公：曉，生於一九九三年
學校（或所在城市）：杭州
專業（或文科理科）：理科
主角個性：作風豪放、為人爽朗
採訪地點：浙江某高校教室
採訪時間：二〇一五年六月十五日

在姐弟戀已經不算稀奇的年代裡如何因為內心更想做小女生的願望，而在這段感情中扮演更多慮的那個人成為了採訪曉得關鍵因素，一個普通的大學理工科女生，有著較於常人更為理性、多慮、謹慎和嚴謹的一面，而感情上又有被保護、被關愛的慾望，一段即將畢業與畢業為時尚早的可愛戀情。

在群裡認識的學弟——他表露出對我好感——我顧慮到年齡問題拒絕——在他告白後抱著試一試的心態在一起——兩個人在一起很開心，但我總想到他的不成熟和依賴感——回想自己的第一段感情經歷決定兩人在一起過的開心最重要——面對畢業的我擔心他會出軌和他媽媽的反對。

餘珺皓（以下簡稱餘）：首先談談兩人認識的經過吧。

曉：我們是兩年前認識的，我大二，他大一。我記得當時是機械（學院）建的一個失物招領的群，然後那個群主是我認識的一個人，他就把我拉進去了。後來有一次我一個同學隨身碟丟了，就在那個機房裡面，我想說「誒我這邊有個群，我去問下有沒有」，當時他說好像有看到這個隨身碟什麼的，我就加了他嘛。後來群裡面聊的比較好的幾個人出來聚餐，就第一次見面了。

餘：那互相也不認識吧。

曉：我當時就對上了姓名，沒有什麼印象，也沒有怎麼講話，後來就QQ聯繫比較多吧，一般就聊「啊我回家了」，很平常的事情，有些時候只聊幾句就不聊了，有些時候聊的比較開心時間就會長很多。

餘：算是日久生情的類型了。

曉：我也不知道是什麼時候喜歡上他的，我有問過他是什麼時候喜歡上我的，他說日久生情，他（有沒有）騙我，我不知道，因為這兩年中他所有的感情（經歷）都會和我講，他中間追過哪些女生我都知道。

餘：比如哪段經歷呢？

曉：剛認識的時候，他和他前女友在一起嘛，他就會跟我說他前女友怎麼樣怎麼樣，然後就會聊這個，就偶爾會聊這個，但是一般情況下都不聊這種東西，就忽然就跟我聊一下他前女友，後來他有一段時間他和他前女友分手了，就來我這邊跟我講，我就跟心靈導師一樣的，那時候兩個人都還沒什麼感覺的。

餘：從朋友上升成知心姐姐了，那後來關係是怎麼密切起來的呢？

曉：我們算算是認識兩年多，但是聯繫比較多是從我大三下開始，就常常一起出去吃飯啊，一起看電影，那時候我是去實習了嘛，然後我每次回來他都會約我出去看電影啊、吃飯啊，因為我覺得跟他在一起其實挺輕鬆的，然後就願意出去。

餘：男方還是比較主動的。

曉：其實我相信每個女生都一樣的嘛，對方如果對你有感覺，你應該感覺得出來，比如他走的時候會牽你手，我就會甩開，說你神經病啊，然後他就「嗯」一聲，順手把我的包拿過去。有一次很逗的，我在那邊喝飲料，然後他一杯我一杯，我就喝了他的那一杯，喝了一口，他就說：「我們這算間接親吻嗎？」然後我就呆了一下，當時也沒想到，就下意識去喝了一口。其實他之前也有很多這種我認為的暗示，但我就一直沒有說，就當做不知道。

餘：但是你內心也沒有反感是嗎？

曉：他那些小動作我其實沒有不舒服，倒是有一點小竊喜。但是因為當時還在考慮，也沒有說要定下來，畢竟我……之前我有個同學說過一句話，說的很好，說你既然並不喜歡他，就不要霸占著他對你的好，我就覺得自己如果沒有那種想跟他在一起的想法，這種動作畢竟挺曖昧的，儘量不要做。

餘：那最後是怎麼確定了關係呢？

曉：就五月七號那天，他過來跟我說：「你做我女朋友好不好？」

我說：「不好！」

他說：「為什麼？」

我說：「因為你太醜！」

然後他就不響了嘛，我就回了句：「那你做我男朋友好不好？」

他說：「不好，你都不願意做我女朋友！」

我說：「你為什麼那麼蠢，智商、情緒智商怎麼那麼低。」

然後他說：「哦，知道了。」其實就算在一起了。沒多久就接吻了。

餘：進展這麼神速？

曉：八九號吧，在電影院，看一部動畫片，沒看動畫片光親了哈哈。

餘：那其實也沒有太介意年齡的問題了對吧？

曉：我其實一開始考慮挺多的，因為他比我小一屆，年紀是個問題，主要家庭也是個問題，他家在杭州，但是靠近衢州那邊，我家在蕭山那邊，我爸媽也是想讓我找蕭山本地的，我當時還是挺糾結的，一直在猶豫要不要接受他，後來我也問我室友，說你們覺得怎麼樣，後來自己大概在寢室裡想了有一個月左右的時間，最後決定就這樣了，其實一開始是抱著試一下（的心態）嘛，就反正也挺喜歡的，如果到時候遇到問題，兩個人再「那個」吧。

餘：那你之前對姐弟戀有什麼看法嗎？

曉：其實我談這段戀愛之前挺排斥姐弟戀的，因為我覺得，比我小肯定還不懂事，畢竟年紀放在那邊，我基本上是以姐姐的姿態去對待比我年紀小的男生，大約是因為我有一個弟弟，我總不可能以一個學妹的角度去對待我的學弟吧，而且女生心理年齡本來就比男生大兩歲，確實他有些時候挺幼稚的，會鬧小孩子脾氣。

餘：有把這種感受和對方說過嗎？

曉：他和我說過他沒有安全感，出去每次都要牽著我的手，但是大熱天我又不想牽手，他想摟著我，我又覺得熱就不想摟著，我會直接甩開他的手，然後他就開始和我鬧，就那種苦兮兮的表情露出來，然後你又不捨得，好吧，那再牽著吧，不過有時候還覺得挺好的哈哈。

餘：展現出的男友力讓你無法抗拒了？

曉：但是後來在考慮的那一個月中我也有想過，男生排除他的年紀，只要他的心理年紀足夠成熟，足夠成熟到讓我可以當小孩子，那我覺得我還是可以接受的了的，其實我挺信任他的，因為他比較蠢哈哈。

餘：哪些方面讓你覺得能夠信任他呢？

曉：比如兩個人出去旅遊，我是屬於那種很懶的人，如果自己一個人出去玩，車票會到了車站再買，酒店會到了再定，一切東西都是隨性而為的那種，不在乎自己住的怎麼樣。但是兩個人的話肯定要考慮這種東西，但是我又不想考慮這種東西，所以一路上的東西都是他在打點的，什麼事情他都親力親為，對我也很好。有次去上海，中間坐車啊、趕車啊比較累，回來的時候我買的是高鐵票，很快，他就說：「哎，早知道買動車了，還能睡一個小時。」

我說：「怎麼，太快了是嗎？」

「啊，沒有沒有沒有！」

到杭州上了地鐵以後他就開始睡覺，我說：「你很累啊？」

「啊，沒有沒有沒有！」

本來準備打算趕到杭州以後就直接回下沙了，到了以後我突然說：「哎，要不我們去逛一下街吧。」然後就去了湖濱銀泰，要買衣服、買裙子，然後大包小包都是他背著，我說：「要不我背吧。」

「啊，不用不用不用！」

其實他這一點蠻好的，我們兩個出去，什麼東西都是他拿著的，不會讓我碰一樣東西，後來我就很直接說：「那好，那你後面跟著，我自己去逛了。」我就在前面逛，他就在後面念。湖濱銀泰旁邊過去不就是西湖了嗎，我就說：「哎，去逛個西湖吧。」

他就看了我一眼，我說：「怎麼，累啊？」

「嗯。」

「那我們去音樂噴泉那邊坐一會兒？」

「哦。」

坐了一會，他說：「唉，腳好累啊。」

我說：「走了太久了是不是？」

「嗯。」

我說：「那我們多坐一會兒。」

坐了五分鐘不到，「啊我們走吧。」他說的我們走吧，我說：「你不是累嗎，多坐一會兒。」

「沒事沒事，走吧走吧。」

然後就繞西湖，走到蘇堤那邊回來了，還挺逗的。

餘：非常體貼入微了，那有沒有讓你惱火的地方呢？

曉：缺點當然也有，比如有時候比較幼稚，思想不是很成熟。比如說我打電話給他說：「我在你們寢室樓下，你下來唄。」然後他就「噔噔噔」跑下來，問：「哪有，你在哪？」我就說：「沒有，我在寢室坐著。」然後因為我知道他前女友和他之前追得那個女孩子，心裡還是有個小疙瘩的，會有點小不平衡，其實也不是說吵架，就是感覺有點無理取鬧，我就說：「你都沒正正經經追過我，我怎麼這麼好上手？」，然後就一直在那邊跟他說，他就會拚命打電話過來和我道歉，就說：「哪有哪有哪有，」其實我根本就沒生氣，他就好怕我生氣，說：「你不要生氣了，我不是那個意思，我之前不是這個樣子的，我又不會說話的……」然後就傻不拉嘰的跟我道歉，我就說：「沒事啊，逗你玩的哈哈。」就跟養了個孩子似的。

餘：從旁觀者的角度看這樣子很可愛欸，為什麼會覺得是缺點呢？

曉：因為他是屬於我想鬧想玩，他就「好，我陪你鬧我陪你玩」的那種，但是我希望能找一個就說不是陪著你鬧、你玩，而是任由你鬧、你玩，到最後你還是會回到我這邊來的那種男生，所以我有時候感覺跟他在一起，他的生活就是圍著我轉，但是我覺得這個現象其實不是很好，他畢竟要有自己的生活圈、交際圈，而且我是很討厭有了男朋友或者有了女朋友就把室友放在一邊的那種人，所以我儘量讓自己不要變成那種人。但是最不讓我滿意的地方就是他長的醜，還有點胖！

餘：那在相處過程中會因為年齡差的問題感覺不自在嗎？

曉：跟他在一起基本上大多數時間沒有說覺得他比我年紀小，沒有想到。因為我們兩個人的相處挺自在，而且別人也不會和我強調，主要我有時候自己一個人靜下來的時候會亂想，就想他比我小。所以我其實很想生小孩，隨時隨地都可以，畢竟現在只有我出社會，等他出社會了兩個人肯定要磨合嘛，我現在畢業不會和他分手，我怕的是他畢業了他會和我分手，畢竟接觸到社會以後會看到的東西更多嘛，有可能人會變，畢竟我等不起啊，我要足足等他一年，一年以後他不要我了怎麼辦，這一點還是挺害怕的。所以有天我就說：「不行，要不我們生個孩子吧，這樣就能把你抓住了！」他說：「好啊，但是沒到年齡。」需要到二十二歲嘛，我是十九歲九三年的，他是十九歲九四下半年的，其實和我足足差了兩年。

餘：那有想過什麼方法去更好地維繫這段感情嗎？

曉：你說真懂經營一段感情吧，不可能說全懂，但是我高中畢業到大一的時候有談過一段，大二、大三都沒有談過戀愛。那人是我高中同學，感覺兩個人也不懂怎麼去經營一段感情，過了一段時間也就稀裡糊塗的分手了。那是我大一下學期的時候，我加入了學生會嘛，學院要忙亂七八糟的晚會啊之類的，那個男生是一個很黏很黏的男生，早中晚必打三個電話，其他時候還會有其他資訊，你只要一不接他電話他就會瘋狂打，瘋狂發簡訊給你，在幹嘛，為什麼不接我電話，飯吃了沒，然後那段時間我又是忙，天氣又熱，難免心裡浮躁一點嘛，然後他越是這樣我就越不想接他電話，我就跟他講你冷靜一下，我們兩個都冷靜一下，其實我並不想和他分手，就說我們兩個先都冷靜一段時間，你不要這麼急著找我，我最近學院這邊事情也很忙，我打電話和他說清楚了，然後兩天以後他發了一條簡訊給我，他的意思是說分手吧，但是這個「分手」讓我來說，然後我就發過去說那好吧，我們就分手。

餘：從這段感情中得到了一個教訓。

曉：其實看了我們寢室的妹子們每一段感情，我覺得談戀愛不一定看那個人長得怎麼樣，其實經營一段感情很重要，他們每一個人的感情對我來說都是教訓和經驗吧，她們的感情經歷我都看在眼裡，我知道她們哪邊做的不好，哪些以後可能會發生我身上，那我會去學，學習那一點，而且我也總結了一點，我一定要找一個自己喜歡的，而且不能因為自己心情不好就一氣之下就分手了，感情還是慢慢培養會好一點。

餘：之前有找男朋友的標準嗎？

曉：我原來心裡男朋友的標準第一是帥，第二是高，第三條是學霸，第四條是對我好，然而我男朋友只占最後一條，哈哈，其實最重要的是最後一條了，畢竟我長得也不是貌美如花，他對女朋友標準我問過，什麼不在外面混、外在的、能交流，學歷麼五五開就好，半斤八兩就好，我就說你要求不高，說的好像我很差，他就說你倒是找一個比你好的呀，關鍵就是跟他在一起挺舒服的，每天都很開心。像有時候路上走著走著會跟他說：「啊那個男的好帥！」他就說：「帥有什麼用，能當飯吃啊？」我說：「哇那個女的身材好好，快看看快看看！」「哦，能當飯吃啊？」我說：「能當飯吃啊！」還有在上海那幾天，他一直在我和講英文，動不動就講一句英文，什麼「of course」那種很普通的，還要秀英文單字怎麼拼，我說：「你最近是瘋了嗎？」他說：「沒有沒有。」我說：「那你這是在幹嘛？」他說：「唉，就欣賞一下自己。」我們那天看完話劇以後就去外灘逛了一圈，他走十幾公尺爆一句英文，走十幾公尺爆一句英文，而且是出其不意的「咵」一下子那種，比如走到一個地方我說：「哇下雨了，這個雨下的好快啊！」他就說：「immediately」然後就在那邊講，我就在旁邊「好棒好棒好棒」，就是明明很嫌棄還要互捧對方的臭腳。

餘：也談一談對方的優點吧。

曉：其實相對來說我脾氣不是很好，有時候很無理取鬧，有時候會因為一點點事情和他鬧，但是他還是蠻包容我的，就會一直遷就我幹嘛的那種，如果有一件事情是我錯了，他在那邊講，不是這樣的，事實是怎樣的，我一瞪他，他就「哦我錯了，親愛的我錯了，是我理解錯了，你說的怎樣都是對的」，我覺得很搞笑哈哈。有一次我們去看電影，那時候他還有前女友的微信號碼，忽然就不知道講什麼，他就拿出他的手機說：「我刪了她吧。」

我說：「你要刪誰啊？」

「刪她。」

我拿過來看了一下，說：「哎你別在我面前刪。」

他說：「為什麼啊？」

我說：「你在我面前刪好像是我逼著你刪她一樣的「其實就會有這種感覺嘛，說完這句話我就不響了，就管自己喝飲料了，看其他地方了。」他就說：「哦我不刪了不刪了，我回去刪我回去刪，我回去偷偷的刪，你沒有生氣吧。」他挺怕我生氣的，但是我每次都逗他，逗了幾次後我就問他你會不會受不了這樣的我，他說不會不會我很享受，他自己說他就是受虐型的，享受受虐那種。但其實他每次被我罵、被我逗的時候我其實還蠻心疼他的。

餘：你覺得現在兩個人在一起最重要的是什麼呢？

曉：我覺得兩個人在一起最重要的是信任，一是信任、二是坦誠吧，我覺得坦誠也挺重要的，我一直跟他說如果他畢業了以後，或者在我離開的這一年裡他在學校裡遇到了比喜歡我還要喜歡的女人，那我說你直接和我講，我覺得我還是能承受的了的，至少不會無理取鬧到哪種程度，如果你真的喜歡她、愛她到那種地步，那我也沒辦法，再怎麼強求也強求不來的嘛，我就說你有什麼事情一定要直接和我說，我有什麼事情也會直接和你講的。不然如果彼此不信任、不坦誠，猜疑那麼多，這一年當中總有……不用一年了，我估計一個月都過不了，一旦有了猜疑或者不信任，一個月或者兩個月女生這邊肯定會直接爆發出來，你是不是背著我有什麼啦，肯定會吵！

餘：有想過彼此的未來嗎？

曉：其實我更擔心她媽，他家也不知道我的存在，他說還不到點，我就怕一是我比他大，二是我在家裡面基本上家事都不做的，我當時有和他聊過這個問題，他說你不用做什麼的，什麼東西他都會去做的。我一開始說我要跟我媽去學做飯了，他說：「為什麼？」我說：「如果以後能長久的話肯定是要學的嘛。」他說：「沒關係啊，我家都是我爸做飯的，我回家跟我媽去學好了。」我說：「好，那你去學吧。」但是以後如果兩個人住，一個人做飯，那我肯定會洗碗啊之類的，分攤開來做嘛。我每次都會想很多事情，有時候就會突然想到一個點，會想到很遠也不一定，然後就會跟他聊，他就會和我說你不要想那麼多，不要想那麼遠，以後的事情以後再說。也不知道這種想法是好還是壞，也不知道和他的未來會怎麼樣，暫時沒有什麼想法。

「趁早」女孩　大二結婚生子

文／汪佩瑩

主人公：莎莎（化名），生於一九九三年
學校（或所在城市）：杭州
專業（或文科理科）：英語專業
主角個性：漂亮、成熟、大方、時尚
採訪方式：電話採訪
採訪時間：二〇一五年七月十九日

她為愛而生，嫁給愛情，在婚姻中找到自我，個性十足，是個想得明白，選擇好自己的選擇。

初中透過表姐認識，他比我大三歲——在一起——他沒上大學，做生意——我上大學——大二登記結婚、懷孕生子、舉行婚禮——一起做生意。

莎莎（以下簡稱莎）：我是一個「趁早」女孩。很多人拚命高考，然後懷著期待的心情進入了大學，開始真正的大學生活，在那裡實現自己的夢想，並且為以後的工作和生活做打算。

可是我呢，把以後的事情都提前完成了。去民政局登記結婚、舉辦婚禮、生小孩、坐月子……這些本應在大學畢業後才做的人生大事，我就好像按了個快轉鍵，早早地就嘗到了這份甜頭。可能在別人眼裡，覺得我完全沒腦子，但是我到現在還不後悔做這樣的決定，現在還不是過得挺好的嘛。

汪佩瑩（以下簡稱汪）：你對自己想要什麼，過怎樣的生活有一定清楚的認識嗎？

莎：也許遇到了真愛，我才感到什麼事情在我眼裡都是透明的。我並沒有那麼急功近利，希望自己成為如何厲害的人。雖然我從小成績都是很好的，也考上了我們市裡排名靠前的高中，一直以來我都蠻幸運的。我讀書的時候心態很好，考到良好以上，就足夠了，但是，每次都以良好的心去考，結果都是優秀。就這樣，一直保持優秀到高三。

當時我覺得自己考個好大學沒什麼問題，但是壓力還是蠻大的。最後沒有考上我理想的師範類院校，我超級失望。後來我就覺得做什麼都沒意思，這又不是我喜歡的專業。很多人都說愛情會讓人分心，弄得你迷惑不解，成績不行啊什麼的。對的，他們說的都有道理，我也感受到了，我也承認談戀愛讓我高考沒考好，這可以說是占據了我一大部分沒考好的原因吧。但是我不後悔，因為我很喜歡他，我覺得對待感情就是要執著，想想看也就沒什麼好後悔的。

汪：你們什麼時候登記結婚的？能描述一下當時的場景和心情嗎？

莎：二〇一四月三月十一日，這一天是我的生日，我們晚上請了幾個要好的朋友在一家餐廳吃飯。生日的第二天，也就是三月十二日，我們就去當地民政局登記結婚了。因為生日一過，我就達到合法的結婚年齡了。他比我大三歲，是不受什麼影響的。上午做婚檢，下午登記。拿到紅色的小本本，我超級激動呀。說實話，我還真有點緊張，覺得這小紅本本雖然很薄、像豆腐塊一樣小，可是當我拿到手時，我卻覺得蠻沉的。感覺這輩子就跟定這個男人了，我們就是合法夫妻了。

不是經常在網路看到一些明星夫妻晒結婚證照片，秀恩愛嘛。我走出民政局，也發了一條微信朋友圈：「我倆是註定要在一起的。」他的名字和我的名字緊緊黏連在一塊了，我們以後就是一家人了，我就是他的妻子了。那個時候，我感覺自己像個真正的成年人了。

他一直握著我的手，握得超級緊的，到家還沒放開呢。估計他比我還緊張吧，當時我就看出，他接過倆本子時，開心得像個幼兒園裡的小孩子一樣，還一遍又一遍地讀我們倆的名字。弄得很神聖的感覺，不過的確很神聖，這是我人生中的第一件大事，我很幸福，我有我愛的老公了。

汪：你的朋友圈一定很轟動吧，你朋友們是怎樣看待你早早結婚的？

莎：當時有朋友圈裡超過一百條評論呢，我的朋友們有些很驚訝，有些人還說，我早就看出你會早結婚的，我想難道小時候的樣子就看得出來嘛。我還是學生的時候就比較時髦，用我們家那邊的話就是「洋氣」，主要是我長得比一般的女孩子成熟，看上去就比她們年長幾歲，所以就買的衣服啊都講究時尚。最新的款式、最潮的搭配，所以在學校裡，有時候老師都忍不住來誇我，今天的衣服很漂亮啊什麼，老師都把我當成成年人看，因為他們都覺得我早熟吧。這也難怪我天生長得比較「老」，這沒辦法啊。

還記得有一次高中學校檢查儀容儀表，我當時編了一個很流行的魚骨辮，就被老師拉出去說，學生怎麼可以把時間浪費在打扮上呢，高三學習很緊張，你怎麼有時間呢。其實我同學她們都知道我作業總是第一個做好的，每次她們都模仿我，說我上課照鏡子什麼的。我覺得學生上課不一定要死盯著老師看四十五分鐘吧，我懂了就可以做作業、做其他的事了吧。反正學習麼，每次考考都排名挺靠前的，老師也不會因為我打扮什麼的，找我麻煩。這一點，想想看麼，也算蠻欣慰咯。

汪：你和你丈夫是怎麼認識的呢？

莎：我跟他是透過我表姐認識的，那時候我還在讀初中。到了高中，我是住校生，每天晚上他打電話給我，我在寢室打電話就會吵到室友，所以我就索性每天回家了，家離學校開個車也就二十多分鐘的路程。一回家，我就整個人都亢奮了，跟他打電話、見面就更自由了。

終於熬過了高考，在填志願時，他並沒有多說什麼，只是強調一句：「不要到太遠的地方，要近一點。」我家裡人也沒有干涉我什麼，這一切都是我做主的。就這樣，我報了省會城市杭州，讀一門外語專業。他也經常催我能不能早點畢業，他是沒有上大學的，他們家都是做服裝生意的，他高中畢業一直做生意到現在，已經很熟練了，而且平時也很忙。

如果我能早點畢業的話，我就可以幫忙一起做生意了。所以學校一放假或者回學校，他都是開車來接我的。他每次都會跟我說，「早點畢業，早點結婚吧。」其實我心裡也希望是這樣的，我覺得我如果畢業拿到文憑的話，還是要回到家裡那邊，幫他做生意。我們鎮上都是以服裝企業為主的，這也是很有影響力的。

所以我覺得我和別人不一樣吧，別人讀大學會找工作什麼的，我不會考慮自己會從事其他工作，要麼畢業後幫他做生意，要麼早點畢業幫他做生意。漸漸地，我越來越向婚姻靠攏，心情也自然好起來，我感覺至少我還有一些希望吧。我要找到自己的路，不一定把自己捆在學校裡，在學校裡對我來說也不一定是好事。

現在讀大學，就是高考之後被解放了。寢室裡各種買衣服、週末看電影、上課翹課……這些都是很正常的。而且我又不是死讀書的那種，反正沒心思學習。

汪：那你是已經打算好結婚了，是嗎？

莎：我打算結婚了，室友們都超級吃驚的，說實話，正常人都會有這樣的反應。有些人讀大學是滿懷信心的，覺得大學能給他們帶來好的學習能力和以後工作的能力，這沒錯，的確是這樣，我沒有說讀大學不好。只是我自己心思不在學習上面，只想早點離開這裡，一個完全不相干的城市，一群很陌生的人，我不習慣這些，也不想習慣這些。

汪：你大學裡的老師是怎麼看待這件事的？

莎：輔導員、老師都勸過我說，還是學習什麼的，但是我心一定，只有自己最清楚，我也還是蠻感謝他們的，至少在我人生的選擇上，給我一些很實在的建議，但是最終的選擇權還是在我手中。他們說我這樣的話，可以過一段時間再來上課，學校和老師還是歡迎你的。就算是「趁早」畢業了吧，直白點說就是輟學嘛。我爸媽一開始死活不同意，但是還是被我說服了。因為我從小遇到事情就自己做決定，爸媽做生意很忙，也來不及管我的。我還是蠻獨立的，我不太喜歡依賴父母，弄得像個小孩子一樣的。

汪：你最後還是選擇了自己要走的路，離開大學的那天你是怎麼度過的？心情如何？

莎：最終還是離開大學，走出學校的那一天，我就看看我的寢室，覺得這輩子沒什麼機會再和室友、朋友一起了。之後，我們就是走不同路的人了，還是有點不捨的。還好家那邊有很多小姐妹，她們工作的工作、結婚的結婚，感覺還是和我一路子的人，有很多共同語言。我想反正我畢業以後還是要回來的，現在對專業學習也不是很感興趣，按照家裡的傳統的話，畢業以後還是要回家做生意的。那現在我還不如早點賺錢，主要我心思不在學習上面了。因為高考沒考好，已經是對我打擊蠻大了。索性回來幫幫忙好了。

爸媽一開始當然是不同意的，但還是妥協了，所以對於是否中途「畢業」也就隨我咯。前提當然是我們要永遠幸福，這是作為兩方家長最最大的期望吧。

汪：離開學校，走向家庭，後來發生了什麼？

莎：後來就領了證，在家待著。有一天，我感覺到身體有些不舒服，就用驗孕棒檢查了一下，果真懷孕了。當時我激動得不得了，當然一點也不驚訝啦。其實一跨出校園，我們就同居了，年齡麼反正也到了，我們就想要孩子了。因為我們真的可以在一起像個夫妻一樣生活了，所以我早早地經歷這一步。當我第一時間打電話給他，他比我還開心，馬上衝回家，說自己終於可以當爸爸了。

汪：能回憶一下生孩子那天的場景嗎？

莎：二〇一四年九月九號，我住進了市裡的婦保院。本來是四號的預產期，可是孩子卻沒來到，只好在醫院等著生產咯。過來兩天，九月十一號下午，我的羊水破了，馬上被送進產房。他一直陪在我身邊，緊握著我的手。我當時呼吸很困難，感覺快窒息了，心裡很害怕。這疼痛像是永遠也止不住了，我一點力氣都沒有，我快要昏過去了！

他一遍又一遍地安慰我：「親愛的，挺住，加油，我在，放心，有我在！」我看得見他額頭都冒汗了。當時太緊急了，他摸著我的頭髮，不斷地擦我臉上的汗，也不停地安慰我。

我實在忍不住了，就大喊、真是快瘋了。我咬住嘴唇，閉著眼睛，快疼得死過去了。我腦中浮現很多畫面，具體也記不得了，但是全是關於我跟他的。我們的初戀、我們第一次約會、我們第一次接吻……最後拿到紅本本……太疼了，我實在熬不住了。他一直在告訴我，要堅持、再堅持一會。

從十一號的下午三點一直到第二天的凌晨六點，不是剖腹產，是自己生的，痛得嘞。痛到最後已經麻木掉了，渾身沒有力氣。後來「哇哇哇」，我就知道終於生好了，鬆了口氣。

他激動地在我耳邊叫著說：「莎莎，我們兒子出生啦！你太棒了，你是孩子的媽媽啦！」他一邊幸福地告訴我，一邊親了親我。「莎莎，你還好嗎？現在還疼嗎？」我搖搖頭，擺了下手，想要看一下孩子。他真的超級小，當時雖然沒有什麼力氣，但是還是想親親他，這個可愛的小寶貝。

過了幾個小時，我恢復過來，看著靜靜地躺在我懷裡的孩子，我當時感覺自己是最幸運的人，也是最幸福的媽媽。現在世界上，有兩個男人會愛我、會保護我了，一個是我的丈夫，另一個是我的兒子。

「寶寶，媽媽終於等到你了，一看你媽媽一點也不疼了。」丈夫學著小孩子稚嫩的語調跟我說話，「小寶貝快點長大，爸爸媽媽帶著你結婚哦，你一定要看見媽媽穿漂亮的婚紗哦！」

汪：你們是先生孩子再舉辦婚禮的，是嗎？

莎：是的，我們還沒舉行婚禮。我們倆家的新房還在裝修，當時肚子也一天天大起來，覺得可以慢慢來，不著急。現在年輕人嘛，沒有什麼一定要被限制，這是我們的婚禮，我們的生活，當然按我們的節奏來，那是很正常的。每個女孩子最漂亮的時候，那就是穿著潔白的婚紗，和新郎在禮堂承諾終身。這也是我最期待的，即使我已經生完孩子，但是這種一生中最寶貴的事情，我還是得好好珍惜。要在身體恢復之後，好好展現作為女孩最完美、最美麗的幸福時刻。

這一刻，我也終於等到了。

汪：你們什麼時候舉辦婚禮？

莎：二〇一五年二月八日，農曆臘月二十，沒有我想像當中的那麼寒冷，而是特別地溫暖。

根據家的傳統習俗，結婚前一晚幾乎就不用睡覺，全家都在忙碌。我看著熟睡的兒子，已經是半年大了。家人親戚都跑進跑出，為第二天的婚禮做準備，而我反而稍微有點閒。因為我是九〇後，對於傳統的那些禮儀也不是特別知道，全聽家人的。當然婚禮是現代化的，由婚慶公司舉辦，我也省這份心了。

之前拍婚紗照，我可是特別在意。因為我要最美的、最好看的禮服和風格。這些事都是我和他一起去弄的，接連著拍照其實也怪累的。簡單地說，就是不停地換衣服、化妝再補妝，跑這個地方又換個地方拍，被攝影師們喊來喊去，做新人蠻辛苦咯。

冬日的陽光還是蠻明媚，也蠻燦爛。他和他的朋友們敲鑼打鼓來我娘家接親，把我接到他家，然後我們一同去酒店舉行儀式。我媽媽抱著孩子，一直陪著我。那天孩子也打扮得漂漂亮亮的，大紅色的小帽子，畢竟是我的大喜日子嘛！是要有點氣憤哇。我當時化了很濃的妝，但是忍不住就親了下他，我告訴他：「小寶貝，今天爸爸媽媽結婚了，你要睜大眼睛看著哦，不要睡著啦！」孩子還小，根本不知道這麼熱鬧大家在幹什麼，但是他以後一定會知道的。

汪：先生孩子再辦婚禮的，這樣的情況不算常見吧？

莎：我們這對年輕的夫婦，在家附近或是朋友圈子中，先生完孩子再舉行婚禮的，是從來沒有的。我就當是個先例吧，有時候生活不是死死按照一個模式，顛倒或是趁早做了一些事，那就順著它們繼續做下去好了呀，畢竟是當初我們自己選擇的路。反正現在也過得挺好的，不是嗎？

婚慶公司設計的都超級浪漫的，音樂很舒緩、很優美，我挽著我爸我手走著，我爸就把我交給他了。大家的目光一直盯著我們，那時候我可能是有點人群恐懼症吧，都害羞地不敢抬頭看他們。我緊緊扣著他的手，一手拿著鮮花，因為那天穿了高跟鞋，走得很慢很慢。這也是我生完孩子後第一次穿這麼高的鞋子，竟然有點不適應呢。

我以前的同學們，曾經一起玩耍的朋友們，她們有些還在念書，有些已經上班工作。「莎莎，你們一定要幸福啊！」「永遠不要後悔自己選擇的路，既然不讀書，就要好好生活下去。」「以後別讓你小孩跟你一樣早早就結婚呀。」……其實我並不覺得我這是一種失去，而是我選擇了真正想要過的生活。既然我在大學裡找不到樂趣，那我還不如早早走入社會，開始新的生活，相比較做生意我更能投入，生意人都是很自由的，並不是像上班族那樣要朝九晚五。我和他們家一起，一個家族一起做，更踏實，也更有愛。我一點也不後悔，我很幸福。至少現在我的孩子在一邊支持著我呢，任何事情我都會看得開。「母親」這個詞，以前上課的時候只是說說而已，現在，哎，實在太偉大了。

我們站在大家面前，接受所有人的祝福，舉起酒杯，我在臺上感受到的是很多很多數不清的甜蜜。我一直很感慨，我的爸爸媽媽是多愛我啊，在我人生中的任何選擇，他們都會永遠支援我，即便現在成了家，他們永遠也不會說一個「不」字。我小時候就比較懂事，也許是早熟吧，家裡人從來不會為我操心。學習上成績也很好，他們就幾乎不怎麼管我，他們足夠信任我。一直都是這麼支持我。

在我選擇輟學、生孩子、結婚等等接連而來的事情時，他們給予我的更多是幫助和關心。「女兒，你也長大了，你現在做什麼事，我們都會點頭，只要你幸福，你快樂。」這是在出嫁時，爸爸跟我說的話。家裡人對於我丈夫和他的家庭，是很信任和了解的。因為也許是同一個鎮上的，又是我表姐夫的朋友，這些都是我組成現在這個新家的所有保障。即使我畢業後回家，也會經歷這些，所有現在提早畢業，家裡人也沒有多說什麼。兩家家長都以我和他為中心，一直把我們當孩子一樣。雖然現在有了孩子，在家長眼裡我還是孩子。

有一張照片，被大家都羨慕哦。就是我的一個動作被永遠地定格在影像中了，丈夫抱著孩子，我穿著潔白的婚紗，拿著筷子在餵孩子。我在最幸福的時刻，懷裡抱有我們最寶貝的愛情結晶。這張照片被我的朋友拍攝到，說我抱著孩子結婚也算是稀罕的事。那一刻，我是新娘，又是孩子的媽媽。最珍愛的兩個人在我身邊，我心裡啊，超級踏實。

現在大學生在大學裡結婚生孩子，是能夠被理解的。對於我來說，我現在大四了，家長、朋友都認可這樁婚姻，我感覺也挺不容易的。這是我人生的一大步，也是我曾經心心念念著的大事。年輕人，為了自己的幸福還是要狠狠抓住時光，假如早晚要迎來這一天的話，那麼現在就「趁早享受」好了，不會後悔，但是一定會值得！

並沒那麼簡單　致我的「緋聞」男友們

文／王姣

主人公：芳芳（化名），生於一九九五年
學校（或所在城市）：杭州
專業（或文科理科）：紡織工程
主角個性：溫婉爾雅的南方女孩，體貼善良，很有自己的想法，積極向上
採訪地點：杭州下沙某花園
採訪時間：二〇一五年十月十二日

一次愛心捐衣的志願活動中認識了芳芳姐，大氣豪爽的性格讓我以為她是北方女孩，但後來相處又有了新的感覺，她是一個溫婉爾雅的南方女孩，善解人意，喜歡嘻嘻哈哈，玩起來沒有頭腦。但她又是非常理性的，準備考研究所一個月後發現自己不適合就立馬放棄，選擇了自己喜歡的「自信英語」，經常在校園裡看見她會用英語與路過的學生交流，她有一個「讓想說英語的人張開口說英語」的夢想，並且在我們認識的時光裡一直在努力。愛情裡卻沒有那麼簡單，初中好奇在一起，由於選擇不同，各走各的路，高中戀愛未滿，暗戀不斷發酵，陰差陽錯錯過緣分，而在大學再續初中緣。

初中好奇在一起——選擇不同，各走各的路——高中戀愛未滿——暗戀不斷發酵，陰差陽錯錯過緣分——大

學再續初中緣——戀愛不是那麼簡單，面對現實不得不低頭。

王姣（以下簡稱王）：首先要謝謝你參與本次採訪，你關於「戀愛」想說些什麼呢？

芳芳（以下簡稱芳）：回想起僅有的三段戀愛，有意思的是，他們都算是我的「緋聞男友」，有的在一起了，有的錯過了，總之都過去了，成為青春裡的一段故事了。

王：能說說從什麼時候開始的嗎？

芳：從初中開始的。初中的那段很簡單，初三的時候和我的男朋友在一起的，他是我的第一個正式的男朋友。

王：你們怎麼認識的？怎麼確定關係的？

芳：我們剛開始沒有太多交集，不過後來他有寫情書給我，但不是親手給我，是給我室友，剛開始我沒想著同意，因為我們不是很熟。我屬於那種成績還不錯的，他屬於小混混那種級別的，雖然人長得挺帥的，而且公認是身材最成比例的，哈哈哈，我當時出於好奇，加上沒有談過戀愛，我身邊的閨蜜都在談戀愛，然後過了好幾天，他上課會給我折一些紙飛機什麼的，再後來幾天，我就接受了他，就在一起了。

王：在一起之後有哪些現在還記得的事情呢？

芳：在一起之後，我覺得反而在一起之後有點尷尬，那時候初中就挺單純的呀，上課有的時候他會和別人換座位，坐到我旁邊這個樣子，折飛機扔到我這邊來。我上學的地方在縣裡面，我們家在鎮上，每一次他回到縣上，都會給我帶一些香瓜等吃的東西，然後平時下了晚自習之後，我們就會先不回家，先在操場上走一走啊。然後就是牽牽手什麼的呀，哈哈，聊一聊天什麼的，但在一起就覺得彆扭起來，感覺他挺緊張的，每次都是我打開話題，感覺他以前和其他人都聊得很開，但不知怎麼，他在我面前就有點內向，有點悶騷似的感覺。然後我也不知道怎麼做，有的時候在一起有點小尷尬，不過後來慢慢好了一點。

王：第一次戀愛很簡單也很甜蜜呢，後面還有什麼故事呢？

芳：升學考試結束後，他到了一所不是很好的高中，我到了我們當地最好的高中，是分隔兩地嘛，中間我們分手過一次。那是在高中同學聚會，有一個他認做妹妹的女生，告訴我說：「你不知道有女生在追她嗎？」我說：「啊，我不知道呀！」我就用別人的帳號到那個女生的空間看了一下，看了看，發現他們倆不僅互相留言，還是那種挺親密，挺曖昧那種。我就和他說，他說不是那樣的，說我誤會了。我還是不信嘛，後來就分手了。

王：就這麼結束了嗎？

芳：過了幾天，他又來找我，給我不斷地解釋，我有點不忍心，所以又和好了。到了高一下半學期，他準備輟學不讀，去杭州那邊。高中這麼點距離都容易出問題，他要去杭州那就更難把握了，就真的分了。

王：他現在怎麼樣了，你現在回過頭怎麼看待這段戀愛的？

芳：他現在已經結婚了，我們很少聯繫了。其實那時候也沒說是喜歡，只是好奇而已。

王：後來高中也談過，是怎麼認識的呢？

芳：高中不算談戀愛，算是暗戀，也不能算是暗戀，就是沒有真正在一起吧。這是很奇妙的！我們高二文理分科，那個人坐在我後面，就是那種前後桌，然後就特別聊得來，聊得特別開，反正和他在一起，聊得特別開心。班上很多人都覺得他喜歡我，我喜歡聽歌，每次有什麼新歌，他就會問要不要給我抄歌詞呀；飲水機在門後面，每次做完操回來，他都會給我接杯水；我不開心了，他就會陪我聊聊天；我發朋友圈什麼的，他都第一個去評論，給你按讚，在ＱＱ空間留言什麼的……對，反正就是挺暖心的吧。高三時，我們換教室，有一個男生幫我搬桌子，他就過來搶著要搬，哈哈，很明顯的那種，我也不知道讓誰搬，最後還是他幫我搬的，我也挺感動的。

王：那是一個不錯的開頭，接下來關係會更親密嗎？

芳：是的，但事情變化很快。有一天老師說要重排座位，每個同學可以寫張紙說想和誰坐一起。有一個男生叫謝偉林，他就是那種成績比較好，人緣關係也挺好，主要是他會講題目的，物理啊、化學都比我好，我就想要不要坐到他旁邊。當天晚上老師查寢，我就和老師說了。第二天，老師宣布排座位的時候，老師當著所有人的面說，「想和謝偉林坐一起的人太多了，但有一個女生是第一個說的。」我就在眾目睽睽之下坐到謝偉林的旁邊去了，其實老師是有傾向的，希望學習好的坐在一起學習更好。

王：這件事之後，他有什麼變化嗎？你們感情受到影響了嗎？

芳：那之後，那個男生就有點疏遠我了。我不知道為什麼，不就換個座位麼。其實，我特別喜歡引起他的注意，我發現我有點特別喜歡他的那種感覺，包括我看見他和其他女生聊天，我就有點不舒服，也就是吃醋吧。

王：你很喜歡他嗎？

芳：我不甘心，確實蠻喜歡他這個人的。高考完了，他考到了湖南當地的一個二本學校。我們在群裡聊得很少，他也很少在我空間留言。大一的時候，我就在等他告白，但他並沒有。後來聽說他和我們班另外一個女生在一起了，有一次他去一個同學家裡，認識了那個同學的妹妹，談了不久就在一起了，就是這樣的。

王：這樣的結局你現在什麼感覺？

芳：後來，我和他聊天，又聊到高中，就說挺遺憾，我當時挺喜歡你的。他說，我以前也喜歡你。我就問他是不是因為謝偉林。他說是的，謝偉林成績比他好，他就有點自卑吧。我覺得蠻可惜的。年少時我們不懂得愛自己，也就不會愛別人，所以「錯過」成了結局。時間會撫平一切，但或許我們要學會珍惜。

王：是有一點遺憾的，但隨著我們慢慢長大，終究慢慢學會去愛一個人。你真正的前男友怎麼認識的呢？

芳：正是我對高中那個男生不抱希望了，這時我的前男友出現了。我們初一的時候關係挺好，還鬧了不少緋聞，其實是謠言。他屬於那種機靈的男生，老師很喜歡他，班裡人也喜歡他，可能我玩的比較開吧，反正跟我關係挺好的。我們不是一個班的，他初中轉校了，以後就沒再聯繫過了。我大一暑假，他高考剛完嘛（男生因為轉校了，所以留了一級），又聯繫我了，聊得挺來的。他跟我表過幾次白，第一次我沒接受，他是手機發簡訊告白的，內容我記不清楚了，大概是做我女朋友吧。

王：認識這麼久，簡訊告白你答應了嗎？

芳：我覺得不適合，我跟他明確說，我現在心裡還有另外一個人嘛，對呀。後來他還是不拋棄不放棄，沒辦法，我也就說試一下，還有一方面就是被他感動了，那段時間他每天定時定點給我打電話，叫我起床。你看有一個人每天給你打電話，每天給你打電話，你還是會有點感動的，對吧。

王：感動了就在一起了，後來感情有變化嗎？還會繼續感動嗎？

芳：然後反正對我都挺好的，後來也就在一起了，開始並沒有那麼喜歡，開始可能是因為感動，因為正好身邊也沒有一個人，也就在一起了，和他在一起的那學期桃花運特別多，各種各樣的人追，但跟他在一起，我還是不能那個啥，你知道嘛，在一起之後的話，一開始也沒有那麼，他後來告訴我說一開始是喜歡，後來才慢慢感覺到愛，就是他真的對我非常非常的好，真的，對我好的我已經不可挑剔了。

王：「對你好」表現在那些地方？

芳：真的，說實話，無論什麼時候，他都會想到我，就是我這邊有任何問題，比如說我現在給他打一個電話，說你明天到杭州，他今天晚上就會買票過來。有一次，我們因為一件小事吵架，我就發了一條說說，說：「既然不喜歡了，那就分手吧」。發完我就後悔，馬上就把它刪了，但是被他看到了，然後他第二天就到杭州了，以前他來看我的時候，有時沒有票了，有站票，他就會買站票，就是站十多個小時到杭州來。而且他在外面買吃的都會想到給我買，買衣服也會想到給我買衣服，他看到衣服就會給我買，然後有一次我想要一個單眼相機，他就會分期給我買單眼相機，就是對我很好，比如說我的計算機比較舊一點，他的計算機新買的，他就會說要不要換計算機用，我的手機破一點，他的手機新一點，他就會說要不要換手機用這樣子，可以說是對我超級好的，好到無可救藥的地步。

王：確實很體貼，為你考慮很多事情，但異地是現實的，對你們的戀愛有影響嗎？

芳：我也想過我們是異地，但還好我不是那種很黏的女生，我有自己的事情要做。我是一個比較獨立的女性，其實異地也是要看兩個人嘛，如果兩個人說真的喜歡，異地也沒啥關係，可以接受的，而且自己做自己的事情，現在主要是談戀愛，希望更多是走到最後，而不是玩玩而已的那種。

王：很多情侶經不起異地的考驗，你怎麼看待的？

芳：如果兩個人都不做對不起對方的事，心裡有著對方，自己把自己變得越來越好，說不定之後兩個人就能在一起了，對嘛，但反過來說，愛情其實是一種陪伴，有的時候感覺，電話永遠打不完，想讓他在身邊他又不在，心裡也會有點不舒服，但自己這個時候就會找點其他事來填補這種空缺。

王：你這種想法很積極，你還記得在一起的約會經歷嗎？

芳：我們不會放過任何節假日，比如說我會去長沙玩，元宵節的時候，我們一起去玉皇山看雪。玉皇山很高，我們住在半山腰上的旅館裡，大清早又開始爬，就是在路上，我們聊聊天，累的時候，他會給我按按腿，我都很不可思議我能爬到頂上來了，下山的時候，我感覺就是整個被他拖下來的，我的膝蓋就有一種想往下跪的感覺，回來的時候，他就背了我走挺遠的路，很照顧我的。我和他出去玩，他會把路線都提前查好，而且我也不需要怎麼花錢，他都會提前兼職存錢，他什麼都會提前安排好，不用我操心。最有趣的是，我近視，但有他在身邊，我就不用戴眼鏡，他說過他就是我的眼睛，哈哈。

王：哇，很浪漫呀，看來是一個很細心又承擔責任的暖男呀！

芳：還有就是去西湖那次，剛買了單眼相機，一路上他就負責拍照。但要看音樂噴泉，人很多，大家都挺高的，我有點看不到，他就一直一直架著我，我騎在他的脖子上，你知道嗎？後來發現太危險了，他就一直拖著我的雙腿，把我舉起來的那種，我在上邊一直看，他一直在下面那個樣子。

王：你們這樣子多久？他累了會和你說嘛？

芳：哈哈哈，可能十幾分鐘吧，他一百六十七，就是在一直強撐著的那種，後來他告訴我，其實胳膊已經酸死了，但為了我開心死撐下來的。

王：很讓人感動呀，還發生哪些小故事呢？

芳：我覺得作為男朋友，他還是挺好的，無論我有什麼要求，他都盡可能的滿足我，我說我最討厭抽菸的男生，他就馬上再也不抽了，他很在意我說的每句話，然後我說我不喜歡男生打遊戲，他就基本上不打遊戲了，偶爾幫朋友開個卦，也會提前告我一聲。雖然我們是異地，但我從來不擔心他會和其他女生怎麼樣，說實話，我從來不覺得也不擔心他會對不起我，我還挺相信他的。

王：你們是異地，他有過來找你玩嗎？

芳：他經常過來找我玩，哈哈，但挺可憐的，第一我沒有去車站接他，第二我沒有給他訂酒店。我有時候在上課，基本上是他自己全部弄好，我說你自己過來，他就自己百度地圖到學校，然後自己在華元（學校周圍的酒店）訂房間。我下課問他房間號，然後提著飯去找他這個樣子，他說他已經很獨立了。

王：這麼遠過來找你，應該感到很開興吧，會有什麼親密行為嗎？

芳：是的，見面的時候很開心，除了擁抱就是kiss，真的會kiss，這麼久沒見面了，必須的，路太遠，坐車很久，我還很心疼的，所以我會主動一點吧。他會洗完澡睡一會兒，然後等我過來找他，他做了十多個小時過來很累的，但我說我想去吃飯，他就會陪我去吃飯，我說我不想出去，他就會說你想要吃什麼，我去給你買，搞得好像是我去他那裡了一樣。然後晚上我要去洗澡，他就會說你等會兒，我去看水溫夠不夠，他會用手去試一下水溫，夠了才會讓我去洗。

王：他的一言一行都很照顧你呀，你有感到壓力嗎？

芳：很有意思的，他過來找我，我並沒有任何壓力，而是被他「伺候」著，每一次都是這樣，可能是跟他在一起，我一直被伺候，從來沒有改變過。

王：他來找你，你們會住在一起嗎？

芳：有的，他來找我，我想著見一面不容易呀，就多陪陪他吧，晚上他說不想讓我走，我也就同意了，剛開始，我們定的是雙人床，也就是標間，聊聊天，各睡各的，到後來慢慢地，關係發展更進一步了，我也算是相信他吧，而且男生嘛，他一說我也就沒拒絕，畢竟是男女朋友嘛，就會睡在一起，但睡在一起，也不會做一些過的事情，最多就是他擁抱著我睡的樣子。

王：那是什麼感覺？

芳：雖然有的時候會有點不好意思，哈哈，但慢慢就適應了，我還比較有理性的，他也比較尊重我，就算有的時候他想和我做些啥，我也沒有同意，就是覺得還沒結婚，這樣做不太好，如果結婚了，就可以了，我對他這個人是沒有問題的。

王：你對他是很信任的是嗎？

芳：他九四年，我九五年的，但我們心智年齡差不多吧，有些事還是能想到一起吧。我現在也不知道怎麼叫他，好像從來也沒怎麼叫過，電話過來了，就直接開始說話，見面了，就直接開始聊，時間長了，算是有一種默契吧。

王：異地戀愛有什麼特殊的故事嗎？

芳：雖然異地，但他也沒減少對我的關心，有的時候給我寄一大箱東西吃，他蠻有心機的，交代過我要分給室友吃，這樣室友就會對我好一點。他也會在節日的時候給我送禮物，我們在一起的第一個情人節，他送給我一條我喜歡很久的項鍊，銀白色的，項墜是一個空心的五角星，也算是我們愛情開始的見證吧，後來我過生日，它送給我一個金色的手鐲，這些我現在都還放在桌子上，算是紀念吧。

王：你們有見過家長嗎？

芳：我們是一個鎮上的，他爸媽都認識我，有一次我在他們家玩，他媽突然回來了，我也就見到了呀，那酸爽，簡直難忘呀。

王：這麼突然，那天接下來發生了什麼？

芳：他媽留我一起吃飯，我也不知道怎麼拒絕，然後我們就一起吃個飯，後來還吃了一兩次，每次都特別緊張，手都不知道往哪裡放，他爸媽人挺好的，他媽做了很做好吃的，和他待久了，他應該都知道我的口味吧，他媽的菜都是按照我愛吃的做，他爸媽把能夠做的最好的都做給我吃，就是這樣子的，最憂傷的是，太緊張了，飯都沒吃飽，他也會給我夾夾菜，反正他爸媽對我挺好的，他爸媽挺喜歡我的，他爸說：「如果你們以後在杭州買房子，就幫你們付頭期款，如果在家裡買房子，就幫你們買房子。」我聽這話也是壓力好大，誰知道以後會怎樣？感覺好像被確定下來了一樣，心裡怪怪的。

王：哇，父母很支持，你們很幸運呀。相處過程中有什麼不愉快的嘛

芳：我也不知道為啥有段時間一直在電話裡吵他，可能有的時候一個人，你覺得他越不會離開你的時候，你做什麼事他都不會離開的你時候，你就會很大膽。對，比如說這些怨氣和憤怒，你偶爾一天堆積下來的比較不好的東西，你就想找個人發洩出來，這個時候你不會發洩給你一些朋友，因為你會知道這樣子，與朋友關係會搞得不好，或者朋友會怎樣來看你這個人。

王：是的。

芳：但如果有那樣一個人，他從來不會說，他會包容你的一切，無論你的好，還是不好，無論你說什麼，到下一秒，他就會原諒你了。而且他是那種打死都不會離開的那種，那你就隨便跟他說嘍，有句話不是說越是得到的東西越不懂得珍惜，真的，但是這樣一個人一旦離開，就是永遠的離開。在一起的時候，他會每天給我打很長很長的電話，我不掛或者忘記掛，他就會在電話另一頭一直聽著，他從來不掛我電話，至少從談戀愛到現在，如果他不小心掛電話，他會跟我說是不小心，會給我解釋。

王：這個男生很好呀，很真誠，你們為什麼沒走到最後呢？

芳：可惜的是，後來我們還是沒有在一起，雖然他對我挺好的，但是另外一方面我覺得他給不了我未來吧。感覺和他在一起，不知道怎麼說，當一個女生比那個男生強的時候，就很難會在一起，女生都想找一個比自己強的，能夠讓自己崇拜的一個人。

王：是的，大部分女生都是這麼想的，他沒有達到你的期望嗎？

芳：對，他並沒有做到這一點，他只做了一個讓我很暖心的人，但並不是我很崇拜的那種人，所以有的時候我就會想，這樣一個男生會對我很好，那能不能給我未來？或者他能立足不足夠？所以就是我們能否長遠的走下去。

王：你有想過是什麼原因讓你這樣想的？

芳：畢竟我身邊優秀的人那麼多，他並沒有讓我看到特別厲害的地方，或者以後能找一份特別好的工作，能夠特別有出息的地方，包括他還是一個大專生，所以我的心裡挺糾結的。有些我不懂的方面，我在其他男人身上看到了，他沒有表現出來，或者是我把他和身邊有些的人做比較，覺得他比較沒那麼好，就會經常和他吵，吵完之後又有一點後悔，覺得他對我那麼好，我幹嘛要那個樣子。

王：感覺你挺糾結的，你有想過去做些什麼來幫助他嗎？

芳：我也想過要去幫他，但我們是異地，也不知道彼此的具體生活或者發展情況，他身邊的大環境有很大的關係，他身邊沒有什麼好的人，大家都那樣，吵了很多次，有一次他來看我，我就覺得他這不好，那不好，很嫌棄，所以才有了現在的局面。

王：你什麼時候開始有這種想法？多久了？

芳：我內心壓抑了很久，以前礙於面子，不好意思跟他說，這樣也不好嘛，壓的挺久的。有一次他過來玩，然後是我自己感覺他這裡不足，那裡不足，雖然他很體貼，但作為男生，他的交流能力還沒我強，膽子還沒有我大。我覺得這是男生需要的一些能力，我沒有看到他能帶給我希望的一些點，我難以想像他以後能找怎樣的像樣的工作，到最後也就是說這個男的能不能帶給你未來吧，可能是我自己要求也比較高吧，我覺得這樣打電話一直凶他，也不太好，沒啥意思，還不如早點分的好。

王：這確實是一個比較痛苦的過程，你覺得自己在談戀愛中要求高是什麼原因呢？

芳：有的時候，我覺得我是一個功利性很強的人，不能做到純粹的愛，也不能說是功利性，就是我不能拋棄一切，去純粹地愛一個人。

王：可能沒有遇到讓你真正奮不顧身的人，這麼幾段戀愛結束了你對與找男朋友有什麼想法呢？

芳：就是他需要具備一些能力，我能看到這些能力，我是願意跟他在一起的，他是具有潛力的，我願意和他繼續走下去的。但我也不是說要什麼現成的呀，什麼什麼的，但最起碼你要讓我看到希望，看到那股勁在那裡。我也想到他比我小，本來男生就成熟晚，但意識和潛意識是兩種完全截然相反的狀態。

王：你不想兩個人精神不平等？

芳：對呀，所以我希望我喜歡的人和我一起奮鬥，一起進步，我渴望長遠的走下去，而不是今天膩在一起，玩一玩而沒有明天，就是這樣的，誰都想要一個好一點的生活嘛！

王：你怎麼看待生活中的愛情和麵包？

芳：短暫的愛情等到以後面臨房子問題、車子問題，都顯得很無力，我當然不想這個樣子，他可能沒有這種能力讓我去規劃很好的生活，我不是不願意和這樣的男生生活，因為這樣子遲早要吵的，因為現實物質也很重要，不能只生活在精神層面。

王：他物質條件好嗎？

芳：他家裡條件比我好，其實也算是蠻好的一個未來吧，然而現在都沒有了，其實要看他吧，他要成為什麼成功人士，然後過來找我什麼的，覺得這樣也不大好，他不是什麼學校的原因，是他個人的原因。我身邊也有很多專科的，但人家經歷了很多事，也自己去闖過，自己去創公司，去帶團隊，都有專科的人在，他們有都在做事情，而且人都挺好的。但他並沒有啊，他在我看來就和大家都差不多是一樣的，其實每一次和他在一起我覺得挺好的，但一分開，我身邊有個大環境，有多優秀的人，有的時候對他，批判的眼光就出現了，說他這不好，那不好的這種，然後就開始吵吵吵，終於有一天他說：「每次你跟我在一起，我覺得還好，為啥一分開你就感覺變了一個人一樣。」所以現在也就這樣了，也就順其自然吧。

王：那最後誰提分手呢？

芳：不出意外是我提出分手的，他從來不會跟我提分手，就像從來不會掛我電話一樣，我明白他對我的是愛。

王：你覺得什麼是愛？愛和喜歡一樣嗎？

芳：哎呀，喜歡只是喜歡你優秀的方面，或者是亮點，你突出的一部分，大家都能看得到的，只不過他對這東西更加傾向而已，但是愛呢，是包容你的一切，把你的缺點看成你的優點，真的，比如說我喜歡丟三落四，他就會說好可愛呀，但別人就會說這是缺點，我出門之前，他就會打電話或者發簡訊提醒我別忘記帶東西，真的很貼心呢。

王：感覺你對他還是有感情的，什麼形式分手的呢？

芳：二〇一五年七月我電話裡提出分手，那天我心情也不好，打電話之前一直流眼淚，雖然提前也說過幾次，但也都只說說而已，不是很正式。那一天電話掛了後，他給我發了很多條訊息，是那種很長很長的訊息，說他很愛我、很捨不得的那種，後面又說「反正只要你要你能幸福就好」這種東西，反正很長很長，講了我和他的經歷什麼的。

王：能再說說當時什麼狀態？

芳：當時傷心還是蠻傷心的，整天沒精打採，總覺得缺少一點什麼。

王：過去一段時間了，現在還和他聯繫？

芳：但現在嘛，就順其自然吧，電話聯繫變少了，微信還在聯繫，關鍵是我現在自己就有好多事，對這種事情沒什麼想法，我現在在公司實習，每天都很忙，負責市場這一方面，每天都要招生還要負責諮詢與培訓。

王：感情都會隨著時間的流逝而變得雲淡風輕，你覺得談戀愛這件事是怎樣的一種經歷？

芳：其實也沒有什麼特殊的感覺的，就會覺得這些都是美好的經歷啦。我覺得以後老了回想起來也覺得挺美好的呀，無論說有沒有在一起，而且確實的話，如果沒有談過戀愛，你的心裡就不會體驗過被人愛或愛一個人的感覺，哪怕它可能到最後是痛苦的，但過程還是有很多美好在裡面的，看你怎麼想的。

王：面臨畢業，你對於以後的戀愛有什麼想法？

芳：對於以後的戀愛，我也沒有啥發展的趨勢，就是順其自然就好。

王：會去相親嗎？

芳：我也不會說去相親什麼的，我挺相信緣分的，但也相信自己主動，如果緣分到了，自己不主動的話就抓不住的呀，要是再找的話，大概會在杭州吧。

王：你現在在忙什麼呢？

芳：我現在最重要的是，我想先把自己的事弄好，也沒怎麼再想談戀愛的事，我也有自己的工作目標，第一個讓自己成長，變得更好，工資更高一點，給家裡面帶點什麼東西就這樣，第二個就是擴大朋友圈，多交點朋友。

王：每一個有戀愛故事的人都會有一句感情宣言，作為過去戀愛的總結和未來的期望，你有什麼話想說呢？

芳：哈哈，我覺得如果兩個人要真心在一起，兩個人的心一定要在一起，即使兩個人現在分開，以後我覺得也會在一起，但如果心不在了，在一起也會分開。

王：很感謝你的分享和時間。

芳：這也是我很樂意做的事。期待你的書出版。

吵吵鬧鬧的日子 會永遠嗎

文／王姣

主人公：小華（化名），生於一九九四年
學校（或所在城市）：杭州
專業（或文科理科）：金融
主角個性：靦腆可愛的女生，個性很強，但又願意為愛的人改變
採訪地點：杭州下沙二號大街清雅苑
採訪時間：二〇一五年十月十二日

一場英語演講上我認識了小華姐，美麗端莊，流利的英語和自信的眼神，我便和她交流英語的演講技巧，她真誠的分享她的英語學習之旅，我對她心懷感恩。時隔一年她就成為了我「大四女生」採訪的對象之一，經過半結構化的訪談，才感受到靦腆可愛的她也是一個個性很強，但又願意為愛的人改變的人。高中相識，男友輔導她數學，高三暑假，男友指導她填志願，意料之內在一起，但大學相處，男友特愛和她講道理，舉例子，兩個人性格不合，吵吵鬧鬧是她說的最多的詞語，而作為即將進入社會的大四女生，這種吵吵鬧鬧的愛情還會繼續嗎？

高中相識，他輔導我數學——高中暑假，他指導我高考填志願——大學相處，他特愛和我講道理，舉例子——考研究所複習，他教我數學，我教他英語。

王姣（以下簡稱王）：首先要謝謝你參與本次採訪，你和他是怎麼認識的呢？

小華（以下簡稱華）：我們是高中同學，臨汾市的一個高中，高一認識，大一在一起的。學校運動會，透過同學的同學介紹，一起玩認識的。第一次見面，現在幾乎沒什麼印象，因為當時互相沒任何感覺，只留了QQ。

王：然後呢？

小華：我們是一個學校的，上晚自習之前，一起吃個飯。他學習好，比我大一屆，幫我講解題目，他理科，我文科，能講的也只有數學。當時還太小啦，他長得挺瘦的，然後學習也特別好，但當時我學習不好，所以就沒什麼交集。後來我上了大學，他長得特別高特別壯，我在杭州，離他也比較近了，也就慢慢聯繫。

王：怎麼開始聯繫的呢？

華：高考後可能要問他怎麼填寫志願，就問一些訊息，然後才開始聯繫起來。我想起一件事，我高一，他高二的時候，我們當時好像有類似談戀愛那樣的感覺，只是兩個人下課一起講講題，一起去吃飯。但是當時忙著學習吧，又或許沒感覺吧，後來就不了了之了。

王：曾經有感覺，但中途斷掉了，現在還記得發生什麼故事嗎？

華：過了四年了，很多事情都不記得了。我記得最開始接觸，是高考完的暑假，他大學回來，找我出去玩，我們就是去公園，逛街什麼的。然後我的膽子可能比較大吧，後來他非要說是我向他告白的，我要和他交往的，哈哈，我不記得了。

王：你為什麼會主動告白呢？

華：可能當時高中壓抑太久，可能比較想找一個男朋友吧。

王：你們怎麼又重新走近的？

華：他知道我考到杭州之後，兩個人走的挺近的，聯繫更頻繁了，可能後來就是我提出來的，但我真的不記得了。到了學校，剛開始就是放長假，比如「五一」、「十一」的時候，我去找他一下，他來找我一下，平時都是電話語音什麼的聯繫。

王：你們不在同一所學校？

華：他在南京（南京郵電大學）上學，學計算機（資訊學院計算機專業）的，我在杭州（浙江理工大學）。

王：那你們也算是異地了，平時怎麼見面呢？

華：九月分開學，我「十一」就去找他玩，後來都是他來找我。那次，他在車站等著我，帶我去夫子廟、中山陵、總統府就那些景點。從那之後，每一次都是他來找我，剛開始放大假來，後來就是每個月來一次吧。

王：還記得出去玩的過程嗎？

華：大二的「十一」，他來找我，我們去了西湖，當時人特別多，好像走路比坐公車快，我光記得走了很長很長的路，比較累。因為我們兩個人不是特喜歡跑的人，但是是喜歡吃的人，所以我們一般把錢拿來吃東西。我們經常跑到河坊街去吃，那些小吃都吃了遍吧，後來又去「垃圾街」那邊了吧，三四次吧。

王：還記得第一次牽手的場景嗎？

華：第一次牽手可能是大一吧，應該是一次旅遊的時候，我們在爬一座山，後來我爬不動了，他就拉著我走。那天晚上不知怎麼了，他就吻我了，接吻時我記得特別緊張，感覺心跳特別快，頭有些暈，非常不好意思。

王：你們會搞浪漫嗎？

華：哈哈哈，我們兩個不是那種愛搞浪漫的人，可能情人節我們是不過的，就是他也沒送過玫瑰花，我也不讓他送。可能過那些節的時候，我會叫他帶我去吃一些我想吃的好吃的，並且我每一次生日，他都給我買一大堆零食。平時他買耳機、鍵盤什麼的，然後他看著比較好，就會給我也買一份，就不會挑什麼重大節日。因為他們學校的教授是他舅舅的同學，他當時想要兼職，就去問那個教授，剛好那個教授有一家自己的公司，就讓他在那裡工作，一個月生活費大概有三千了吧，但他來我這邊，車票也挺貴的，加上住宿就快一千了，其實我們身上的錢都拿來吃東西了，就不會跑出去玩什麼的。我特愛吃牛蛙煲，哈哈，他總是帶我去吃，或者給我錢去吃。

王：有比較難忘的生日禮物嗎？

華：今年十月，提前也沒說要送我生日禮物，然後是我生日當天，有個快遞到了，過去拆開我才知道的，是一個「Apple Watch」，我就問他，他說因為智慧型手錶有記錄運動的功能，說我可以用它督促我運動。我挺喜歡的，平時鍛鍊也有了動力。最近一直忙著複習，就沒怎麼鍛鍊，也就沒戴。

王：你覺得他的性格是怎樣的？

華：他不喜歡和陌生人打交道，但和身邊的人相處還是蠻好的。他說話應該算是委婉的吧，就是我覺得一件事，他可以說一大堆，繞好大一個彎子。對了，他的道理特別多，每次和我吵架，都是在和我講道理。他不是學習好嘛，所以就教我很多學習方法，然後就覺得有些不適合我用，他可能就強迫我做什麼的，我忘記了，反正我記得因為學習方法的事情也吵過架。

王：大概什麼事情？

華：就是很小的事情很容易吵架，最關鍵是我們吵起來時候都不讓對方，所以越吵越厲害，就一定要把對方說通才行。

王：那會影響你們的感情嗎？

華：偏偏對方很難說通，所以我就說談戀愛是很矛盾的事，就像我們現在這樣，吵了這麼多，就在想是不是不合適？但在一起這麼久了，也有很多美好的回憶的。比方走在街上會讓我走在裡面，買吃的一般都是他去排隊，我想去吃什麼都會陪我去。

王：這麼矛盾，你覺得你們適合在一起嗎？

華：可能覺得不適合在一起了，但又捨不得分開。他雖然是理工科，但他完全是文科生的思維我覺得，就是他多愁善感一些，會寫一些文藝性的文字，並且他特愛和我講道理，舉例子。

王：他愛講道理，比如說什麼事情？

華：去年的時候，有一次我和室友吵架了，就告訴我男朋友，他就說讓我去跟我室友道歉，然後我就跟我室友道歉了，發簡訊道歉，但我室友沒回，我就覺得挺尷尬的，也挺生氣的。我男朋友說其實我們剛開始有小小的矛盾的時候，我就應該去和我室友談談，去化解矛盾，之前就是因為我和室友積累越來越多，後來才爆發的。他說我當時先和我室友道歉這個事情，已經顯示出我比較大度了，但我不應該因為她沒回簡訊，我就生氣，這會影響我的情緒，反正他就叫我不要有壞的情緒，去做一些可能後悔的事情。

王：你認同他的看法嗎？對你有幫助嗎？

華：最開始和室友吵架的那個時候，他和我說這些，我聽著就挺生氣的，因為我認為我沒有錯，我為什麼要道歉，道歉了，人家不回，就覺得挺尷尬的。後來其實我就特別能理解了，就不應該與別人產生衝突，所以後來我發小與室友有問題，我就勸她要趁小問題的時候就去化解了。所以他給我說的好多事情，對我幫助也蠻大的。

王：你很容易生氣嗎？

華：不過以前很容易一下就生氣的，現在也就會溫和一些吧。我覺得我可能是我家的老大，家裡有個妹妹，我從小管她比較多，並且我媽比較偏向我，所以脾氣就養大了吧。然後我和我妹的發小剛好也是兩個姐妹，我和那個姐姐年齡一樣大，我妹和那個妹妹一樣大，我和姐姐平時就比較欺負她們兩個人。所以有時我和男朋友吵架，可能也是因為我脾氣比較暴躁吧。

王：吵架就會發脾氣？

華：我不是容易發脾氣，而是生氣起來比較大。比方說生氣的時候，會大吼大叫之類的，但我的脾氣下去得也比較快，可能過了半個小時，就一點也沒有了。

王：那你們吵完架之後怎麼處理？

華：我和我男朋友要是吵架了，一般都是我去跟他道歉的。我們吵了這麼多次，他可能跟我說「對不起」就只有幾次吧，而且還是這件事過了很久以後，可能是幾個月之後。他真正經歷我當時那個環境，他可能覺得我是對的，他才會過了很久跟我說「對不起」。

王：你為什麼主動去道歉？

華：關鍵是因為我是脾氣下得快嘛，然後脾氣下去了，我就覺得就和人家冷戰了，就沒意思了，我就特別想和他說話，就去和他道歉了。

王：吵完就道歉有效果嗎？

華：這個應該從我妹那裡養成的，跟我妹相處也是這樣的，我經常把我妹惹生氣，然後給我妹買一堆好吃的，去跟她道歉，不過我男朋友應該也挺愛吃這一套的吧，哈哈哈，我們一般吵兩個小時，就沒有事情了。

王：吵架說明觀點不和，吵架前後會有什麼影響嗎？

華：我覺得是這樣的，他和我吵架，他和我講道理，他一定要把我說通了，或者讓我覺得他是對的，讓我去道歉，大部分是電話裡吵架，吵完了就跟以前一樣了，就沒有其他什麼影響。

事情。

王：你覺得會有什麼好的或壞的感覺嗎？

華：沒有好的感覺，也沒什麼不好的感覺。不過，有些吵架也會從他身上學到一些東西，比如那次和室友的事情。

王：吵架傷感情，你有後悔嗎？

華：我也說不清楚，肯定不願意吵架呀，但有時候在一起就會有小摩擦。

王：確實如此。

華：他對我的幫助也蠻大的吧，比如說把我變成了比較好的女生吧，就像我可能不會在他有事情，或跟室友在一起的情況下，找他胡攪蠻纏什麼的，但是放在大一就可能會了。

王：相處過程中的不理解會造成矛盾衝突，吵了很多次，你有什麼收穫嗎？

華：現在應該越來越能理解男生吧。比方說他們和室友在一起，或在外面玩，或者在玩遊戲的時候，特別煩女生去打擾，去胡攪蠻纏。你要是足夠理解的話，他會對你反而更加體貼，更加好。並且在外頭的時候，要給他足夠的面子之類的，那怕私下對他不好，或者在吵架。

王：是的，理解很重要，畢竟有自己的生活。

華：並且我覺得女生最好輕易不要去試探你男朋友，用個「新號」或者找你閨蜜去試他，因為我有閨蜜這麼做的，最後結局挺不好的。

王：你理解他之後，他做出改變了嗎？

華：他玩遊戲也出過事，以前挺多的吧，有幾次因為玩遊戲把約定的時間給忘記了，因為這個我生氣和他吵架，然後後來他又把我忘記的時候，我就笑笑可能就過去了，然後他可能挺感動的，給我一些補償吧。

王：確實理解潤滑了你們的關係。

華：理解和信任挺重要的，因為現在蠻多女生，我男朋友身邊的戀人啦，我身邊的戀人，蠻多女生都比較強勢，他們會強迫男朋友做這做那。

王：剛才說你們在不同學校，你怎麼看異地戀的？

華：我覺得異地戀蠻好的，因為隔一段時間見的時候，也比較有新鮮感。並且自己一個人的時候，獨自空間也蠻大的，比如你想做一些事情，看看書呀，自己安排什麼事情，都有時間。如果想對方的話，可能一個月見一次，我覺得也差不多，有事情就打打電話，說說就行了。

王：你怎麼看待在校大學生戀愛的？

華：我覺得大學談戀愛挺好的，因為這時候比較青澀，走向成熟吧，是很美好的回憶。我覺得男生或者女生其實多談戀愛還是蠻好的，因為你可以找到你適合什麼人？接近你的人是什麼目的？看上你什麼東西了？並且多談戀愛吧，可能會把你變得越來越好。

王：你覺得全部都是好的嘛？

華：但是我覺得大學談戀愛，要小心被騙吧，不是很多女生被社會的人騙嗎？就像這是一個物質的社會，然後就會面對那麼多東西，禁不住誘惑吧。我覺得談戀愛，安全措施或者其他的，要做好吧。我覺得女生吧，不能把自己所有的身心都交給男生，我身邊有人，對象出軌了，那女生到現在都不知道。

王：你對男朋友放心嗎？

華：我以前對我男朋友不放心的，哈哈哈，後來因為交談嘛，我也說不清楚，為什麼對他放心了。其實就算我不放心也沒辦法，畢竟隔得這麼遠，並且我不知道就好了。

王：你們有親密接觸過嗎？

華：我們在一起四年了，該做的都做了吧，現在大學裡面也很正常吧。

王：是什麼場合下住在一起的？

華：大三第一學期，那時候我自己在外面住，他來找我，我們就住在一起。

王：你怎麼看處女？

華：我覺得這個沒什麼，我不太看重這個，因為我以後不想靠男人生活，我自己想要的自己可以買，不需要他覺得我怎麼樣，並且他也不一定是第一次，沒資格要求我，並且他真在乎我，是我這個人，而不是我有沒有那層膜。我覺得精神戀愛和身體戀愛可以不統一吧，因為畢竟人有各種各樣的需求吧，生理需求，我也說不清楚。

王：那你覺得男生怎麼看呢？

華：現在很多男生不太看重這個了吧，我就問過我一些同學，他們就不太在乎，尤其是南方人，北方可能還是有些在乎吧。我覺得那只是生理需求吧，人流我覺得不能接受，做了對自己身體有很大傷害。

王：那如果有男生在意呢？

華：那我就找個不在意的，大不了就是自己一個人了，什麼都可以的，已經做過的決定就沒機會後悔了，再說我們也可以結婚，不過現在考慮這些都有些早。

王：你們有考慮以後嘛？

華：哈哈哈，我們最近才剛剛有比較大的問題呢，因為我們性格差異比較大，兩個人都比較倔，吵架了都不會讓的。然後最近他可能就在想，我們到底合不合適，考完研了，我們就要談談這個問題。

王：他怎麼想的？

華：他覺得我可能是他談的第一個女朋友，然後可能會有一種一生和一個女生在一起，可能有一些虧了吧，哈哈哈。因為我以前的性格比現在暴躁一些，很多方面和他想像中不太符合。然後他透過好多年，哈哈哈，已經把我改變許多了，這都是我們剛剛談過的，完全都是他說出來的。他說可能他幫我改變了很多，好多已經很符合他的要求了，但他還是覺得只跟一個女生在一起，覺得不好，還想嘗試別的吧，哈哈哈。

王：你覺得他心裡矛盾嗎？

華：他現在就是比較矛盾的心理，可能就是覺得我還可以吧，然後又想會不會找一個，下一個更好的，但又怕比我還差，比較矛盾的心理吧。因為我們其實吵架很多，真的是隔一天吵一次，吵一次兩個小時。最開始，大一大二，很不成熟，為一些小事吵架。可能他的電話我沒接到，我和同學吃飯去了，看電影去了，沒理他之類的。到現在吧，可能對一些事情觀念不同吧。現在兩個人大部分看法不一樣吧，談著談著就吵起來了。

王：你們近期吵架什麼原因？

華：我也不確定真的是性格差異這麼大，還是兩個人都在準備考研究所，壓力比較大，所以考完試我們再好好解決這個問題。不過他對我真的特別好，他自己捨不得買、捨不得吃的東西，都會給我買很多，雖然他當時有工資，但就這樣，他還問同學借了一些錢。談戀愛時間長了吧，可能就這樣吧，很多矛盾心理的。

王：作為大四女生，你有考慮過你們的未來嗎？

華：我們倆的未來我現在還沒想過，最快也要考完試再認真考慮吧。我的大學裡有他很大一部分，因為我有什麼事都會告訴他，會和他商量吧。

王：你們考研究所情況是？

華：我準備考金融，他繼續考計算機，但我們準備考一個學校，考浙大。我還大一的時候他就讓我學習，後來也一直督促我，我數學以前不好，他就一點一點教我，我考研究所數學應該能考一百三十吧，我英語比他好，所以我告訴他英語學習方法，平時也是相輔相成的。

王：你覺得女孩子主動追男孩子好嗎？

華：我覺得有喜歡或感興趣的就該主動。最多就是被拒絕了，也沒什麼關係，成功了也好。關鍵還是要遇到一個有感覺的人，哈哈，比方我喜歡聰明的，遇到這樣的我就沒有抵抗力了，但是還的各種「高」，高個子，高智商，高情緒智商。哈哈，因為我個子比較低，所以要找個高的男朋友。他高考考了六百多分，除了北大清華的差不多都可以，但是他們那年先報學校，所以報虧了。

王：相處這麼久，你愛他嗎？

華：我對他有親情了吧，也可能是習慣了。挺愛的吧，因為我們談到分手這個問題，都挺傷心的。他去年考過一次研究生，因為當時總分過了，但英語單科差三分，所以今年又考一次。他是可能前三天晚上和我談過，要是不合適就分手的問題，然後後來他又告訴我，他覺得我比較合適，讓我別多想，但是我怎麼可能不多想呢？

王：那你現在怎麼想的？

華：我們也就順其自然吧，要是不合適的話，慢慢就分手了，合適的話，怎麼都會走到一起的。說實話，我就沒想過那麼多其實，畢竟我們現在吵架還蠻多的，要是結婚了，不可能結婚了還天天吵架吧。

王：作為大四女生，可以用一句話形容你們的愛情嗎？

華：好的愛情，抵得住流年，戰得勝時間，經得起分別，受得住思念。我覺得這句話形容我們最貼近了。

王：很感謝你的分享和時間。

華：這也是我很樂意做的事。期待你的書出版。

（全書完）

Do觀點64 PF0245

大四女生：中國90後的戀情絮語

主　　編／朱曉軍、蘭晴晴
責任編輯／喬齊安
圖文排版／蔡忠翰
封面設計／劉肇昇

出版策劃／獨立作家
發 行 人／宋政坤
法律顧問／毛國樑　律師
製作發行／秀威資訊科技股份有限公司
地址：114 台北市內湖區瑞光路76巷65號1樓
電話：+886-2-2796-3638　傳真：+886-2-2796-1377
服務信箱：service@showwe.com.tw
展售門市／國家書店【松江門市】
地址：104 台北市中山區松江路209號1樓
電話：+886-2-2518-0207　傳真：+886-2-2518-0778
網路訂購／秀威網路書店：https://store.showwe.tw
國家網路書店：https://www.govbooks.com.tw

出版日期／2021年2月　BOD一版　**定價**／550元

|獨立|作家|
Independent Author
寫自己的故事，唱自己的歌

大四女生：中國90後的戀情絮語/朱曉軍, 蘭晴晴主編. -- 一版. -- 臺北市：獨立作家, 2021.02
面；　公分. -- (Do觀點；64)
BOD版
ISBN 978-986-99368-4-2(平裝)

1.戀愛 2.兩性關係

544.37　　109020889

國家圖書館出版品預行編目

讀者回函卡

感謝您購買本書，為提升服務品質，請填妥以下資料，將讀者回函卡直接寄回或傳真本公司，收到您的寶貴意見後，我們會收藏記錄及檢討，謝謝！

如您需要了解本公司最新出版書目、購書優惠或企劃活動，歡迎您上網查詢或下載相關資料：http:// www.showwe.com.tw

您購買的書名：________________________________

出生日期：________年________月________日

學歷：□高中（含）以下　□大專　□研究所（含）以上

職業：□製造業　□金融業　□資訊業　□軍警　□傳播業　□自由業

□服務業　□公務員　□教職　□學生　□家管　□其它____

購書地點：□網路書店　□實體書店　□書展　□郵購　□贈閱　□其他

您從何得知本書的消息？

□網路書店　□實體書店　□網路搜尋　□電子報　□書訊　□雜誌

□傳播媒體　□親友推薦　□網站推薦　□部落格　□其他________

您對本書的評價：（請填代號　1.非常滿意　2.滿意　3.尚可　4.再改進）

封面設計____　版面編排____　內容____　文／譯筆____　價格____

讀完書後您覺得：

□很有收穫　□有收穫　□收穫不多　□沒收穫

對我們的建議：________________________________

____

____

____

請貼
郵票

11466
台北市內湖區瑞光路 76 巷 65 號 1 樓
獨立作家讀者服務部 收

（請沿線對折寄回，謝謝！）

姓　　名：____________　年齡：______　性別：□女　□男

郵遞區號：□□□□□

地　　址：____________________________

聯絡電話：(日) ____________ (夜) ____________

E-mail：____________________________